Matthias Jacob Schleiden

Die Rose
Geschichte und Symbolik in ethnographischer
und kulturhistorischer Bedeutung

SE**V**ERUS

Schleiden, Matthias Jacob: Die Rose. Geschichte und Symbolik in ethnographischer und kulturhistorischer Bedeutung

Hamburg, SEVERUS Verlag 2012
Nachdruck der Originalausgabe von 1873

ISBN: 978-3-86347-281-8
Druck: SEVERUS Verlag, Hamburg, 2012

Der SEVERUS Verlag ist ein Imprint der Diplomica Verlag GmbH.

Bibliografische Information der Deutschen Nationalbibliothek:
Die Deutsche Nationalbibliothek verzeichnet diese Publikation in der Deutschen Nationalbibliografie; detaillierte bibliografische Daten sind im Internet über http://dnb.d-nb.de abrufbar.

© **SEVERUS Verlag**
http://www.severus-verlag.de, Hamburg 2012
Printed in Germany
Alle Rechte vorbehalten.

Der SEVERUS Verlag übernimmt keine juristische Verantwortung oder irgendeine Haftung für evtl. fehlerhafte Angaben und deren Folgen.

seVerus

Die Rose.

Die Rose.

Geschichte und Symbolik

in

ethnographischer und kulturhistorischer Beziehung.

Ein Versuch

von

M. J. Schleiden, Dr.

Mit einem chromolithographirten Titelbild und sieben Figuren in Holzschnitt.

Vorwort.

Nur ein Versuch! — Nicht nur aus dem allgemeinen Grunde, den Platen angiebt, wenn er sagt:

"Auch das Beste, was wir bilden, ist ein ewiger Versuch",

sondern vielmehr aus dem ganz besonderen Grunde, weil ich etwas versuchte, was vor mir noch Niemand versucht hat. Dieser erste Versuch bedarf daher gar sehr der Nachsicht. Er wird Fehler und Mängel haben, und dankbar werde ich Jedem sein, der mich auf dieselben aufmerksam macht, mich in den Stand setzt, die ersten zu verbessern, die andern zu ergänzen. Ich habe mich auch hier bemüht, meine Muttersprache möglichst rein und klar zu schreiben. Von Geistreichigkeit, diesem von unseren westlichen Nachbarn erborgten Flitterlappen, halte ich nichts. Gewöhnlich dient sie nur dazu, die Sprache ebenso sehr wie den Inhalt zu verderben. Noch vor einiger Zeit las ich in einem wissenschaftlichen Aufsatz einer unserer besseren Zeitungen die Phrase: "sich hinaus begeben in die Kantische Kategorie des absoluten Raumes". Nun, damit begeben wir uns, könnte man parodirend sagen, in die Kategorie des absoluten Unsinns. Im ganzen Kant kommt weder ein absoluter Raum, noch eine Kategorie des Raumes vor. Zeit und Raum sind nach Kant "Formen der reinen Anschauung" und gehören in die transcendentale Aesthetik, die Kategorien sind "reine Verstandesbegriffe" und gehören in die transcendentale Logik. Was bezweckt solche Phrasendrescherei anders, als den unkundigen Lesern zu imponiren und ihnen weiß zu machen, man stehe auf der höchsten Stufe der

Wissenschaftlichkeit, während doch der Kundige darin nur den Beweis lächerlicher Unwissenheit sieht. Möge ein gütiger Gott uns doch auch von dieser Pariser Modekrankheit befreien. Möchten die Deutschen Ehrgefühl genug haben, diese Thorheiten den Alexander Dumas' und Victor Hugo's allein zu überlassen. — Im Nachweis meiner Quellen bin ich möglichst gewissenhaft gewesen. Die Arbeit selbst gab mir oft genug Gelegenheit zu erkennen, wie wichtig das ist und wie oft ein bloßer Name etwas vertreten soll, was dem Träger desselben nie eingefallen ist, zu sagen. — Noch einige Worte möchte ich zum Titelblatt sagen. Daß die Rose liegt, könnte auffallen und eine Erklärung herausfordern, die doch nur einfach darin besteht, daß die Künstlerin die Rose gerade ebenso fand, wie sie gemalt ist. Es ließe sich aber auch noch eine doppelte Bedeutung hineinlegen. Die Centifolie charakterisirt sich dadurch, daß ihre Blume anmuthig das Haupt neigt, während die gallische Rose ihre Nase hoch trägt. Und dann könnte man auch symbolisch deuten: die Rose, die uns noch heute erfreut, ruht auf dem bemoosten Felsen der Vergangenheit. Am besten wäre freilich, man deutelte gar nicht, sondern freute sich an der schönen Blume und käme dadurch in die Stimmung, das Büchlein mit Liebe aufzunehmen, wie ich wahrlich mit Liebe daran gearbeitet habe.

Ich wünschte, daß man die angegebenen Verbesserungen vor dem Lesen des Buches berücksichtige. Ihre Zahl bitte ich mit meiner Ungeschicktheit und Entfernung vom Druckort zu entschuldigen.

Darmstadt, im November 1872.

M. J. Schleiden, Dr.

Inhalts-Anzeige.

Erster Abschnitt. Einleitung und Urzeit der Rose . . . . . . Seite 1

Einleitung 3. — Die Schönheit der Rose 4. — Erstes Erscheinen der Rose auf der Erde 8. — Verbreitung der Rose 10. — Aelteste Nachrichten über die Rose 13. — Das Vaterland der Rosen und der Indogermanen 13. — Rose in den Tsudengräbern 15. — Rose bei den Zendvölkern 15. — Rose bei dem Sanskritvolke 16. — Rose bei den syrischen Völkern 17. — Rose bei den Aegyptern 18. — Das alte Testament und die Rose 19. — Aelteste Kunde von der Rose bei den Griechen 21. — Die Rose im Volksmunde 22. — Anmerkungen 23.

Zweiter Abschnitt. Das Alterthum und naiver Genuß. (Die Rose bei den Griechen und Römern.) 27

Die Rose im ganzen antiken Leben 29. — Uebertragung aus dem Orient zu den Griechen 30. — Die älteren Schriftsteller 31. — Anakreon 32. — Sagen von der Entstehung der Rose 32. — Naturauffassung und Götterglauben 33. — Die weibliche Gottheit der Semiten 34. — Die Aphrodite der Griechen 35. — Aphrodite und die Rose 36. — Eros und die Rose 37. — Der Dionysoskultus 37. — Die Kränze bei den Griechen 38. — Kränze im Gottesdienst 39. — Blumenkränze und die Kranzwinderin Glykera 41. — Arten der Siegeskränze 41. — Kränze im Privatleben 43. — Todtenkränze 44. — Die Rose und ihre Verehrung bei den Alten 44. — Streuen der Rose 45. — Rosen in der Liebe 45. — Rosen und Aepfel 46. — Rose im Gleichniß 46. — Rosen in Namen 46. — Rhodopis 46. — Rose als Bild der Schönheit 47. — Vergänglichkeit der Rose 47. — Mittel zur Conservirung der Rosen 48. — Die Rose und das Alter 48. — Rose als Bild des Glücks 49. — Der Rosengarten der Venus 49. — und des Dionysos 50. — Rose im Sprichwort 50. — Rose im Gartenbau 50. — Rosen auf Gräbern 52. — Rosen auf Münzen 53. — Rosen in der Kosmetik 53. — Rosen in der Medicin und im Aberglauben 53. — Aspasia 55. — Feindliche Wirkung der Rose 56. — Rosenarten bei den Griechen und Römern 56. — Anmerkungen 61.

Inhalts-Anzeige.

Seite

Dritter Abschnitt. Römische Kaiserzeit und Christenthum 69

Uebergang 71. — Griechenlands Blüthe und Fall 71. — Pflichtbegriff der Alten 72. — Die Römer 74. — Das Christenthum 75. — Alexandria 75. — Das Griechische als Welt- und Gelehrtensprache 77. — Epigonen der Philosophie 78. — Asiatische Lehren 79. — Brahmanismus 79. — Parsismus 79. — Buddhaismus 80. — Reform des Brahmanismus 80. — Jüdische Trinität 80. — Romanismus und Germanismus 81. — Periodenbildung 82. — Verderbniß der Römer am Ende der Republik 84. Genußsucht und die Rose 85. — Entweihung der Natur 87. — Die Rose und das Blut 89. — Die Rose als Todesbotin 89. — Die Rosen des Paradieses 91. — Uebertragung des Heidenthums ins Christenthum 91. — Die heidnischen Göttinnen und Maria 92. — Maria und die Rose 93. — Entstehung der Rose in der christlichen Legende 96. — Die Rose als Begründerin einer Kirche 98. — Rose als Liebesbotin zwischen Himmel und Erde 99. — Rose und Rede im Christenthum 101. — Elisabethlegenden 101. — Maria beschützt ihre Rosen 103. — Die Prophezeiungen des Malachias 104. — Der Rosenkranz 105. — Die goldene Rose des Papstes 106. — Die Rose von Jericho 108. — Die Rose in der christlichen Kunst 109. — Anmerkungen 112.

Vierter Abschnitt. Die Rose bei den Germanen 127

Lebensdauer der Völker 129. — Deutscher Volkscharakter 131. — Religiöse Vorstellungen 131. — Poesie 132. — Die Rose bei den Deutschen 133. Das Frühlingsfest 133. — Der Rosengarten 134. — Das Rosengartenlied 136. — Der Schwerttanz 139. — Frühlingslust 139. — Die Meistersänger 140. — Rosengarten und Liebeslust 142. — Historischer Zusammenhang der Mythen und Sagen 142. — Rose bei Ehsten und Ungarn 147. — Rosenphantasien 147. — Das Rosenfest von Salency 148. — Andere Rosenfeste 150. — Das Gefühl des Volkes 151. — Minne und Rose 153. — Rosen und Nesseln 156. — Mitgefühl der Rosen 157. — Gefahr des Rosenpflückens 159. — Rose und Linde 160. — Rose und Nachtigall 160. — Rosen auf Gräbern 160. — Rosen im Sarge 162. — Die Venusberge 164. — Rosenlachen 167. — Rosen im Leben des Volkes 168. — Chapiel des roses 169. — La baillée des roses im Parlament zu Paris 171. — Die Rosen im Wappen 172. — Rosen auf Münzen 173. — Die Rosenkreuzer 174. — Rosenorden des Duc de Chartres 174. — Orden der Rosati 174. — Rose in dem Bauhandwerk 175. — Rosen im Kriege; York und Lancaster 176. — Die Belagerung von Münnerstadt 176. — Die Eroberung von Osnabrück 176. — Herr von Rosen 176. — Die Schlacht bei St. Jacob 177. — Rose im Luxus 177. — Rose im Aberglauben 178. — Altdeutsche Götter und die Rose 178. — Rosenaberglauben 179. — Rose und Astrologie 180. — Der Schlafdorn 181. — Das Weidenröschen 181. — Rosenantipathien 182. — Die Rose als Arznei 183. — Die griechische Elementenlehre 183. — Die Lehre von den Signaturen 184. — Rose in der Therapie 186. — Die Rose in der Küche 187. — Die Rose in der weltlichen Malerei 187. —

Inhalts-Anzeige.

Die Rose in der Sprache 188. — Rose in der Namengebung 189. — Rose in der Naturgeschichte 189. — Rose in Büchertiteln 190. — Die Rose im Sprichwort 190. — »Sub rosa« 190. — Rosenkenntniß im Mittelalter 193. — Geschichte der Gärten im Mittelalter 195. — Wissenschaftliche Nacht in Bezug auf Naturkenntniß 197. — Spuren wissenschaftlicher Botanik im Mittelalter 199. — Beginn des wissenschaftlichen Naturforschens 200. — Anmerkungen 203.

Fünfter Abschnitt. Das Morgenland 221

Das Morgenland 223. — Die Chinesen 225. — Die Inder 228. — Die Perser 230. — Verwandte Schicksale der Perser und Deutschen 231. — Volkscharakter der Perser 232. — Stellung zur Natur 233. — Philosophie und Theosophie der Perser 234. — Die Rose bei den Persern 235. — Perioden persischer Dichtung 236. — Erste Periode 236. — Firdusi 237. — Wamik und Asra 239. — Zweite Periode 239. — Dritte Periode 241. — Dschelal-eddin-Rumi 242. — Saadi 243. — Vierte Periode 247. — Hafis 248. — Fünfte Periode 250. — Dschami 252. Verfall der Dichtung bei den Persern 253. — Die arabischen Dichter 255. — Die osmanischen Dichter 256 — Syrer und Armenier 258. — Die Liebe von Nachtigall und Rose 258. — Gül und Bülbül von Faßli 260. — Kurdische Sage 262. — Rosen und Rosenkultur in Persien 263. — Rose in der Kunst bei den Persern 266. — Rosenwasser und Rosenöl 267. — Der Selam 271. — Rosen auf Gräbern 271. — Anmerkungen 273.

Sechster Abschnitt. Die Neuzeit 279

Die Neuzeit und ihr Wesen 281. — Die Rose der Neuzeit 283. — Der Gartenbau 284. — Die Handelsgärten 285. — Spielarten der Rosen 287. — Systematik der Rosen 287. — Geographie der Rose 290. — Geschichte der Einführung neuer Rosen 292. — Berühmte Rosengärten 294. — Die Anzucht neuer Sorten 296. — Schöne Rosenexemplare 299. — Die allgemeine Rose 301. — Die Rose im Gefühlsleben der Neuzeit 304. — Die Rose in der modernen Kunst 313. — Schlußwort 315. — Anmerkungen 317.

Verbesserungen und Nachträge.

Seite 8, Zeile 9 v. u. nach dem Wort: erschaffen, setze: ".
 " 8, " 4 v. u. nach „unerklärlich" streiche: ".
 " 8, " 1 v. u. lies: „Wann", statt: Wenn.
 " 14, " 16 v. u. " Olivier, st. Ollivier.
 " 20, " 7 v. o. " ansprechen, st. aussprechen.
 " 25, Anmerkg. 27) " Rich a. a. O.
 " 29, Zeile 11 v. o. " die un...., st. dieun....
 " 37, " 1 v. o. " legitimer, st. legitime.
 " 48, " 4 v. o. " Odeschalcum, st. Odaschalcum.
 " 67, Anmerkg. 193) " Rosenessig benutzt.
 " 82, Zeile 11 v. u. nach dem Komma setze: dazu.
 " 92, " 13 v. u. lies „die antike Bronzestatue" und streiche „des capitolinischen Jupiters."
 " 110, " 14 v. u. " Raphaels Fresken in den Loggien des Vatikan's und bei Michel Angelo an der Decke der Sixtinischen Kapelle.
 " 148, " 4 v. u. " in dem, st. indem.
 " 171, " 8 v. o. " Räume, st. Bäume.
 " 184, " 11-12 v. o. setze ein Komma von und nach „der Signaturenlehre.
 " 196, " 15 v. u. lies: worden, st. werden.
 " 201, " 16 v. o. " Margenröslein, st. Morgenröslein.
 " 206, " 10 v. u. " Quauhtimozin, st. Quauhtimogin.
 " 206, " 6 v. u. " 75⁰, st. 75'.
 " 220, Anmerkg. 250) " Maguntiae, st. Maguntia.
 " 225, Zeile 15 v. o. " eben soweit, st. ebenso weit.
 " 231, " 10-12 v. o. " Hier ist noch daran zu erinnern, daß das Wahrsagen aus Runenstäben den Skythen und Germanen gemeinsam gewesen zu sein scheint, wenn man die Erzählung bei Herodot IV, 67 mit der Darstellung bei Mannhardt, Die Götter der deutschen und nordischen Völker. Berlin, 1860, S. 326, vergleicht.
 " 236, " 5 v. u. " Sakontala, st. Sakontola.
 " 242, " 16 v. o. " des, st. das.
 " 266, " 11 v. u. " ansprechen, st. aussprechen.
 " 269, " 3 v. o. " wo, st. wie.
 " 283, " 10 v. o. " Geben, st. Gaben.
 " 302, " 3 v. u. füge hinzu: b die Scheibe.
 " 307, " 2 v. u. lies: Lenzluft, st. Lenzlust.

Erster Abschnitt.

Einleitung und Urzeit der Rose.

Wie alt die Menschheit sein muß, wie lange die Menschen schon auf der Erde herumwandern, das zeigt sich unter Anderen auch darin, daß die allerwesentlichsten Umwandlungen, die der Mensch in der Natur durch sein Eingreifen hervorgerufen hat, obwohl gerade sie sich aufs allerengste an sein Wohl und Wehe anschließen, ja zum Theil sogar die Möglichkeit seiner einigermaßen gesicherten Existenz bedingen, doch weit hinter der Geschichte zurückliegen und selbst von keiner Sage mehr erreicht werden. Nur in der dichtenden Mythe spricht der Mensch die Anerkennung der Wichtigkeit jener Eingriffe, sowie das gänzliche Vergessensein dieser entscheidenden Thaten aus, indem er unmittelbar die Gottheit zum Geber der unschätzbaren Güter macht. So verhält es sich mit den wichtigsten Nahrungspflanzen, die seit lange nur Produkt der menschlichen Kultur sind und nirgends im wilden Zustand angetroffen werden, sei es, daß ihre wilden Stammeltern aussterben, sei es, daß sie, bis zur gänzlichen Verwischung der Familienzüge abgeändert, sich mit ihren etwa noch lebenden Geschlechtsgenossen nicht mehr vereinigen lassen. Die Urvölker, welche sich zuerst mit der Kultur der Cerealien von der Noth der Zufälligkeit bei Aufsuchung ihrer Nahrung befreiten, mußten immer schon einen gewissen, gar nicht gering anzuschlagenden Grad der Bildung erreicht haben, sie mußten schon angefangen haben, sich nicht mehr als absolut abhängig, sondern schon als Herren der Natur zu fühlen, als sie es wagten die Natur zu zwingen, ihre Gaben an bestimmtem Ort und in größerer Menge zu entwickeln.

Wir wollen mit unseren Betrachtungen, um nicht zu weit zu schweifen, vorzugsweise nur bei dem Urvolk stehen bleiben, von dem alle indogermanischen Völkerschaften ihren Ursprung ableiten müssen und durch das sie alle unter einander verwandt sind, bei dem Volk, in welchem selbst noch die ältesten, Sanskrit- oder Zendsprache redenden, Stämme ihre gemeinschaftlichen Vorfahren erkennen müssen. Indessen dürfen wir bei diesen Untersuchungen doch auch von der semitischen Völkerfamilie (Aegypter, Syrer, Hebräer, Araber u. s. w.) nicht ganz absehen, da sich die von derselben ausgehenden Bildungselemente so vielfach mit den späteren Entwicklungen der Indogermanen verflechten. In früheren Zeiten als man noch ganz rein körperliche Merkmale berücksichtigte, schloß man die Indogermanen und Semiten zusammen in die von Blumenbach aufgestellte kaukasische Rasse ein. In neuerer Zeit, wo man anfängt, auch auf das geistige Leben der Völker tiefer einzugehen, das sich am auffälligsten und sichtbarsten in der Sprache offenbart, hat man aber die Semiten von den Indogermanen getrennt, da es bis jetzt wenigstens noch nicht gelungen ist, eine innere Verwandtschaft des indogermanischen und semitischen Sprachstammes nachzuweisen. Nichtsdestoweniger bilden beide Sprachstämme im Gegensatz zu allen übrigen den höchsten Typus, die „Formsprache" (auch wohl flectirende Sprache genannt), die in dieser ihrer Eigenthümlichkeit die Entwicklung geistigen Lebens, wenn auch nicht allein möglich machen, — wie die Chinesen beweisen —, doch wesentlich erleichtern.[1])

Schon auf der frühesten unserer Forschung erreichbaren Stufe: bei dem Urvolke der Indogermanen, erblicken wir den Menschen im Besitz des Kulturweizens und der Kenntnisse des Ackerbaues. Wir finden ihn zur Zucht der Hausthiere, zu Kenntniß und Gebrauch der Metalle, zu Familiengliederung und zu staatlicher Verbindung gebildet. Allerdings beziehen sich alle diese Ergebnisse noch auf die Nothwendigkeiten eines zu Vernunftgebrauch und Geselligkeit von der Natur angelegten Geschöpfes. Aber vielleicht läßt es sich, wenn nicht direkt nachweisen, so doch wahrscheinlich machen, daß auch schon ein ästhetischer Zug, also ein Anfang zur höchsten geistigen Ausbildung sich in ihnen entwickelt hatte, daß sie aus der Natur sich in reiner Anerkennung des Schönen etwas angeeignet hatten, was ihnen zunächst gar keinen Nutzen gewähren konnte — ich meine die Rose.

Es ist diese letzte Bemerkung, wie mir scheint, nicht ganz unwichtig. Daß der Mensch auch auf der einfachsten und ursprünglichsten Stufe der Natur sich aus seinen Umgebungen das aneignet, was der Befriedigung seiner unmittelbaren physischen Bedürfnisse dient, gehört dem Triebe der

Selbsterhaltung an und ist daher zu selbstverständlich, als daß es unsere Aufmerksamkeit erregen könnte. Wir finden das daher auch ohne Ausnahme bei allen Zweigen der Menschheit. Etwas ganz Anderes aber ist es, wenn er nach etwas greift, was ihm durchaus keinen unmittelbaren Nutzen gewähren kann, etwas, was sich zunächst selbst dem Genuß der niederen Sinne, wenigstens der Zunge entzieht, was in keiner Weise durch eine übermächtige Einwirkung auf seine Sinne, durch Größe und Heftigkeit des Reizes, seine Aufmerksamkeit anzieht und gefangen nimmt, sondern nur in der einfachsten Weise durch ein unaussprechbares Etwas auf sein Auge wirkend, sich in sein Empfindungsleben einschleicht. Dieses unaussprechbare Etwas ist nun die Schönheit. Ueberblicken wir den Gang der Geschichte der Menschheit, so sehen wir, daß nur innerhalb der indogermanischen Rasse, mit Einschluß der von physischer Seite zu ihnen gehörenden Semiten, sich das fortschreitende geistige Entwicklungsleben der Menschheit vollzieht. Wir dürfen daher auch ganz objektiv, ohne egoistische Rücksichten, diesen Theil der Menschheit, als den edelsten und höchstbegabten hinstellen. Und gerade in dieser Abtheilung des Menschengeschlechts finden wir auch allein den Begriff der Schönheit, der interesselosen Anerkennung des an sich Lobenswerthen und Liebenswürdigen entwickelt. Wohl kennen die andern Völker Annehmlichkeit, Schmuck, Putz und so weiter, das sie schätzen, in so fern es ihnen das physische Leben sinnlich reizender macht, aber die Schönheit, deren Anerkennung für sich ohne alle Beziehung auf uns selbst schon ein hoher geistiger Genuß ist, kennen sie nicht. Wenn ich sage: das ist schön, so ordne ich den einzelnen Fall gleichsam einem unaussprechbaren Gesetz unter, einem Gesetz, das sich jeder theoretischen Auffassung entzieht, das sich auch der sittlichen Werthgesetzgebung nicht anschließen läßt, das sich nur unserer Ahnung im Gefühl unabweisbar aufdrängt und uns verräth, daß die Dinge noch eine höhere Bedeutung haben, als wir mit unseren Verstandesoperationen erreichen können. Wenn wir den Sonnenaufgang z. B. in allen seinen Einzelheiten der astronomischen und physikalischen Verhältnisse vollständig der Rechnung unterworfen haben, so bleibt doch die Schönheit des Schauspiels als ein irrationaler Rest zurück, den uns keine höhere Analysis auflösen und auf einen verständlichen Ausdruck zurückführen kann.

Und so die Rose:

„Fünf der Blätter, ätherisches Oel, und flüchtige Farbe
„Einte Natur und gab so die Rose uns hin.
„Doch Symbol des Schönen, der Liebe zartes Geheimniß
„Ward durch göttlichen Hauch dies Gebild der Natur."

Man hat wohl versucht bei Allem, was wir schön nennen, diesen Begriff in seine Constituenten aufzulösen, aber immer ohne Resultat. Das, worauf man bei einer solchen Analyse gelangt, ist niemals die Schönheit selbst, es sind nur Dinge, Verhältnisse, an welche die Schönheit sich anknüpft, anlehnt, aber aus ihnen geht die Schönheit nicht gleichsam wie aus ihren zeugenden Ursachen hervor, sonst müßte man Jemand durch Aufweisung dieser Theile die Anerkennung der Schönheit aufzwingen können, wie bei einem logischen Schluß die Anerkennung der Wahrheit. Das ist aber nicht der Fall. Das Schönheitsgefühl wird entwickelt, gebildet, dadurch daß ich viel Schönes anschaue, mich oft und tief in das Gefühl des Schönen versenke, aber nie durch Aufklärung des Verstandes.

Auch bei der Rose kann man sich darüber klar werden, was es im Einzelnen ist, wodurch die Erkennung der Schönheit in mir veranlaßt wird, aber was selbst für sich doch keineswegs die Schönheit ist. Wir werden hier auf drei Theile, Form, Farbe und Duft verwiesen. Was die Form betrifft, so hat man bekanntlich oft nach einem Ausdruck gerungen, der die Schönheit der Form aussprechen sollte „Mannigfaltigkeit in der Einheit", „Reichthum der Theilformen in der Einheit des Ganzen", „Bewegung, das heißt Analogon des Lebens, in der stehenden Form" und dergl. mehr. Hogarth versuchte bekanntlich etwas der Art in seiner Entwicklung der Schönheitslinie durchzuführen.[2] Bei der Rose können wir an das reguläre Fünfeck uns halten. Schon die Fünf bietet viele Eigenthümlichkeiten dar, an die man in frühesten Zeiten allerlei Geheimnißvolles anknüpfte.[3] Die 1 ist das Maß aller Zahlen, die Einheit ist selbst noch keine Zahl und so sind 2 und 3 die ersten Zahlen, in denen sich der Gegensatz der geraden und ungeraden Zahlen darstellt, und aus ihnen ist die Fünf zusammengesetzt. Die Fünf hat aber noch eine andere Eigenthümlichkeit. Unter den ungeraden Zahlen giebt es eine Reihe von Zahlen, die sich nur durch die Einheit theilen lassen, die also gewissermaßen untheilbar sind; man nennt sie Primzahlen, anfangs folgen sie rasch auf einander, z. B. 3, 5, 7, 11, 13, 17, 23 u. s. w., später rücken sie immer weiter von einander weg. — Die aus fünf gleich langen Linien und fünf gleichen Winkeln gebildete Figur, das reguläre Fünfeck (Fig. 1.) kann man daher wohl in zwei symmetrische Hälften theilen, aber immer nur so, daß eine der fünf Linien und einer der fünf Winkel auch getheilt wird. In der Figur ist Regelmäßigkeit, denn sie hat fünf, oder wenn man so will zehn, Stellungen, in denen eine senkrechte Linie sie in ihre zwei symmetrischen Hälften theilt, aber sie hat auch eine gewisse Mannigfaltigkeit, denn in ihr steht keine Seite einer Seite, kein Winkel einem Winkel gegenüber. Wenn man alle Spitzen der Figur durch gerade Linien mit einander verbindet, oder alle Linien nach beiden Seiten verlängert, bis sie zusammentreffen, so entsteht der eigenthümliche fünfstrahlige Stern, dem man früher tiefe mystische Bedeutung beilegte und auf die Pythagoreer zurückführte. (Fig. 2.) Er erscheint als fünf in einander geschlungene A, daher nannte man es das Fünf-A (Pentalpha) oder den Fünfbuchstab (Pentagramma), deutsch auch den Druiden- oder Drudenfuß.[4]) Nun zeichnet sich die einfache Rose ganz genau in das reguläre Fünfeck hinein, wenn man die stumpfen Ecken der Blumenblätter als die Seiten der Figur, die Spitzen der Kelchblätter als die Scheitelpunkte der Winkel nimmt. (Fig. 3.) Diese Regelmäßigkeit hat sie denn auch für architektonische Verzierung, sowie als Wappenemblem empfohlen. Aber

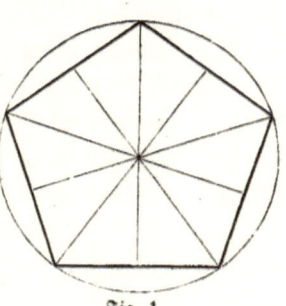

Fig. 1.

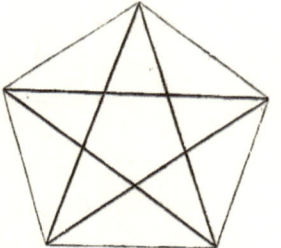

Fig. 2.

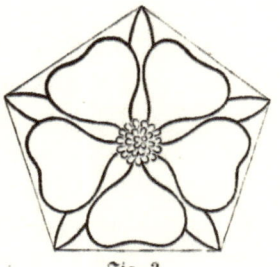

Fig. 3.

das Fünfeck ist nicht die Schönheit, und am Pentagramm findet Niemand das, was ihn an der Rose entzückt. Gehen wir zur Farbe über, so könnten wir zunächst daran erinnern, daß Roth wahrscheinlich wegen des starken sinnlichen Reizes die Lieblingsfarbe aller Naturvölker ist und oft noch weiterhin auf der Stufe der Kultur beibehalten wird.⁵) Von größerer Bedeutung ist es wohl, daß die Zusammenstellung von Roth und Grün für unser Auge eine der wohlthuendsten ist.⁶) Es sind complementäre Farben, die sich zum ganzen einfachen Farbenkreis: Blau, Gelb, Roth ergänzen; Blau und Orange, Gelb und Violett haben nicht das Angenehme für unser Auge wie Roth und Grün. Dazu kommt noch die Belebung durch das die Mitte der Blume einnehmende Häufchen goldgelber Staubbeutel, wodurch gleichsam den andern Farben ein erhöhter Glanz mitgetheilt wird. In der vollständigen Farbenzusammenstellung von Grün, Roth und Gold findet sich die Rose im Detmolder Stadtwappen.⁷) Aber objektiv sind die Farben ja nur Aetherwellen von verschiedener Länge; sie sind selbst nicht einmal Farben, sondern nur die Veranlassung zu den rein subjektiven Farbenvorstellungen. Nicht einmal Farben sind sie, noch weniger die Schönheit in den Farben. Und dasselbe gilt schließlich vom Geruch. Es giebt kaum ein ätherisches Oel, welches in der Verdünnung, in der es von der Blume ausgehaucht wird, einen so wohlthuenden und erquickenden Einfluß auf unser Nervensystem ausübt, als das Rosenöl, aber das Rosenöl ist materiell nur eine Verbindung von Kohlenstoff, Wasserstoff und Sauerstoff; diese sind aber weder schön noch häßlich.

Herr von Quandt⁸) erzählt in seiner Reise durch Spanien: „Es ist ein Anblick, der zur Bewunderung, zum Entzücken hinreißt, wenn man in der großen Tabaksfabrik zu Sevilla in die ungeheuren Arbeitssäle tritt und hier plötzlich mehr als 800 großentheils tadellos schöne Mädchen erblickt mit ihren dunkelglühenden Augen, alle eine blühende Rose im glänzenden rabenschwarzen Haar. Hier erst wird man recht inne, wozu Gott die Rosen erschaffen. Und wozu denn? — Betrachte die eben geöffnete Centifolie, in der noch die Thauperle des Morgens zittert, du bist entzückt und weißt doch nicht warum? Ueber den Reiz der Rose, wie über die Schönheit sind von Dichtern und Philosophen viele hochklingende Worte gemacht. Vergebens! die Schönheit bleibt für uns das göttliche Geheimniß der Welt und ist wie alles Göttliche unergründlich und unerklärlich." —

Aber ehe wir die Rose im Verhältniß zu den Menschen näher ins Auge fassen, drängt sich uns die Frage nach einer möglichen Vorgeschichte derselben auf. Wann erschien die Rose zuerst in der irdischen Flora? Ist sie älter als das Menschengeschlecht? — Nach unsern augenblicklichen Kenntnissen müssen wir die letztere Frage verneinen, denn bis jetzt sind in den Schichten der Secundärformation noch keine Spuren der Rose gefunden worden. Aber wenn man die allerdings noch sehr zweifelhaften Angaben über die Existenz des Menschen schon in der mittleren Tertiärperiode als bewiesen ansehen will, so wäre die Rose als Erdenbürgerin gerade so alt als der Mensch. Seit Cuvier den Ausspruch that, daß es in der Tertiärzeit noch keine Affen gegeben habe, der wenige Jahre nach seinem Tode durch eine ganze Reihe von Entdeckungen widerlegt wurde, ist man freilich in der Geologie vorsichtiger geworden und wird daraus allein, daß ein Organismus in einer Formation noch nicht aufgefunden ist, nicht mehr vorschnell den Schluß ziehen, daß er zur Zeit dieser Formation auch nicht existirt habe. Ganz besonders findet das seine Anwendung auf die Tertiärformationen, deren genauer Erforschung man sich erst seit wenigen Decennien zugewendet hat, und deren Erkenntniß auf unendlich großen Landstrichen noch ganz oder großentheils brach liegt. Von ganz Afrika wissen wir in dieser Beziehung so gut wie gar nichts, vom mittleren und südlichen Asien, gerade dem Theile der Erde, wohin wir das jetzige Vegetationscentrum der Rose versetzen müssen, kennen wir nur wenig und fast noch dürftiger sind unsere Kenntnisse vom großen südamerikanischen Continent. Dieser letztere könnte aber möglicher Weise ganz interessante Funde darbieten. Freilich besitzt dieser Erdtheil gegenwärtig keine einzige Rose, die überhaupt in der südlichen Hemisphäre fehlt. Aber als die Europäer nach Amerika kamen, fand sich dort auch kein dem Pferdegeschlecht angehöriges Thier und später hat man doch gerade in Südamerika fossile Pferde aufgefunden. Aehnliches wäre ja auch bei der Rose möglich. Vorläufig können wir es also nur als wahrscheinlich bezeichnen, daß die Rose zugleich mit dem Menschen auf der Erde erschienen ist. Das Wenige, was in dieser Beziehung aus Europa bekannt geworden ist, besteht in Folgendem: O. Weber hat ein Blättchen aus den Bonner Kohlen unter dem Namen Rosa Nausikaes beschrieben; eine zweite Art findet sich in O. Heer's „miocenen baltischen Flora" als Rosa lignitum abgebildet aus den Braunkohlen von Rixhöft. O. Heer spricht sich selbst noch zweifelhaft über die Bestimmungen dieser beiden Funde aus. Als Unterstützung könnte wohl die kleine Steinfrucht dienen, die

O. Heer in seiner „miocenen Flora und Fauna Spitzbergens" als Carpolithes rosaceus beschrieben hat. Ganz gewiß aber ist, daß schon unsere älteren Vorfahren, die Pfahlbauern von Robenhausen und Moosseedorf in der Schweiz, wie noch jetzt unsere Bauern, Hagebuttensuppen gegessen haben, da sich die Kerne von Rosa canina L. vielfach in ihren Küchenabfällen fanden. [9])

Centralasien, wohin wir auch den Ursprung der indogermanischen Rasse verlegen, scheint der Geburtsort der Rosen gewesen zu sein. Von da verbreitet sie sich nach Westen und Osten. Westlich über Europa bis Amerika. In der Ausbreitung nach Afrika wurde sie von der Sahara aufgehalten. In Amerika nahmen die Rosen einen eigenthümlichen Charakter an und nur zwei dortige Rosen gleichen den europäischen. Im Osten (China und Indien) sind die Formen ebenfalls eigenartig, doch finden ein paar Uebergänge statt. Endlich hat auch eine frühe Verbindung des östlichen Asien mit dem westlichen Nordamerika stattgefunden, denn die Chinesische Rose (R. sinica) ist von der Georgischen (R. laevigata) kaum zu unterscheiden. Dieser kurze Ueberblick ist hier zu Anfang genügend, später müssen wir noch einmal ausführlicher auf die geographische Vertheilung der Rosen zurückkommen.

Die Kenntniß jenes obenerwähnten Urvolkes der Indogermanen, dessen Existenz jedenfalls viele Jahrtausende vor unserer Zeitrechnung liegt — gründliche Forscher haben behauptet, daß die Entwicklung der Sprache von ihren rohen Anfängen bis zum Sanskrit wenigstens 10,000 Jahre in Anspruch genommen haben müsse — die Kenntniß dieses Urvolkes gewinnen wir nur auf indirektem Wege. Alle Sprachen der indogermanischen Völker sind so verwandt unter einander, daß sie auf einen allen vor der Trennung gemeinschaftlichen Urstamm zurückweisen, und wir dürfen schließen, daß die Worte, die allen oder doch den meisten Völkern gemeinsam sind, als Erbtheil aus der Ursprache auf sie übergegangen sein mögen. Kein Satz möchte aber in der Menschenkenntniß fester stehen als der: „Laß mich hören, wie du sprichst, und ich will dir sagen, wie du bist." Was jene allen indogermanischen Völkern gemeinsamen Worte bezeichnen, giebt uns zusammengenommen einen Einblick in die Anschauungsweise, die Sitten und Gebräuche, kurz in die ganze Kulturstufe jenes Urvolkes, von dem die einzelnen

Völker sich früher oder später abgezweigt haben. Die linguistische Ausführung dieser Betrachtung, die hier nicht hergehört, ist in den Forschungen unserer großen Sprachkenner, eines Jak. Grimm, Pott, Schleicher, Kuhn, Steinthal und Anderer niedergelegt. Der Ursitz jenes Stammvolkes lag wahrscheinlich in Centralasien vom Hindukusch und Belurtagh bis zum Altai und möglicherweise sind unter den sogenannten Tschudengräbern [10] am Altai noch welche, die diesem Urvolk angehören.

Dasselbe Verfahren haben wir nun auch bei der Rose anzuwenden, wenn wir versuchen wollen, ihre Urgeschichte im Dunkel der Vergangenheit zu erhellen. Die wichtigsten Namen der Rose sind folgende: Altbaktrisch: vareda, varedha; kurdisch, persisch, türkisch: goul, gul, gül; pelwi: varta; armenisch: vard; chaldäisch: vrad; koptisch: ouert; arabisch: ward, ward-un; äolisch: brodon; griechisch: rhodon; keltisch: roschaill; lateinisch: rosa; slawisch, litauisch: roża (ż wie im Französischen j); russisch: roza (z wie im Französischen). So seltsam es nun auch dem Laien in der Sprachwissenschaft vorkommen mag, muß ich doch zuerst aussprechen, daß alle hier für die Rose angeführte Namen ein und dasselbe Wort sind, das nur nach den Gesetzen des Lautwandels u. s. w. in den verschiedenen Sprachen einen so verschiedenartigen Klang annimmt. Am leichtesten wird der Laie die Verwandtschaft von varedha, vareda, varta, vard, ouert, anerkennen und zugeben, obwohl gerade hier bei dem Uebergange des dh in d und t nicht unerhebliche sprachliche Schwierigkeiten sich einfinden, denn dh, fast dem englischen th entsprechend, geht viel leichter in s und z, als in d und t über. Sicherer ist wohl gerade das, was dem Laien am unbegreiflichsten erscheinen mag, daß ward in gul übergeht. [11] Aber wir kennen ja den Uebergang in den uns näheren und neuen Sprachen von „wahren" deutsch) in »guardare« (ital.), »garder« (franz.), von „Wams" deutsch) in »gambais« (provenzal. altfranz.), von gallisch, gälisch in wälsch und welsch, von Walter in Guarnerius u. s. w. [12] Auch der Uebergang von r in l wird durch viele Beispiele bestätigt, die Verwechslung der Vokale macht vollends in orientalischen Sprachen, die eigentlich nur die drei Vokale a, i, u kennen, keine Schwierigkeit und das schließende d fällt im Persischen häufig weg. [13] Ganz festgestellt ist die Umwandlung des ward in rhodon durch das äolische brodon; der Laut b ist hier nämlich

einem weichen f oder v ähnlich und die Gesetze der Lautverschiebung laffen
das Zurückziehen des r als ganz normal erscheinen; das äolische anlautende
b fällt aber häufig im Griechischen fort. [14]) Rhodon wird dann weiter in
das lateinische rosa abgewandelt. Nach der allgemeinen Ansicht geht das
lateinische rosa als Lehnwort in das deutsche Rose und vermittelt in das
slawische roźa über. Hiergegen habe ich selbst einige Bedenken. Daß die
slawo-deutschen Stämme mit den arischen Völkern zusammenhingen, ist
keinem Zweifel unterworfen, daß sie nahe zusammen in den Gegenden lebten,
wo die Heimath der edelsten Rosen ist: im nördlichen Persien, am
Kaspisee (Massenderan und Demavend) und im Kaukasus (die
skythischen Völker als germanische Stämme angesehen), [15]) ist gewiß. Kann
nun das Pehlwiwort varta in das chaldäische vrad übergehen, so kann
es auch wohl durch ein dazwischenliegendes vrat mit Wegfall des v direkt
in rat und roźa übergegangen und so den slawo-deutschen Stämmen ursprünglich eigen gewesen sein. Denn es bleibt mir immer unwahrscheinlich,
daß das in allen deutschen Volksliedern so ursprünglich lebende Wort „Rose"
von den Römern entlehnt sei, und noch unwahrscheinlicher, daß die
deutschen Stämme das Wort nach der Entlehnung an die Litauer und
Russen abgegeben hätten, so daß es auch in ihre Volkslieder übergegangen
sei. Für das letztere, was eine sehr innige Verbindung dieser Völker voraussetzt, spricht namentlich gar keine historische Thatsache.

Bei dieser Zusammenstellung und namentlich ihrer Verwerthung für
weitere Schlüsse sind zunächst zwei Punkte bedenklich, nämlich, daß sowohl
das älteste Sanskrit, als auch die Zendsprache gar kein Wort für Rose besitzen. Indessen muß man auch ins Auge fassen, daß weder die Veden als
Gebete, noch auch die Apesta als religiöses Gesetzbuch Gelegenheit hatten,
der Rose zu erwähnen. Sicher ist die Rose zuerst als Schmuck in das gewöhnliche Leben der Menschen aufgenommen; dieses, so wie die Dichter
kennen auch im späteren Orient allein die Rose. Ihre Anwendung im
religiösen Kultus bildeten vielleicht zuerst die ihr ganzes Leben zur Schönheit veredelnden Griechen aus. Doch kommt die Beziehung auf göttliche
Wesen schon bei den Orientalen, den Persern und bei den ältesten Semiten
vor, wovon später zu reden ist. Es fehlen uns für das Deutsche leider alte
Zeugnisse, und hier wie in tausend anderen Fällen ist es unendlich zu

bedauern, daß wir nicht wenigstens die ganze Bibel in der Uebersetzung des Ulfilas haben.

Meine obige Ansicht, daß die Slawo-Deutschen ihre Rose nicht von den Lateinern, sondern direkt aus dem Schatze der indogermanischen Ursprachen gewonnen haben, gewinnt vielleicht noch einige Unterstützung durch Analogien, wenn wir versuchen, das Wort rückwärts etymologisch zu verfolgen. Vard ist gewiß aus dem altbaktrischen vareda oder varedha entstanden, was öfter im Bundehesch vorkommt. Dieses heißt, wie das ebenfalls in der Pelwisprache sich findende goul, sowohl Rose als Blume oder gar Gewächs überhaupt. Varedha (weiblich von vareda) „wachsend" im Pelwi weist aber auf eine alte Wurzel wardh, wridh oder vrdh, „wachsen", zurück. Die Rose wäre daher „das Wachsende oder Blühende" vorzugsweise und ähnlich wie im Bundehesch heißt auch später noch bei Griechen und Römern die Rose „Blume der Blumen". [16] Von jener Wurzel stammen nun auch einige andere sinnverwandte Wörter, so das griechische »rhiza«, das lateinische »radix«, das deutsche „Wurzel". Letzteres ist gewiß nicht aus dem Römischen herübergenommen, da „Wurzel" und das damit zusammenhängende „Wurz", englisch »wort« (Kraut) und davon abgeleitet „Würze" offenbar dem Stammwort näher stehen als rhiza und zumal radix. Hier geht nun ohne Zweifel der Stammlaut dh unmittelbar in z über, warum nicht auch bei der Rose, wie oben angedeutet. Aber nach Fr. Rückert [17] stammt noch ein anderes Wort von derselben Wurzel und zwar in einer naheanklingenden Weise, indem im Sanskrit rudh „wachsend, blühend" und davon rudhira, griechisch erythros, lateinisch rutilus, deutsch roth, abstammt, so daß Rose zwar nicht von roth abgeleitet werden kann, aber doch mit letzterem einen gleichen Ursprung hat.

Dieser rein sprachlichen Untersuchung will ich nun eine Zusammenstellung der ältesten Nachrichten über die Rose bei verschiedenen Völkern gegenüberstellen und daran einige Bemerkungen knüpfen, welche ihren inneren Zusammenhang und ihre uralten Beziehungen hervorheben.

Alles was wir bis jetzt über die Ursitze unserer Urväter wissen, weist, wie oben erwähnt, auf Centralasien hin, und gerade hier ist eigentlich auch der Mittelpunkt für die geographische Ausbreitung der Rose. Ueberhaupt gehören von den guten Rosenarten nach Lindley die Hälfte (39)

Asien an. Asien ist die Wiege der indogermanischen Menschheit und der natürliche Rosengarten der Erde. [18]) Am Altai wachsen nach Sievers und Meyer die „Altaï'sche" und unsere „gemeine Hundsrose". [19] Kaschmir, dessen alten Sanskritnamen Kasyapapur schon Herodot als Kaspa pyros erwähnt, [20]) hat seine Rosengärten, deren „Goul sat Berk", d. h. die Rose mit 100 Blättern, durch den ganzen Orient berühmt ist [21]) und den köstlichsten Attar Gul (Rosenäther) liefert. Wenn die Knospen dieser Gebüsche aufbrechen, feiern die Kaschmirer ihr Rosenfest, bei dem Alles sich der Freude hingiebt. [22]) Im Peschawer bewunderte Babur, Timur's Urenkel, als er das Land 1519 eroberte, die Menge und Pracht der Rosen. [23]) Am Hindukusch wächst die süß duftende Heckenrose, sweet briar der Engländer. In Persien versetzt uns die Rosenkultur in Zaubergärten. Nirgends in der Welt gedeiht die Rose so vollkommen, wird sie so gepflegt und hochgeschätzt als hier; Gärten und Höfe sind überfüllt mit Rosengebüschen, alle Säle mit Topfrosen geschmückt, alle Bäder sind mit Rosen bestreut, und selbst der Kaliun (die Wasserpfeife) für den ärmsten Raucher wird mit hundertblättrigen Rosen umwunden. [24]) Schiras wird der Rosengarten von Farsistan genannt, zwischen Ispahan und Hamadan entdeckte Ollivier die seltsam abweichende gelbe Rose, [25]) und gigantische Rosenbüsche zieren die Plateau's von Kurdistan und umgeben die Dörfer. [26]) Die heilige Stadt Kom fand Ker-Porter in Rosen gebettet; wildes Rosengebüsch bekleidet die Berge von Zagros, bekleidet die Ufer der Bäche und Flüsse nach Rich. [27]) In Firdusi's Schah Nameh (Königsbuch) singt ein Sänger: „Massenderan (am Ufer des kaspischen Meeres) ist werth, daß der Schah seiner gedenke, dort blüht ununterbrochen die Rose." [28]) Am Fuße des Demavend sind die herrlichsten Rosengärten. [29]) Auf dem über tausend Fuß hohen Plateau des nördlichen Taurus blühen im Mai die schönsten Rosen. Nach Abulfeda und Kazwini zeichnet sich Nisibis durch die dort ausschließlich vorkommende Rose, „die süßeste weiße Rose von N-sibin" aus. Am Kaukasus endlich, nach welchem die indogermanische Rasse ihren alten Blumenbach'schen Namen „die kaukasische" trägt, wächst nach Marschall Bieberstein [30]) die Centifolie wild, nicht nur einfach, sondern auch in wildem Zustand häufig gefüllt. [31]) Von diesem Gebiet zogen die indogermanischen Völker aus und sie sollten nicht alle die Rosen gekannt und benannt haben, da doch in allen Gegenden, die sie auf ihrem Vordringen nach Westen berührten, die Natur ihnen immer wieder die Rose vor Augen führte? Hat doch auch Europa nicht weniger als 25 Rosenarten, von denen noch dazu der größere Theil auf die nördlicheren Gegenden kommt, welche von den germanischen und slawischen Völkern durchzogen wurden.

Ich will dieser Auffassung nun zunächst die ältesten uns bewahrten Zeugnisse über die Bekanntschaft des Menschen mit der Rose an die Seite stellen, die sich alle selbst das Zeugniß geben, daß sie nicht die ältesten sind, da sie alle von der Rose als von etwas den Menschen lange Bekanntem reden, nirgends aber darauf hindeuten, daß der Mensch sie als etwas Neues entdeckt und sich angeeignet habe. Vielleicht besitzen wir die allerälteste Kunde von der Rose in einem Funde, der gerade in jenen Gegenden gemacht wurde, wohin wir die Sitze des Stammvolkes der indogermanischen Familie verlegen müssen, nämlich am Altai. Hier wurden in einem der Tsubengräber bei den Kolywan'schen Hütten unter andern Kunstwerken von edlem Metall von Müller auch einige silberne Münzen ohne Inschrift aber mit dem Gepräge einer aufgeblühten Rose entdeckt.[32] Ich erinnere daran, daß nach Gobineau diese Gräber einem indogermanischen Volksstamm angehören und wenigstens auf 5000 Jahre vor unserer Zeitrechnung zurückliegen sollen.[33] Wenn das sich wirklich so verhält, was erst fernere genauere Untersuchungen über jene interessanten Zeugen längst vergangener Zeiten lehren können, so ist von da freilich ein großer Sprung bis auf die dann folgenden ältesten Nachrichten über die Rose.

Wir werden an die ältesten Nachkommen der indogermanischen Urväter, an die ältesten Perser, an das sogenannte Zendvolk gewiesen. Wir können hier auf die Untersuchung über das Zeitalter des Zaharathustra (Zoroaster) uns nicht einlassen, da jedenfalls in dem, was am gewissesten sich auf ihn als Urheber zurückführen läßt, die Rose nicht erwähnt wird. Wohl aber kommt die Rose mehrfach im Bundehesch vor. Dieser wurde zwar erst in der ersten Hälfte des siebenten Jahrhunderts n. Chr. niedergeschrieben, er enthält aber, so weit er zu controliren ist, entschieden den Inhalt der heiligen Texte (Avesta), und das in ihnen niedergelegte System des Zaharathustra wird von den Keilschriftmonumenten aus der Zeit des **Darius Hystaspis** (510 v. Chr.) als schon lange bestehend vorausgesetzt. Daß der **Bundehesch** von den Magiern, die ihn niederschrieben, zum Theil gefälscht ist, unterliegt keinem Zweifel, aber das trifft doch nur dasjenige, bei dessen Fälschung sie irgend ein Interesse haben konnten, also namentlich die historischen Theile.[34] Daß davon die auf Pflanzen bezüglichen Abschnitte nicht betroffen worden sind, dafür spricht noch insbesondere, daß die Namen sich sämmtlich an das Altpersische, die Sprache der **Avesta**, anschließen und in der **Pelwisprache**, worin der Bundehesch niedergeschrieben ist, nur als aufgenommene Fremdlinge, als sogenannte „Lehnworte" erscheinen.[35] Es werden nun im 27. Kap. des Bundehesch die Bäume in verschiedene Gruppen getheilt, von denen eine als „**goul**" bezeichnet ist, und diese wird weiter erklärt: „Alles was vom Menschen gebaut, sich entwickelt, einen süßen Geruch verbreitet und in jedem Jahre wieder erscheint, oder was sich alljährlich aus der dauernden Wurzel entwickelt oder auch alljährlich neu entsteht wie die **Rose** (**goul**), **Narcisse, Jasmin**, die **Heckenrose**...., das **Veilchen**...... nennt man **Blume** (**goul**)."[36] Es wird ferner noch erwähnt, daß, ehe der böse Feind kam, „die Bäume weder Dornen noch Rinde besaßen", so wie daß „jede Blume einem **Amschaspand** (guten Geiste) angehöre, so das Veilchen dem Tir, die Heckenrose dem Raschné und die hundertblättrige Rose (**goul sab barg**) dem Din".[37] Hier ist also schon ein botanisches System, in welches die Rosen eingeordnet sind, hier sind sie in die religiöse Auffassung und in die Kosmogonie verschlungen, kurz sie werden als etwas von Allen Gekanntes, von Allen Hochgeschätztes behandelt.

An das soeben Erwähnte würde sich dann unmittelbar das Vorkommen der Rose im **Sanskrit** und zwar im **Bhagavat** anschließen, wo nach einem in reinem **Hindu** geschriebenen Auszug bei Beschreibung einer schönen Frau gesagt wird: „Die Rosen welkten beim Anblick ihrer zarten Wangen".[38] Sehr alt ist jedenfalls auch die Sage, daß die schönste Frau des **Wischnu**, die **Pagoda-Siri** aus einer Rose geboren sei.[39] Auch **Lakschmi**, die Gemahlin des **Wischnu** und Göttin des Reichthums, welche mit der Göttin der Wissenschaft und der Harmonie aus dem Milchmeer entsprang, wurde von ihrem Gemahl in einer Rose von 108 großen und 1008 kleinen Blättern erblüht gefunden. Also auch hier wird die Rose als etwas allgemein Bekanntes von unzweifelhafter Schönheit hingestellt. Was immer der Grund gewesen sein mag, der die Stämme der Sanskrit- und Zendvölker bestimmte, sich von einander zu trennen und so schroff einander gegenüber zu treten, daß dieselben Worte, die bei jenen gute Geister bedeuten, wie Deva, Indra u. s. w. bei diesen zur Bezeichnung von Teufeln wurden, jedenfalls hat er die Verehrung der Rose nicht getroffen. Gleichwohl kann ich nicht umhin, schon hier zu bemerken, wie verschieden sich bei ihren Nachkommen, den Hindu und den Persern, die Sache gestaltet; während bei diesen Leben und Dichtung fast in der Rose aufgehn, wird die Rose von jenen, ungeachtet das Land an schönen Rosenarten nicht arm ist, nur sehr wenig in Leben und Dichtung verwerthet.

Geographisch und wohl auch der Zeit nach darf ich hier zunächst einige Notizen über die religiösen Gebräuche der chaldäischen Harraniter, gewöhnlich Ssabier genannt, anschließen. Es ist bekannt, daß religiöse Gebräuche sich nur sehr schwer ändern, ja selbst bei wesentlichen Umwandlungen der Religion, wie wir das später beim Uebergang des Heidenthums zum Christenthum sehen werden, in irgend einer etwas veränderten Form fortdauern. Gebräuche werden, in den Anschauungen und Gewohnheiten der Masse wurzelnd, mit unendlicher Zähigkeit festgehalten und weisen, wo sie bestehen, in der Regel auf ein hohes Alterthum zurück. Die Balthi oder Baaltis (Astarthe, Astaroth) ist eine Form der uralten weiblichen Naturgöttin bei den Semiten. Ihr Dienst ist mit dem der männlichen Naturgottheit Baal (Bel, El, Melkarth 2c.) der älteste in den semitischen Ländern. Von diesem Dienst erzählt Muhamed ben Ishag-el-Nedim im Fihrist-el-Ulum, daß die Harraniten am vierten des Kanum (December) der Göttin ein gewölbtes Zelt aufschlagen und es mit Früchten, wohlriechenden Kräutern, trocknen rothen Rosen u. s. w. behängen. Nach demselben Schriftsteller gehört es zum Kultus des Schem-āl am 1. Ajar (Mai) an Rosen zu riechen.[40] Auch die alten Bewohner des nördlichen Palästina, die heidnischen Galiläer, pflegten, ehe sie von den Hasmonäern unterjocht wurden, ihren Göttern Kränze aus Rosen darzubringen und dieselben an die Thore ihrer Tempel, so wie an die Thüren ihrer Hütten aufzuhängen, so erzählt das talmudische Buch: Megilla Taanith c. 2.[41]

Geht man nach dem uralten Kulturlande Aegypten über, so könnte man nach einer Stelle bei Athenäus [42] annehmen, daß Kränze und besonders Rosenkränze seit undenklichen Zeiten in Gebrauch waren. Der ägyptische Dichter Pankrates übergab dem Kaiser Hadrian einen rothen Lotuskranz, den man dort den „Antinoischen" nannte, und sagte in dem begleitenden Gedicht: „Ehe die Erde die Blume des Antinous, die rothe Seerose, hervorgebracht hatte, dienten Thymian, Lilien, Hyacinthen und Rosen, die sich beim Zephyr des Frühlings öffnen, zu Kränzen." Es ist vielleicht aber hier nur die Zeitfolge im Jahr poetisch ausgedrückt, denn die Lotosblume blüht erst in der Mitte des Sommers. Einen ganz sicheren Nachweis für den Gebrauch der Rosen vor der Zeit der Ptolomäer habe ich nicht auffinden können. In den von Rosellini mitgetheilten ägyptischen Denkmälern kommt als unzweifelhaft keine Rose vor. Taf. 69 der Monumenta civilia giebt den Grundriß eines ägyptischen Gartens, darin finden sich rechts einige Büsche mit rothen Pünktchen, das könnten Rosen (aber auch Granaten) sein. Taf. 126 bei der Darstellung eines Opfers finden sich rechts unten zwei Schilder, in dem links stehenden kann man in der Verzierung der Mitte recht wohl eine einfache Rose mit Kelch und Staubfädenbündel erkennen. Nach Sprengel [43] soll die Lilie in der Hieroglyphensprache „Todtenblut" heißen und nach Pierius Valerianus [44] bezeichnet die Rose bei den Aegyptern vor allen andern Blumen die Kürze des menschlichen Lebens; beides paßte sehr wohl zu der ganzen finsteren melancholischen Weltanschauung der ältesten Aegypter. Ich schließe hier noch einige mir erst später zugekommene Bemerkungen an. [45] Die Ansicht, daß erst seit der Eroberung Aegyptens durch Kambyses die Rosen von Persien aus sich in Aegypten verbreitet haben, wird von den Denkmälern widerlegt. Das koptische Wort für Rose (ouert, ourt, werd) findet sich auch in der älteren Hieroglyphenschrift als 𓅿 𓂝 𓊌 𓏥 und 𓅿 𓏤𓏤 𓊖 𓏌𓏌𓏌. Die erste Hieroglyphe kommt in dem Berliner medicinischen Papyrus vor, welcher im 14. Jahrhundert v. Chr. geschrieben ward. Dann kommt die Rose ganz sicher in Inschriften zur Zeit Ramses' II. vor. Das Zeichen 𓏌 bei dem Wort ouert zeigt an, daß von einer Pflanze die Rede ist, das Zeichen 𓊖 deutet auf den Duft. Unter der sechsten Dynastie kommt eine Königin „Nitokris" vor, die wegen ihrer Schönheit berühmt war, und wahrscheinlich den Beinamen „die Rosige" oder „Rosenwangige" führte. Herodot[46]) mag von seinem Dolmetscher das Wort Rhodopis („von rosigem Antlitz") gehört haben und verwechselt sie daher mit der Hetäre dieses Namens in Naukratis. Die griechische Rhodopis ist ohne Zweifel die ägyptische Nitokris, doch kann bei dem Namen auch noch eine andere Verwechselung Statt gefunden haben, da in der Zeit der Pyramidenbauer der Titel der königlichen Frauen so geschrieben wurde, daß er ebensowohl die „Große" als die „Rose" bedeuten kann. Auch das kann Herodot getäuscht haben.

Man wird wohl erwarten, daß ich hier zunächst die alten Schriften der Israeliten vorführe, das sogenannte alte Testament der sogenannten Bibel. Es gehört zu den vielen unbegründeten Aufstellungen der großen »fable convenue« der Geschichte, wenn man die alten heiligen Bücher der Israeliten „die älteste Urkunde des Menschengeschlechts" nennt, wie wohl zuerst von Herder geschehen ist. So, wie jene Sammlung uns vorliegt, ist ist sie vielmehr eine der jüngsten und jedenfalls viel jünger als Homer und selbst als Herodot. Die Bücher, auf die es hier vorzüglich ankommt, der Pentateuch*), sind in ihren wesentlichen Theilen erst von Esra[47]) nach dem Exil (und zwar nach 457 vor Chr.) zusammengestellt, wobei er wohl einige erhaltene alte Reste, die noch jetzt an der Verschiedenheit der Sprache zu erkennen sind, benutzte. Die ältesten Bruchstücke sind zwei Volkslieder, das Lied der Mirjam und das Deborahlied, beide wohl kurz vor der Zeit der Könige entstanden. Aufgezeichnet ist sicher nichts vor der Zeit der Könige, weil die älteste Schrift der Israeliten von den Syrern, also erst bei einer näheren Berührung mit denselben, die nicht früher als unter Salomo Statt fand, entlehnt wurde. Ganze Kapitel sind erst im dritten Jahrhundert v. Chr. eingeschaltet. Noch mehrere Jahrhunderte nach dem Exil fiel es Niemandem ein, Moses als Verfasser der Thora (des Gesetzes, unsres Pentateuch) zu nennen. Sie hieß vielmehr „Werk der Propheten" oder „aller Propheten".[48]) Moses, ein ägyptischer Priester, der sich an die Spitze des nomadischen Hirtenstammes Israel stellte, welches sich dem Arbeitsdruck und der geordneten Ansiedlung unter Ram-

---

*) Die 5 Bücher Mosis.

ses II. entziehen wollte, wie wir durch Manetho aus ägyptischen Quellen wissen, hat mit der ganzen israelitischen Gesetzgebung nichts zu thun. Die ältesten historisch beglaubigten Theile der israelitischen Literatur, „die Propheten", kennen vor dem Exil keinen Moses als Gesetzgeber, [49] ja er selbst wird vor dem Exil sogar nur ein einziges Mal beiläufig genannt. Als den ersten Begründer des wohl aus Syrien stammenden Jehovadienstes können wir wahrscheinlich Elias aussprechen; gewiß ist, daß die Israeliten bis auf die Könige dem Baal-Saturn (Chijun) dienten; [50] die sogenannte Bundeslade gehört zum Baalsdienst, und der Salomonische Tempel ist nach der ganzen Beschreibung ein Baalstempel. Aber da es den Israeliten niemals einfiel, die alten Schriften für unmittelbare Eingebung Gottes zu halten, so wurden sie auch häufig, den Ansichten der jedesmaligen Zeit gemäß, umcorrigirt und interpolirt [51] (zum Glück für uns mit so ungeschickter Hand, daß die Veränderungen fast immer leicht zu erkennen sind). Ja dieses Umcorrigiren und Verfälschen geschah noch bis ins 2. Jahrhundert nach Christus. [52] Und wie man nach Belieben einschaltete, so schloß man auch nach Belieben aus, wie das 4. Buch Esra, das 3. Buch der Maccabäer u. s. w. Diese ganze kurze Erörterung liegt nun meiner Aufgabe durchaus nicht so fern, als es anfänglich scheinen mag, denn es liegt eben in dem finsteren, unheimlichen Baal-Saturnsdienste im Gegensatz zu der heiteren und sinnlichen Verehrung der weiblichen Gestaltung des Göttlichen bei den übrigen Semiten, daß die Schönheit der Natur und ihr andächtiger Genuß den Israeliten in der älteren Zeit verschlossen blieb. In der That kommt auch in den bis gegen das dritte Jahrhundert v. Chr. und hebräisch geschriebenen Büchern die Rose gar nicht vor, und wo die Uebersetzungen, von der ältesten griechischen der sogenannten 70 Dollmetscher bis auf die Luther'sche, die Rose nennen, beruht das allein auf der Unkenntniß der Ursprache. Die Wörter, die hier in Betracht kommen, sind: 1. Schoschana; [53] das Wort, von Einigen, so namentlich auch mehrfach von Luther, durch „Rose" wiedergegeben, heißt ganz unzweifelhaft „Lilie". Syrien ist reich an Lilien und hat namentlich auch glühend rothe [54], wie z. B. Lilium chalcedonicum L., wodurch die gleichnißweise Anwendung auf die Lippen der Geliebten sich zur Genüge erklärt. Auch hat schon Dioscorides [55] Souson als syrische Bezeichnung der Lilie, ebenso später Athenäus. [56]

Nach David Kimschi und Buxtorf stammt das Wort von einer nicht mehr vorhandenen Wurzel, die „sechs" bedeutet, also die „sechsblättrige Blume", was die Rose ohnehin ausschließen würde. [57] Nach Fleischer [58] aber ist der Name von einem Stamme schamm, „schärfen", abzuleiten, so daß bei den Israeliten jede Lilie „Schwertlilie" hieße. — 2. Chabbazzeleth, dies bedeutet nach Gesenius' Commentar zum Jesaias [59] in Folge der Analogie mit dem Syrischen, die Herbstzeitlose. Unser Colchicum autumnale L. kommt aber in Palästina nicht vor, sondern nach Labillardière und Bose ausschließlich Colchicum Steveni Kunth mit sehr kleiner rosenfarbener Blume. [60] Ebenda leitet Gesenius das Wort von einer Wurzel ab, die „Zwiebel" bedeutet, und glaubt, daß es wohl richtiger mit „Narcisse" wiedergegeben werde, welche in der Ebene von Saron häufig wächst. [61] Bekanntlich ist die Narcisse eine vielfach gepriesene und besungene Lieblingsblume der Orientalen. Die Etymologie von Gesenius würde hier jeden Gedanken an eine Rose ausschließen. — 3. Noch könnte hier das Wort Barkanim in Betracht kommen, welches auch häufig mit Rose wiedergegeben worden ist; es heißt einfach „Dornen" und es liegt nicht der geringste Grund vor, das Wort auf die Rose zu beziehen. [62]

Später kommen nun allerdings die Rosen auch bei den Israeliten vielfach vor, möglich, daß sie dieselben im Exil zu Babylon kennen und lieben lernten und dann ihre Kultur in Palästina verbreiteten. Der talmudische Tractat Maaseroth erwähnt eines Rosengartens bei Jerusalem (Ginnath Varidin), in dem sehr köstliche Feigen wuchsen, von denen man aber keinen Zehnten erhob, da zur Schonung der Rosen Niemandem der Eingang gestattet wurde. [63] Nach dem Talmud war das jüdische Brautpaar mit Kränzen geschmückt aus Gold und Silber oder aus Rosen, Myrten und Oliven, eine Sitte, die erst nach Zerstörung der Stadt durch die Römer abkam. [64] Auch die Leichen wurden mit warmem Wasser abgewaschen, in das man Kamillen und getrocknete Rosen hineinwarf. [65]

Ich wende mich nun zu den Griechen, deren Urkunden doch nahe an tausend Jahre vor unserer Zeitrechnung zurückreichen. Die unsterblichen Dichtungen des Homer erwähnen, ungeachtet Odyssee und Ilias ihrem Inhalte nach wenig Gelegenheit geben, unserer Blume zu gedenken, doch derselben an vielen Stellen, so daß man sieht, daß die Vorstellungen, die sie im sinnigen Beschauer hervorruft, längst Eigenthum der Anschauungsweise seines Volkes waren. Die Aphrodite selbst salbt den Körper des Hektor mit Rosenöl, [66] die Morgenröthe hat stehend das reizende Beiwort „rosenfingrig" und im Hymnus auf die Ceres pflückt die Proserpina „Rosen und Crocus", „Rosenkelche und Lilien, wunderbar anzuschauen". [67] Bei Archilochos, der bald nach Homer dichtete (719 bis 663 v. Chr.) findet sich die Stelle: „Myrtenzweiglein hielt sie spielend in der Hand und schön erblühte Rosen." Der wenig spätere Stesichoros (632—560 v. Chr.) spricht von „in das Haar geflochtenen Rosenkränzen" und Sappho (600 v. Chr.) sagt von einer gemeinen Frau: „Todt wirst du liegen und vergessen sein, denn dich schmücken nicht im Leben die Rosen der Musen." So nahen wir uns den Zeiten des vielgenannten Anakreon, [68] von dem später mehr zu sprechen sein wird. Auch in allen den angeführten Stellen wird von der Rose als von etwas ganz allgemein Bekanntem und Anerkanntem gesprochen.

Zur Unterstützung dessen, was ich mit den vorhergehenden Anführungen darlegen wollte, kann ich nun noch auf das Leben der Volksanschauungen im Sprichwort und Lied verweisen. Das eigentlich conservative Element in jedem Volke ist die große Hauptmasse des Volkes selbst. Nur langsam eignet sie sich im Laufe der Jahrhunderte neue Vorstellungsweisen an; was sie einmal gewonnen, bewahrt sie mit merkwürdiger Treue und pflanzt es von Vater auf Sohn, von Generation auf Generation fort. Was bei einer Nation im Volkslied und Sprichwort lebt, kann man gewiß mit seltenen Ausnahmen als uralt erworbenes geistiges Eigenthum ansehen. In Sprache, Lied und Sprichwort bewahrt es gleichsam seine eigene Archäologie. Nun tritt aber nicht nur bei sämmtlichen indogermanischen Stämmen die Rose im Lied, Sprichwort, Gebrauch und Aberglauben verflochten auf, so bei Russen, Litauern, Dänen, Schweden, Schotten, Engländern, Franzosen, Serben u. s. w., sondern es zeigen auch Märchen, Sage, Lied und Sprichwort bei den am weitesten nach Westen vorgeschobenen finnischen Volksstämmen die Bekanntschaft mit der Rose und ihrem Werth. In einer magyarischen Sage wird der von seiner gestorbenen Braut in den gespenstischen Reigen der Willis hineingezogene Jüngling am Morgen todt unter einem Rosenstrauch gefunden, [69] und der Ehste spricht seine ererbte Volksweisheit in den Sprichwörtern aus:[70] „Deinetwegen wird die Nessel keine Rose tragen." „Gieb dem Esel Rosen, er sehnt sich doch nach Disteln." „Die Nesseln im Garten des Reichen riechen schöner als die Rosen auf seinem Grabe." — Ja auch der Türke hat das Sprichwort: „Keine Rose ohne Dornen, keine Bewirthung ohne Verdruß."[71]

So nehme ich denn Kenntniß und Liebe der Rose als ein uraltes Erbtheil mindestens der indogermanischen Menschheit in Anspruch; überall und zu allen Zeiten haben sie dieses ihr Erbe in der mannigfachsten Weise verwerthet; wie sich aber dieser Rosenkultus, wenn ich so sagen darf, nach Begabung der Volksstämme, so wie nach dem verschiedenen Geiste der Zeiten verschieden gestaltete, das im Einzelnen darzulegen, soll eben die Aufgabe der folgenden Blätter sein. —

Anmerkungen zum ersten Abschnitt.

1) H. Steinthal, Charakteristik der hauptsächlichsten Typen des Sprachbaues. Berlin, 1860.

2) Hogarth, Analysis of Beauty. London, 1753.

3) Die Fünf als heilige Zahl. Die erste Zahl aus Gerade und Ungerade, bei den Römern die Vermählungszahl, daher nach Plutarch Quaest. Rom. 2. die 5 Kerzen bei Hochzeiten. Zwei ist die weibliche Zahl, die Zahl der Unterwelt und des Todes. Schon im Sanskrit heißt kal sowohl „zählen" als „zerstören". Daher das Verbot des Zählens. (2. Mos. 30, 11—16.) Die männliche 3 mit der weiblichen 2 bilden die heilige 5, die pythagoreische Heilszahl; fast alle alten Völker haben ursprünglich 5 Elemente; 5 ist die Zahl der Hülfe und der Lebensverlängerung. (Jesaias 38, 5; 2. Könige 20, 6; 1. Mos. 18, 26—32, u. s. w., vergl. auch Winer, Bibl. Realwörterbuch s. v. „Zahlen".)

4) Fiorillo in seiner Geschichte der Malerei Bd. 1. Göttingen, 1798, S. 3, Anm. 1 hat eine große Anzahl von Beispielen für das Gesagte zusammengestellt.

5) Das Pentagramma ist bei den Pythagoreern das Heilszeichen, das Zeichen der Gesundheit, auch die Zahl der Seele. Die Pythagoreer setzten dieses Zeichen statt des gewöhnlichen Grußes an den Anfang ihrer Briefe (Lucian, Schutzrede für einen beim Grüßen begangenen Fehler und der Vossische Scholiast zu dieser Stelle). Die Christen bewahrten den Glauben an die Heiligkeit des Pentagramma und bildeten es besonders gern aus dem rothen Wachs der an Mariä Lichtmeß geweihten Kerzen. Es wurde gegen böse Geister und alle Verzauberungen durch Hexen angewandt, an Häusern, Ställen, Bettstellen, an den Wiegen angebracht. Auch stillende Mütter trugen es auf der Brust. In alten Häusern findet sich noch zuweilen um den Drudenfuß ein Spruch herum geschrieben: „Trudenkopf,

ich verbiete dir mein Haus und Hof, mein Roß- und Kuhstall, ich verbiete dir mein Bett-stall, mein Fleisch und Blut, mein Leib und Seele; trude in ein anderes Haus, bis du alle Büchel grattelst, alle Wasser wattelst, bis du alle Zaunstecken melfst und alle Läublein an Bäumen zählst, bis kommt der liebe Tag, da die Mutter Gottes einen zweiten Sohn ge-bären mag." (K. v. Leoprechting, aus dem Lechrain (1855, S. 24 f.). Auch in den Kirchenbau geht das Pentagramma ein, und auch dort findet man es als Schutz gegen unsaubere Geister z. B. am Capitäl einer Portalsäule der Laurenzkirche zu Niedernhall (M. Otte, Handb. d. kirchlichen Kunstarchäologie, 4. Aufl. S. 867).

6)   „Selbst die Rose, die vor allen
              „Blumen unser Aug' entzückt,
              „Würde nimmer uns gefallen,
              „Wär' sie nicht auch grün geschmückt,
              „Wäre nicht ihr Purpurhaupt,
              „Knosp' und Stengel grün umlaubt."

Nach dem Französischen des Tristan (1662) von Karl Müchler.

7) Illustrirte Zeitung v. 1. Juni 1872, S. 406.

8) J. G. von Quandt, Beobachtungen und Phantasien 2c. auf einer Reise durch Spanien. Leipzig, 1850.

9) Ich verdanke alle diese Mittheilungen der Güte des in dieser Beziehung die erste Stimme habenden Prof. Oswald Heer. Die einzelnen Nachweisungen sind folgende: P. Weber in Meyer und Dunker, Paläograph. IV, Taf. XII, Fig. 6.; O. Heer, Miocene baltische Flora S. 99, Taf. XXX, 33; O. Heer, Miocene Flora und Fauna Spitzbergens S. 70, Taf. XIV, 18; O. Heer, Pflanzen der Pfahlbauten S. 29, Fig. 51.

10) Leider sind diese so interessanten Reste des höchsten Alterthums noch von keinem kenntnißreichen Forscher mit Muße gründlich und kritisch durchforscht worden. Was Eich-wald darüber in Erman's Archiv für die Kunde Rußlands mit merkwürdiger sprachlicher und ethnographischer Unkenntniß mittheilt, indem er ganz munter Skythen, Kelten, Hunnen und Finnen in einen Topf wirft, ist eher geeignet zu verwirren als aufzuklären.

11) Nach Pott (brieflich) und Fr. Müller (in Kuhn und Schleicher, Beitr. z. vergl. Sprachforschung, Bd. 2, S. 399).

12) Viele Beisp. der Art in Fr. Diez, Etymolog. Wörterb. d. roman. Sprachen.

13) Fr. Müller, a. a. O. Für den Uebergang von r in l verweise ich noch auf das weitverbreitete Sanskritwort „puru, viel", wofür schon in den Veden bei Zusammen-setzungen die Form pulu sich findet und welches nachher zum griechischen »polys«, das deutsche „viel", der lateinische populus (Volk) u. s. w. wird.

14) Pott in Zeitschr. für Kunde des Morgenlandes, VII, 119, Zeitschr. d. Morgen-länd. Gesellsch. XIII, 390 und Stickel brieflich.

15) Herodot IV, 5—36; 46—82; 99—117; Grimm, Geschichte der deutschen Sprache, Bd. 1, S. 176—237.

16) Aemilius Macer, Mat. med. I, 26, Nr. XXI. Auch in der alten Peruaner-Sprache findet sich Aehnliches: Quina heißt Rinde und Quina-quina, gleichsam „die Rinde der Rinden", oder die „edelste Rinde", ist franz. quin-quina, unsere Chinarinde.

17) Handschriftlich.

18) Lindley, rosar. Monograph. traduit de M. Pronville S. 19 f.

19) K. Ritter, Erdkunde von Asien Bd. 1, S. 648.

20) Herodot III, 102. Kaspa tyros ist wohl sicher ein Schreibfehler der Codices. Im Text bin ich der allgemeinen von Ritter, Asien, Bd. 2, S. 1087 ff. begründeten Annahme gefolgt. Mir selbst scheint die Ansicht von Kiepert die richtigere, der die Iden-tität von Kaçyapapura und Kaçyapamîra (Kaschmir) nicht anerkennend, Kaçyapa-pura in dem neueren Kabul wieder findet. Sitzungsberichte der Berliner Akademie den 15. Dec. 1856, S. 637 f.

21) Th. Moore, Lalla Rookh, London, 1817, p. 297.
22) Forster, Voyages ed. Langles I, 294.
23) K. Ritter, Erdkunde von Asien Bd. 8. S. 220.
24) J. Morier, Journey through Persia 1808—9, p. 226. Ker Porter, Travels I. p. 335—340 nach Ritter, Asien VI, 1, S. 610.
25) Olivier, Voyage en Perse Bd. III, Rosa berberifolia.
26) J. Rich, Narrative of Kurdistan nach Ritter VI, 2, S. 550, 609.
27) A. a. O.
28) J. Görres, Das Heldenbuch aus Iran, Berlin, 1820, Thl. I, I—XIV, S. 161.
29) Ritter, Erdkunde von Asien, VI, S. 558.
30) M. Bieberstein, Flora caucasica I, 397.
31) J. J. Rousseau, der in seiner Schwärmerei für den Naturzustand zuweilen albern wird, sagt in seinen Elem. de Botanique: »Les fleurs doubles, qu'on admire dans les parterres, sont des monstres, depourvue de la qualité de produire leurs semblables, dont la nature a donné tous les êtres organisés.« Durch das Obige schon wäre er widerlegt, ich halte aber die gefüllten Rosen auf dem uralten Kulturgebiet des Kaukasus nur für verwildert.
32) Müller, Die alten Gräber in Sibirien, in Hœigold, Beiträge zum neuveränderten Rußland, Riga, 1770, Th. 2. S. 195—208.
33) M. A. de Gobineau, Essai sur l'inégalité des Races humaines T. II, (Paris, 1853) pag. 336 ff.; 340 ff.
34) Windischmann, Zoroastrische Studien. S. 121 ff.
35) Rödiger und Pott, Kurdische Studien, in Lassen, Zeitschr. für Kunde des Morgenlandes Bd. V, S. 57 ff.
36) Anquetil du Perron, Zend-Avesta (Tom. II, Bd. III, p. 404—405).
37) A. a. O. p. 403 u. 486.
38) Garcin de Tassy, Histoire de la litérature Hindoui, etc. T. II, p. 179.
39) S. v. M. in Westermann, Illustr. deutsch. Monatsh., August 1870, S. 492.
40) Nach briefl. Mittheilungen des Prof. Stickel in Jena.
41) Otho, Lexic. rabbin. philol. a. J. F. Zachariae, Alt. et Kiel, 1757, p. 289, 1.
42) Athen., Deipnos, XV, 20—21.
43) Sprengel, Gesch. d. Arzneikunde Bd. 1, Abschn. 2, § 23. (Halle, 1792, S. 59).
44) Pier. Valerian. Hieroglyph. lib. 55, cap. 1, tit. rosa.
45) Ich verdanke dieselben den gütigen brieflichen Mittheilungen eines bewährten Forschers auf diesem Felde, des Prof. G. Ebers in Leipzig.
46) Herodot II, 134 f.
47) Vergl. Irenaeus, adv. Haeret. III, 25. Clemens Alex. Strom. I, c. 21—2, sowie die Stellen bei Tertullian, Chrysostomus, Augustin und Theoderich; Alex. Weill, Moses, und der Talmud a. d. Französ. von Obbarius. Berlin, 1864.
48) 2. Kön. 17, 13. Esra 9, 11.
49) Renan sagt von der Thora sehr richtig: »une oeuvre absolument impersonelle«.
50) Man vergl. 2. Mos. 6, 2. und Amos 5, 25—26.
51) Jeremias 7, 22; Jerem. 8, 8.
52) Man vergl. die vortreffliche und gründliche Arbeit von Abrah. Geiger, Urschrift und Uebersetzungen der Bibel u. s. w. 1854, und Dr. R. Dozy, Die Israeliten zu Mekka, 1864.
53) Unser Mädchenname Susanna.
54) Das wußte schon Plinius, H. N. XXI, 5.
55) Mater med. lib. III, c. 116.

56) Deipnos, XII, 1; vergl. auch Gesenius, Thes. ling. hebr. III, p. 1385, Spalte a.
57) Buxtorf, Lexic. hebr. chald.
58) Handschriftlich.
59) Gesenius, Commentar zum Jesaias, Thl. I, Abth. 2, S. 923 f.
60) Decaisne, Plantes de la Palaestine et de la Syrie, p. 3. in Ann. scienc. nat. 1835, Botan.
61) Hohe Lied 2, 1.
62) Winer, Bibl. Realwörterbuch s. v. „Dorn- und Distelgewächse".
63) Joh. Henr. Otho, Lexic. rabbin.-philol. auct. Just. Fr. Zachariae Alt. et Kiel, 1757, pag. 302.
64) Joh. Selden, Uxor hebraea, lib. 2, c. 15.
65) Buxtorf, Synagog. Judaic. c. 49; J. L. Selvaggio, Antiq. christ. institut. P. I, lib. II, p. 273 (Mainz, 1787).
66) Man hielt das Rosenöl für säulnißwidrig und wendete es deshalb auch bei hölzernen Bildsäulen zur Conservirung an. Pausanias, Beschreib. von Griechenland, IX, 41, 6.
67) Hom. Il. 26, 186,. an die Ceres v. 6 und 428. Voß übersetzt mehrfach z. B. bei Schilderung der Briseis und Chryseis „rosig", wo das Original nichts davon, sondern das Wort „schönwangig" hat, so wie er auch an einer Stelle bei der Eos „rosenarmig" statt „rosenfingrig" gebraucht.
68) Es ist ein alter Spruch, daß kein Unsinn so groß ist, den nicht einmal ein Gelehrter behauptet und vertheidigt hätte. So hat denn auch ein engl. Reverend Mr. Nolan (Transactions of the R. S. of Lit. Vol. II, P. II, No. XVIII) behauptet, die Griechen hätten noch 200 Jahre nach Anakreon bis auf Theophrast keine Rosen gekannt und das Wort Rhodon bedeute nur ganz allgemein eine Färbepflanze (die Rose enthält aber gar keinen Farbstoff) und sei erst später auf die Rose als einer der vorzüglichsten derselben übertragen worden. Bei Theophrast seien die schönen Rosen etwas ganz neu Eingeführtes und die wilden Rosen seien klein, unansehnlich, farb- und geruchlos, und könnten unmöglich Anakreon und den übrigen Dichtern den Stoff zu ihren Liedern gegeben haben. Es ist nicht der Mühe werth, diese Anhäufung von Unsinn und Unwissenheit speciell zu widerlegen. Die Abhandlung erschien 1830, und wenn ihr Verfasser noch lebt, so hat er hoffentlich die verflossenen 40 Jahre dazu angewendet, zu lernen, daß man bei völliger Unkenntniß des Gegenstandes und mit Hülfe einiger Citate aus mittelalterlichen Scholiasten keine Untersuchungen über das Alterthum anstellen kann.
69) Graf Mayfarth, Magyarische Sagen und Märchen. S. 10—11.
70) Ehstnische Sprichwörter, gesammelt von Dr. J. Altmann, in Erman's Archiv f. d. wissenschaftl. Kunde Rußlands, Bd. 14, S. 19, 32, 42.
71) Beresin, Sprichwörter der Völker türkischen Stammes, in Erman's Archiv f. d. wissensch. Kunde Rußlands, Bd. 18, S. 167 ff.

Zweiter Abschnitt.

Das Alterthum und naiver Genuß.

(Die Rose bei Griechen und Römern.)

Wenn wir von der alten, d. h. vorchristlichen Welt reden, so denken wir dabei vorzugsweise an Griechenland, in welchem sich zuerst das Menschenthum in voller geistiger Blüthe entwickelte. Die harte, fast rohe, jeder Aesthetik baare römische Republik, zu der Lakedämon mit seinen unschönen, die Rechte des Familienlebens mit Füßen tretenden Einrichtungen den Uebergang bildet, liegt unserm Gefühlskreise trotz so mancher Erscheinungen entschiedener Größe ferner, und in allen seinen spätern Entwicklungen hat das Römerthum uns nur geistige und sittliche Verschrobenheit und unsägliches materielles Elend gebracht, während Homer und Sophokles, Herodot und Thukydides, Platon und Aristoteles noch immer für uns bieunversiegbaren Quellen des reinsten und edelsten Genusses und der erhebendsten Lehren der Weisheit sind. Nichts desto weniger müssen wir hier auf Rom Rücksicht nehmen, soweit Charakterzüge, die für den Geist dieser Republik bezeichnend sind, uns erhalten blieben und soweit am Ende der Republik die unschöpferische Nation das Griechenthum, wenn auch eigentlich nur als Luxusartikel, in sich aufnahm und reproducirte. Wohl wollen wir zugeben, daß ein Leben wie das griechische (und auch das römische) jetzt und hoffentlich nie mehr unter civilisirten Nationen möglich ist, denn die edle, rein menschliche Entwicklung der Griechen ist nur denkbar mit dem Institut der Sklaverei, bei der ein so gut wie rechtloser Theil der Menschheit dem anderen bevorzugten alle Arbeit und Mühe für Erhaltung des materiellen Lebens abnimmt. Sehen wir aber davon als von einer überwundenen Einrichtung des gesammten Alterthums ab, so müssen wir bekennen, daß in Griechenland und zumal in Jonien und Attika das reinste und menschenwürdigste Leben sich gestaltete, das wir in der Geschichte kennen. Ein reich gegliedertes, dem Ackerbau wie dem Verkehrsleben gleich

günstiges Land unter einem zumal in jenen Zeiten alle wünschenswerthe
Milde und Fruchtbarkeit darbietenden Himmelsstriche, ernährte Volksstämme, die nach jeder Richtung hin, die der Menschengeist in seiner Thätig-
keit einschlagen kann, merkwürdig begabt waren, und so entwickelte sich hier
ein Leben, welches in und mit der Natur, die dem ästhetisch feinfühligen
Griechen immer die Grundlage seines Lebens blieb, die beneidenswertheste
Form des Menschendaseins aufstellte. „Was die Naturgeschichte heute in
Büchern aufbewahrt, trug sich von selbst dem offenen Auge der Griechen
entgegen, das ohnehin noch unermüdet durch übermäßige Vertiefung in die
Welt der Buchstaben nur zwei Bilderbücher studirte: die Welt und den
Himmel."[1] Jeder Secundaner weiß heut zu Tage aus Büchern, daß die Erde
sich um sich selbst und um die Sonne dreht, was Beides die Alten nicht
wußten, da man es nicht sehen kann; aber das Gedicht des Anakreon:[2]

"Einst um mitternächt'ger Stunde,
"Als sich Arktos schon gewendet
"Um die Rechte des Bootes....."

würde heute gänzlich unverständlich an das Ohr selbst der Gebildeten klingen,
da es schon lange nicht mehr Gebrauch ist, zu sehen, was sich täglich in der
Natur begiebt, und die Jugend daran zu gewöhnen, mit offenen Augen in
die Welt zu schauen.

Was die Griechen von ihren östlichen Vorvätern ererbt und mitgebracht
hatten, gestalteten sie zu den schönsten Formenanschauungen und geistigen
Entwicklungen, überall von dem Adel der äußeren wie der inneren Menschen-
natur in maßvoller Harmonie gebunden. Es ist hier nicht der Ort, die
historische Entwickelung des Griechenthums im Einzelnen zu verfolgen, genug, daß lange vor Homer Colonien der Syrier, die nach Westen wan-
derten, der Aeolier und Jonier, die sich in Kleinasien festsetzten,
den lebhaftesten Verkehr und Ideenaustausch zwischen Morgenland und
Abendland vermittelten. Damit überkamen denn auch die Griechen von
semitischen Stämmen das Wort für die Rose und die ganze Verehrung,
welche das Morgenland dieser Blume geweiht hatte. War doch in Babylon
schon zur Zeit des Herodot die Rose so ins Leben gedrungen, daß man
silberne Rosen auf Stäben als festliche Attribute umhertrug.[3] Diesen Anschauungen bot nun die Natur Griechenlands willig die Hand. Für Make-

donien erwähnt auch schon Herodot die sogenannten Gärten des Midas, in denen die Fülle der 60blättrigen Rosen wuchs, und diese älteste Beschreibung zeigt uns, daß schon damals die Rose ein Gegenstand weit getriebener Kultur gewesen sein muß, da die Rose in der Natur wohl nur selten und ausnahmsweise mit mehr als fünf Blumenblättern vorkommt. Griechenland hat unter seinen Naturschätzen die „immergrüne Rose", die „große Hagebutte", deren süßduftende Abart die „Muskatrose", die „gemeine Heckenrose", die „pimpinellblättrige", und die beiden so leicht gefüllt werdenden, von den Griechen wahrscheinlich nicht unterschiedenen, die „Provinzrose" (Essigrose) und die „Centifolie", die alle noch heute in Griechenland wild wachsen.⁴) Nur für die letztgenannte ist es zweifelhaft, ob sie wie im Kaukasus, so auch in Griechenland ursprünglich wild vorkommt. Wenn Theophrast⁵) von der Rose sagt, daß sie meistens fünf-, einige zwölf- und zwanzigblättrig, wenige hundertblättrig seien, so ist das wohl bei ihm nur auf die Essigrose zu beziehen, die gerade im kultivirten Zustande so häufig in dem Grade der Füllung variirt und in Griechenland noch jetzt am häufigsten wild und kultivirt vorkommt.⁶)

Griechenland ist überhaupt ein Blumengarten, in welchem nördliche und südliche, östliche und westliche Floren sich berühren. Von den ältesten Zeiten flocht das Volk sich einen Kranz von Blumen in das Leben und Athen war bei den Dichtern die „Veilchenstadt" und die Athener hießen von Alters her die „Veilchenbekränzten".⁷) Pindar singt:⁸)

„Da verbreiten liebliche Veilchenblüthen sich über das Land,
„Das Wonneland, und flicht man Rosen sich ins Haar."

und:

„O herrliches, veilchenbekränztes, besungenes, Griechenlands
„Burgfeste, hochberühmtes Athen, du
„Himmelbegeisterte Stadt."

Rosen, Myrten, Veilchen und Lilien werden vor Allen genannt und gepriesen.

Schon früher habe ich einige der ältesten griechischen Schriftsteller erwähnt, die der Rose gedenken, ich fahre hier darin fort, um zu zeigen, daß der Faden nicht abreißt. Bei dem Dichter Theognis (544 v. Chr.) finden wir unter seinen Gnomen das Sprichwort: „Aus der Zwiebel blüht nie eine Rose oder Hyacinthe hervor."⁹) Hipponax¹⁰) (530 v. Chr.) gebraucht das Rosenöl, Pindar¹¹) (518—442 v. Chr.) spricht vom Bekränzen des Haares mit Rosen. Herodot, der nun folgen müßte, ist schon angeführt. Bei Aristophanes¹²) heißt es:

> „Wohlan, die Meinigen sagen, daß du herrschen sollst
> „Im ganzen Erdkreis, schön gekränzt vom Rosenkranz."

Damit wären wir denn zu den Zeiten des Aristoteles und Theophrast herabgekommen und nur den Anakreon habe ich nicht ohne Absicht übergangen. Er wird gewöhnlich als der eigentliche Sänger des Weines und der Rosen, überhaupt des heitern unschuldigen Lebensgenusses angesehen und müßte als solcher gelten, wenn das, was unter seinem Namen vorkommt, wirklich von ihm herrührte. Dem ist aber nicht so. Wir haben nur wenig Fragmente von ihm, die als echt erwiesen sind, und so wenig ihrer sind, kommt doch die Rose darin vor, in der Liebkosung „schöner als Rosen"; in einem Verse bei Athenäus heißt es:

> „Drei Kränze trug der Mann, zwei von Rosen,
> „Und den dritten den Naukratitenkranz."

und vielleicht ist auch von einer vollen Rose die Rede, wenn er sagt, „daß Eros ihn mit purpurnem Balle wirft". Alles Uebrige, was unter seinem Namen geht, soll von einem jüngeren Dichter untergeschoben sein, ist aber so ganz im Geiste Anakreons und seiner Zeit gedichtet, daß man leicht begreift, wie es so lange für ein Werk des fröhlichen Alten hat gelten können. Die Zeit, wann dieser Pseudo-Anakreon gelebt hat, ist nicht bekannt, jedenfalls darf man sich für die Folgezeit ganz sicher auf ihn als Vertreter der im Volke und bei den Dichtern geläufigen Anschauungen berufen.

Zunächst wurden die Pflanzen, besonders die Bäume und Blumen und zumal die Rose von den Griechen zu den anmuthigsten Legenden verarbeitet. Ich erinnere nur an die in den Lorbeer verwandelte Daphne, die in ein Rohr umgewandelte Syrinx, den zur Blume gewordenen Hyakinthos.¹³) Ueber die Rose gestalteten sich die Legenden äußerst mannigfaltig. Die am meisten verbreitete Dichtung läßt die Rose aus dem Blute des Adonis und gleichzeitig die Anemone¹⁴) aus den Thränen der den geliebten Todten beweinenden Aphrodite entstehen:

„So viel Thränen vergießt die paphische Göttin, als Tropfen
„Bluts Adonis verliert, es wandelt sich Alles in Blumen:
„Rosen entsprießen dem Blut und Anemonen den Thränen." 15)

Nach anderer Auffassung, die vielleicht ursprünglicher ist, war es der bei der Erschaffung der Aphrodite abfallende Meerschaum, aus dem der Rosenstock hervorwuchs, und der von den Olympischen darauf geträufelte Nektar ließ aus dem Dorn die prachtvolle Rose entstehen. 16) Nach wieder veränderter Anschauung ist die Rose vorhanden, aber nur weiß; Aphrodite, die dem verwundeten Adonis zu Hülfe eilen will, verletzt sich den Fuß und ihr Blut färbt die Rosen roth. 17) Endlich erwähne ich noch die Sage, nach welcher alle durch die Liebe unglücklich gewordenen Heroinen, um sich zu rächen, den Amor ergreifen, kreuzigen und mit seinen eigenen Pfeilen verwunden, so daß durch sein herabfließendes Blut die weißen Rosen roth gefärbt werden. 18) Bei allen diesen Legenden erscheinen die Rosen als Gaben der Götter, nicht als etwas, das der Mensch sich aus der Natur angeeignet, oder, was dasselbe sagen will: die Aufnahme der Rose in die Beziehungen des menschlichen Lebens liegt weit hinter aller Rechnung der menschlichen Geschichte zurück.

Schon durch diese Ursprungslegenden kommt die Rose in unmittelbare Verbindung mit dem griechischen Götterkreis. Aber es giebt auch noch einen anderen allgemeinen Grund für diese Verknüpfung. Der Götterglaube entspringt einer inneren psychologischen Nothwendigkeit beim Menschen, aber die ästhetische Anlage des betreffenden Menschenstammes gestaltet und schmückt das an sich formlose göttliche Princip. Ich fasse hier das Wort: „ästhetische Anlage" im allerweitesten Sinne, so daß es auch seine Verneinung, Roheit und sittliche Fäulniß in sich begreift, wie z. B. der christliche Kultus der verkommenen romanischen Welt sich bis zur Verehrung und Anbetung von zu Tode gemarterten Menschen verirrte. Besonders ist es die Art und Weise, wie ein Volk sich zur Natur stellt, dieselbe in sich aufnimmt und verarbeitet, die den größten Einfluß auf die Formen der Götterwelt und Gottesverehrung ausübt, wie das sogleich in die Augen springt, wenn man zwei so extreme Göttersysteme wie das griechische des heiteren Himmels und das nordische der finstern harten Eisnatur einander gegenüberstellt. Man kann die meisten griechischen Gottheiten in ihrem Ursprunge auf eine Vergeistigung der verschiedenen Seiten des Naturlebens zurückführen und eine geschmackvolle Verwendung des Schönen in der Natur adelte ihren ganzen Kultus.

Gewiß ist, daß die Griechen einen Theil ihrer Vorstellungen und Ausgestaltungen des Göttlichen von fremd her überkamen, theils als altes Erbtheil aus ihrer Urheimat mitbrachten, theils besondere Umgestaltungen der uralten Vorstellungskreise von benachbarten östlicheren Völkerstämmen durch die Vermittlung gegenseitiger Kolonien sich aneigneten. Die syrischen (phönikischen) Auswanderer gründeten schon früh Niederlassungen auf den griechischen Inseln, besonders über Cypern, auf Rhodos, Cythera u. s. w., während Achäer, Aeolier und Jonier sich anderer Inseln und der Küsten von Kleinasien bemächtigten. Wichtig für unsere Zwecke sind besonders die ersteren. Die sämmtlichen südwestlichen asiatischen Völker (Semiten) hatten sich das göttliche Wesen als schöpferische Naturkraft und zwar mit Spaltung in eine männliche und in eine weibliche Personification entwickelt; ich nenne hier nur die allgemeinsten und bekanntesten Namen Baal (der Herr), Repräsentant der allzeugenden Sonne, und Baaltis (die Herrin) in doppelter Vorstellung: als die allen Samen empfangende und zeitigende Erde. Sobald der Mensch sich über die ersten sinnlichen Eindrücke so weit erhob, um über die ihn umgebende Welt, ich will nicht sagen, nachzudenken, aber doch phantasiren zu können, so mußte ihm als eins der wunderbarsten und erhabensten Räthsel der Ursprung lebender Wesen entgegentreten. Schöpfung und Fortpflanzung wurden die zwei Aufgaben seiner weiteren geistigen Thätigkeit. Ich habe nur die letzte hier zu verfolgen. Das Entstehen einer selbstbewußten Individualität, ein Vorgang, den er an und in sich selbst wahrnahm, mußte dem noch unentwickelten Menschen als eine der geheimnißvollsten Erscheinungen vorkommen. Der Erfahrung aus seiner nächsten Umgebung, seinen nächsten Lebensereignissen folgend, knüpfte er diese Erscheinung an die Trennung der Geschlechter, die er dann idealisirte und zur männlichen und weiblichen Wesenheit in der Natur erhob, um daraus dann überhaupt alles Entstehen in der Welt zu erklären. Diese Auffassung läßt sich durch den Anfang fast aller kosmogonischen Religionen verfolgen. Am schärfsten bildeten die semitischen Stämme diese Vorstellung aus. Das Band, welches beide Geschlechter vereinigt, die Liebe, mußte dem Menschen eine übermenschliche, göttliche Bedeutung erlangen, als der

Urgrund alles Werdens, daher bei den Griechen der aus dem Chaos hervortretende Eros der Vater aller Götter ist. Auch bei den Indern wird im Geiste des Urwesens zuerst Kâma, die Liebe, gebildet, die dann der ursprüngliche, schöpferische Same ist. [19]) Als Ursache dieses geheimnißvollen Zuges, welcher die Geschlechter zu einander führt, erkannte der Mensch sehr bald die Schönheit, wenn dieselbe auch anfänglich nur materieller, sinnlicher, erst später geistig gefaßt wurde. — So wurde die Schönheit in der Natur denn auch wieder durch eine nahe liegende Umkehrung die Mutter der Liebe, Aphrodite Mutter des Eros, und wenn auch nicht überall dem Range, so doch dem Wesen nach die erste und allgemeinste Gottheit bei allen Völkern, roher bei den heißblütigen Orientalen, klarer und anmuthiger bei den feinfühligen Griechen. Um sie und um die Weiblichkeit als Trägerin derselben gruppirten sich alle die höchsten und heiligsten Beziehungen des Menschen, an sie knüpfte sich alle zarteste und lieblichste Symbolik.

Von allen den verschiedenen Auffassungen dieser weiblichen Gottheit, die uns als Kybele, Artemis, Demeter u. s. w. entgegentreten, hebe ich hier nur die eine Form hervor, die vorzugsweise die schönere Seite des weiblichen Princips, die Schönheit und Liebe darstellt, die Aphrodite; diese Gottheit und ihren Kult empfingen die Griechen von den Asiaten über das Meer her und deshalb ist sie die schaumgeborene, dem Meer entstiegene Göttin. Gleich an ihr erstes Auftreten, wie wir gesehen haben, knüpft sich die Legende von der Entstehung der Rose. Schon in Syrien war die Verehrung dieser Göttin und besonders der eng damit verbundene aus Aegypten stammende Adoniskult mit der Rose verflochten. [20]) Im Adonis feierte man die im Herbst absterbende und im Frühling sich neu belebende blühende Natur, in kleinen Pflanzungen, den Adonisgärten, symbolisch dargestellt. In der Aphrodite verherrlichte man Alles, was Natur und Menschenleben Schönes und Liebliches hat, die ganze Blüthenfülle des Frühlings und die heitere Liebeslust. Daher waren die Aphrodisien, die Feste der cyprischen Göttin, recht eigentlich Blumenfeste, bei denen Alles mit Grün und Blumen, mit Myrten und Rosen geschmückt war, wo die Liebenden beim Schalle der Nachtigall im paphischen Haine tanzten und die Ermüdeten sich an den Wettgesängen der Dichter und Musiker erquickten. [21])

So war denn die Rose zunächst die Blume der Aphrodite und ihr geweiht. Auch eins ihrer Urbilder, die große Göttin von Ephesos, oder die schwarze Artemis oder Allgöttin, die später von den Griechen in viele einzelne Gestaltungen getheilt wurde und deren Kult sich allmälig bis ins westliche Europa verbreitete, trug als stehenden Schmuck an ihrer Perlen=schnur auch Rosen.

Wie schon erwähnt, gehört Aphrodite selbst einer in der mannig=fachsten Weise ausgestatteten religiösen Grundanschauung an, und sie selbst zerfällt wieder nach einzelnen Beziehungen in ihrem Wesen oder nach localer Auffassung in mannigfache Personificationen, wobei denn auch die Rose eine wesentliche Rolle spielt. Wie sie in Rhodos verehrt wurde, [22] so leitete man auch den Namen der Insel von ihrer Lieblingsblume ab, aber Rhodos ist auch eine Tochter der Aphrodite und eine Geliebte des Apollon, und Mutter der Heliaden. Auch in Korinth herrschte der Kult der Aphro=dite vor ,und Rhodanthe*), die fabelhafte Königin von Korinth, wird von Apollon in eine Rose verwandelt, und dann wird auch wieder eine Rhode [23] als eine Gemahlin des Helios erwähnt. Alle diese Personen sind nur Formen einer und derselben Grundgestalt der Aphrodite, und schon die Alten selbst erkannten die Identität des Wesens in allen diesen ver=schiedenen Personificationen und ihren Verwandten an. Die im Gebet ange=rufene Venus erscheint bei Appulejus [24] mit den Worten: „Da bin ich, die Erzeugerin aller Dinge, die Herrin aller Elemente, die Erstgeborne der Zeit, die Höchste der Götter, die Königin der Geister, die Erste der Himm=lischen, die Grundgestalt aller Götter und Göttinnen, deren Wink die glän=zenden Lichter des Himmels, die heilbringenden Wogen des Meeres und das trostlose Schweigen der Unterwelt gehorcht, die einzige Gottheit, deren Viel=gestalt mit verschiedenen Gebräuchen unter mannigfachen Namen der ganze Erdkreis verehrt. Bei den alten Phrygiern war ich die pessinuntische Göttin, bei den erdgebornen Attikern die cecropische Minerva, bei den Cypriern die paphische Venus, bei den Cretern Diana, bei den Siculern die stygische Proserpina, die alte eleusinische Göttin Ceres und Juno, Andern Bellona, Andern Hecate . . . . . und die Königin Isis."

---

*) Rosenblume.

Von der Aphrodite ging dann die Rose in legitime Erbschaft auf ihren Sohn, den Eros über,[25] und bei den Hymenäen in Athen bekränzten sich die jungen Mädchen nach Pausanias mit Rosen. Der Aphrodite zunächst aber standen die Charitinnen, und die beiden der Aphrodite geheiligten Pflanzen, Myrte und Rose, finden wir auch bei ihnen wieder. Nach einer Schilderung eines Tempels in Elis bei Pausanias hat die eine Grazie als Symbol einen Würfel (das Zeichen des Spiels, der jugendlichen Freude), die zweite einen Myrtenzweig, und die dritte eine Rose[26] in der Hand. An die Grazien schließen sich dann die Musen, denen nach Sappho und Anakreon ebenfalls die Rosen geheiligt waren.[27]

Neben der Aphrodite zog aber noch ein anderer orientalischer Kultus über Kleinasien und Griechenland ein, nämlich der des weitgefeierten Dionysos (oder Bakchos), und eben derselbe brachte den Blumen- und besonders den Rosenschmuck in seinem Gefolge mit nach Griechenland. Auch hier verschlingen sich die verschiedenartigsten Sagenkreise in buntestem Schiller und knüpfen sich durch die Rose an die Aphrodite-Legenden. In seinem Rosengarten bewirthete Midas den Dionysos und hier prophezeite der dionysische Silen, hier wurde derselbe gefangen und mit Kränzen gefesselt.[28] Mit Blumen schmückten sich die bakchischen Züge, daher hieß Dionysos auch Euanthes, der „Schönblumige", und Philostephanos, der „Kranzliebende". Nach Nikander hieß Bakchos in dorischer Mundart „ein Kranz" und die Sikyonier nannten einen wohlriechenden Blumenkranz Jakcha.[29] Der thrakische Rosenberg „Rhodope" war der Lieblingsaufenthalt des Orpheus, des Dieners und Dichters des Weingottes; Rhodope, das „Rosenantlitz", war die Mutter des Melampos, ebenfalls eines Dichters und Dieners des Liäos, und nach Anderen ist sie auch wieder die Mutter des Orpheus. Der Sieger im Dithyrambos, welcher zu Ehren des Dionysos gesungen wurde, erhielt einen Kranz von Rosen. Die Gastmähler schmückte man mit Rosen, dem Zeichen des Dionysos.[30] Die Feste der Aphrodite wurden nie ohne Wein gefeiert, und deshalb nennt ihn Aristophanes, die „Milch der Aphrodite". Aus den zu Dendera befindlichen Tempelinschriften erfahren wir, daß der Hathor, der Göttin der Lust und Liebe, ein ähnliches Fest gefeiert wurde, wie der Bubastis (und der Aphrodite bei den Griechen). Es hieß die

Tech u = Feier (Volltrinkerfest). [31]) Die vielnamige Göttin wurde bei demselben „die Herrin des Rausches" oder selbst „die Berauschte" genannt. [32])

Aber auch hiermit ist der Kreis der Gottheiten, denen die Rose geheiligt war, noch nicht durchschritten. Die Demeter, auch eine der Formen der syrischen Göttin, ziert den Korb, in dem sie ihre Gaben trägt, mit Rosen und Anemonen. [33]) Selbst den Nymphen werden Rosen geweiht [34]) und Komos mit einem Rosenkranz auf dem Haupte abgebildet. [35]) Selbstverständlich ist bei der Eos und bei Phöbos als aufgehender Sonne Alles rosig. Aus rosengeschmückter Vorhalle tritt die Eos hervor durch die purpurnen Thore, rosenwangig und rosenfingrig führt sie das rosige Zwei- und Viergespann herauf, Rosen nach allen Seiten ausstreuend, bei ihrem Erscheinen lächeln die Wiesen in rosigem Erglühen, so daß man nicht weiß, ob sie der Rose oder die Rose ihr die Farbe verleiht. [36])

Es ist nicht thunlich, die Verwendung der Rose bei den Griechen weiter zu besprechen, ohne auf den mannigfaltigen Gebrauch der Kränze im Allgemeinen hingewiesen zu haben. Kränze winden und sich damit schmücken ist ein alter Brauch bei den Griechen. Wo festliches Gepränge und frohe Gelage geschildert werden, sind immer Blumen und Kränze die Mittel, die Freude zu erhöhen; Gold und Edelsteine werden erst sehr spät, gegen Anfang unserer Zeitrechnung, erwähnt. Wenn auch im Homer nur einmal kranzgeschmückte Mädchen auf dem Schilde des Achilles vorkommen, so müssen Kränze doch bald nach ihm in allgemeinem Gebrauch gewesen sein, denn Seleukos sagt, daß alle Kranzsorten, die von Weibern getragen werden, „Epithymien" heißen. Er setzt also schon den Gebrauch ganz verschiedener Arten von Kränzen voraus. Nach Alkäos (um 603 v. Chr.) und Anakreon heißen die Kränze, die man um den Hals trägt, „Hypothymien". Ueberall werden von den alten Schriftstellern Kränze in solcher Mannigfaltigkeit erwähnt, daß man glauben sollte, kaum irgend eine Pflanze sei von dieser Anwendung ausgeschlossen gewesen. Allerdings ist es für uns nicht immer leicht, und oft sogar unmöglich, die Pflanzen zu bestimmen, welche als Material zu Kränzen genannt werden. Der Ursprung der Sitte muß schon deshalb weit im Alterthum zurückliegen, weil auch sie den Göttern zugeschrieben wird, und Dionysos selbst wird dafür gepriesen, daß er für die Trinker den Epheukranz eingeführt habe. ³⁷) Aeschylos dagegen macht im „befreiten Prometheus" diesen zum Erfinder der Kränze und sagt: „wir tragen die Kränze nur zur Erinnerung an die Fesseln des Prometheus"; in der „Sphinx" heißt es: „Kränze wären die besten Fesseln". Eine ganz anmuthige, freilich spätere Dichtung des Rhetor Libanios ³⁸) knüpft die Einführung der Rose und des Kranzes zugleich an das Urtheil des Paris: „Als die drei Göttinnen, um den Preis der Schönheit zu gewinnen, nach dem Ida kamen, wollten Athene und Here sich nicht eher dem Schiedsspruch unterwerfen, bis Aphrodite ihren Gürtel abgelegt habe, welcher ein sie begünstigendes Zaubermittel sei. Aphrodite erwiderte, daß ihre Nebenbuhlerinnen zwar ähnliche Zaubermittel trügen, Here das goldene Diadem und Athene den Helm, sie wolle aber gern auf den Gürtel verzichten, wenn ihr gestattet sei, sich irgend einen andern Schmuck zu suchen. Das wurde ihr gestattet; da ging sie an den Skamander, badete sich und sammelte dann Lilien, Veilchen und andere Blumen; plötzlich aber wurde sie durch lieblichen Duft auf die Rose aufmerksam gemacht; da warf sie alle andern Blumen fort, flocht die Rosen zum Kranze und setzte sich den aufs Haupt. So betrat sie wieder den Ida. Aber die beiden andern Göttinnen warteten den Urtheilsspruch des Paris gar nicht ab, nahmen der Aphrodite den Kranz ab, küßten die Blumen und setzten ihn dann wieder auf ihr Haupt als dem allein würdigen, erkennend, daß die Göttin ebenso sehr die Blumen schmücke, als von ihnen geschmückt werde." So wie hier in der Dichtung war aber auch im ganzen Leben der Griechen ein Kranz der Lohn jedes Siegers in irgend einem Wettstreit, und schon die alten Aegypter pflegten in den Schulen die fleißigsten Kinder mit Kränzen zu belohnen. ³⁹)

In der kurzen Geschichte der Kränze, die Plinius ⁴⁰) mittheilt, wird gesagt, daß bei den Griechen anfänglich nur den Göttern Kränze geweiht wurden, daß später die Opfernden zu Ehren der Götter Kränze trugen. ⁴¹) Diese Weihekränze wurden den Bildern der Götter aufgesetzt, angehängt oder zu deren Füßen niedergelegt. ⁴²) Pausanias erzählt: ⁴³) „Als ich zu Thalamä in Lakonien war, konnte ich im Tempel der Ino die Göttin selbst nicht sehen, so dicht war ihre Bildsäule mit Kränzen behängt." Waren die Kränze verwelkt, so vertauschte man sie mit frischen. ⁴⁴) Die Römer waren in Beziehung auf Kränze, die ganz dem öffentlichen (Polizei-) Recht unterstellt waren, sehr strenge. 45) In der Republik mit strenger Sitte wurde der Kranz nur vom römischen Senat als Anerkennung des Verdienstes, gleichsam als Orden, vertheilt. Als Publius Munatius von der Bildsäule des Marsyas einen Blumenkranz genommen und sich aufgesetzt hatte, ließen ihn die Triumvirn fesseln und ins Gefängniß führen, und vergebens rief er die Volkstribunen zu seinem Schutze an. 46) In anderer Beziehung war auch bei den Griechen das Kränzetragen gewissermaßen ein Vorrecht. Wie im Mittelalter gefallene Mädchen Kirchenbuße thun und ohne Kranz sich trauen lassen mußten, so war nach Solonischem Gesetz unehrbaren Mädchen und Frauen das Opfern im Tempel und das sich Schmücken mit Kränzen verboten. 47)

Sappho singt: „Bekränze dein Haupt, indem du Dillzweige mit den zarten Händen verflichtst. Alles schön Blühende ist den Göttern angenehm; von Unbekränzten wenden sie sich ab."

Aristoteles („über das Gastmahl") sagt: „Den Göttern bieten wir nichts Mangelhaftes, sondern nur Vollkommenes und Unverletztes. Bekränzung aber bedeutet eine gewisse Vollendung und Vervollkommnung." So sagt Homer: „die Sklaven kränzten den Becher mit Wein" und „Gott kränzte die Form mit Worten", d. h. den für den Anblick Häßlichen ersetzt er, was ihnen fehlt, durch die Gabe kluger Rede. 48) In ähnlichem Sinne sagen wir jetzt: „das Werk krönen". Corona heißt bei den Römern zugleich „Krone" und „Kranz".

Plinius fährt fort, daß man auch die Opferthiere bekränzt habe 49) und daß die Kränze endlich bei den heiligen Kampfspielen in Gebrauch kamen, wobei der Kranz aber nicht eigentlich dem Sieger, sondern dem Vaterlande desselben zugesprochen wurde. Zu Ehren desjenigen, der als Sieger bekränzt aus Olympia zurückkehrte, wurde von seiner Vaterstadt ein Stück der Mauer eingerissen, damit er durch diese Lücke einziehen könne. 50) Plutarch 51) erklärt dies so: „es sei durch diesen Gebrauch ausgesprochen, daß Städte, deren Bürger so siegreich zu kämpfen wüßten, keiner Mauern bedürften." Schon Simonides sagt in seinem Epigramm auf die Statue des dreimaligen Siegers in den olympischen Spielen, des Astylos aus

Kroton: „Wer hat in dieser Zeit so viele Siege mit Myrtengewinden und Rosenkränzen gefeiert in den Kampfspielen, als du?" [52])

Der echte Anakreon [53]) (um 500 v. Chr.) spricht von Myrtenkränzen, die mit Rosen durchwebt sind; in den „Stutzern" des Kratinos (um dieselbe Zeit) heißt es: „Ich bekränze mein Haupt mit Lilien, Rosen" u. s. w. [54]) Auch soll der Demos bei Aristophanes (um 400 v. Chr.) mit Rosen bekränzt sein. [55]) Danach ist ein Hauptpunkt des immer oberflächlich zusammentragenden Plinius zu berichtigen. Er erzählt, daß man erst nach der hundertsten Olympiade (380 v. Chr.) angefangen habe, bunte und wohlriechende Blumen in die Kränze zu flechten. Dies sei nämlich eine Erfindung der Kranzflechterin Glykera in Sikyon gewesen. Dieselbe habe durch immer schönere natürliche Kränze mit dem Maler Pausias, der ihre Kränze malte, gewetteifert, so daß Natur und Kunst um den Preis gerungen hätten. Pausias malte die Glykera auf einem später sehr berühmten Bilde „Stephanoplokos" (die „Kranzwinderin"), welches noch zu Plinius' Zeiten vorhanden war, und in einer bloßen Copie zu Athen von Lucullus mit 2000 Thlr. bezahlt wurde. [56]) Jeder wird sich hierbei der Dichtung Goethe's „der neue Pausias" erinnern. Uebrigens gab es auch schon zu Aristophanes' Zeit (444—388 v. Chr.) Mädchen, die sich vom Kränzeflechten nährten, [57]) und Eubulos (um 350 v. Chr.) schrieb ein Drama: „die Kranzhändlerinnen". [58]) Später ward dann, wie Plinius [59]) bemerkt, dies Kranzflechten vollständig zu einer Theorie ausgebildet, indem man absichtlich verschiedenartige Blumen zusammenstellte in der Weise, daß Farben, wie Gerüche, durch die gegenseitige Einwirkung gehoben wurden oder, wie Plinius sich ausdrückt, sich an einander entzündeten. [60])

Die Kränze waren sehr mannigfaltig. Der Sieger in den olympischen Spielen wurde mit wilden Oliven bekränzt, [61]) zu Delphi aber mit Lorbeer; bei den isthmischen Spielen war der Preis ein Pinienkranz, bei den nemeïschen ein Selleriekranz. [62]) Im Allgemeinen wurden Sieger mit Palmenzweigen geehrt. [63]) Selbst die Rosse kränzte man, die im Wettrennen gesiegt. [64]) An die Siegeskränze schließen sich die Kronen für bestimmte einzelne Verdienste, eine Sitte, die vorzugsweise bei den Römern gesetzlich ausgebildet war. So hatte man besonders für Rettung eines römischen Bürgers in der Schlacht die Bürgerkrone, die von Zweigen der Steineiche (Ilex) oder der eßbaren Eiche (Esculus) geflochten war; der Empfänger durfte sie fortwährend tragen und der ganze Senat erhob sich von seinen Sitzen, wenn ein so Bekränzter eintrat. Die Krone für den kleinen Triumph („Ovation") wurde aus Myrtenzweigen gewunden. Der höchste Ehrenkranz aber, der einem Römer zu Theil werden konnte, war die „Graskrone", womit diejenigen belohnt wurden, die ein ganzes Heer oder eine Stadt gerettet hatten. [65] Die Graskrone konnte nur von dem ganzen Heer oder der geretteten Stadt selbst ertheilt werden. Plinius zählt nur sieben Männer auf, denen die Graskrone gegeben wurde, darunter Decius Mus, der sie zweimal erhielt, was sonst nie vorgekommen ist, und der bekannte Fabius Cunctator, der Einzige, dem die Graskrone vom römischen Senate selbst zuerkannt wurde, da er im zweiten punischen Kriege den ganzen Staat gerettet habe. — Die Graskrone wurde von keiner bestimmten Pflanze geflochten, sondern von dem Gras, das auf der Stelle wuchs, wo die rettende That gethan war. Wir können uns freilich wohl keinen Begriff weder von der Schönheit noch von der Würde eines solchen Kranzes machen. Auch der Selleriekranz hat heute für uns etwas Fremdartiges, er gehört aber bei den Griechen mit zu den ältesten und in alten Zeiten auch am vielfachsten verwendeten. Insbesondere wurde er neben dem Epheukranz beim Weintrinken aufgesetzt, ehe der Rosenkranz ihn verdrängte. Anakreon [66] singt: „Wir wollen den Selleriekranz auf die Augenbrauen setzen und das frohe Fest des Bakchos feiern."

Die vielen Blumen, die zu Kränzen benutzt werden, zählte schon Theophrast auf; [67] er theilt sie in geruchlose und duftende, zu den letzteren gehören mehrere Thymianarten, Veilchen und Rosen; Pollux [68] fügt noch Lilien, Kerbel, Narcissen, Steinklee und Kamillen hinzu. Athenäus erwähnt auch Majorankränze. [69] Epheu und Myrtenkränze werden sehr häufig genannt. Später werden Lotuskränze gerühmt. [70] Im Allgemeinen erzählt Plinius [71], daß man schon in alten Zeiten die Götter, die Schutzheiligen des Staates und der Familie, die Grabmäler und die abgeschiedenen Seelen mit (Laub=?) Kränzen geehrt habe, dann sei man auf die Rosenkränze übergegangen und habe denjenigen den größten Werth beigelegt, die nur aus zusammengehefteten [72] Rosenblättern bestanden; daß man endlich den Stoff zu Kränzen aus Indien oder aus Ländern, die jenseits Indiens liegen, geholt habe und daß nun die aus Nardenblättern gemachten oder die mit bunten von wohlriechenden Salben triefenden Seidenstoffen durchflochtenen für die herrlichsten galten. 73)

Die Kränze verschönerten aber auch das ganze Privatleben der Alten. Bei freudigen wie traurigen Ereignissen, nach Ueberstehung großer Gefahren hing man Votivkränze in den Tempeln auf. 74) Kränze sendete man der Geliebten, hing sie nächtlich an ihre Thür und legte sie auf ihre Schwelle 75), indem man oft auch Gedichte hinzufügte, und wenn der Kranz, den Jemand auf dem Kopf trug, auseinanderging, so sagte man, er sei verliebt. Kränze schmückten die Thüren der hochzeitlichen Häuser, sowie Braut, Bräutigam 76) und ihre Begleiter; Kränze erhöhten den Genuß bei festlichen Gelagen, daher trägt Komos, der zwar nicht Geschöpf der Mythologie, sondern nur der Dichtung ist, einen Rosenkranz; Kränze waren Zeichen der Freude, 77) sowie das Ablegen derselben Trauer anzeigte. 78) Als Xenophon einst mit bekränztem Haupt opferte, wurde ihm gemeldet, daß sein Sohn in der Schlacht bei Mantineia getödtet sei. Da nahm er den Kranz ab, aber setzte ihn wieder auf, als er erfuhr, daß sein Sohn tapfer kämpfend gefallen sei. 79) Um seine Freude über einen erfochtenen Sieg zu verhehlen, enthielt sich Philippus der Kränze und Salben. 80) Bei den Griechen war das Kränzetragen aus Freude oder Lebenslust freie Sache des Einzelnen, und in Athen erschienen junge Männer noch vor der Mittagsstunde in den Versammlungen weiser Männer mit bekränztem Haupte; 81) bei den Römern dagegen, die in früheren Zeiten überhaupt nur Kränze kannten, die durch Kriegsthaten erworben waren, 82) erschien Alles bureaukratisch-polizeilich geordnet. Als Marcus Fulvius seinen Soldaten wegen geringer Leistungen, z. B. wegen fleißiger Arbeiten an den Verschanzungen, Kränze ertheilte, erhielt er dafür von Marcus Cato, dem Censor, einen heftigen Verweis, 83) und als im zweiten punischen Kriege der Geldwechsler Lucius Fulvius sich herausnahm, mit einem Rosenkranz auf dem Haupt aus seiner Bude heraus aufs Forum zu sehen, wurde er kraft eines Senatsbeschlusses ins Gefängniß geführt und erst nach Beendigung des Krieges wieder freigelassen. 84) Bilder derer, die man liebte, schmückte man mit

Rosen und Veilchen.⁸⁵) Männer, die man hochschätzte, z. B. geliebte Lehrer, ehrte man dadurch, daß man ihre Büsten bekränzte.⁸⁶)

Und noch die Todten ehrte man mit Kränzen.⁸⁷) Wie man bei uns tapferen Kriegern die errungenen Orden auf den Sarg legt, so schrieb das Zwölftafelgesetz bei den Römern vor, daß der in Kampfspielen oder im Kriege erworbene Kranz sowohl dem, der ihn erworben, als dem Vater desselben im Tode aufgesetzt werden solle.⁸⁸) Bei den Griechen bekränzte man die Leichen⁸⁹) so wie die Urnen. Als Philopömen begraben wurde, trug der Sohn des achäischen Feldherrn, Polybius, die Aschenurne, aber vor der Menge der Bänder und Kränze war sie kaum zu sehen.⁹⁰) Bei Sulla's Leichenfeier wurden 2000 Kränze dargebracht.⁹¹) Auch die Gräber schmückte man mit Blumen und Kränzen⁹²) und hier begegnen wir noch einmal wieder dem Sellerie, denn Plutarch erzählt:⁹³) „Als Timoleon mit einem Heere einen Hügel hinanging, begegneten ihm Maulesel, welche Sellerie trugen. Das hielten die Soldaten für eine üble Vorbedeutung, weil es Sitte ist, die Denkmäler der Todten mit Sellerie zu bekränzen." Ebendaselbst wird auch erwähnt, daß es sprichwörtlich geworden sei, von einem Todtkranken zu sagen: „Der braucht Sellerie."

So begleiteten die Blume und der Kranz den Menschen durch das ganze Leben, denn sie gehören dem Genius des Lebens selbst an.⁹⁴) Unwahr ist es, wenn Martianus Capella⁹⁵) sagt, daß Epikur den Blumenluxus aufgebracht habe, vielmehr war die Blume dem kindlich heiteren Sinne der Griechen von frühesten Zeiten her congenialisch und schon Empedokles⁹⁶) sagt in ihrem Geiste sehr wahr: „Die Pflanzen haben so gut wie die Thiere eine Seele, die verlangt und sich betrübt."⁹⁷)

Von allen Blumen, die einzeln oder in Kränze geflochten⁹⁸) vorkommen, ist die am meisten verwendete, die gefeierteste, die schönste die Rose; sie ist Nach Aemilius Macer⁹⁹) „die Blume der Blumen":

„Wohl wird die Rose mit Recht als Blume der Blumen gepriesen,
„Da sie durch Duft und Gestalt alle Blumen beschämt."

Nach Anakreon¹⁰⁰) ist sie die „Königin der Blumen": „Rose, du bist der Blumen Königin, du, Myrilla, die Rose unter den Jungfrauen." Und in das ganze Leben der Griechen ist die Rose verwebt: „Was könnte irgend ohne Rosen gethan werden?" fragt Anakreon in einem

Gedicht zum Preis der Rose. [101]) Und bei Achilles Tatius heißt es: „Wenn Zeus den Blumen eine Königin hätte geben wollen, so würde er gewiß nur die Rose dieser Ehre für würdig geachtet haben. Sie ist die Zierde der Erde, der Stolz der Pflanzenwelt, die Krone der Blumen, der Purpur der Wiesen, der Abglanz des Schönen. Sie ist der Liebe voll, im Dienst der Aphrodite, sie prangt mit duftenden Blättern, wiegt sich auf beweglichem Laube und freut sich des lächelnden Zephyrs. So sang das Mährchen, auf deren Lippen die Rosen selbst ihren Wohnsitz gewählt hatten." [102]) Hier faßt Tatius nur zusammen, was der falsche Anakreon ähnlich sagt, was alle Dichter seit Homer bis zu seiner Zeit gedichtet und gesungen haben.

Pollux [103]) nennt unter den Blumen, die zu Kränzen verwendet werden, vor Allen und zuerst die Rose, und Plinius sagt, daß „von den Blumen der Gärten fast nur Rosen und Veilchen zu Kränzen benutzt werden, ja mehr noch als zu Kränzen würden Rosen zu anderen Zwecken verbraucht". [104]) Bei fröhlichen Gelagen war der Rosenkranz unterläßlich, denn man schrieb ihm die Kraft zu, den Kopf zu kühlen, der Trunkenheit zu wehren und den Kopfschmerz zu lindern. [105]) Ich kann nicht umhin, hier eine Anekdote einzuschalten, die verführen könnte, Goethe's Ausspruch im Tasso parodirend zu sagen:

> „Weit leichter ist's, ein würdig Haupt zu finden,
> „Als für dasselbe einen Kranz zu winden."

Cicero erzählt: „daß Scipio Africanus, bei der Tafel versucht habe, den ihm gereichten Rosenkranz auf seinem Haupte zu befestigen, derselbe sei aber immer gerissen; da habe Licinius Varus gerufen: Wundert euch nicht, daß der Kranz nicht sitzen will, das Haupt ist zu groß und ehrwürdig für jeden Kranz". [106])

Rosen streute man aber auch auf den Weg, über den die Bilder der Gottheiten getragen wurden, [107]) sowie später vor Fürsten und Feldherren, die man ehren wollte. [108])

Rosen waren es besonders, die man als Liebesgaben darbrachte. Liebende warfen einander aus Neckerei mit Rosen und Rosenkränzen. [109]) Auch legten Verliebte Rosenblätter oder Mohnblätter über Daumen und

Zeigefinger, schlugen mit der andern Hand darauf und sahen es als ein günstiges Zeichen der Gegenliebe an, wenn es klatschte. 110)

Mit solchen Rosen, seltener mit anderen Blumen findet man dann auch häufig den Apfel verbunden. 111) Athenäus meint: „Die Sitte, einen Strauß von Blumen und Aepfeln in den Händen zu tragen, kann aus verschiedenen Ursachen entstanden sein; vielleicht sollen sie dem, der sie trägt, zum Schmucke dienen." 112) Das scheint mir ziemlich oberflächlich, denn beide, Rose und Apfel, beziehen sich offenbar symbolisch auf die Liebe; war es doch eine besondere Gunst, wenn das Mädchen dem Liebhaber die von ihr schon getragene Rose oder einen angebissenen Apfel zuschickte; 113) schon das bloße Werfen mit einem Apfel galt als Liebeserklärung oder man schrieb auch wohl die Liebeserklärung darauf. 114) Aber ohne Zweifel war auch der Apfel der Aphrodite heilig; von der Granate ist es ja gewiß und auch deren Frucht wurde Apfel genannt (malum punicum). 115)

Schon der alte Anakreon 116) singt von seinem Mädchen: „sie sei schöner als die Rose", Theokrit 117) nennt die Geliebte „der Rose im Thau gleich" und gegen das Ende dieser Periode war der Ausdruck „du meine Rose" ganz in die Sprache des gemeinen Lebens übergegangen. 118) Ueberall ist die Vergleichung der Jungfrau mit der Rose geläufig und das griechische Wort „Nymphe" heißt ebensowohl Braut wie Rosenknospe. Eine ganze Reihe von Mädchennamen ist von der Rose abgeleitet, z. B. Rhodanthe, Rhode, Rhodia, Rhodis, Rhodogyne, Rhodokleia, Rhodope, Rhodeia, Rosa u. s. w. Diese Namen aber beziehen sich bei den Alten nur auf schöne Mädchen und Frauen. Von einer theilt uns Aelian 119) ein anmuthiges Märchen mit: Die wegen ihrer Schönheit überall bekannte und bewunderte Buhlerin Rhodopis badete einst und gab derweile ihre Kleider der Dienerin zum Aufheben. Da kam ein Adler, raubte einen ihrer Schuhe, trug denselben nach Memphis, wo Psammitich gerade öffentlich Recht sprach, und ließ ihn dem König in den Schooß fallen. Psammitich bewunderte die zarte Eleganz und die schöne Form des Schuhes und befahl, im ganzen Reich die Eigenthümerin des Schuhes aufzusuchen. Als man sie gefunden, erkor der König sie zu seiner Gemahlin; — offenbar das Vorbild zum Aschenbrödel. Die wahre Geschichte der Buhlerin Rhodopis erzählt Herodot. 120) Bei jenem Märchen liegt aber eine Vermischung derselben mit der viele Jahrhunderte früheren und auch von einigen Rhodopis genannten Königin von Aegypten vor. [121] Diese Königin heißt eigentlich Nitokris und soll eine der Pyramiden haben erbauen lassen. [122]

Für die Bezeichnung der Schönheit ist „rosig" das allgemeinste Wort; ja es verliert wohl allmälig seine etymologische Bedeutung und dient zur Bezeichnung von etwas Schönem, Glänzendem, Herrlichem überhaupt, so muß man es wenigstens wohl auffassen, wenn von rosigem Scheitel, [123] rosigem Haar der Aurora und rosigen Haaren des Achilles [124] gesprochen wird. [125] Rhodochrous (rosenfarbig), rhodoeides (rosenartig), rhododaktylos (rosenfingrig), rhodopachys (rosenarmig), rhodomalon (rosenwangig) sind ganz geläufige Beiwörter. Die Eunomia ist bei Stobäus [126] rhodokolpos (rosenbusig). — Der Rosenmund, die Rosenlippen waren fast bei den Griechen und Römern trivial geworden, rosennackig wird von der Venus gebraucht; selbst rosenfüßig und purpurfüßig kommt vor. [127] Sehr oft findet sich der Vergleich der Farbe eines schönen Mädchens mit Rosen und Lilien, Rosen und Milch, und besonders wird mit diesen Ausdrücken das jungfräuliche Erröthen gemalt. [128] Wie der Jugend und Schönheit gehört natürlich auch die Rose dem Frühling an, dessen herrlichster Schmuck sie im südlichen Europa ist. In allen Formen der Darstellung gilt sie als Frühlingsbote. [129]

Aber die Rose ist auch vergänglich wie Jugend und Schönheit. Die kurze Dauer ihrer Blume [130] wird überall anerkannt und in der mannigfachsten Weise in Gleichnissen verwerthet.

„Blühn doch nicht die Veilchen und nicht die Lilien immer
„Und es starret der Dorn, der seine Rose verlor." [131]

singt Ovid [132] und dann sagt er seines Alters eingedenk von sich selbst: „seine Glieder seien welker als eine gestrige Rose." [133] „Kaum erblühete Rosen, die beim ersten Hauch des Südwindes sterben", beklagt Statius. [134] Besonders aber hat Ausonius das schnelle Verblühen der Rosen bedauert und selbst sprichwörtlich gemacht; so z. B. sagt er von der Rose: [135]

„Ein Tag ruft sie an's Licht und vernichtet sie auch" —

und

„Einen einzigen Tag umfaßt das Leben der Rose,
„Das in einem Moment Jugend und Alter verknüpft."

Den Mädchen aber ruft er zu:

"Pflücke die Rosen, o Mädchen, so lange sie grünen und blühen.
"Wisse, daß auch dein Lenz schnell wie die Rose vergeht."

Im ersten Band des Museum Obaschalchum ist das Bruchstück vom Bilde des Demetrius Poliorketes abgebildet, worauf der Künstler eine Rose als Bild der Vergänglichkeit angebracht hat, wie die Erklärung besagt. Eine eigenthümliche Theorie giebt Galenus, wenn er sagt: „Was von den Körpern ausgehaucht wird, ist die eigentliche Substanz des Duftes, wie man am besten an den zarten Rosen sieht, die daher auch so schnell kleiner und trockner werden."

Die Vergänglichkeit der Rose hatte die Alten darauf geführt, Mittel zu erfinden, um dieselben längere Zeit frisch zu bewahren. Ich glaube, die selben am passendsten hier mittheilen zu können. Palladius giebt an: „Um Rosenknospen lange frisch zu erhalten, macht man in ein grünes, stehendes (d. h. wachsendes) Rohr (Arundo donax L.) von der Seite einen Spalt, schiebt die Knospe hinein und läßt das Rohr sich wieder schließen. Man schneidet dann zur Zeit, wo man die Knospe haben will, das Rohr durch. — Offenbar wirkt hier, wenn die Sache überhaupt richtig ist, die beständig feuchte Luft und der völlige Abschluß von der äußeren Luft und dem Sonnenlicht zur längeren Erhaltung der Knospe ein. Palladius fährt fort „Manche thun auch Rosen in einen weder ausgepichten noch glasirten Topf, schließen ihn gut und vergraben ihn unter freiem Himmel." [136]

Die Vergänglichkeit der Rose erinnert aber auch an die Vergänglichkeit der Menschen; das schöne Bild des Alters in Goethe's Hermann und Dorothea [137]:

"Aber Rosen winde genug zum häuslichen Kranze,
"Bald als Lilie schlingt silberne Locke sich durch."

findet sich schon bei dem Pseudo-Anakreon: [138]

"Nicht fliehe, weil die Locke mir grau wird,
"Nicht schilt, weil du blühest
"In rosiger Jugend!
"Nicht schilt meine Liebe;
"Sieh, wie in Kränze
"Der rothen Rosen
"Lieblich sich schlingen
"Weiße Lilien."

Das Alter muß dem Rosenschmuck entsagen..¹³⁹) Sehr häufig ist das Wort für Erbleichen: „Die Rosen entwichen von ihren Lippen (Wangen)". ¹⁴⁰) „Warum werden die rosigen Lippen weißer als winterlicher Schnee", ruft Catull aus.¹⁴¹) — Auf der andern Seite ist das „Liegen in Rosen" das Bild des höchsten Glückes, „auf Veilchen und Rosen gebettet", wie Cicero sagt.¹⁴²)

Schon der alte, jedem Gebildeten durch Schiller bekannte Dichter Ibykos singt: „Wahrlich, dich hat auf rosigen Blüthen Kypris gewiegt."¹⁴³) Ueberhaupt war es den Griechen gebräuchlich, ihre Lager mit duftenden Kräutern zu bestreuen, so sagt z. B. Timotheos etwa 100 Jahre später als Ibykos: „hingestreckt auf üppig gewachsenen Dosten" (Origanum).¹⁴⁴) Goethe meint:

> „Nichts ist schwerer zu ertragen,
> „Als eine Reihe von schönen Tagen" —

und ebenso behauptet Seneca: ¹⁴⁵) „Niemand lernt es, daß er gleichmüthig, wenn er muß, auf Rosen liege."

Wenn Propertius singt¹⁴⁶): „Begrabt mein Gebein in Rosen, dann wird mir die Erde leicht sein", wenn Oppian¹⁴⁷) rühmt: „Wie süß ist der Schlaf in Blumen zur Zeit des Frühlings", so haben wir darin schon die Gedanken des Uhland'schen Liedes:

> „O legt mich nicht in's dunkle Grab,
> „Nicht unter die grüne Erd' hinab!
> „Soll ich begraben sein,
> „Legt mich in's tiefe Gras hinein.
> „In Gras und Blumen lieg' ich gern,
> „Wenn eine Flöte tönt von fern,
> „Und wenn hoch obenhin
> „Die hellen Frühlingswolken ziehn."

Damit ist aber die Poesie der Alten noch lange nicht erschöpft. Wenn Göttinnen oder geliebte Menschen reden oder lachen, so fallen Rosen aus ihrem Mund,¹⁴⁸) schütteln sie die Locken, so fallen Blumen umher,¹⁴⁹) und wo sie hingehen, sprießen Rosen unter ihren Tritten.¹⁵⁰) Das Alles finden wir dann später in den Märchen der abendländischen Völker wieder.

Ich kann diesen Ueberblick über den Gebrauch, den die Alten von der Rose in ihrer Poesie machten, nicht verlassen, ohne noch einen Punkt besonders hervorzuheben, der wie mir scheint, in der Folgezeit nicht unwichtig werden wird. Vielfach wird bei den Alten erwähnt, daß Eroten, Charitinnen oder Andere, die Rosen, die sie verwenden wollen, in einem Garten auf einer Wiese der Venus pflücken. In einem älteren Gedicht über die Rosen, das fälschlich dem Ausonius zugeschrieben wird,[151] ist von einem Garten der Venus, „von Rosenbüschen umgeben", die Rede. Claudian[152] erwähnt: „Rosen auf den Wiesen der Venus gesammelt" und Himerios[153] erzählt von „Rosenkränzen, die den Gärten der Venus entnommen seien".

Aber auch Dionysos, den ich schon früher mit der Aphrodite zusammenstellte, hat seinen Rosengarten, den Garten des Midas, wo die 60blättrigen Rosen blühen. Nach Pausanias umgab seine Wiege zu Brasiä ein Garten. Nach Welcker[154] ist Rhodope der ursprüngliche Name des Dionysosgartens und erst später geographisch auf die Landschaft, wo er besonders verehrt wurde, angewendet worden. Der Sieger im Dithyrambos bei der Frühlingsfeier des Dionysos, dem Blumenfest, den Anthesterien, das in seiner Bedeutung und Art der Feier den Aphrodisien nahe verwandt ist, wurde mit Rosen bekränzt.[155] So verschmolzen wahrscheinlich später beide die heitere Sinnenlust feiernden Feste mit dem Garten der beiden Gottheiten zu einer Gesammtvorstellung und bildeten sich zu einem eigenthümlichen vollständigen Mythus vom „Venusberg" aus.

Wie innig die Rose mit dem Gedankenspiel der Alten verflochten war, zeigt sich auch sehr deutlich in den vielen sprichwörtlichen Redensarten, die, der Rose entnommen, umliefen und Gemeingut der Völker wurden. Schon das Gleichniß: „du sprichst Rosen" wurde bei den Alten zum geflügelten Wort, und in Sprichwörtern und spruchartigen Wendungen kommt die Rose unendlich oft vor; ich führe nur Folgendes beispielsweise an: „Rosen mit Anemonen vergleichen"[156] d. h. zwei ganz disparate Dinge zusammenstellen. „Eine Zwiebel bringt weder Rosen noch Hyacinthen hervor."[157] „Die Rose, der du einmal vorbeigingst, suche nicht wieder."[158] „Oft bringt der rauhe Dorn zarte Rosen hervor." „Oft steht die Nessel nahe bei der Rose."[159] „Die Rose fürchtet den Zimmt"[160] (weil sein Duft seltener und mehr in der Mode war). „Dieser findet die Rosen und jener nur Dornen."[161] „Seine Rosen verliert der Dorn und Lilien welken."[162] —

Auch seine nächsten Umgebungen schmückte der Grieche und Römer mit

Rosen. In allen auf den Landbau bezüglichen Schriften wird, von den mythischen Rosengärten des **Midas** an, der Rosenpflanzungen erwähnt. **Theokrit** nennt die Gartenrosen, hinter Gehegen gezogen, als Muster der Schönheit, [163] **Virgil** und **Ovid** erwähnen der Rosenbeete, [164] **Seneca** redet von künstlicher Rosenzucht im Winter durch Begießen mit warmem Wasser und passender Nachahmung der (Sommer-) Wärme; also gab es damals schon eine Art von Treibhäusern. [165] **Theophrast** kennt die Anzucht der Rosen aus Samen und bemerkt, daß man dann lange auf Blumen warten müsse, schneller ginge die Vermehrung durch Stecklinge; [166] **Varro** giebt Anleitung zu dieser Art der Fortpflanzung. [167] **Plinius** spricht vom Oculiren der Rosen und von der Kultur der Frührosen. [168] Ausführlich ist **Palladius** in seiner Anweisung zur Anlegung der Rosenbeete. [169] **Columella** erwähnt die Kultur von Spätrosen. [170] Der jüngere **Plinius** endlich giebt uns eine genaue Beschreibung seines Gartens und nennt dabei den Platz, an dem das Rosenparterre angelegt sei. [171] Die Rosenkultur hatte sich gegen den Anfang unserer Zeitrechnung hin um Rom und in Italien außerordentlich ausgebreitet. **Martial** [172] giebt uns ein sehr hübsches Epigramm darüber. Er schildert, wie **Aegypten** als etwas ganz Besonderes dem Kaiser eine Ladung Rosen im Winter gesendet habe, wie aber der Schiffer aus **Memphis**, als er die Stadt betreten, seine heimischen Gärten verlacht habe, so groß sei die frühlingsähnliche Pracht, der duftende Segen der Flora und der Glanz der Aecker von **Pästum** gewesen und er habe gesehen, daß, wo auch der Kaiser gegangen, der Pfad von Rosenkränzen roth bestreut gewesen sei. **Martial** schließt dann mit den Worten:

„Du mußt jetzt, o Nil, der römischen Blumenzucht weichen,
„Sende uns heute dein Korn, nimm die Rosen von uns."

Schon **Horatius** klagt, daß so viele fruchttragende Gärten in Blumenbeete verwandelt worden seien. [173] In der That waren fast alle korntragenden Felder in Gärten und Parks übergeführt, so daß dadurch zur Zeit des **Cicero** und **Pompejus** eine Theuerung des Getreides verursacht wurde, und **Varro** [174] sagt geradezu: „Satt essen müssen wir uns aus Sardinien und Afrika." Auch andere Schriftsteller klagen über den Verfall des Ackerbaues in Italien [175] und selbst der Kaiser **Tiberius** sagt in einem Briefe an den Senat, wie die Ernährung Italiens nur von Wind und

Wellen, d. h. von der glücklichen Schifffahrt abhänge. [176] Natürlich war die Anlage von Gärten und Parks nicht der einzige Grund; wesentlich trug dazu, wie in neuerer Zeit zum Theil in England, die Vereinigung des gesammten Grundbesitzes in verhältnißmäßig wenige Hände und der dadurch herbeigeführte Untergang des freien Bauernstandes bei. [177] Plinius giebt diesen Grund ebenfalls an und erwähnt, daß unter Andern Nero einmal sechs Vornehme hinrichten ließ, die zusammen gerade die Hälfte des ganzen römischen Afrika's besaßen. [178] Besonders machte man das Anpflanzen von Rosen geradezu zum Zweck eigener Stiftungen: dankbare Kinder machten ein Vermächtniß, wofür immer am Jahrestag der glücklichen Rückkehr ihrer Eltern ein Rosenstock gepflanzt werden sollte; ein Soldat machte eine ähnliche Stiftung zur Feier seiner Rückkehr aus einem Feldzug; desgleichen ein Client zum Gedächtniß seines Patrons. [179]

Wie die Gärten mit lebendigen Rosen, schmückte man die Gemächer mit gemalten. Alles bei den Alten war geschmackvoll und sinnig angeordnet, richtig motivirt und verstanden. Bedeutungsloser Putz, gedankenlose oder gar widersinnige Verzierungen, wie bei uns z. B. eine Milchkanne mit einem Löwenrachen, eine Bären- oder Sauhetze als Tapete im Putzzimmer einer Dame, ein halbirter Bogen, dessen Hälften nach Außen gewendet sind, ein bekannter Blödsinn beim Barockstil u. dergl. mehr, konnten bei ihnen nicht vorkommen. So waren denn auch die Wände ihrer Badezimmer mit Abbildung dessen verziert, was zur Reinigung und Verschönerung des Körpers diente, mit Schminkbüchschen, Balsam- und Oelbehältern und vor Allem mit Rosen. [180]

Und noch beim Tode blieb die Rose der beliebteste Schmuck der Gräber. Eine alte Sitte, von der schon Sophokles in der Elektra Zeugniß ablegt, hieß die Gräber geliebter Verstorbener mit Blumen bestreuen. [181] Virgil nennt bei der Gelegenheit „purpurne Blumen", [182] die, nach dem so oft für die Rosen gebrauchten Beiwort, wohl nur diese sein können. Lucian spricht von Testamentsverfügungen, nach denen das Grab des Erblassers jährlich mit frischen Blumen bekränzt werden sollte. [183] Auf Grabsteinen findet sich häufig die Erwähnung solcher Vermächtnisse und zwar beziehen sich dieselben fast immer auf Rosen und Rosenkränze. Gewöhnlich wurde dabei auch eine Summe ausgesetzt, von der diejenigen, denen das Schmücken des Grabes aufgetragen war, an dem Tag der Bekränzung des Grabes eine fröhliche Mahlzeit halten sollten. Man nannte diese Mahlzeiten „Rosenessen", »escae rosales«, und den Tag, an dem das geschah, das „Rosenfest" oder den „Rosentag", »rosatio« oder »dies rosae«. 184) (Das Zwölftafelgesetz hatte allerdings noch die strenge Vorschrift: „Blumenkränze, Weihrauch und andere wohlriechende Sachen dürfen nicht vor der Leiche hergetragen werden.") 185) Auch wurden die Grabsteine, die Todtenurnen und Grablampen häufig mit Werken der Plastik und darunter mit Rosen verziert. 186)

Endlich erwähne ich noch, daß Städte, die irgend eine Beziehung zur Rose hatten oder zu haben glaubten, auch oft eine Rose auf ihre Münze prägten. Solche Münzen kennt man von Rhodos, 187) von Rhodä in Catalonien, von Böotia, von Neapel, von Antissa auf Lesbos, von Cyrene und von Pästum. 188)

Daß die Toilette, besonders der Damen, auch sonst von der Rose vielfach Gebrauch machte, läßt sich schon ohne Weiteres voraussetzen. Rosenöl, dessen Bereitung ich später erwähnen werde, und Rosenpomade wurden überall angewendet. Die bei Bereitung verschiedener Rosenpräparate ausgepreßten Blumenblätter wurden getrocknet und dann gepulvert; man nannte dieses Rosenpulver „Diapasma", streute dasselbe nach dem Bade auf die Haut, wusch es dann nach einiger Zeit mit kaltem Wasser ab und gab so der Haut einen angenehmen Geruch. Vielfach würzte man auch die Speisen mit Rosenblättern und bereitete ein liebliches Compot, indem man Quitten in Honig gekocht mit abgekochten Rosenblättern zusammenrührte. Es wurde dieses Gericht auch als ein angenehmes Magenmittel angewendet. 189)

An eine Blume, so vielfach benutzt zum Schmuck des Lebens, so in alle Verhältnisse der Menschen verflochten, mußte sich nothwendig viel Glaube und Aberglaube anknüpfen. Auch von dieser Seite müssen wir die Stellung der Rose bei den Alten noch besonders in Betracht ziehen. Ich beginne mit einigen Andeutungen über die medicinische Anwendung, wobei sich ja überhaupt seit den ältesten Zeiten bis selbst noch zum heutigen Tage Wissenschaft, Glaube und Aberglaube in so wunderlicher Weise verknüpfen. Die alte Therapie theilte Alles nach den vier Temperamenten ein, die eigentlich ten vier Weltgegenden, oder doch den vier aus ihnen herrschenden Hauptwinden entsprachen, und als die vier Grundeigenschaften aller Dinge angesehen wurden, nämlich das kalte, warme, trockne und feuchte Temperament. Diese Temperamente fand man rein oder gemischt in den verschiedenen Krankheiten und ebenso in den Arzneimitteln. Die Therapie war dann leicht; gegen hitzige Fieber gab man kühle Arzeneien, gegen trockne Krankheiten feuchte u. s. w. Wie aber das Temperament bei Krankheiten und Mitteln erkannt wurde, ist nicht leicht zu begreifen, jedenfalls war gerade hierbei (und ist auch wohl noch jetzt) viel Glaube und Aberglaube thätig.

Die Rose gehört nun zu den rein kühlenden Mitteln und wirkt durch ihre Kälte auch zusammenziehend. Es ist hier nicht der Ort, alle die Krankheiten aufzuzählen, gegen welche die Rose bei den Alten verordnet wurde, das mag, wer Interesse dafür hat, bei Theophrast, Dioscorides, Galen und Anderen nachlesen. Lange darf ich mich ohnehin nicht bei diesem Thema aufhalten, wenn ich es nicht ganz mit J. J. Rousseau verderben will, der eigentlich sehr richtig bemerkt: »Les idées medicinales sont assurément guères propres à rendre agréable l'étude de la botanique; elles flétrissent l'émail des près, l'éclat des fleurs, dessèchent la fraîcheur des boccages, rendent la verdure et les ombrages insipides et dégoûtans. Toutes ces structures charmantes et gracieuses intéressent fort peu quiconque ne veut que piler tout cela dans un mortier et l'on n'ira pas chercher des guirlandes pour les bergères parmi les herbes pour les lavements.«[190]

Nur Einzelnes will ich über die Art der Anwendung hervorheben. Man benutzte die Rosenblätter besonders von der gallischen Rose in Form von Pulvern, Pillen oder Oel. Unter dem Rosenöl der Alten darf man sich aber nicht das vorstellen, was wir heut zu Tage Rosenöl nennen, und richtiger Rosenessenz nennen sollten, nämlich dasjenige flüchtige Oel, welches in den Rosenblättern fertig, wenn auch in äußerst geringer Menge, vorhanden ist und sich, wenn man sie in Wasser zerstampft, auf der Oberfläche desselben in kleinen Tröpfchen ansammelt. Bei den Alten wurden die Rosenblätter in feinem Baumöl zerquetscht, nach einiger Zeit goß man dann das Oel ab, zerdrückte wieder eine gleiche Menge Rosenblätter darin, und so fort bis sieben Mal; „dann aber muß man aufhören", wie Dioscorides sagt. Dies nannten die Alten dann Rosenöl, benutzten es aber selten rein, sondern setzten noch manche andere Substanzen, z. B. Honig und selbst noch wohlriechende Stoffe, z. B. Schönus (eine gewürzige Graswurzel) und Kalmus hinzu; dieses Oel färbte man dann zu gewissem Gebrauch, besonders in der Kosmetik, mit Alkannawurzel roth. [191] Auch den Thau von den Rosen sammelte man sorgfältig und betrachtete ihn als ein vortreffliches Mittel gegen Augenentzündung. [192] Den ausgepreßten Saft der Blumenblätter kochte man bei gelindem Feuer zur Syrupsdicke ein und nannte das „Königssaft" oder „Rosenhonig".

Bei den im Vorhergehenden erwähnten Anwendungen handelt es sich wohl immer nur um die Blätter der Essig- oder Zuckerrose. [193] Dagegen werden andere Theile der Pflanze, wohl nur von der wilden Rose, besonders dem Kynosbaton oder Kynorrhodon der Griechen, Rosa silvestris und sentis canis der Römer (unserer kleinen Hagebutte [194] entsprechend) entnommen. Diese finden schon ihre medicinische Anwendung bei Hippokrates. [195] Hier ist besonders die, leider nicht Stich haltende, Anwendung der Wurzel gegen den Biß toller Hunde anzuführen. Die Mutter eines Soldaten, der gebissen worden und schon wasserscheu war, sah bei Tage einen Rosenbusch, der ihr zuzulächeln schien, bei Nacht wurde sie durch göttliche Eingebung auf dasselbe Mittel hingewiesen und — es half? — ja davon erzählt freilich Plinius nichts. [196] Eine andere auch von den Göttern selbst vorgeschriebene Anwendung der Rose knüpft sich an die fast sagenhaft gewordene, hochgefeierte Aspasia. Aelian [197] erzählt uns Folgendes von ihr: „Sie hatte als Kind dicht am Kinn ein Gewächs auf der Wange, welches sie sehr verunzierte. Als sie einmal im Spiegel sah, wie sehr ihr Gesicht entstellt sei, wurde sie schwermüthig und wies alle Speise von sich. Da kam ihr Rettung durch einen Traum. Ihr erschien eine Taube, der heilige Vogel der Aphrodite, verwandelte sich in eine Jungfrau und befahl ihr, die verwelkten Rosenkränze von der Bildsäule der Göttin zu nehmen und die Blätter zerrieben auf ihre Wange zu legen. Aspasia befolgte diese Anweisung, der häßliche Auswuchs verschwand und sie erlangte eine Schönheit, die sie zum Zrol von ganz Griechenland machte." Nach Plinius ist der Rosensaft überhaupt ein vortreffliches Mittel gegen Warzen. [198]

Aber was dem Einen wohlthut, ist dem Andern schädlich. Schon bei den Alten herrschte der Glaube, daß das Schöne den unreinen Geschöpfen nur zum Verderben gereichen könne. Gewisse Käfer starben vom Geruch der Rosen, so erzählt Aelian und Plinius. [199] Aelian erwähnt, daß angenehme Gerüche und duftende Salben Geiern den Tod bringen. [200] Uebrigens gab es auch schon bei den Alten, wie heut zu Tage bei uns, Aerzte, die ihren Ruf, allerdings in richtiger Auffassung der menschlichen Schwachheiten, dadurch zu begründen suchten, daß sie die Menschen von etwas häufig Gebrauchtem als angeblich sehr Schädlichem öffentlich warnten. So traten bei den Griechen zwei Aerzte auf, Mnesitheus und Kallimachus, die über die Kränze schrieben und erklärten, daß dieselben für den Kopf außerordentlich schädlich seien. „Sie richteten aber nichts aus", wie Plinius hinzufügt. [201]

Nachdem ich so die Rose durch alle Verhältnisse bei den Griechen und Römern verfolgt habe, wird es nöthig sein, nun auch die Rosen selbst, die die Alten kannten, näher ins Auge zu fassen, zu versuchen, wie weit wir sie bestimmen und mit den uns jetzt bekannten Rosen vergleichen können. Schon früher habe ich die in Griechenland vorkommenden Rosen aufgeführt. Darunter ist eine, die überall daselbst verbreitet, mit zu den anmuthigsten Repräsentanten der ganzen Gattung gehört, ich meine die Essig- oder Zuckerrose (Rosa gallica). Bei uns in den deutschen Bergwäldern wächst eine Spielart davon, die man auch wohl unter dem Namen der Zwergrose (Rosa pumila Dec.) als eine eigne Art beschrieben hat und welche gewiß Jeden entzückt, der sie zum ersten Mal an ihrem natürlichen Standort auffindet. Ein kleiner Strauch, kaum zwei Spannen hoch, trägt die oft fast drei Zoll im Durchmesser haltenden Blumen von prachtvoller und doch unendlich zarter Farbe und süßem erquickendem Dufte. Ihre südlichere Form ist es, die auch im wilden Zustande häufig mit einer größeren Anzahl von Blumenblättern vorkommt und gewiß in Griechenland die älteste Kulturrose ist. Wenigstens muß man wohl die 60blättrige Rose in den Gärten des Midas auf diese Art beziehen. Ob die Griechen überhaupt schon und namentlich in den älteren Zeiten die Centifolie gekannt haben, ist nicht wohl auszumachen. Wild ist dieselbe bis jetzt nicht in Griechenland gefunden worden. Die Mittheilungen des Theophrast und selbst noch die späteren des Plinius sind der Art, daß man nur sehr unsicher errathen kann, auf welche bestimmte Pflanzen sich die einzelnen Angaben beziehen. Streng genommen kann man bei Theophrast nur zwei Arten mit Sicherheit unterscheiden, sein „Rhodon", die Rose, und sein „Kynosbaton", wörtlich „Hundsdorn", unsere jetzige Hundsrose (kleine Hagebutte, Rosa canina). Was er übrigens über die Verschiedenheit der Rosen sagt, läßt sich durchaus auf keine bestimmte Art beziehen und es ist thöricht, da in den Tag hinein zu rathen, wo man weder etwas Gewisses, noch selbst nur etwas Wahrscheinliches wissen kann. Einigermaßen könnte man noch wahrscheinlich finden, daß Theophrast [202] unter den großen wohlriechenden Rosen die rauhhaarige Rose (Rosa villosa L.) versteht. So meint Sprengel in seinem Commentar zum Theophrast, [203] obwohl er in seiner Geschichte der Botanik diesen Gedanken wieder fallen läßt. Fraas [204] mit lebhafter Phantasie und wenig Kritik findet außer der Centifolie 4 Arten im Theophrast. Dabei begegnet ihm ein kleines Unglück. Sprengel citirt (freilich ohne alle Berechtigung) in seiner Geschichte der Botanik Theophrast 1, 15 für Rosa sempervirens L. Fraas schreibt ihm das Citat vertrauensvoll nach, obwohl er es nicht nachgeschlagen, aber er citirt die Stelle für die Hundsrose. Nun hat leider das erste Buch von Theophrast nur 14 Kapitel und das Citat bei Sprengel ist ein Druckfehler (15 statt 13). — Es würde um die Wissenschaft besser stehen, sie würde nicht so lange alte Irrthümer mit sich fortschleppen, wenn die Schriftsteller weniger unehrlich wären, und nicht so oft Stellen aus Büchern anführten, die sie nie gesehen haben. Dieses Prunken mit erlogener Gelehrsamkeit ist einer der traurigsten Züge in der Geschichte der Wissenschaft.

Wenn man bemerkt, daß die älteste Nachricht in Griechenland von Rosen spricht, die Midas aus Kleinasien nach Thrakien eingeführt habe, [205] daß dann Theophrast außer den makedonischen um Philippi nur noch die afrikanischen von Cyrene rühmt, [206] daß dann von Lykophron die Rosen von Lokri gepriesen werden [207] und erst später die Rosen von Megara, Samos, Tenedos und die magnesischen erwähnt werden, [208] so sollte man glauben, die Rosen seien erst spät und von Norden her in Griechenland eingeführt. Man würde sich aber dabei durch die Zufälligkeit, daß gerade diese Nachrichten uns erhalten sind, täuschen, denn von Homer bis auf die späteste Zeit werden von allen Dichtern Rosen als etwas ganz Alltägliches und überall zu Habendes erwähnt. Man könnte übrigens auch annehmen, daß die Erzählung von Midas sich nur auf die Centifolie bezieht, die wohl entschieden eine asiatische, erst später eingeführte Art ist; da aber bei den Alten kein weiteres Merkmal angegeben wird, als die Hundertblättrigkeit, was ebensogut auf die kultivirte Essigrose paßt, so wird es wohl wenigstens nach den zur Zeit uns zugänglichen Quellen immer unentschieden bleiben, ob und wann die echte Centifolie den Alten bekannt geworden ist. Cicero[209] erwähnt der karischen (Kleinasien), Columella[210] und Martial[211] der ägyptischen und ersterer noch der punischen Rosen; Ovid[212] der von Enna in Sicilien, Plinius der von Campanien, Präneste und Carthagena (Spanien). Von allen Schriftstellern, Prosaikern und Dichtern wird aber vorzüglich die zweimal blühende Rose von Pästum gepriesen. Pästum, das frühere Poseidonia, in der Nähe von Sorrent, war noch im zweiten und dritten Jahrhundert ein üppig blühender Garten und ein durch vortreffliche Kultur des Landes äußerst gesunder und beliebter Aufenthalt. Unter der segensreichen Herrschaft der römischen Pfaffen ist diese Gegend, wie so viele andere in Italien und zumal im Kirchenstaat und Neapel, so herunter gekommen, daß jeder die verpestete Luft des ganz versumpften Pästum flieht. Seume sah auf seinem Spaziergang bei Pästum keine Rosen, sondern nur eine große schwarze Schlange und — einen Mönch.[213] Du Paty[214], C. U. von Salis-Marschlins,[215] A. Hirt,[216] ein Ungenannter,[217] Stahr[218] und Andere fanden bei Pästum keine Rosen mehr, sondern nur giftschwangere Lüfte, stinkende Moräste, Dornen und Disteln, von elenden, kaum menschlichen Viehhirten durchstreift; Swinburne[219] will einfache Damascenerrosen gesehen haben, die nach Aussage eines Bauers, der sich wohl durch die gewünschte Antwort auf eine Suggestivfrage ein gutes Trinkgeld verdienen wollte, zweimal im Jahr blühen sollen; Woods[220] fand nur vereinzelt in der Umgebung die immergrüne Rose (R. sempervirens L.).

Plinius, der flüchtige und gänzlich unkritische Compilator, den man so oft als den großen Naturforscher rühmen hört, ungeachtet er in der That nicht das kleinste naturwissenschaftliche Aederchen hat, zählt allerdings für seine Zeit (oder Kenntniß) eine große Anzahl von Rosen auf, die man geneigt sein könnte, für verschiedene Arten zu halten. Wenn man aber genauer zusieht, findet man bei Plinius außer den Namen nur die ganz allgemeine Angabe, daß man die Rosen nach der Zahl der Blumenblätter, nach Farbe und Geruch und danach, ob sie mehr glatt oder rauh sind, unterscheide; dann werden einige Orte genannt, wo besonders schöne Rosen vorkommen; bei der campanischen Rose wird erwähnt, daß sie hundert Blätter habe und dort einheimisch sei, die also gewiß nicht die Centifolie ist; bei der milesischen Rose wird ihre glühende Farbe hervorgehoben und bei der von Cyrene der Geruch. Mit solchen Angaben läßt sich gar nichts anfangen und die späteren Botaniker, die jede von Plinius genannte Rose auf eine bestimmte Art zurückführen, beweisen dabei zwar die Kühnheit ihrer Phantasie, aber keine Spur von gesunder Kritik, die nur zu dem Ausspruch führen kann, daß wir durchaus nicht wissen, von welchen Rosenarten Plinius spricht. — Wir finden zwar bei den Alten die ganze Poesie der Rose, wie später lange Zeit nicht mehr, aber der Versuch, die Menge der verschiedenen Formen als bestimmte Arten zu unterscheiden und zu beschreiben, wurde erst viele Jahrhunderte später gemacht. Die Sache ist auch ganz natürlich, die Griechen und Römer schrieben in der lebendigen Sprache ihres Volkes und wurden daher von Jedem ohne viele Worte verstanden. Wenn Theophrast die makedonische Rose nennt, oder Plinius die von Präneste, so wußte Grieche und Römer sogleich, wovon die Rede sei. Wenn man aber später dem Deutschen in Folge trauriger historischer Verhältnisse Dinge in lateinischem Kauderwälsch vorführte, die deutsche Sprache vernachlässigt und der Verbauerung überlassen wurde, so mußte man bald zu dem Hülfsmittel langer Beschreibungen für die einfachsten Dinge greifen, weil das Fremdwort von Niemand, wohl so recht eigentlich nicht einmal von denen, die es brauchten, verstanden wurde. Es folgte überhaupt auch das geistig so rege Leben der Griechen und theilweise der späteren Römer, auf den Ernst des Forschens nach Wissen und Wahrheit, auf die Kunst der schönen Darstellung in Sprache und andern Mitteln eine traurige Zeit der grenzenlosesten Barbarei, in denen eine Verdummung und Unwissenheit die ganze europäische Menschheit überlagerte, die man nach einem Zeitalter des Perikles oder des Augustus, nach dem Wirken eines Seneca, Marcus Aurelius und Epiktet hätte für unmöglich halten sollen. Doch davon wird in einem folgenden Abschnitt die Rede sein.

Anmerkungen zum zweiten Abschnitt.

1) Diestel, Bausteine zur Geschichte der deutschen Fabel, Osterprogramm des Vitzthum'schen Gymn. in Dresden. 1871. S. 14.
2) Pseudo-Anakreon 3.
3) Herodot I, 195.
4) Fraas, flora classica p. 74 ff.
5) Theophrast, Pflanzengesch. 6, 6, 3.
6) Auch von den heutigen Griechen wird diese Rose nicht Centifolia, sondern Triantaphyllea, die „dreißigblättrige", genannt.
7) Aristophanes, Acharn. v. 637.
8) Pindar, Dithyrambenfragmente 2, v. 23, 24, 3. (Pindar's Werke, herausg. v. J. A. Hartung, Bd. 4, S. 218, 200.)
9) Theognis, Gnomen. Vers 537.
10) Fragment bei Pollux X, 87.
11) Pindar, Dithyramb. III, Vers 15.
12) Aristophanes, Equites, v. 960—1.
13) Ich bemerke hier beiläufig, daß der Hyakinthos der Alten nicht unsere Hyacinthe, sondern der schöne Ackergladiolus, Gladiolus segetum B., triphyllus Gawl., oder nach Tenore der Glad. byzantinus L. ist.
14) Die Kranzwindrose, Anemone coronaria L.
15) Bion, Bucolica I, 64—66; Ovid, Metamorph. X, 728. In Phönicien war ein Fluß, der am Libanon entspringt, und dessen Wasser bisweilen roth wurde; man schrieb das dem Blute des Adonis zu und nannte den Fluß Adonis. Jetzt heißt er Nahar Ebraham. Lucian (de dea syria ed. Bipont. Vol. IX, p. 90), der diese Sage mittheilt, fügt freilich gleich die rationalistische Erklärung hinzu, daß der Fluß von der röthlichen Erde der Ufer gefärbt werde.
16) Pseudo-Anakreon, Ausg. von Baxter, S. 96, Geoponica 11, 17.
17) Aphthonios ed. Walz. Cap. 2, p. 31 f.
18) Ausonius, Idyllen VI, 76—7. In Neapel befand sich eine große Jaspistafel, auf welcher Amor dargestellt ist, an einer Myrte gekreuzigt, der von den Heroinen mit Rosen gesteinigt wird. Les Entretiens de feu, Mr. de Balzac, Leide, 1659, p. 132.
19) C Lassen, Indische Alterthumskunde. Bd. 1, S. 775.
20) Man erinnere sich des oben von den Harraniten Gesagten.
21) Engel, Kypros Bd. 2, S. 161 ff. Welcker, Epischer Kyklos S. 182.
22) Das ehemals so blühende Rhodos entspricht freilich jetzt nicht mehr seinem

früheren Ruhme. Man reist jetzt durch reizende Thäler ohne Anbau, ohne Dorf oder Hütte, aber der Boden der Felsen ist noch mit blühenden Rosen bedeckt. Niederelbisches Magazin 1788, Bd. 2, S. 1260.

23) Rhode, dem deutschen „Röschen" entsprechend, ist ein Mädchenname, der auch im neuen Testament vorkommt: Apost.-Gesch. 12, 13: „da kam eine Magd herbei, mit Namen Rhode".

24) Appulejus, Metamorph. lib. XI, cap. 5.

25) Pseudo-Anakron, Ode 5 und Ode 52 (Loblied auf die Rose).

26) Pausanias, Eliac. II, VI, cap. 24, §. 5. (p. 474 ed. Schubert und Walz).

27) Vergl. auch Statius, Silvae I, 2, v. 19—21 und Martianus Capella II, 213, p. 248.

28) Herodot VIII, 138. Ovid, Metamorph. XI, 85—93.

29) Ovid, Fasti, v. 345. Athenäus, Deipnos XV, 22.

30) Schwenk, Die Sinnbilder der alten Völker, S. 361, und Nork, Mythologisches Wörterbuch, unter „Rose".

31) Dümichen, Bauurkunde, S. 29 f.

32) Dr. G. Ebers, Aegypten und die Bücher Mosis, Bd. 1, S. 326.

33) So zeigt es die von Wheler bei Eleusis aufgefundene Kolossalstatue der Demeter, die jetzt in der Bibliothek von Cambridge bewahrt wird. Wheler's Reise nach Griechenland S. 427—28. Durch die Rosen und Anemonen, die Blumen der Aphrodite, ist zugleich die innere Verwandtschaft dieser beiden Göttinnen angedeutet.

34) Wenigstens durch Leonidas von Tarent:

„Euch, ihr Nymphen, bring' ich die Frucht des schattigen Weinstocks,
„Und mit purpurner Brust Rosen, den Kelchen entblüht."

Siehe Brunk. Analect. 1. p. 228. Nr. XXX.

35) Philostr. edit. Oblearius: Imagin. l. I, c. 2, p. 765.

36) Ovid, Metamorph. II, 212; Theokrit, Idyllen 2, v. 148; Ovid, Ars amandi 3, 84; Ovid, Metam. VII, 705; Virgil, Aeneid. VII, 25 f.; VI, 535 f.; Tibull, Lib. I. el. 3, 93 f.; Meleager in Anthol. graec. ed. Jacobs T. I, 32; Ausonius, Idyll. XIV, 15 f. Vielfach wird Phöbus der Rosige genannt, z. B. Virgil, Aeneid. XI, 913; Claudian, de tert. Cons. Honor. Aug. Paneg. v. 131 f.

37) Plutarch, Tischgespräche lib. 2, Opera moralia ed. Wyttenbach, Bd. 3, p. 434.

38) Ueber die Rose in Boissonade, Anecdot. graec. nova pag. 346.

39) Plato, de legib., lib. 7, 21, (819, 13).

40) Plinius, H. N., XXI, 44.

41) C. A. Böttiger, Ideen zur Kunstmythologie Bd. I, S. 133.

42) Columella, de cultu hortorum 260-62; Propertius III, 1, 21 f.; Lucian, Dialog. meretr. VII.

43) Pausanias 3, 26.

44) Ovid, Fast. IV, 138.

45) »Ingens et hic severitas«. Plinius, H. N., XXI, 6.

46) Plinius, H. N., XXI, 3, 5. Vergl. auch Tibull 1. 2, 84. Lucian, Von der Trauer um die Verstorbenen.

47) Aeschines, Timarch. 74.

48) Athenäus, Deipnos XV, 16.

49) Vergl. auch: Lucian, Von den Opfern.
50) Plin., H. N., XIII, 4, 5.
51) Plutarch, Sympos. p. 5. (2. 639.)
52) Photius 413 f.
53) Athenäus, Deipnos XV, 18.
54) Athenäus, Deipnos XV, 18. (p. 681.)
55) Aristoph., Equit. v. 966.
56) Plinius, H. N., XXI, 3; XXXI, 40.
57) Aristophanes, Thesmophoriaz. v. 455.
58) Athen.. Deipnos XV, 23.
59) Plinius, H. N., XXI, 3.
60) Vergl. Ovid, Fasti V, 792: „Wo mancher Kranz von kundiger Hand geflochten wird."
61) Nach Plutarch, Symp. 5, 3, p. 765 und Aelian, Var. hist. 3, 1 wurden auch bei den olympischen Spielen die Sieger mit Lorbeer bekränzt.
62) Plin., H. N., XV, 4, 5; 11, 9; XIX, 8, 46; Pausan. 8, 48; Lucian, Anachars. 9.
63) Plutarch, Symp. 8, 4, p. 981; Pausan. 8, 48.
64) So wenigstens wird häufig behauptet; aber die Stelle vom Pferd des Jbykos in Plato, Parmenides 9, 137 A. enthält nichts davon; hier heißt das Roß nur „Athletes", der „Sieger"; von Kränzen ist nicht die Rede, und eine andere Stelle habe ich nicht auffinden können.
65) Plin , H. N., XVI, 4, 5; XXII, 3, 4; 5, 5; 6, 6—7; Gellius, Noct. Att. 5, 6.
66) Athenäus, Deipnos XV, 16.
67) Hist. plant. VI, 6. Vergl. auch Anthol. Pall. V, 74; 147.
68) Onomasticon VI, 106.
69) Athen., Deipn. XV, 17.
70) Athen., Deipn. XV, 20.
71) Plinius, H. N., XXI, 3, 8.
72) Man nahm die einzelnen Blumenblätter der Rose und heftete sie schuppenförmig auf Lindenbast. Plin., H. N., XXI, 3, 8. 11. Vergl. Böttiger, Sabina (Leipz., 1803. S. 208).
73) Plin., H. N., XXI, 3, 8. Er fügt noch hinzu: „So weit geht jetzt die Verschwendung der Weiber!"
74) Ovid, Amor. III, 11, 29, pp.
75) Ovid, Ars. amand. II, 528.
76) Statius, Silvae I, 2, v. 22. Böttiger, Ideen zur Kunstmythologie Bd. 2, S. 253 ff.
77) Justinus, Hist. 24, 3.
78) Vergl. auch noch: Athen., Deipn. XV, 9; Meleager in Brunk. Analect. I, pag. 20, Nr. LXIV, Festus s. v. Corolla; Becker, Charikles II, 263; (2. Ausg.) III, 116; 307 f.; Plutarch, Convival. disput. lib. III; Athenäus, Deipnos XV, 33; Ovid, Ars amand. III, 72; Antholog. graeca ed. Jacobs. Erotic. 74; Kallimachos, Epigr. 45.
79) Diogenes Laertius II, 6, 54.
80) Justinus IX, 4, 1.

81) Plinius, H. N., XXI, 3, 5.
82) Plinius, H. N., XVI, 4, 4.
83) Gellius, Noct. Attic. 5, 6.
84) Plinius, H. N., XXI, 3, 5. Wenn Wüstemann (Die Rose, Gotha, 1854. S. 50, 54), indem er dieses erzählt, in komischem Zorn hinzufügt: „Was würde man jetzt dazu sagen, wenn unsere Polizei sich einen solchen Eingriff erlaubte?" so hätte er besser sich erinnern sollen, daß der römische Senat keine Polizeibehörde war, und daß das, was er strafte, mindestens gegen die allgemeine Sitte und Anschauungsweise, wo nicht gar gegen eine bestimmte Verordnung verstieß, endlich, daß wir seit 1817 bis auf den heutigen Tag viel gröbere und nichtswürdigere Eingriffe der Polizei in die Rechte des Privatmannes gegen allgemeine Sitte und gegen bestimmte Gesetze zur Genüge erlebt haben.
85) Martial, Epig. X, 32.
86) J. Capitolinus M. Antonin. cap. 3; Herodianus, Hist. VIII, 6, 4.
87) Aristophanes, Eccles. 53, 6—8; Lysistr. 602.
88) Cicero, de legib. II, 24; Plinius, H. N., XXI, 3, 5.
89) Becker, Charikles III, 89 (2. Ausg. v. Herrmann).
90) Plutarch, Philopoemen, 21, 4.
91) Appianus, de bello civili, lib. I, c. 106.
92) Euripides, Orest. v. 1287 f.; Sophokles, Elektra v. 666 f.; Tibull, 2, 4, 47.
93) Timoleon, cap. 26 (ed. Sintenis).
94) Er ist mit einem Rosenkranz in der Hand dargestellt auf einem schönen Relief eines Sarkophags Mus. Capitolin. T. IV, Taf. 56.
95) Martianus Capella, de Nupt. Philolog. et Mercur. Lib. II, §. 215.
96) Bei Sext. Empiric. edit. J. B. Becker p. 350, 18-21 (adv. logic. VIII, c. 286).
97) Ueber den Gebrauch der Kränze bei den Alten ließe sich noch sehr viel mehr mittheilen; die gegebene kurze Uebersicht genügte für meinen Zweck. Ein mehreres findet man in den angeführten Schriftstellern, insbesondere bei Athenäus, Plutarch und Plinius. Von der großen sonstigen Literatur über diesen Gegenstand will ich hier nur einige der wichtigeren Arbeiten anführen: Tertullianus, de corona militis; Stephanus, de helluonibus et bibacibus, Basel, 1533; Clemens Alexandrinus, Paedagogus L. II, cap. 8. — Jos. Lanzoni, de coronis et unguentis etc. Ferrariae, 1715. — Garzonus, Schauplatz der Künste und Handwerke. Frankfurt, 1641. — J. G. Stuckius, Antiquitatum convivalium Libr. III, Zürich, 1582; — C. Paschalius, Coronae, Leiden, 1671; — G. Freitag, de coronis convivalibus Veterum, Leipz., 1712; — C. Meiners, Geschichte des Verfalls der Sitten u. s. w. der Römer, Leipzig, 1791, S. 123, 125, 157. — Insbesondere über das Gewerbe der Kranzflechterinnen: Otto Jahn, Ueber Darstellungen des Handwerks und des Handelsverkehrs auf antiken Wandgemälden. Leipz., 1868, S. 315 ff. und Taf. VI, Fig. 4—12.
98) Ueberall findet man den Unterschied zwischen flores soluti (lose Blumen) und flores sutiles (verflochtene) angegeben.
99) Aemilius Macer, Mater. med. I, Nr. XXI, vergl. auch Wüstemann, Die Rose, Gotha, 1854, S. 38 am Ende der Seite.
100) Pseudo-Anakreon in Myrillam.
101) Pseudo-Anakreon 52.
102) Achilles Tatius Lib. II, cap. 1. Er schrieb einen der ältesten bis auf unsere Zeit erhaltenen Liebesromane: „Klitophon und Leukippe".

103) Onomasticon VI, c. XIX, 106.
104) Plinius, H. N. XXI, 4, 10.
105) Plutarch, Oper. moral. ed. Wyttenbach Bd. III, p. 432, 435. — Athen., Deipnos XXV, 18.
106) Cicero, de orat. lib. II, c. 61. (Edit. Orelli I, 306.)
107) Lucretius, de nat. rer. II, 627.
108) Ovid, Trist. IV, 2, 50.
109) Athen., Deipn. XII, 79, XV, 9; Aristenätes' Briefe ed. Pauw. I, 12; Anakreon bei Athenäus, Deipn. XIII, p. 599, c. Appulejus X, 32.
110) Theokrit, Idyllen XI, 10—11; III, 28 ff.; Nikander bei Athen., Deipn. p. 683. Daher heißt noch jetzt bei uns der wilde Mohn die Klatschrose.
111) Ibykos bei Athenäus XV, 28; Theokrit X, 34; XI, 10.
112) Athen., Deipnos XII, 79.
113) Lucian, Toxar. in der Geschichte des Dimias; Dial. meretr. 12; Alciphr. ep. III, 62; Martial XI, 89.
114) Antholog. Palat. (Jacobs) V, 79 und 80. Ovid, Heroiden, 20, 25.
115) Vergl. darüber Böttiger, Ideen z. Kunstmythologie. Bd. 2, S. 249—51.
116) Die griech. Lyriker, herausg. v. Hartung, Anakreon S. 245, Nr. 132.
117) Theokrit, Idyll. XX, 16.
118) Plautus, Curculio I, 2; Asinaria III, 2 und sonst vielfach.
119) Aelian, Var. hist. lib. XIII, c. 33. Dasselbe Strabo lib. XVII, Abschn. 1, § 53 Großburd, p. 808 (Casaub. ed. II.).
120) Herodot I, 135.
121) Herodot I, 135.
122) Georg Zoega, de origine et usu obeliscorum, Sect. IV, c. 1. S. 390, Anm. 22.
123) Catull. Carm. 64, 310.
124) Cl. Caudian, Nupt. Hon. et Mar. v. 19.
125) Wenn Voß in seiner Uebersetzung des Hesiod (Theogonie v. 238 u. 270) die Kere, ja sogar die Graien, die ihren Namen daher hatten, daß sie schon als Kinder altersgrau aussahen, „rosig" nennt, so ist das incorrect und ungriechisch zugleich. „Schönwangig" konnte sie Hesiod wohl nennen, weil an den Göttern nichts häßlich sein durfte, aber nicht „rosig", weil das ein Prädicat der Jugend ist.
126) Stobaeus, Eclog. phys. et ethic. Lib. I, c. VI, 12 (ed. Heeren p. 174).
127) Einige Beispiele werden für das Gesagte hier vollkommen genügen. Pseudo-Anakreon Od. 49; Catull, Carm. 55, 12; Theocrit, Id 3, 23; Virgil, Aen. I, 402; Pindar, Olymp. VI; dazu das griechisch gedichtete „Hohe Lied" Kap. IV, v. 5.
128) Virgil, Aeneid. XII, 67 ff.; Ovid, Amor. II, 5, 34; III. 3, 5; Ennius, Annal. Nr. 13; Ausonius, Idyll. VII, v. 4—5.
129) Pseudo-Anakreon 36, 5; Lucret. 1, 175; Columella, R. r. IX, 4, 4; X, 37. Athen. XV, 21; Prudentius, Cathemer. in praefat.; Velius Longus 2, p. 36.
130) Horat. II, 3, v. 13 »nimium breves«. Athenäus, Deipn. XV, 27.
131) Aehnlich bei Nemesanius, Eclog. 4 und Claudian, de rapt. Proserp. III, 240, 39.
132) Ovid, Ars amand. II, 115 f.
133) Ovid, Amor. III, 7, v. 66 f.

134) Statius, Silvae III; ähnlich Propert. Eleg. IV, 5, 59, sqq.
135) Auson. Idyll. XIV, 40; 43—4; 49—50.
136) Palladius, de R. R. VI, 17.
137) Goethe's Gedichte, Elegien, Herm. u. Dorothea B. 21—22.
138) Anakreon, Ode 34.
139) Seneca trag. Hippolyt. v. 768—69; Thyestes v. 946, sqq.
140) Bion, Epitaph. Adonit. v. 11.
141) Catull, Carin. 80, v. 1—2.
142) Cicero, Tusculan. Quaest. V, 26; vergl. Martial, Epigr. 8, 77.
143) Athenäus XIII, c. 2, 561. T. Auch Claudian, Epith. 31, 1—4.
144) Etymolog. magn. 630, 41.
145) Seneca, Epist. 36.
146) Propert., Eleg. I, 18, 23.
147) Oppian, Cynegetica II, 31.
148) Pherekrates bei Athenäus, Deipn. XV, 32; Ovid. Fast. V, 194; Claudian, Serena, 71. Mit einer ähnlichen Redensart sagte man auch: „Der Mann hat eine Venus auf der Zunge", Lucian, Skyth.
149) Ovid, Fast. V, 359 sq.
150) Persius, Sat. II, 37; Claudian, Serena, 90.
151) Römische Anthologie v. Meyer Nr. 1022, v. 1. Wernsdorf, Poet. lat. min. VI, p.179.
152) Claudian, Epithal. Pall. et Celer. v. 119.
153) Himerios, Orat. I, §. 19.
154) Welcker, Nachtrag zu der Schrift über die Aeschylische Trilogie S. 188 f.
155) Simonides, Ep. 7, 6. Pindar.
156) Lucian, Von den Gelehrten, die sich an große Herren vermietben, 2. Brief.
157) Theognis, Gnomen v. 537.
158) Laur. Strauss, Encom. Rosae. „Was Du von der Minute ausgeschlagen, bringt keine Ewigkeit zurück." Schiller.
159) Ovid, ex Ponto II, 2, 34; Remedia amor. I, 45 f.
160) Petronius, Satiricon cap. 91.
161) Petronius, Fragment. 25.
162) Nemesanius, Eclog. 4.
163) Theokrit, Idyll. 5, 92—3.
164) Virgil, Eclog. V, 17; Ovid, ex Ponto III, 3, 61.
165) Seneca, Epist. 122, 8; vergl. auch Martial, Ep. IV, 22: »prohibet teneras gemma latere rosas.«
166) Theophrast, H. ph. VI, 6, 4.
167) Varro, d. r. r. I, 35, 1.
168) Plin., H. N. XXI, 4, 10.
169) Pallad., d. r. r. III, 21; XII, 11, auch Geoponica XI, 17—18.
170) Colum., d. r. r. XI, 2, 29.
171) Plin., Sec. min., Epist. V, 6.
172) Martial, Epigr. VI, 80.
173) Horat., Oden II, 15, 5.
174) Nach dem sonst so gewissenhaften Wüstemann (Unterhaltungen aus der alten

Welt, Gotha, 1854, S. 44, Anm. 27). Die von ihm citirte Stelle Varro 2, 1. ist wohl durch Druckfehler falsch.

175) Tacitus, Ann. XII, 43.

176) Tacitus, Ann. III, 54.

177) W. E. Lecky, Sittengeschichte Europa's von Augustus bis auf Karl d. Gr., deutsch von Jolowicz.

178) Plin., H. N. ed. Franz. XVIII, 7, 2.

179) Zell, Epigraph. T. 1, Nr. 926 (p. 107); Nr. 1052 (p. 121); Nr. 1773 (p. 389).

180) Tagebuch einer Reise durch Deutschland und Italien v. E. v. d. Recke, herausg. v. Böttiger, Berlin, 1815, Bd. 3, S. 119.

181) Sophokles, Elektra v. 896; Euripides, Orestes; Lucian, Skyth.: am Grabmal des Toxaris; auch Virgil, Aeneid. V, 77. Tibull II, 4, 47.

182) Virgil, Aeneid. VI, 883.

183) Lucian, Nigrinus 31.

184) Am ausführlichsten über diese Sitte und alle dabei vorkommenden Eigenthümlichkeiten handelt Marini, Fratelli arvali Bd. I u. II bef. Observationi p. 316; p. 562; p. 540. Veilchen, die neben der Rose am häufigsten bei den Alten genannt werden, kommen auch hier vor und es wird auch ein eigner „Veilchentag", dies violaris, genannt. Uebrigens verweise ich für die Inschriften an Grabsteinen auf H. Magius Var. Lect. II, 2. S. 73 f.; St. Vinandus Pighius, Hercules prod. p. 229; Dornavius, Amphitheat. sapient. p. 185; A. Maffei, Mus. Veron. Inscript. 146, 3; Mommsen, Inscript. Regn. Neap. p. 14, 212; Gruter, Inscript. ant. p. 237, Nr. 5; p. 435, Nr. 2; p. 637, Nr. 1 u. viele andere; Orelli, Inscript. Bd. 2, Nr. 4107; Nr. 4418; Nr. 2417 u. a. Zell, Röm. Epigraph. 1, S. 92, Nr. 774; S. 121, Nr. 1052; u. s. w.; Forcellini, Thesaur. tot. latinit. s. v. Escae rosales, rosalia, rosalium dies.

185) Cicero, de legib. II, 24.

186) Winckelmann, Werke, Dresdner Ausg. II, 561; Kircher, Museum Kircherianum pag. 93; 130; J. Gutherius, de jure manium lib. II, c. 28. (Grevii Thrs. Bd. XII.)

187) Wüstemann, Die Rose, S. 39, Anm. 61.

188) Rasche, Lex. R. Numism. T. IV, P. I, p. 1279.

189) Hierzu Plinius, H. N. XXI, 4, 10, 15; XIII, 1, 2, 9; XXI, 19, 73, 125; XXIII, 6, 54, 102.

190) J. J. Rousseau, Rêveries. Promenade VII.

191) Dann ist es ziemlich genau dasselbe, wie Rowland's Macassaröl. Hierzu im Allgemeinen Dioscorides, Arzneimittellehre, und Plinius a. a. O.

192) Geoponica XI, 18.

193) So genannt, weil sie zur Bereitung des Rosenzuckers und Rosenessigs benutzt wird. Es ist unsere Rosa gallica L. oder Provinsrose.

194) Rosa canina L.

195) C. Sprengel, Hist. rei. herb. T. I, p. 43.

196) Plinius, H. N. VIII, 41, 63; XXV, 2, 6.

197) Aelian, Verm. Gesch. XII, 1.

198) Plinius, H. N. XXIV, 7, 4.

199) Aelian, Hist. anim. IV, 18. Plinius, H. N. XI, 53, 115, 279. Wahr-

scheinlich liegt dem die Beobachtung zu Grunde, daß der bekannte Rosenkäfer (Cetonia aurata), wenn man die Rose, auf der er sitzt, berührt, leicht mit angezogenen Beinen, wie todt herabfällt.

200) Aelian, Hist. anim. III, 7.
201) Plin., Hist. N. XXI, 9.
202) Theophrast, H. Pl. VI, 6, 4.
203) Theophrast, übers. v. Sprengel II, 240.
204) Fraas, Synops. plant. Flor. class., S. 74 ff.
205) Herodot VIII, 138 und Athenäus, Deipn. XV, 31.
206) Theophrast, Hist. Plant. VI, 6.
207) Lykophron, Cassandra 1429.
208) Nikander bei Athenäus, Deipn. XV, 31.
209) Cicero, in Verrem, V, 11.
210) Columella, d. r. r. IX, 4, 4.
211) Martial, Epigr. VI, 80.
212) Ovid, Fast. IV, v. 441.
213) Seume, Werke in 1 Bd. Leipzig, 1835. S. 157—58.
214) Du Paty, Briefe über Italien. A. d. Franz. v. G. Forster. Bd. 2.
215) v. Salis-Marschlins, Reise in verschiedene Provinzen des Königr. Neapel. Bd. 1.
216) Italien und Deutschland, Zeitschr. von Moritz und Hirt, 1798, 3 Stück. S. 88.
217) Wiener Zeitschr. für Kunst, Literatur, Theater und Mode, 1831. Febr.
218) Stahr, Ein Jahr in Italien.
219) Swinburne, Reise durch beide Sicilien. Thl. 2, S. 261.
220) Lindley, Monograph. Rosar., ins Französ. übers. von Pronville. S. 4.

Dritter Abschnitt.

Römische Kaiserzeit und Christenthum.

Ich mußte hier einen Abschnitt machen. Die Zeit der kindlichen Freude an allem Schönen, des naiven Naturgenusses ist vorüber. Die Natur wird Werkzeug für die gemeinen Lüste des Menschen oder sie wird verkehrt zu Bildern mystischen Aberglaubens und zum Ausdruck finsterer menschenfeindlicher Selbstpeinigung. Die Völker, die bis dahin Träger der fortschreitenden Menschenbildung gewesen waren, verwildern zuletzt geistig und sittlich zum Zerrbild der Humanität und der Kultur. Ehe wir die Rose auch hierhin verfolgen, müssen wir zusehen, wie sich dieser Umschwung der Weltanschauung gemacht hat.

Das Perikleische Zeitalter ist vielleicht die schönste Erscheinung, welche uns die Geschichte der Menschheit darbietet. In ihm verwirklicht sich, wenn wir von der nun einmal mit der Sitte der ganzen alten Welt verwachsenen Sklaverei absehen, die edelste und menschenwürdigste Form des Lebens, welche bis jetzt die Erde gesehen hat. Eine ausschließlich durch die möglichst wenigen und weisen vom Volke selbst gegebenen Gesetze beschränkte, im Uebrigen unbedingte persönliche Freiheit, eine durch von der Sitte geheiligte Mäßigkeit, sowie durch die Leichtigkeit des Erwerbs unter einem günstigen Himmel bedingte sorgenlose Existenz und eine hohe, unter allgemeiner Theilnahme entwickelte Ausbildung des Geisteslebens in jedem Zweige der Kunst und Wissenschaft, ein durch Ringen nach Weisheit und Verehrung des Schönen geadeltes Dasein — das sind die Hauptzüge dieses Zeitabschnittes. Allerdings konnte diese Erscheinung nur ins Leben treten unter den allseitigsten Begünstigungen des Geschickes. Ein Volksstamm, glücklich angelegt und hochbegabt, begünstigt durch geographische Lage und herrliches Klima, entwickelt sich organisch in stetigen Reformen zu einem vollkommen freien Verfassungsleben und ordnet sich dann nur in Anerkennung der geistigen

Hoheit freiwillig der Leitung eines durch keine amtliche Stellung zur Macht berufenen Mannes unter, in welchem sich in vielleicht nie wieder dagewesener Weise eine Alles umfassende geistige Größe mit der edelsten Selbstlosigkeit verknüpft. Einen zweiten Perikles hat die Geschichte nicht aufzuweisen; am nächsten noch mag ihm ein Washington an die Seite gestellt werden.

Aber auch diese schönste Blüthe der Menschheit mußte verwelken. Völkerstämme haben so gut wie Individuen ihre Kindheit, ihre Jugend und ihre reifen Mannesjahre — dann altern sie und sterben ab, oft schnell, oft, wie auch einzelne Individuen, sehr langsam, so daß sie lange auf der Stufe des kindischen Alters verharren; daß sie sich aufs Neue verjüngen könnten, davon bietet bis jetzt wenigstens die Geschichte noch kein Beispiel dar. Unter Perikles hatten die Griechen ihre höchste Lebensstufe erreicht, von da an tritt die allmälige Abnahme der Kräfte und schließlich gänzlicher Verfall ein. Am auffälligsten zeigt sich das im Erlöschen der productiven Geisteskraft, des schöpferischen Genius in Kunst und Wissenschaft, und damit zugleich erlischt die geistige Selbstständigkeit, die Kraft, die Eigenart gegen fremde Einflüsse sicher zu stellen. Hatten die Griechen wohl in den Perserkriegen fest und klar das orientalische Unwesen von sich abgewiesen, so nahmen sie jetzt zuerst zu Alexandria den ganzen mystischen Aberglauben der Aegypter und Orientalen nicht etwa nur in den Volksglauben, sondern auch in die entarteten Systeme der philosophischen Epigonen auf, und führten sodann in Byzanz die ganze Verworfenheit des asiatischen Satrapenthums auf europäischen Boden über. Für das Alles waren die Griechen vollkommen empfänglich geworden durch die tiefe Sittenverderbniß, die sich allmälig des ganzen Volkes bemächtigt hatte.

Man hat während des letzten Krieges und seiner widerlichen Erscheinungen oft gesagt: Die Franzosen hätten ganz den Begriff von Recht und Pflicht verloren. Ich möchte fragen, ob sie ihn je besessen haben, und die Frage für sie wie für alle romanischen Völker mit „nein" beantworten. Wir finden diese Völker im Beginn ihrer Geschichte sogleich mit Staatenbildung beschäftigt, Verbänden, die, aus verschiedenen Stämmen zusammengesetzt, von vorn herein das Uebereinanderlagern verschiedener Volksschichten als ungleich berechtigter Stände bedingen und in denen sogleich die Sklaven eine Klasse rechtloser Menschen darstellen. Hier steht das Individuum gar nicht dem Individuum als gleichberechtigt gegenüber, sondern Alle nur dem Staate als Verpflichtete. Die Pflicht aber fordert ein ihr gegenüberstehendes Berechtigte, und dies ist hier eben allein der Staat. Bei den aus ganz freien selbstständigen Individualitäten bestehenden Stämmen der Germanen war das ganz anders. Hier mußte sich früh in Folge der unvermeidlichen Beschränkung der Individuen durch einander die Ansicht und der Begriff einer nicht geschriebenen, sondern sittlichen Grenze bilden, die der Einzelne um sein Thun zog, von dem Andern ein Gleiches erwartend. Daraus entwickelte sich denn bei weiterem Fortschritt der Bildung der Gedanke der Pflicht, einer Verpflichtung, dem selbstgegebenen Sittengesetz gegenüber, ein Begriff, der den Alten, einige spätere für die Masse einflußlose Philosophen ausgenommen, gänzlich abging. Stellen wir aber den Staat als den allein zur Pflichtforderung berechtigten hin, so hat die bessere Zeit der alten Geschichte Beweise der Pflichttreue und Selbstaufopferung dem Staate gegenüber aufzuweisen, wie keine andere Epoche der Geschichte. So verstehen wir die Großthaten einer großen aber beschränkten Zeit, die aber für das Urtheil in einem erweiterten geistig-sittlichen Horizont keinen Werth mehr haben und deren Größenmaßstab wir sehr mit Unrecht in eine neue Zeit hineintragen.

Jener Pflichtbegriff dem Staate gegenüber wurde vernichtet durch den allmäligen Untergang des Staates selbst als eines sittlichen Begriffs, als einer zur Achtung berechtigten Existenz und durch das daneben natürlich aufkeimende Bewußtsein der Individualität und ihres Selbstbestimmungsrechtes. Die daraus hervorgehenden Bestrebungen richteten sich natürlich gegen den Staat als den bis dahin allein Berechtigten. So legte das politische Parteiwesen in Griechenland, die Bildung der politischen Vereine oder Hetärien, wie man sie nannte, welche an die Stelle der Verpflichtung gegen den Staat, der doch immer das Wohl Aller bezwecken sollte, die Verpflichtung gegen den Verein zur Förderung der Parteizwecke setzten, zuerst den Grund zur Demoralisation der Massen. Dieses traurige politische Parteileben aber ist es, was die ganze fernere Geschichte von Griechenland, Italien, Spanien und Frankreich kennzeichnet. Recht wurde, was der Partei nützte. Dazu kam nun die Sittenverderbniß durch den seit Alexander's Kriegszügen sich eindrängenden orientalischen Luxus, wodurch die alte und einfache Lebensweise *) verloren ging, so daß die gesteigerten Bedürfnisse das Streben nach Reichthum und die Rücksichtslosigkeit in der Wahl der Mittel zu diesem Zwecke herbeiführten. Die Verwirrung der religiösen Anschauungen durch die orientalischen Formen des Aberglaubens, die Sittenlosigkeit, zu der die nach orientalischer Weise sich gestaltenden Höfe das Beispiel gaben, führten dann bald dahin, eine sittliche Verwilderung durch das ganze Volk allgemein zu machen. Den Höhepunkt bildete in dieser Beziehung die Regierungszeit der beiden **Demetrios** (**Phalereus** und **Poliorketes**) in **Athen**. Der dem ganzen Volk eingeprägte Sinn für Schönheit konnte diesen Einflüssen nicht lange Stand halten und schlug bald in gemeine Sinnlichkeit um, je mehr die schöpferische Kraft, die in den Gebilden eines **Phidias**, **Praxiteles** und **Skopas**, des **Apelles** und **Zeuxis**, sowie der vielen andern Künstler das Volk erhoben hatte, erlosch. Noch weniger konnte der philosophische Gedanke den Verfall aufhalten, da derselbe begann, noch ehe die großen Leistungen eines **Sokrates**, **Plato** und ihrer nächsten Schüler vollkommen durchgearbeitet und so geeignet waren, auch in die weiteren Kreise des Volkes herabzusteigen und ihre sittliche Wirkung auszuüben. Auch der philosophische Geist erstarb und ging einerseits in mystischen Schwindel, andrerseits in hohle Sophismen und Deklamationen über.

Die Römer waren überhaupt ein weniger begabtes Volk, unschön war ihr ganzes Leben, bis sie Kunst und Wissenschaft als einen fremdher entlehnten Putz von den unterworfenen Griechen überkamen. In ihrem schroffen, einseitigen Republikanismus waren sie eine Zeit lang groß, wenn man dieses Wort, weil es nun einmal so hergebracht ist, für solche Erscheinungen mißbrauchen will. Ohne freundliches Genügen im eigenen Hause kehrte sich ihr Streben nach Außen, und die ihrer kriegerischen Schulung gelingenden ersten Thaten erweiterten ihren Ehrgeiz bald zu dem Gedanken der Herrschaft über die ganze damals bekannte Welt. Die Beute aus den geplünderten Ländern niedergeworfener Feinde führte unermeßliche Reichthümer nach Italien. Tiefe und allgemeine Entsittlichung entnervten die ehemals

---

* Als Archelaos von Makedonien dem Sokrates einen glänzenden Ruf an seinen Hof zukommen ließ, antwortete dieser: „Vier Maß Mehl kosten in Athen einen Obolos, und Trinkwasser giebt es in Fülle. Warum sollte ich weggehen?"

tapfern Römer, die eine Zeit lang durch barbarische Söldnerschaaren ihre Macht aufrecht erhielten. Aber bald machte die Söldnermasse sich selbst zum eigentlichen Herrn, und nachdem sich das große Reich in eine Ost- und Westhälfte geschieden, fiel die letztere, das entartete Römerthum, vor den Streichen der andrängenden germanischen Völker, lange vor den früher von Rom aus unterworfenen Griechen. Auch im westlichen römischen Reiche hatten die zweifelhaften republikanischen Tugenden schon gegen das Ende der Republik, mehr noch unter der Herrschaft der größtentheils verworfenen, ja zum Theil geradezu verthierten Cäsaren einer ganz allgemeinen geistigen Verkommenheit und sittlichen Fäulniß Platz gemacht.

So war die Welt beschaffen, als eine Erscheinung sich geltend machte und allmälig über die ganze alte Welt sich verbreitete, die alt und neu zugleich dem Namen nach noch bis jetzt fortdauert: ich meine das Christenthum. Ich habe hier weder seinen religiösen noch seinen sittlichen Kern zu untersuchen und zu beurtheilen, sondern nur ins Auge zu fassen, welche Seiten dasselbe darbot, die auf die Auffassung der Natur und somit auch der Rose verändernd einwirkten, und wie auf der andern Seite auch ein eigenthümlicher Kultus der Rose in das Christenthum selbst eingeführt wurde. Es sind dies zwei Punkte, die sich, wie mir scheint, gar nicht abweisen lassen, die hier in Betracht kommen und die beide aufs Engste mit der Entstehung des Christenthums zusammenhängen.

Verwilderte Aristokratie und rohe Demokratie hatten im Kampf mit einander die griechischen Südstaaten, die bis dahin Träger der sittlichen und geistigen Kultur der Menschheit gewesen waren, geschwächt und sie fielen schnell nach einander unter der siegreichen Macht des sich unerwartet entwickelnden makedonischen Reiches. Was der große und schlaue Philipp begonnen, führte der kühnere Alexander zu Ende, in raschem Siegeszuge fast die ganze damals bekannte Welt unterwerfend, und zum ersten Male Orient und Occident, die so lange getrennt und meist feindlich sich gegenüber gestanden hatten, auf dem „westöstlichen Divan" seiner Herrschaft vereinigend und in ein einziges Reich verbindend. In diesem Reiche und besonders in dem von dem mächtigen Herrscher so begünstigten Alexandria durchdrangen sich die geistigen Elemente, welche bis dahin sich unvollkommen gekannt hatten. Indische, persische, semitische und ägyptische Ideenkreise

verknüpften sich mit den Resten griechischer Geisteskultur und Philosophie
zu einer ganz neuen Form des Daseins. Das sociale Leben wie die Aus=
sprache und Entwicklung des Gedankens erhielten hier eine durchaus neue
Gestalt, die hinfort für lange Zeit die Weltgeschichte bestimmen sollte.
Unser bislang gewöhnlicher Geschichtsunterricht ging über diese Kultur=
periode, wie überhaupt über so vieles für die Geschichte der Menschheit
wahrhaft Bedeutende meist mit unverantwortlicher Oberflächlichkeit hinweg.

Was Alexander der Große gegründet, wurde von seinen ägypti=
schen Nachfolgern, den Ptolomäern, fortgebildet und so wurde Alexan=
dria für lange Zeit der Sitz und Mittelpunkt des Geisteslebens der dama=
ligen civilisirten Welt, wie in späterer Zeit einmal Paris gewesen ist,
beidemal wahrlich nicht zum Segen der Menschheit. In dem schwächlichen
Epigonengeschlecht konnte auch die königliche Gnade keinen Funken des Ge=
nius mehr entzünden. Das Vorhandene mit Gewissenhaftigkeit bewahren,
commentiren und excerpiren blieb das einzige Geschäft der alexandrinischen
Gelehrten, worin sie sich auszeichneten.[1]) Nur Astronomie und Erdkunde
wurden, angeregt durch den erweiterten Blick über einen so großen Theil
der Erdoberfläche, wirklich fortgebildet. Eratosthenes, Euklid, Hip=
parch und Archimedes haben sich in diesen Fächern einen dauernden
Namen erworben. Charakteristisch ist, daß, ebenso wie Dante am Schlusse
des Mittelalters rückblickend die Ergebnisse der ganzen Vergangenheit gleich=
sam in einem poetischen Testamente zusammenfaßte, so auch hier, nur mit
minderem Geist und minderer poetischer Begabung, Lykophron versuchte,
in einem großen Gedichte „Kassandra" die bedeutendsten Züge der rasch
vor der neuen Zeit zurückweichenden alten Welt, ihre Ziele und Wege, ihre
Kämpfe und Siege poetisch festzuhalten: „Kassandra, von Priamus
in einem Thurm gehütet, erzählt allmorgendlich ihren Wächtern die prophe=
tischen Träume, welche ihr in der Nacht geworden sind, schildert Morgen=
land und Abendland, Asien und Europa und den langen, mit dem Sieges=
zug des Makedoniers entschiedenen Kampf beider um die Weltherrschaft."

Uebrigens verlor die Kunst vollends ihre höhere, ursprünglich religiöse
Stellung. Die bildende Kunst diente zum Schmuck der Städte und Paläste;
Musik und Dichtkunst wurden verfeinerter Sinnengenuß der schwelgenden
Reichen. Das Epos ging unter aus Mangel an würdigem Inhalt, zur

Tragödie fehlte der Ernst und die sittlich erhebende Kraft, sowie der große Hintergrund eines freien öffentlichen Lebens; das Drama wurde Komödie der modernen Gesellschaft, wie sie von Menander, dem griechischen Molière, geschildert wurde. Jüdisches, persisches, ägyptisches und syrisches Wesen, sowie die Geschichte dieser Völker wurden von Männern, denen damals in der großen Bibliothek im Bruchion und Serapistempel*) die Quellen noch zugänglich und verständlich waren, z. B. von Manetho, Berosos u. A. aufgezeichnet. Durch gegenseitigen Austausch wurde die Gelehrsamkeit bloße Vielwisserei und bot nun durch Oberflächlichkeit dem Mysticismus und Aberglauben des Orients leichten Eingang.

Entscheidend wird hier die Sprache für die Verbreitung des Geistes, dessen Träger sie ist. Das Griechische, indem es in Alexandria an zahlreiche fremde Ideengebiete herantrat, assimilirte sich Alles, was es brauchte, um auch die fremden Gedanken (wenigstens scheinbar) in sich aufzunehmen, und das große Reich machte, daß das von Alexandrien ausgehende Griechisch erst zur Hof= und dann zur Weltverkehrsprache wurde, gerade wie im Mittelalter das Lateinische und dann im 17. und 18. Jahrhundert das Französische. Aber nur die wenigsten Menschen der damaligen Welt waren Griechen, und da sich in Alexandrien auch ein eigner Gelehrtenstand ausbildete, der das Griechische zur Gelehrtensprache erhob, so folgte daraus unvermeidlich die Abtrennung des Volkes von der Entwicklung des Geisteslebens. Das Volk verdummte in enger Beschränkung seiner Begriffe, und die Gelehrsamkeit, der Kontrole des gesunden Menschenverstandes entbehrend, verlor sich in logische Spitzfindigkeiten, abstrusen Wortschwulst und phantastische Träumereien. Das ist der unvermeidliche Erfolg auf beiden Seiten und derselbe ist immer unter gleichen Verhältnissen in gleicher Weise eingetreten. Dagegen werden ein Dante, ein Thomasius, auch abgesehen von ihren sonstigen Verdiensten, immer in der Kulturgeschichte ihrer beiderseitigen Völker unsterblich bleiben, weil sie denselben den allgemeinen und wissenschaftlichen Gebrauch ihrer Muttersprache zurückeroberten. Wahrhaftiger geistiger Aufschwung und lebendiger Fortschritt der Wissenschaften knüpfen sich bei allen Völkern an den wissen-

---

*) Angeblich 600,000 Schriftrollen.

schaftlichen Gebrauch der Nationalsprache. Die fremde Sprache täuscht nur immer mit dem bloßen Schein der Geistesthätigkeit, Gefühl und Gedanke bleiben todt, wenn man die fremde Sprache nur erlernt und nicht erlebt hat.

Gerade auf dem uns hier am meisten interessirenden Gebiete, dem der Philosophie, zeigt sich dies in der alleraussälligsten Weise. In Alexandria strömten die Anschauungen der verschiedensten Völker zusammen und hier wurden nach der bloßen Wortähnlichkeit Dinge mit einander verschmolzen, die in der ursprünglichen Bedeutung und historischen Entwicklung des Begriffs nichts mit einander gemein hatten.

Wie zu geschehen pflegt (dafür giebt ja die neuere Zeit in Kant und seinen Nachfolgern ein schlagendes Beispiel), hatten die verschiedenen Schulen der drei großen genialen Denker Sokrates, Plato und Aristoteles, statt die wahrhaften geistigen Errungenschaften derselben mit einander zu verbinden, auszugleichen und fortzubilden, nur ihre Fehler aufgefaßt, und einseitig systematisch entwickelt. So habe ich hier die großen Irrwege zu erwähnen, die damals betreten wurden, und selbst in unserer Zeit noch nicht ganz wieder verlassen sind*). Ich nenne hier die Skepsis des Pyrrhon, die Lehre des principiellen Zweifels oder richtiger der Verzweiflung an aller Wahrheit, die im vorigen Jahrhundert bei den französischen Encyclopädisten wieder in den Vordergrund trat: „Wo solch ein Närrchen keinen Ausweg sieht, stellt er sich gleich das Ende vor." Dem fast gerade entgegen tritt die Lehre des Epikur, der Wahrheit nur in der sinnlichen Wahrnehmung finden wollte, worin ihm Locke's Sensualismus und in neuester Zeit der Materialismus wieder nahe kommt. „Man hält, in derber Liebeslust, sich an die Welt mit klammernden Organen." Endlich tritt dazu die Schule der Neuplatoniker, die an die Stelle des klaren Gedankens die Traumbilder einer überreizten Phantasie setzten, und diese halb poetischen (oft freilich herzlich geschmacklosen) Spielereien für innere Anschauungen und erhabene geistige Offenbarungen ausgaben, eine Thorheit, die in neuerer Zeit noch einmal wieder von Schelling und seinen Nachbetern belebt wurde. „Die hohe Kraft der Wissenschaft, der ganzen Welt verborgen, und wer nicht denkt, dem wird sie geschenkt, der hat sie ohne Sorgen."

---

*) „Alles schon dagewesen, meine gelehrten Herren Rabbiner."

Eine auf den ersten Blick erhabenere Lehre entwickelte sich in der Stoa, der Schule des Zenon von Kittion; aber die scheinbar hohe Moral war einseitig, kalt, herzlos, unschön, ja theilweise unmenschlich hart. In der Religionsphilosophie aber verlor sich die Stoa in dogmatische Träumereien und logische Spitzfindigkeiten. Sie bezeichnete zwar Gott als „die allgemeine Vernunft der Welt", als den allgemeinen „Logos", unterschied aber doch noch unter demselben den „inneren Logos" (etwa den Gedanken) vom „ausgesprochenen Logos" (etwa das Wort). Ich muß hier auf die Vieldeutigkeit des griechischen Wortes „Logos" aufmerksam machen, weil aus dem philosophisch sein wollenden Spielen mit dieser Vieldeutigkeit fast alle folgenden Irrwege hervorgingen. „Logos" vereinigt in sich die Bedeutungen von Vernunft, Verstand, Gedanke, Wort, Lehre.[2]

Die philosophischen Lehren der Griechen kamen nun in Alexandria mit den verschiedenen Religionssystemen in Berührung, welche sich in Asien im Verlaufe des letzten Jahrtausends vor unserer Zeitrechnung ausgebildet hatten. Ich kann hier das Einzelne nur kurz andeuten, so weit es mit meinen Zwecken in Verbindung steht, da ich keine Geschichte der Religion zu schreiben habe.

Die älteste Lehre ist wohl der Brahmanismus. In demselben steht der Brahmane, der Priester, einer besonderen höheren Kaste angehörig, an der Spitze der socialen Hierarchie. In der Ordnung des Lebens waren die religiösen Sühnungen fast unzählbar, doch ließen sich gewisse Sünden auch durch Geld abkaufen (Ablaßkram). Die Lehre erkannte einen Fortschritt durch mehrere Stufen der Heiligung. Die natürliche Geburt war rein menschlich, die „Wiedergeburt" durch den Lehrer die allein wahre geistige. Die höchste Stufe erforderte Einsiedlerleben, das Zerreißen aller natürlichen Bande, Reinigungen, Kasteiungen, Büßerthum. Der Abschluß war völlige Verachtung der sinnlichen Welt und des irdischen Daseins und daher die Sehnsucht nach dem Tode als dem Erlöser.[3]

Daneben steht denn, vielleicht in den entferntesten Wurzeln damit zusammenhängend, die Lehre des Parsismus. Hier finden wir ein Urwesen, die Zervana akarana, von welchem Ahuramazda (Ormuz) das „heilige Wort" Ahuna vairya (Honover) entlehnt, um durch dasselbe in sieben Perioden (die sieben Schöpfungstage der jüdischen Sage) die

Welt zu schaffen. Dem Ahuramazda zur Seite stehen die Amesha=
çpenta, die heiligen Geister (die Engel). Ihm gegenüber tritt Agramai=
nyus (Ahriman) mit seinen bösen Geistern, den Dews (Satan und
die Teufel). Die Weltgeschichte ist der Kampf zwischen Ahuramazda und
Agramainyus. Die ganze Engels= und Teufelslehre hatten die Juden
schon im Exil vom Parsismus entlehnt, daher später die Entgegenstellung
von „Christus und Belial".

Etwa 500 Jahre v. Chr. entstand innerhalb des Brahmanenthums
der reformatorische Buddhaismus, der vielfach umbildend auf jenes
einwirkte, insbesondere dadurch, daß er, das Kastenwesen verwerfend, sich
vorzugsweise als Lehre für die „Armen und Gedrückten" ankündigte, daher
auch in unglaublicher Schnelle auf friedlichem Wege sich ausbreitete. Er
war wesentlich bekehrungseifrig („Gehet hin in alle Welt und lehret alle
Völker."). Auch ihm war Einsiedlerleben das Höchste; daneben Bettler=
mönchswesen und Klostereinrichtungen (kurz Alles, wodurch man es sich er=
möglicht, als Tagedieb sein Leben zu fristen). Dazu kam Heiligendienst,
Fasten, Segnen durch Handauflegen, Teufel=Austreiben, Reliquienver=
ehrung, Ohrenbeichte, Kreuz und Mitra, mit einem Wort aller Unsinn, der
später das Christenthum verunstaltete. Endlich hatten die Buddhaisten
schon zur Sicherung der reinen Lehre Synoden der Lehrer.

Im Brahmanismus regte die Buddhalehre eine Reform an, die darin
eine Dreiheit der höchsten Götter hervortreten ließ, die Trimurti:
Brahma — Wishnu — Siwa. Unter diesen war Wishnu der
dem Menschen am nächsten stehende Gott („der Mittler"), der von Zeit zu
Zeit „auf die Erde herabstieg" (seine sogenannten Awatara's) als Mensch
lebte und litt („gelitten und gekreuzigt unter Pontio Pilato"), um dadurch
die Menschheit von dem übermächtig gewordenen Bösen zu befreien. Der
Buddhaismus hatte das ehelose Leben in Klöstern so vollständig durchge=
bildet, daß später katholische Reisende zu ihrem Erstaunen die Identität die=
ser Monasterien mit den katholischen Klöstern sofort wiedererkannten.[4]

Schließlich will ich auch noch hervorheben, daß im späteren Juden=
thum die früher unbefangen gebrauchten Ausdrücke Jahve (Jehova) „der
höchste Gott", Memra „die lehrende und strafende Stimme Gottes" und
die Schechina „die Herrlichkeit oder der Glanz Gottes" sich durch die Auf=

faſſung der Rabbinen faſt vollſtändig in eine Dreiheit Gottes hypoſtaſirt hatten.

Unter allen dieſen Elementen vollzog ſich nun (friedlicher als im ſynkretiſtiſchen Streit des 17. Jahrhunderts) ein Synkretismus der religiöſen Anſchauungen, zu denen faſt jede einen Beitrag lieferte. Es iſt das die jüdiſch-alexandriniſche Philoſophie, die beſonders von dem Juden Philo, ungefähr zu derſelben Zeit, als Jeſus in Galiläa auftrat, entwickelt und ſyſtematiſch, ſoweit das bei ſo verworrenen Phantaſien möglich iſt, ausgeführt wurde. In phantaſtiſcher, ja faſt träumeriſcher Weiſe verbindet Philo, der ſpäter — lächerlich genug — „der jüdiſche Plato" genannt wurde,⁵) die ſtoiſchen Lehren vom oberſten Gott und dem Logos mit den parſiſchen des welterſchaffenden Wortes, faßt dann noch den inneren Logos als den Erzprieſter und Mittler zwiſchen Gott und den Menſchen, der ihm aber auch zugleich der erſtgeborne*) Sohn Gottes iſt. So bringt er eine Dreieinigkeit zu Stande, von der er, ohne ſich von der Mathematik Scrupel machen zu laſſen, ganz beſtimmt erklärt, daß ſie „drei ſeien und doch nur eins". Das Ganze ſtellt er dann mit den von ihm myſtiſch erklärten Worten der Thora und der Propheten zuſammen. Bis ſoweit iſt dieſe Lehre ganz unzweifelhaft vor Jeſus, und völlig unabhängig von ihm, vorhanden.

Faſſen wir nun die oben geſchilderte tiefe Entſittlichung der Völker der alten Welt, mit der ſo eben entwickelten geiſtigen (wiſſenſchaftlichen und äſthetiſchen) Verkümmerung derſelben zuſammen, ſo erhalten wir ein trauriges Bild des Schauplatzes, auf welchem das Chriſtenthum ins Leben trat und zuerſt ſich verbreitete. Halten wir an einer geſunden geſchichtlichen Auffaſſung feſt, ſowie an dem ausnahmsloſen pſychologiſchen Geſetz, daß niemals Menſchen mit einem Schlage gut oder böſe werden, ſo müſſen wir vorausſetzen, daß ſich der niedrige Standpunkt der damaligen Menſchheit auch vielfach in den Erſcheinungen des allmälig entſtehenden Chriſtenthums wiederſpiegeln wird. Und deshalb wird es nicht ungerechtfertigt ſein, die römiſche Kaiſerzeit und das in derſelben ſich ausbildende Kirchenthum der Chriſten hier zu vereinen. Es iſt zu auffallend, aus welch ganz verſchiedenem Geiſte Alles das hervorgegangen erſcheint, was ſich ſpäter unter

---

*) d. h. die erſte Emanation aus Gott, auf die noch viele andere folgen, ſonſt hätte das Wort „erſtgeboren" keinen Sinn.

dem wesentlichen Einfluß des Geistes der neu auftretenden germanischen Völker gestaltete. Im Einzelnen mag es zuweilen schwer sein zu unterscheiden, ob ein christlich-romanischer Kern durch den Germanismus umgeändert und umgestaltet, oder umgekehrt eine germanische Anschauungsweise von christlich-romanischen Dogmen beeinflußt worden ist, im Allgemeinen aber ist der Gegensatz des romanischen*) und des germanischen Geistes zu unverkennbar ausgesprochen.

Es ist unmöglich in Abrede zu stellen, daß das Wesen der orientalischen Religionen, durch Alexandria vermittelt, vielfach gestaltend in die Ausbildung des kirchlich-dogmatischen Christenthums eingegriffen hat. Hier ist nur ein Punkt davon hervorzuheben, der mit meiner Aufgabe in engster Beziehung steht. Der von glühender Phantasie gespornte, von keinem gesunden Vernunftsgebrauche gezügelte Psychismus der orientalischen Religion schnappte unvermeidlich über und führte zu einer sinnlosen Verachtung und Verdammung der Sinnenwelt und des Erdenlebens. Aus dem Buddhaismus ging die Askese, die möglichste Vernichtung aller natürlichen Grundlagen eines gesunden Lebens in das Christenthum über und verdarb oft bis zum völligen Blödsinn jede vernünftige Auffassung und Behandlung der Natur. Den Folgen dieser Verkehrtheit werden wir denn auch alsbald bei der Geschichte der Rose begegnen. Fast in direktem Gegensatz dazu stand die Verehrung und Vergötterung der Natur bei den Heiden. Diese richtig zu leiten, durch eine tiefere und reinere Auffassung des religiösen Lebens zu ersetzen, wurde aber der christliche Klerus bald zu leichtfertig und zu träge. Er fand es bequemer, das ganze Heidenthum bestehen zu lassen und nur unter neuen, scheinbar christlichen Namen in die Kirchenlehre aufzunehmen. Das führt uns denn auf ein zweites Gebiet, auf dem die alte Heidenzeit in die neue Weltanschauung aufging und Alles, was sie werth gehalten hatte, mit ins Christenthum herüberbrachte. Wie auch das die Stellung der Rose ganz eigenthümlich bestimmte, ist ebenfalls dann an seinem Orte weiter auszuführen.

Hier ist aber noch auf eins aufmerksam zu machen. Völker wie Indi-

---

*) Ich benutze hier dieses Wort, um damit kurz den Charakter der ausgelebten Völker der alten Welt zu bezeichnen.

viduen, zu irgend einer gegebenen Zeit beobachtet, bergen meistens in sich unvereinbare Widersprüche. Diese haben aber einen doppelten Ursprung. Die menschliche Seele ist in ihren Anlagen, Thätigkeiten, Richtungen und Bestrebungen so reich, daß nur wenigen, ungewöhnlich begabten Geistern vergönnt ist, sich selbst allseitig in Besitz zu nehmen, vollständig auszuleben, und so bleiben denn so häufig die unfertigen, im Dunkel gelassenen Theile als lange Zeit unerkannte Widersprüche gegenüber dem weiter Entwickelten stehen. Aber auch aus der zeitlichen Fortbildung des Individuums ergeben sich Widersprüche. Neue Anschauungen und Gedankenreihen treten auf und verdrängen die alten, jedoch nur allmälig so, daß Stücke des alten Menschen, möchte ich sagen, noch eine Zeitlang dissonirend neben den neuen Erwerbungen stehen bleiben. Dies Letztere tritt nun noch auffallender bei ganzen Völkern auf, bei denen sich ja die ganze Umbildung nur gleichsam atomistisch in den einzelnen Individuen vollzieht. Hier leben Kinder der alten Zeit noch in die neue hinein; hier kann daher leicht Geist neben Dummheit, umfassendes Wissen neben roher Ignoranz, hoher Seelenadel neben tiefer Verworfenheit sich zeigen. Wer darin lebt, wird nur selten im Stande sein, richtig zu erkennen, was das Werdende, was das Vergehende ist. Daher steht es immer so mißlich mit den politischen Propheten, weil zu leicht das Aufflammen eines verlöschenden Scheites mit dem Auflodern eines neuen Brandes verwechselt wird, und der Desorientirte den Abendstern für den Lucifer ansieht. Hat aber die Geschichte für die Vergangenheit schon entschieden, dann ist es allerdings gewöhnlich leicht, die Zuckungen des Todeskampfes von den noch unbeherrschten Aeußerungen der ihrer selbst bewußt werdenden Kraft zu unterscheiden. Sehr wichtig wird uns aber diese Betrachtung bei der Beurtheilung dessen, was wir Perioden in der Geschichte nennen. So lange die Geschichte nur als Aneinanderreihung rein äußerlicher Begebenheiten behandelt wird, ist es ebenso leicht, einen Abschnitt zu machen, als gleichgültig, wo er gemacht wird. Wenn wir aber eine wahre Geschichte, eine Entwicklung des innern Lebens der Völker, ihres Entstehens und Vergehens nach Geist, Ethik und socialen Bestrebungen geben wollen, so sehen wir bald ein, daß das Ende der einen Periode oft um Jahrhunderte über den Anfang der andern hinübergreift, daß wir das, was in einer Periode blüht, nicht begreifen, wenn wir nicht die in einer früheren Periode verborgenen Wurzeln bloslegen, daß uns einzelne Klänge fremdartig unverständlich bleiben, bis wir sie als das Austönen eines vorhergegangenen vollen Geläutes erkennen.

Ich muß nun das soeben Gesagte auch ganz bestimmt auf den mich hier hauptsächlich beschäftigenden Gegenstand anwenden. In dem ersten Abschnitt habe ich die Geschichte der Rose bis in das vierte Jahrhundert hinabgeführt, weil bis dahin noch immer, wenn auch nur vereinzelte, Remontanten blühten, die die Erinnerung an den Frühlingsflor der schönen Griechenzeit lebendig erhielten. Aber nun muß ich für die Fortsetzung wieder bis in das letzte Jahrhundert vor unserer Zeitrechnung zurückgreifen, weil schon da in einzelnen Erscheinungen der Wurmfraß sich zeigt, der endlich die ganze schöne Blüthe vernichtete. Es ist bekannt genug, wie tief die Sitten in der letzten Zeit der römischen Republik gesunken waren, das sagt uns schon die geläufige Phrase „ein lucullisches Mahl". Gleich nach Beendigung des zweiten punischen Krieges und der Besiegung Philipps des Macedoniers machte sich der Verfall der Sitten geltend. Man versuchte die Gesetze, durch welche die Ehrbarkeit der römischen Frauen geschützt wurde, abzuschaffen, und da sich die Brutusse dem widersetzen wollten, wurden sie förmlich von den erzürnten Frauen in ihren Häusern belagert.⁶) Im Jahre 181 v. Chr. wurde durch den Volkstribun Orchius das erste Luxusgesetz eingeführt, welches die Zahl der Gäste beim Mittagsessen beschränkte; es folgten nachher viele andere, alle mit gleicher Erfolglosigkeit, wie sich vorhersehen ließ. Nachdem Antius Restio eine Beschränkung des Tafelluxus durchgesetzt hatte, speiste er nicht mehr auswärts, um nicht Zeuge von der Uebertretung seines eigenen Gesetzes sein zu müssen. Ein von Julius Cäsar gegebenes Gesetz bestimmte den Aufwand bei den Mahlzeiten, je nach der Feierlichkeit der Veranlassung auf 6, 10 und 33 Thaler, was, wenn man den unvergleichlich höheren Geldwerth der damaligen Zeit berücksichtigt, schon gar keine republikanische Mäßigkeit mehr genannt werden kann. Ganz anders freilich klingt es, wenn wir später den Aufwand bei Tafel allein für Rosen auf Hunderttausende beziffert finden.[7]) Hatte Aristoteles in seiner Ethik[8]) die scharfe und erlaubte Grenze zwischen weisem und erlaubtem Genusse des Schönen in der Natur und verwerflicher Schwelgerei zu ziehen versucht, so wurde seine Unterscheidung doch bald wieder vergessen. Nach und nach machten sich die beiden entgegengesetzten, gleich verwerflichen Extreme geltend. Im Heidenthum trat an die Stelle der unschuldigen Freude am Schönen, die Befriedigung einer bis zur tiefsten Verworfenheit sinkenden Sinnenlust, im Christenthum dagegen die ebenso verkehrte Verdammung der ganzen Natur als einer Verkörperung des Bösen, die immer krankhafte und der wahren Sittlichkeit fremde, oft bis zum Wahnsinn gesteigerte Askese.

Jene Genußsucht tritt nun immer zunächst auf in einer Unzufriedenheit mit den vom Leben freiwillig gespendeten Gaben. Sie genügen nicht mehr dem gereizten Nervensystem, so, wie, wo und wann die Natur sie darbietet. Das Einfach-Natürliche wird verschmäht und durch sinnlose Häufung oder künstliche Zusammensetzungen ein höherer Genuß erlogen — das Fernliegende, schwer zu Erreichende wird für schöner geachtet, — oder man erzwingt durch künstliche Mittel, das was die Natur gerade dieser bestimmten Jahreszeit, diesem bestimmten Lande versagt hat. Statt des Köstlichen sucht man das Kostspielige. [9]

Schon darin zeigte sich die Verdorbenheit, daß die schöne Sitte, den umhergetragenen Götterbildern oder geliebten und verehrungswürdigen Menschen den Pfad mit Blumen zu bestreuen, [10] zu einer Form der niedrigsten Schmeichelei herabsank. [11] Mit sittlicher Empörung erzählt Tacitus, daß, als der elende Vitellius das Schlachtfeld von Bedriacum besuchte, auf dem noch die zerfleischten Leichname unbegraben lagen, das kriecherische Gesindel der cremoneser Bürger ihm den Weg mit Lorbeern und Rosen bestreut hatte. [12] Vergebens verspottete Lucian die Thoren, die mitten im Winter das Haus voll Rosen haben, deren Werth nur in der Unzeit und Seltenheit besteht, die zu rechter Zeit aber verachtet werden. [13] Mamertius tadelte bitter in seiner Lobrede auf den Kaiser Julian den unnatürlichen Luxus seiner Vorgänger: „Die ausgesuchtesten Speisen wurden nicht nach dem Wohlgeschmack, sondern nach der Schwierigkeit, sie anzuschaffen, geschätzt, wunderbare und seltene Vögel, Fische aus fernen Meeren, Aepfel zur ungehörigen Zeit, Eis im Sommer, Rosen im Winter wurden gewählt." [14] Aehnlich sprach sich auch Latinus Pacatus aus. [15] Und noch Macrobius verdammte die Unnatur, im Sommer Eis, im Winter Rosen zu verlangen. [16] Hatte doch der in manchen Dingen schwache Seneca die Umkehrung der Jahreszeiten gutgeheißen, [17]) und ohnehin hätte kein Philosoph den allgemeinen Verfall der Sitte, der von obenher gepflegt wurde, aufhalten können. Wo es anders nicht ging, mußten künstliche Nachahmungen der Natur nachhelfen. Man fing an künstliche Blumen zu machen von Gold, Silber und besonders von dünnen Hornspänen, denen man die passenden Farben und durch Oele und Balsam den Geruch gab. [18]) Aus dem angegebenen Grunde war man auch bald mit dem nicht zufrieden, was die Heimat gewährte. Die Gaben fremder Länder mußten dem Luxus dienen. Schon zu Plinius' Zeiten ließ man Rosen, selbst in Wagen und ganzen Schiffsladungen, aus Mailand, Spanien, Aegypten, ja selbst aus Indien kommen. [19]) Daß die Rose in ihrer Schönheit für Anschauung und Genuß bald nicht mehr genügte, läßt sich denken, sie mußte auch der Zunge dienstbar werden. Seneca sagt von den schwelgerischen Gourmands Nomentanus und Apicius: „Der Ausfall ihrer Küchenkünste hing von der Zufuhr von Rosen ab." [20]) Zahlreiche Speisen werden uns namhaft gemacht, die von dem Zusatz der Rosen ihren Namen hatten. So Rosenpuddinge, Rosenplätzchen, Rosenhonig. Auch als Gewürz wurde die Rose häufig verwendet. [21]) Schon früher hatte man angefangen, auf den Wein, den man trank, Rosenblätter zu streuen (eine Art Maitrank), [22]) sehr bald aber wurde der Rosenwein, künstlich bereitet, ein ganz gewöhnliches Getränk und das nicht allein; man badete sich in Rosenwein, ja der Kaiser Heliogabal, der sich viel auf seine Erfindung: den Rosenwein noch durch Pinienzapfen verbessert zu haben, zu Gute that, ließ Fischteiche mit Rosenwein füllen, der, nachdem er sich darin gebadet, an das Volk verschenkt wurde. [23]) Vorzüglich aber suchte man den Genuß in der massenhaften Vergeudung. Tafeln wurden mit Rosen bestreut, die Polster mit Rosenblättern gestopft, Speisesäle und Vorhallen oft ellenhoch mit Rosen oder Rosenblättern bedeckt. Nero vergeudete bei einem Gelage für 200,000 Thlr. Rosen. Verres saß in einer Sänfte in Rosen fast verhüllt. Man ließ durch besondere Vorrichtungen beim Mahle Rosen von oben auf die Gäste herabregnen, was Heliogabal soweit trieb, daß ein Theil seiner Gäste erstickte, weil sie sich aus den Rosen nicht mehr herausarbeiten konnten. Verus schlief in Betten von Rosenblättern, denen der härtere weißere Nagel genommen war, unter einer Decke, die von Lilien gemacht war. Bei den Sybariten war ein solches

Lager sehr gebräuchlich, und Smindyrides beklagte sich einmal bitter, daß er eine Beule bekommen, weil ein Rosenblatt eine Falte gehabt habe was an das Märchen erinnert, in welchem die echte Prinzessin daran erkannt wird, daß sie sich über das harte Lager beklagte, weil man ihr heimlich unter vier Matratzen eine Erbse gelegt). Der jüngere Dionysius in Lokri wälzte sich mit seinen Buhlerinnen auf dem fußhoch mit Rosen und Thymian bedeckten Fußboden. Und sogar bei Lustfahrten in der Bai von Bajä wurde das ganze Meer mit Rosen bestreut. [24] Man könnte die Rose, dieses Wunder der Natur, fast beweinen, daß sie so entwürdigt werden konnte.

Daß mit dem sittlichen Untergang Aberglaube und Mysticismus ihr Haupt erheben mußten, habe ich schon oben ausgeführt. Ich glaube, Claudius Claudianus war der erste, der die Rosen „blutroth" nannte. [25] Später wird die Beziehung der Rosen auf Blut immer geläufiger, die Farbenbezeichnung immer mystischer. So sagt Cassiodor: „Die Purpurfarbe ist eine rothschimmernde Dunkelheit und blutige Schwärze." [26] Die Verwendung der Rose zu Gleichnissen wurde trockne Spitzfindigkeit, fast albern, wie das ebenfalls später noch mehr hervortritt. So sagt Fulgentius: „Die Rosen erröthen und stechen wie die Begierde, sie erröthet auch durch den Vorwurf der Schamlosigkeit und sticht mit dem Stachel der Sünde." [27] Schon bei Lucian sind die Rosen Zaubermittel, [28] und bei dem letzten griechischen Dichter Tzezes werden Rosen im Winter unter die unglückverkündenden Zeichen gerechnet, [29] gerade wie später bei Gregor von Tours. [30]

Daß das Christenthum der völligen sittlichen Entartung des Heidenthums entgegentrat, würde berechtigt gewesen sein, wenn in ihm selbst ein anderer Geist gelebt hätte, als der, welcher jener Verkommenheit eben Vorschub geleistet hatte, nämlich der Mangel einer gesunden ethischen Grundlage. Deshalb schütteten sie gleich das Kind mit dem Bade aus und traten nicht nur mit der Corruption, sondern auch mit der ganzen Natur, und somit der nicht nur zu rechtfertigenden, sondern sogar nothwendigen Freude am Schönen, am reinen Naturgenuß in Kampf. Die finstere orientalische Lebensanschauung verdammte Alles, was natürlich, menschlich und daher schön und gut war. Welche verdumpfte und verdorbene Natur zeigt uns der h. Bernhard. Als er bei einem Besuche des Cisterzienser-Klosters Himmerod in der Eifel die Mönchszucht in tiefem Verfall fand und zugleich der schmelzende Gesang der Nachtigallen ringsumher zu seinen Ohren drang, da ward es ihm klar, daß dieser an dem weltlichen Sinne der Brüder schuld sei; zürnend hob er die Hand und sein Bannspruch zwang das ganze Volk der Nachtigallen, die Umgegend zu verlassen. 31) Daß solch ein verkümmertes Geschöpf nie den wahren Weg zur Tugend und zu Gott finden wird, liegt auf der Hand. Der verrückte Gedanke des Sündenfalls durch die ersten Menschen wurde noch verrückter dadurch, daß man die ganze Natur in ihn verwickelte, die durch denselben verderbt und dem Bösen anheim gefallen sein sollte. Spukt doch dieser Unsinn noch heut zu Tage in theologisch-bornirten Köpfen. Auch die Rose hat darunter gelitten: sie war im Paradies dornenlos und erhielt die Dornen erst nach dem Sündenfall. So sagen der h. Ambrosius und der h. Basilius, 32) daß die Rose im Paradies keine Dornen gehabt habe; woher sie das wissen, haben sie aber vergessen mitzutheilen. Muster von Abgeschmacktheit sind die Aeußerungen des Tertullian (über die Kränze der Krieger) 33) und des Clemens von Alexandrien (über Salben und Kränze). 34) Etwas Alberneres von Sophistik, als der Beweis des Tertullian,*) daß man sich nicht bekränzen dürfe, ist nicht leicht irgendwo zu finden, desgleichen die Behauptung, daß das Bekränzen gegen die Natur sei; zum Abschluß giebt er die trostloseste, materialistische Lebensanschauung, die Alles auf das Nützliche und Nothwendige beschränken will, der das ganze Gebiet der Schönheit verschlossen ist. Dabei ist er so gedankenlos, zu übersehen, daß ja im alten, wie neuen Testament auch Kränze vorkommen. 36) Fast in gleicher Verkehrtheit spricht sich Clemens aus und zeigt dabei eine recht hübsche Unwissenheit, wenn er behauptet: die alten Griechen und selbst die Phäaken hätten keine Kränze gekannt, da sie erst bei den Athletenspielen aufgekommen seien. Im Homer schon kommen die Kränze vor, 37) oder weiß Clemens noch Etwas von den vorhomerischen Griechen? Prudentius in seinen christlichen Hymnen thut sich etwas darauf zu Gute, daß er sich Nichts aus Rosen und Wohlgerüchen

---

*) „Ein Mann von rauhem und mürrischem Temperamente", wie der Jesuit Theophil. Raynaud ihn nennt. 35)

mache, und preist die zwölfjährige Martyrin Eulalia, dies durch gewissenlose Erziehung altklug verschrobene Kind, daß sie Rosen und allen Schmuck verschmäht habe. 38)

Die mystischen Schwärmereien über das „rosenfarbene" Blut Christi 39) ließen bald Blut und Rose in Wechselbeziehung treten; der h. Bernhard sagt: „Die einzelnen Tropfen seines Blutes sind die Blätter der blutigen Rose seines Leidens", 40) die Rose und der Kranz von Rosen wurden Symbol des Martyriums. 41) Als Abschluß und als Seitenstück zu Tertullians Abhandlung über die Kränze erwähne ich noch des hochgefeierten Thomas von Aquino, der letzten Sackgasse des scholastischen Irrweges, mystischen Erguß über die Blumen, Blätter und Früchte. 42) Hier findet man ein wahres Musterstück von geistloser Spitzfindigkeit, blöder Geschmacklosigkeit und Verhöhnung des gesunden Menschenverstandes in Verdrehung und Anwendung der Bibel, so daß man unwillkürlich daran erinnert wird, wie ihn schon seine Studiengenossen beim Albertus Magnus wegen seines stummen Hinbrütens den „stummen Ochsen" oder den „großen Ochsen aus Sicilien" nannten. 43)

Schließlich wird die Rose auch geradezu Todesbotin. Am bekanntesten ist wohl in dieser Beziehung die Geschichte des Domherrn Rabundus. Es soll von alten Zeiten im Domstift zu Lübeck sich ereignet haben, daß, wenn einem Domherrn der Tod nahte, er drei Tage vorher unter dem Polster seines Stuhles im Versammlungssaale eine weiße Rose fand. Einst kam ein junger Domherr Rabundus etwas früher in das Sitzungszimmer, fand die Rose auf seinem Stuhle und legte sie schnell auf den seines Nachbars. Dieser behauptete, schon vor Rabundus nachgesehen und nichts gefunden zu haben; darüber erhob sich ein Streit, bei dem sich Rabundus vermaß, wenn er die Unwahrheit gesagt, wolle er selbst nach seinem Tode den Tod der Domherren ankündigen. Er starb nach drei Tagen, und von da an kündigte er den bevorstehenden Tod eines Domherrn jedesmal durch drei laute Schläge an seinen Grabstein in der Domkirche an. Viele Leute, z. B. Franciscus, behaupten, die Schläge selbst gehört zu haben. 44) In dieser Sage ist dreierlei zu unterscheiden. Das Eine ist der erfolglose Betrug des Rabundus, das kommt in fast gleicher Weise bei der ähnlichen und wahrscheinlich viel älteren Sage der Abtei Corvey vor, wo übrigens eine Lilie aus einem im Hochchor hängenden metallnen Kranze auf dem Chorstuhl des betreffenden Mönchs den Tod verkündet. ⁴⁵) Der zweite Punkt ist die regelmäßige Verkündigung eines bevorstehenden Todesfalles, die an vielen Oertlichkeiten und unter sehr verschiedenen Formen sich wiederholt. So zeigte in Merseburg ein Gepolter und ein heftiger Schlag auf den Chorstuhl das Ableben eines Domherrn an, an vielen Orten ist es die sogenannte weiße Frau, die Frau Perchta von Rosenberg, deren Erscheinen den Tod bedeutet, an andern Orten ist es das freiwillige Läuten einer bestimmten Glocke; in einem Mönchskloster am Sinai das Erlöschen der Lampe des betreffenden Bruders; in Rom endlich kündet der von der Sage zum Zauberer gestempelte Papst Sylvester II. durch das Klappern seiner Gebeine im Sarge den Tod eines Papstes an; und so noch vieles Andere. ⁴⁶) Für mich ist hier das Dritte das Wichtigste, nämlich die Rolle, welche die Rose als Vorzeichen des Todes spielt. Hierbei kann man allerdings schon auf den griechischen Traumdeuter Artemidoros zurückgreifen, bei dem eine Krone von purpurnen Blumen, „weil die Purpurfarbe eine gewisse Beziehung zum Tode hat", wenn man sie im Traum sieht, den Tod bedeutet; noch gewisser gilt das, wenn ein Kranker zur Rosenzeit von Rosenkränzen träumt. ⁴⁷) Hierher gehört denn auch wohl aus dem Nibelungenliede das Wort der Kriemhilde:

„Laßt euer Jagen sein,
„Mir träumte heut' vom Leide, wie euch zwei wilde Schwein
„Ueber die Haide jagten, da wurden Blumen roth;
„Daß ich so bitter weine, das schafft mir wahrhaft Noth." ⁴⁸)

König Heinrich VIII. träumt, er habe eine Rose verloren, und da heißt es:

»A ship he had, a Rose by name,
»Oh no, it was his royal Jane.
»Oh, mourne, mourne, mourne, fair ladies,
»Jane, your queen, the flower of England, dies.« ⁴⁹)

Nach einer jüdischen Volkssage stirbt ein berühmter Zauberer in Prag, Günstling Kaiser Rudolphs II., am Geruch einer Rose, in die sich der Tod verwandelt hatte, weil er dem Zauberer auf andere Weise nicht beikommen konnte. ⁵⁰) Nach schwedischer Volkssage erscheint die Jungfrau Maria kranken Kindern und giebt ihnen köstliche Erdbeeren zur Erquickung selbst mitten im Winter, wenn sie genesen sollen, oder eine Rose, wenn sie dem Tode nahe sind. ⁵¹) In der Familie von Trotha erscheinen den

Frauen, deren Tod bevorsteht, immer einige Tage vorher vier rothe Rosen im Traume.⁵²) Auch in Breslau und in Hildesheim bestand die Sage, daß jeder Domherr drei Tage vor seinem Tode eine weiße Rose auf seinem Chorstuhl finde.⁵³) Eine unerklärte Eigenheit ist, daß der Todesbote in den Domstiftern immer eine weiße Rose (oder Lilie) ist, während sonst die rothe Rose, wie das Martyrium, so auch den Tod bedeutet.

Es lag im System, der Erde jeden Reiz zu nehmen, und sie zum Jammerthal zu machen, dafür vertröstete man die Menschen aufs Jenseits, wo sie alles das schöner wiederfinden würden, was man ihnen hier als sündlich entzogen. So wissen auch die frommen Priester nicht genug von den Schönheiten des Paradieses zu erzählen und von dem milden Wetter und den herrlichen Lilien und Rosen daselbst. Zur Beglaubigung brachte ein Engel dem Theophilus einen Korb mit Rosen und Aepfeln,*) die ihm die hingerichtete Dorothea mitten im Winter geradezu aus dem Paradiese schickte.⁵⁴) Der h. Cyprianus entwirft ein verführerisches Bild von dem rosenreichen Frühling im Himmel.⁵⁵) Der h. Augustinus ist nicht minder heimisch in jenen Regionen, und seine Mittheilungen hat der Cardinal Petr. Damiani in Verse gebracht:

„Dort quält nimmer der Winter mit Frost, noch glühender Sommer,
„Immer blühen dort Rosen, in nimmerwelkendem Lenze,
„Lilien stets und Crocus, es schwitzet immer der Balsam,
„Honig fließet in Bächen, es grünet stets Wiese und Saatfeld."⁵⁶)

Bei Dante entfaltet sich sogar das ganze Paradies selbst als eine himmlische weiße Rose, in der alle Heiligen thronen.

Aber es eröffnet sich uns nun auch ein anderer Eingang für die Rose in die Mystik und Symbolik des Christenthums. Schon Libanius, der geistreiche Freund des edlen Kaisers Julian, hatte den christlichen Bischöfen zugerufen: „Ihr könnt den alten Göttern wohl die Tempel rauben, aber nicht ihnen die Herzen der Menschen verschließen."⁵⁷) In der That, wer nicht ganz albern ist, kann nicht glauben, daß das Auswendiglernen des Credo plötzlich die Menschen verwandelte, ihre früheren Anschauungen, liebgewordenen Gewohnheiten, Glauben und Aberglauben vernichtet, und sie

---

*) Eine ganz heidnische Liebesgabe.

zu neuen Menschen gemacht habe, als welche etwa nur wenige Fanatiker erscheinen konnten. Sie blieben vielmehr in überwiegender Mehrzahl dieselben Heiden wie vorher, wenn auch unter neuem Namen, und die Bischöfe sahen bald ein, daß es nicht genug sei, die Heiden zu taufen, sondern daß sie auch das Heidenthum selbst taufen müßten, und es wurde ihnen bei der Gewissenlosigkeit, mit der sie die Bibel mißhandelten, nicht schwer, dafür Anhaltepunkte zu finden. [58] Die durch das ganze Heidenthum verbreitete Verehrung einer weiblichen Gottheit, die Anrufung hülfreicher Lokalgottheiten und die gewohnte Feier heidnischer Volksfeste war den Menschen nicht zu nehmen. [59] Man ließ sie ihnen daher und gab ihnen nur sogenannte christliche Namen. Die weiblichen Gottheiten taufte man Maria, die Lokalgottheiten machte man zu Märtyrern und Heiligen [60] Angeblich litt die h. Agnes den Märtyrertod, weil sie die Diana nicht anbeten wollte. Die Diana wurde aber nach wie vor angebetet, da schlugen ihr die christlichen Priester den Halbmond ab, stellten sie als heilige Agnes in demselben Tempel wieder auf, und da steht sie noch heute in Rom, ein schönes Kunstwerk des klassischen Alterthums; die heidnische Verehrung blieb dieselbe unter christlichem Namen. [61]

Die alten Weiber liefen zur Statue des Aesculap und beteten um Heilung für sich und Andere; sie laufen noch immer dahin in demselben Aberglauben, obwohl der Aesculap jetzt St. Bartolomeo heißt, [62] gerade so wie die Bronzestatue des capitolinischen Jupiter jetzt als h. Petrus in der Peterskirche stehen muß. „Wird der alte Glaube zerstört, so rettet sich das Volk einzelne Züge daraus, indem es sie überträgt auf einen Gegenstand neuer unverfolgter Verehrung", sagt Grimm. [63] Und wie konnte das anders sein; die niedere Geistlichkeit war ja immer aus den untersten Volksschichten hervorgegangen und trug alle ihre väterlichen Erinnerungen, Gesinnungen, Aberglauben mit in den neuen Stand hinein. Noch zu Anfang des 16. Jahrhunderts opferten selbst christliche Geistliche auf Bergen und in Wäldern den heidnischen Göttern, um sich die Gunst der noch immer treu am alten Glauben hängenden Frauen zu gewinnen. [64]

Die Verwandtschaft der sämmtlichen weiblichen Gottheiten und die Identität ihres inneren Wesens hatte schon das Heidenthum anerkannt, um so leichter wurde es, sie sämmtlich in die eine Gestalt der „Göttin Maria" zu vereinigen, auf die man dann alle Beinamen der Venus, Isis, Demeter, der syrischen Göttin, der deutschen Freia u. s. w. häufte. ⁶⁵) Unter einem Marienbilde in Neapel steht die Inschrift: „Tochter, Schwester, Gemahlin und selbst auch Mutter des Donnrers", welcher Vers offenbar geradezu von der Juno auf die Jungfrau übertragen ist. ⁶⁶) Wo lokale Verhältnisse Rücksichten erforderten, machte man die Göttinnen zu Heiligen: Rosen, Rosalien und so weiter, und ließ sich darin auch nicht durch den Spott der Muhammedaner, daß die Christen Weiber anbeteten, stören. ⁶⁷) Selbst Epiphanius ist noch ganz empört über die beginnende Vergötterung der Maria. Er sagt geradezu: „Die Verehrung hat nichts als Weibsbilder zu Urhebern, durch welche der Satan gewirkt zu haben scheint."⁶⁸) Was half's! Zur Erziehung des verdummten Volks für einen edleren und reineren Gottesglauben war die selbst ungebildete und in Genußsucht versunkene Priesterschaft viel zu faul; bequemer war es, das Heidenthum, wie es lag, bestehen zu lassen und nur, um den Schein zu wahren, mit neuen Namen zu taufen. So zog denn der ganze Kultus der Isis, der syrischen Göttin, der Demeter, Kybele und der Venus in das Christenthum ein. ⁶⁹) Die Namen wie die Symbolik der genannten Göttinnen gingen auf die Maria über. Diana und Isis liehen ihr den Halbmond, Ceres die Aehren, die ägyptischen Göttinnen gaben ihr die schwarze Farbe*), und alle Attribute der Venus, Muschel, ⁷¹) Fisch, ⁷²) Abend- und Morgenstern und das Meer, ⁷³) Eidechse, ⁷⁴) Taube, ⁷⁵) Rephuhn ⁷⁶) und besonders Rose, Lilie und Myrte wurden auch Symbol der Maria. ⁷⁷)

Selbst einzelne Mythen gingen offenbar auf die Maria über. Viele alte Volksfeste und Gebräuche erinnern noch an die Feier des Adonis und die Adonisgärtchen. Venus und Adonis in den Rosen reproducirt sich offenbar in den Bildern, die die Maria im Rosengebüsch darstellen. So erinnere ich zuerst an das Bild von Francia in der Pinakothek zu München; dann an das schöne Bild von Martin Schongauer in dem Münster zu Kolmar: „Maria im Rosenhag"; dem ähnlich ist das Gemälde der Margarethe van Eyck; ebenso das von Sandro Boticelli:

---

*) Die schwarzen Marien der morgenländischen Kirchen. ⁷⁰)

"Maria auf dem Throne", dann ein altes Bild in Straßburg und viele andere. [78)]

Gar seltsam ist es, daß man für die Rosen der Maria in der Bibel fast keine anderen Anhaltepunkte fand, als einige Stellen, in denen man das eine Blume bezeichnende Wort aus Unwissenheit mit „Rose" übersetzte und die überschwänglichen Ausdrücke einer weltlichen Dichtung, des von orientalischer Sinnenglut und Leidenschaft überschäumenden Hohen Liedes. Sobald Maria in den Vordergrund der Verehrung tritt, knüpft sich die Rose an ihren Kultus. Der h. Bernhard, in seiner Rede zum Lobe der Jungfrau, setzt sie, als Rose, der Eva, als Dorn, entgegen. Chrysostomus, Chrysippus, Damascenus, St. Josephus, Anselmus, Hugo de St. Victor, Petrus Mauritanus, Helinandus, Innocenz III., B. Josephus, Richard von St. Lorenz, Hugo Carensis, Bonaventura, Albertus Magnus, St. Gertrudis, Jacob de Voragine, Alanus de Insulis, St. Mechtildis, J. Hondemius, Joh. Hildesheim, Ernst von Prag, St. Brigitta, Bartholomäus von Pisa, Raymundus Jordanus, St. Vincentius Verrerius, Joh. Gerson, Laurentius Justinus, Antonius, Dionysius Carthusianus, Paulus de Heredia u. s. w. haben mehr oder weniger oft die Maria mit der Rose verglichen. [79)] Sie wird darin „schönste Rose unter den Frauen", „Rose unter den Dornen" (Judäa), unverwelkliche, süßduftende, dornenlose, „Heilerin aller Leiden" (in Bezug auf die Heilkräfte der Rose), „gepflanzt in Jericho" und „an den Ufern der Bäche", „die Rose des Paradieses" genannt; einige Male kommt auch Gott als Rosenstrauch, Christus als Rose und der h. Geist als der Duft vor. Im Ganzen sind die Vergleiche nichtssagend, geistlos und langweilig dadurch, daß sie, auf wenige Wendungen beschränkt, sich immer wiederholen. Nicht übel ist die Wendung bei Reinbot von Born:

„soll alles ding, das ye gewart,
„glichen recht syner Art,
„so mußte die lichte Rose sin
„mutter des von Pallastin." [80)]

Gehen wir insbesondere auf die geistlose Poesie, die Hymnologie ein, so finden wir auch hier dieselbe Armuth an Gedanken, denselben Mangel an dichterischer Schöpfungskraft. Wir können hier gleich auf das Heidenthum zurückgreifen. Die im Kloster Benedictbeuren in einer Handschrift des 13. Jahrhunderts gefundenen Gedichte, mit denen sich die Mönche beim Weine unterhielten, darunter viele selbst schmutzige Liebes- und wilde Trinklieder, enthalten auch ein Lied an die Venus, worin folgende Verse vorkommen:

Ave formosissima	Sei gegrüßt, du schönste Frau
Gemma pretiosa;	Edelstein und Perle,
Ave Decus Virginum.	Stolz der Jungfrau'n, sei gegrüßt,
Virgo gloriosa.	Herrlichste der Jungfrau'n.
Ave mundi luminar,	Sei gegrüßt, du Licht der Welt,
Ave mundi rosa,	Weltenrose, sei gegrüßt,
Blanziflor et Helena,	Blancheflor und Helena,
Venus generosa.	Du, o hehre Venus.
Stella matutina,	O du heller Morgenstern,
Illa, qui terrestria	Herrschest hier im Irdischen,
Regit et divina.	Herrschest dort im Himmel.
Dans in herba violas	Die im Grün du Veilchen giebst,
Et rosas in spina,	Rosen auch auf Dornen,
Tibi salus, gloria	Dein sei Preis und Herrlichkeit,
Sit et medicina.	Du, der Menschen Heilung.

Man streiche hier den Namen Venus, so ist's ein Marienlied.[81] Eine der ältesten Hymnen lautet:

Rosa recens,	Frische Rose,
Rosa munda,	Reine Rose,
Rosa decens,	Keusche Rose,
Sine spina,	Ohne Dornen,
Rosa florens,	Rose blühend,
Et foecunda,	Früchte tragend,
Rubicunda,	Glühend rothe,
Plus quam rosa,	Mehr als Rose,
Lilio candidior.	Weißer als die Lilie.

Damit ist nun so ziemlich die ganze dürftige Reimerei der späteren Jesuitenpoeten erschöpft.[82] Hundertmal wiederholen sich die einzelnen Zeilen zu ein oder zweien combinirt, ohne daß irgend ein neuer, sinniger Gedanke hinzutritt. Auch die deutsche geistliche Dichtung ist ebenso arm, oft nichts als die Uebersetzung aus dem Lateinischen.[83] Zu erwähnen wäre nur, daß Maria oft auch „der von Gott gezierte Rosengarten" genannt, daß sie als „Rosenstrauch" und Christus als Rose behandelt wird, und daß ihre sogenannten fünf Freuden und fünf Schmerzen und fünf Entzückungen als fünf weiße oder rothe Rosen vorkommen.*) Vergleicht man die ältere mit der jüngeren Literatur in Bezug auf die Verwendung der Rose, so zeigt sich allerdings im Allgemeinen eine gewisse Verschiedenheit der Auffassung, die mit der Entwicklung der kirchlichen Anschauungsweise eng zusammenzuhängen scheint. [84] Die ältesten Mariengleichnisse haben nur die Schönheit der Rose im Auge und vergleichen damit Maria als die schönste der Jungfrauen; eigentlich sind sie noch ganz heidnisch; höchstens wird Maria als die an den Dornen des Judenthums erblühende Rose bezeichnet. Später tritt dieser letzte Gesichtspunkt aber, dogmatisch gewendet, mehr in den Vordergrund; der Dorn wird zum Symbol der Sünde, der Dornbusch Allegorie des in der Erbsünde versunkenen Judenthums, wogegen Maria, als die Rose, die selbst keine Dornen hat, als die sündenlose, unbefleckte hervorgehoben wird. Dies beginnt besonders gegen Ende des 14. Jahrhunderts mit Raymundus Jordanus (auch unter dem Namen „Idiota"). [85] Ein zweiter Punkt, der sich dem Leser aufdrängt, ist, daß anfänglich nur in einfach naiver Weise Schönheit, Farbe und Geruch zum Preis der Maria benutzt werden, später sich eine geschmack- und geistlose Breite in allegorischer Ausspinnung anderer, meist nur vermeintlicher Eigenschaften der Rose, besonders der medicinischen, geltend macht; das Schönheitsgefühl, der ästhetische Tact verliert sich gänzlich; die Schriftsteller, besonders die Jesuiten, werden albern, ja zuweilen widerlich und geradezu unfläthig. Auch das wäre vielleicht noch zu betonen, daß zwar wohl schon früh auf die rothe Rose als Symbol des Martyriums hingedeutet, dies aber erst in späterer Zeit weiter entwickelt wird, indem es heißt, daß, weil Maria geistig mit ihrem Sohn gelitten, ein Martyrium der Liebe das ihre sei, im Gegensatz zum Martyrium des Blutes; endlich wird öfter in der späteren Zeit hervorgehoben, daß, wie man die Rose pflückt, ehe sie noch verblüht, so auch Maria, noch ehe der Tod sie zerstört habe, zum Himmel erhoben worden sei. [86]

Ist diese eigentliche Rosenliteratur des Christenthums weniger erquicklich und fesselnd, so bietet dagegen die Legende, in der die Rose so häufig mitspielt, doch manche interessante Punkte dar. Ich erwähne zuerst die christlichen auf Entstehung der Rose, ihrer Farbe und ihres Geruches be-

---

*) Davon ist noch später bei den Rosenkranzbildern zu sprechen.

züglichen Legenden. Ich beginne hier zuerst mit einem alten Wallfahrts=
lied, 87) worin es heißt:

    „Maria durch den Dornenwald ging,
    „Der hatte sieben Jahre kein Laub getragen,
    „Was trug Maria unter ihrem Herzen?
    „Ein kleines Kindlein ohne Schmerzen.
    „Als das Kindlein durch den Wald getragen,
    „Da haben die Dornen Rosen getragen."

Daran reiht sich dann die Sage, daß ein Blutstropfen Christi unterm Kreuz auf Moos gefallen und daraus die Moosrose entstanden sei. 88) Be= sonders hat sich die Legende mit der Wein= oder Rostrose*), dem »sweet William« oder »sweet briar« der Engländer, beschäftigt. Beim Volke heißt sie auch die Marienrose, und man erzählt nicht sehr appetitlich, daß Maria einmal auf der Flucht nach Aegypten die Windeln Christi an einem Dornstrauch zum Trocknen aufgehängt und dieser davon den Geruch ange= nommen und behalten habe. 89) Noch weiter ausgesponnen kommt die Le= gende im Elsaß vor: In einem Dorfe unweit Mariastein steht eine Rosenknospe, die nie aufblüht, aber in der Christnacht entfaltet sie sich und wirft weithin duftend einen lichten Schein um sich. Sie stammt von einem Rosenstrauch ab, an welchem Maria auf der Flucht nach Aegypten die Windeln Christi aufhing. Je länger die Rose blüht, um so fruchtbarer wird das Jahr. 90) Um Tübingen dagegen heißt die Rostrose „des Hei= lands Dornenkrone". 91) In Angeln heißen die Hagebutten, die auch ihren Antheil an der Legende fordern, „Judasbeeren". Judas soll sich an einem Hagedorn erhängt haben und seien dadurch die Dornen abwärts gebogen. Am Niederrhein heißt die Heckenrose „Friggdorn" (Freia's Dorn) und darf nur an einem Freitag gepflückt werden. Auch erzählt man an vielen Orten, daß, als Lucifer vom Himmel auf die Erde gestürzt sei, habe er sich den Hagedorn geschaffen, um daran wieder hinauf zu klettern. Gott aber „merkte die Absicht und wurde verstimmt", verhinderte den Strauch, seine Triebe aufzurichten, und bog auch die Stacheln, die dem Lucifer als Leiter dienen sollten, nach abwärts. 92)

Endlich ist noch zu erwähnen, daß die weiße Rose an vielen Orten

---

* Rosa rubiginosa L.

Magdalenenrose heißt, weil durch die Thränen der Büßerin die rothe Rose entfärbt, und so die weiße Rose entstanden sei. 93) Eine gar anmuthige Legende über Benutzung der Rose wüßte ich nirgends besser als hier anzuschließen. Ein armer Fuhrmann blieb mit seinem schweren Wagen, auf welchem Weinfässer geladen waren, auf einer schlechten Straße stecken. Da trat Maria unerkannt zu ihm und bat um einen Trunk zur Stärkung. Als der Fuhrmann willig war, aber den Mangel eines Bechers beklagte, ließ Maria aus einem Dornbusch eine Rose hervorsprossen, formte sie schnell zu einem Becher und trank daraus. Sie schenkte dann dem Fuhrmann den Becher und verschwand. Nun zogen die Pferde mit Leichtigkeit den Wagen zum nächsten Ort, wo nach der Beschreibung des Fuhrmanns das Marienbild der benachbarten Kapelle erkannt wurde. Auf ihrem Altar wurde der Becher niedergelegt und that bald so viele Wunder, daß man eine größere Kirche baute und sie die „Rosenkirche" nannte. Ihr Gesims zierte man mit einem aus 74 steinernen Rosen zusammengesetzten Kreuze. 94)

Ich erinnere sodann an die vielfachen Legenden, in denen eine Rose, zur ungewöhnlichen Zeit blühend, oder in der Nacht leuchtend, ein verborgenes Marienbild oder sonstiges Heiligthum verräth und so zur Gründung einer Kirche oder Kapelle Veranlassung giebt. Eine dieser Legenden betrifft die noch jetzt vorhandene und wegen ihrer Größe berühmte Hildesheimer Domrose. Es heißt: „Kaiser Ludwig der Fromme verlor auf der Jagd sein Reliquienkreuz. Der zum Suchen ausgesendete Diener fand dasselbe an einem Rosenstrauch mitten im Schnee, war aber nicht im Stande, dasselbe wegzunehmen. Auf die Nachricht davon ging der Kaiser selbst hin und fand im grünen Walde ein großes Schneefeld, das genau den Grundriß eines Kirchenschiffes darstellte und am oberen Ende einen blühenden Rosenstock. Da rief der Kaiser aus: „Dat is hilde Schnee" (großer Schnee). Nun ließ er daselbst einen Dom bauen, wobei aber der Rosenstock sorgfältig erhalten wurde, und verlegte dahin das Bisthum Elze. Der Ort wurde vom Kaiser Hilde Schnee genannt, woraus später Hildesheim wurde." — Der Rosenstock steht noch am Dom, ist einer der größten wilden Rosen, die man kennt, nach oben hat er das Dach erreicht, und seine Wurzeln sollen sich unter dem ganzen Hochaltar verbreiten. Auf dem rechten Seitenaltar der Domgruft steht ein Kreuz, der daran hängende Christus soll aus den

Wurzeln des großen Rosenstockes geschnitzt sein. 95) Eine andere Legende lautet: „Am Fuße des Kirchberges bei Lüdge wuchsen in einer Nacht drei feurige Rosen, blühten eine Stunde und verschwanden dann. Das wiederholte sich oft. Man grub endlich nach und fand ein uraltes steinernes Marienbild, dem nun eine Kapelle gebaut wurde." 96)

In einer großen Anzahl von Legenden werden Rosen gewöhnlich als Liebeszeichen von dem Himmel zur Erde gesandt oder umgekehrt. Die älteste ist wohl die von der h. Dorothea. Als diese Heilige vor ihrem Richter stand, rühmte sie die Schönheiten des Paradieses, seine Blumen und Früchte. Da sie nun zum Tode geführt wurde, verlangte der Geheimschreiber Theophilus, sie solle ihm doch einige Gaben aus dem Paradiese senden, wenn sie erst dort sei. Als sie geköpft war, erschien ein Engel in Gestalt eines Knaben beim Theophilus, gab ihm ein Körbchen mit drei frischen Rosen und drei frischen reifen Aepfeln und verschwand. Dieses geschah am 6. Februar 288 n. Chr., fügt die Legende hinzu. Und ich meine, es muß jedenfalls irgendwie Liebe im Spiel gewesen sein, denn die Geschichte spielt in Griechenland und da hatten Rosen und Aepfel zusammen seit den ältesten Zeiten nur die Bedeutung einer Liebesbotschaft. 97) Die Tochter des Commandanten von Großwardein sendete dagegen eine Rose in den Himmel. Ihr begegnete Christus und steckte ihr einen Ring an den Finger mit den Worten: „Du sollst meine Braut sein." Therese, roth vor Freude, brach eine Rose und gab sie ihrem Bräutigam, der sie darauf ins Paradies führte, wo sie zwei Stunden blieb, als sie aber wieder auf die Erde kam, war sie 120 Jahre fortgewesen. Niemand kannte sie mehr, da nahm sie das Abendmahl und starb. 98) Dem Valerian und seiner Braut, der h. Cäcilia, bringt ein Engel aus dem Himmel einen weißen und einen rothen Rosenkranz. 99) Die h. Katharina setzte einst einem Ritter im Traum einen Rosenkranz auf, dessen Rosen wie die Blumen des Paradieses dufteten. Erwacht fand der Ritter wirklich den himmlischen Kranz, dessen Rosen nie verwelkten. Später erhielt er ebenso noch einen Handschuh. Mit beiden Gaben zog er ins gelobte Land, weihte sie dann der Kirche und nahm den Handschuh in sein Wappen auf als Herr von Handschuhsheim an der Bergstraße. 100) Auch der h. Julian aus Vienne bestreute einmal seinen Grabstein und den Boden der ganzen Kirche in der Nacht mit himmlischen Rosen und zwar spät im September zu einer Zeit, als die Remontanten noch nicht erfunden waren.[101]) Die h. Rosa von Lima pflückte die von ihr gepflegten Rosen und warf sie ihrem lieben Bräutigam, Christus, in den Himmel. Die Rosen blieben oben haften und ordneten sich zu einem Kreuz an.[102]) Ich kann es mir nicht versagen, hier eine rührend zarte Dichtung mitzutheilen, die allerdings nicht von Rosen, sondern nur im Allgemeinen von zum Himmel erhobenen Blumen handelt. Der Provençale Frederic Mistral singt: „In der Nacht des St. Medardusfestes entsteigen den Gewässern die Ertrunkenen, klimmen barfuß im schlammigen Gewande und mit triefendem Haar ans steinige Ufer und ziehen da, brennende Kerzen in den Händen, in langer Reihe unter den Pappeln hin: verunglückte Fischer, verzweifelte Mädchen u. s. w. Sie spähen dabei nach allen Seiten und suchen nach guten Werken, die sie im Leben ausgesäet; diese werden in den Händen ihrer Urheber zu Blumen, und wenn diese zu einem Sträußchen sich angesammelt haben, so heben die Todten sie zum Himmel empor und gehen in die Seligkeit ein. Die übrigen freilich kehren vor dem Morgenlicht in die kalte Fluth zurück, wo sie bis zum jüngsten Tage der göttlichen Vergebung harren." Es liegt hierin eine vom Gerechtigkeitsgefühl eingegebene schöne Opposition gegen die kirchliche Lehre von dem Versäumniß der letzten Oelung, eine Dichtung, die sittlich wohl mehr werth ist, als die meisten Pfaffenlegenden.[103]) Eine sehr freundliche Rolle spielen die himmlischen Rosen, wo sie als Zeugen der Unschuld auftreten: „Zwei arme Mädchen wurden von der Jungfrau Maria reich beschenkt. Man wollte es ihnen aber nicht glauben und sagte, sie hätten ihren Reichthum auf unrechte Weise erworben. Da kam an einem Festtage, als Alles vor den Thüren saß und plauderte, ein Engel vor allem Volk vom Himmel herab, brachte jedem der Mädchen ein schönes Kästlein voll Rosen und sagte: Das sendet euch Maria zum Zeugniß eurer Unschuld." — Eine ähnliche Sage erzählt Montevilla von einem zu Bethlehem fälschlich angeklagten und zum Feuertod verurtheilten Mädchen; als dasselbe den angezündeten Scheiterhaufen von Dornen betrat, verwandelte sich derselbe plötzlich in ein Rosengebüsch.[104])

An den Legenden überhaupt können wir immer zwei Seiten ins Auge fassen, die sich geradezu aufdrängen, wenn man eine größere Anzahl durchliest. Das eine ist, daß dieselben so häufig (vielleicht immer) im Heidenthum wurzeln und nur Wiederholung heidnischer Vorstellungen sind. Der andere

Punkt ist der, daß sich die Legenden ganz von selbst in Gruppen vereinigen, indem ein allen gemeinsamer Kern sich immer nur in nach Zeit und Ort verschiedenem Costüme wieder darstellt. Für Beides bietet uns die Betrachtung der Rose ein Beispiel.

Im zweiten Abschnitt habe ich schon der den Alten geläufigen Redensarten „Rosen reden" und „Rosen lachen" gedacht. Dies wird oft auf Christus angewendet. „So viel Rosen umher streust du, als Worte du sprichst", sagt Hermann Hugo.[105] Man hat dies in die Legende herübergenommen und erzählt vom h. Angelus, daß ihm, wenn er predigte, Rosen und Lilien aus dem Munde gefallen seien.[106] In einer andern Legende ist dieser Gedanke aber ins Ekelhafte verzerrt und giebt ein Beispiel von der verdorbenen Phantasie, aus der diese Dichtungen so häufig hervorgingen. Es heißt, der h. Josbert (oder Sosius) im Kloster Doel habe als Verehrer der Maria jeden Tag die fünf Psalmen gesungen, die mit den Buchstaben ihres Namens anfingen, nämlich:

Magnificat	Luc. 1, 46.
Ad dominum	Psalm 119. (B. 17.)
Retribue	= 118.
In convertendo	= 125.
Ad te levavi	= 122.

Als er aber 1186 gestorben, seien aus Mund, Augen und Ohren des Leichnams fünf Rosen hervorgewachsen, auf deren Blättern die ersten Verse der fünf Psalmen standen. Als dann der hinzugekommene Abt die eine Rose aus dem Munde der Leiche genommen, um sie als Reliquie zu bewahren, seien die andern vier gleich verwelkt zusammengesunken.[107]

Für die Gruppenverwandtschaft der Legenden geben diejenigen, die man nach der bekanntesten Form die Elisabethlegenden nennen könnte, ein vortreffliches Beispiel. Als allgemeinen Kern kann man bezeichnen, daß Gegenstände, deren Auffindung heilige Personen in Verlegenheit bringen würde, sich im entscheidenden Augenblick in gleichgültige Dinge und zwar am häufigsten in Rosen verwandeln. Daß die Heiligen dabei meist wacker stehlen und lügen, kann ihnen nicht zum Vorwurf gereichen, da der christliche Gott selbst ihnen ja durch seine Wunder in ihren Schlechtigkeiten beisteht.[108] Die älteste hierher gehörige Erzählung geht schon bis auf das Jahr 300 zurück. Der h. Nikolaus von Toledo stahl in seinem Kloster das Brod, um es den Armen zuzutragen. Als nun der gestrenge Abt, der ihn ertappte, den verdeckten Korb öffnete, war das Brod, obwohl es mitten im Winter war, zu Rosen verwandelt. [109] Um 600 treffen wir auf die h. Radegunde, die als Dienstmagd ihrer Herrschaft Brod, Milch und Butter stahl, um es den Armen im Siechhause zuzutragen. Ihr Dienstherr hielt sie an und fragte, was sie trage; sie antwortete ganz keck: „Seife, Kamm und Lauge", und als der Herr den Korb öffnete, fand sich's so, wie sie angegeben. [110] Ich schließe hier gleich die Erzählung vom h. Marold an, dessen Lebenszeit ich nicht auffinden konnte. Auch er stahl als Laienbruder dem Kloster Wein und Brod und trug es den Aussätzigen zu. Sein Probst, der ihn wegen ähnlicher Vergehen schon oft getadelt hatte, ertappte ihn wieder und frug, was er in der Schürze trage. Der Heilige antwortete: „Holz und Lauge", und ein Wunder bestätigte seine Aussage. Hierbei ist aber besonders wunderbar, daß man Lauge in der Schürze tragen kann, ohne daß sie durchtröpfelt. [111] Ganz dasselbe erzählt man vom h. Peter von Luxemburg, der schon als Knabe das Kloster, in dem er diente, bestahl, und dessen Lüge über die versteckten Gegenstände durch die Erscheinung von Rosen bestätigt wurde. Auch die Geschichte des h. Bischofs von Augsburg im Jahr 950 gehört hierher. Denn als der h. Ulrich einst mit dem h. Konrad, Bischof von Constanz, an einem Donnerstag beim Nachtessen zusammensaß, vertieften sich beide so sehr in fromme Gespräche, daß sie Essen und Schlaf darüber vergaßen. Sie saßen noch beisammen, als am andern Morgen ein Bote des Herzogs von Bayern kam. Ulrich beschenkte ihn mit dem Fleisch, das noch auf dem Tische stand, ohne an den Freitag zu denken. Der Bote trug das Fleisch zum Herzog und klagte die heiligen Männer des Fastenbruches an, als er aber das Fleisch zum Beweise hervorholen wollte, war es ein Fisch geworden. Mir scheint, daß Gott hier sein Wunder ganz unnütz vergeudet hat, denn, wenn nicht die heiligen Männer etwa wegen ihrer Sittlichkeit in sehr schlechtem Ruf bei dem Herzog standen, so mußte ja die einfache Angabe zweier Bischöfe, wie die Sache zusammenhänge, genügen, die Angabe des Dieners gleich niederzuschlagen. [112] In der Sacristei der Klosterkirche von Bonaria bei Cagliari ist ein Bild, das einen der Klosterbrüder darstellt, wie er den Christensklaven in Algier Lebensmittel zuträgt, die sich in dem Augenblick, als der wüthende Dey den Inhalt des

Korbes zu sehen verlangte, in Rosen verwandeln. Der Mönch wurde später kanonisirt, ich kann aber weder angeben, wie er hieß, wann er gelebt, noch wie er nach Algier gekommen war. [113] Wir nähern uns durch die Geschichte des Mönches derjenigen Form der Sage, die am meisten bekannt ist. Es sind lauter zarte Frauen, die den Armen Brod und dergleichen zutragen, dabei vom Vater oder Gatten überrascht werden, und deren Lüge, daß es Rosen seien, dann der Himmel durch seine Wunder bestätigt. Die erste ist die h. Kasilda von Burgos die Tochter des Sarazenenkönigs von Toledo, die Speisen von der Tafel ihres Vaters stahl, um sie den Christensklaven zu bringen, und sie, vom Vater ertappt, für Rosen ausgab (sie starb 1126). [114] Die zweite ist die h. Elisabeth von Thüringen. Das Rosenwunder und seine Veranlassung ist so oft in Prosa und Versen von Dichtern erzählt, so oft von Malern dargestellt, daß ich es als bekannt voraussetzen darf. Nur bemerken will ich, daß die nüchterne Geschichte für diese Legende in ihrem Leben keinen Platz, ja selbst keine Möglichkeit hat finden können. Sie starb 1231. [115] Es folgt dann ganz dieselbe Legende von der h. Rosa von Viterbo, die 1261 starb. Bei ihr war es der Vater, den sie bestahl und belog. [116] Endlich ist hier noch die h. Elisabeth von Portugal anzuschließen. Sie starb 1350. Bei ihr ist es wieder der Gemahl, der sich einmischt. Es wird aber so erzählt, daß sie nur im sinnigen Wortspiel das Almosen als Rosen bezeichnet habe, und der Gemahl, das mißverstehend, die Rosen zu sehen verlangt habe, weil es ja Winter sei. [117]

Auch die Legende der h. Elisabeth, in der zuletzt erzählten Form offenbar am reinsten und poetischsten, ist durch die schmutzige Phantasie der Pfaffen zu einer widerlichen Fratze entstellt worden. Man erzählt, daß sie aus lauter Demuth einen Aussätzigen, mit Namen Helius, mit in ihr Bett genommen. Als aber ihr Mann zornig dazu gekommen, habe statt des Kranken Christus mit blutigen Wunden dagelegen. Von der frommen Ada wird dasselbe erzählt, nur findet der erzürnte Gemahl statt des Aussätzigen das Bett voller Rosen. [118]

Daß besonders die Jungfrau Maria sehr großen Werth auf die Rosen legt, geht aus ein paar Legenden hervor, die uns Gumpenberg erzählt. Wie die Heiden ihre Götterbilder mit Blumen und Kränzen schmückten, so machten es die Christen mit der Gottesmutter. In Scheutfeld war ein Tempel der St. Maria domina gratiae. Ein junger Mann wollte eines Tages Rosen, die ihr dargebracht waren, von ihrem Altar wegnehmen, er wurde aber plötzlich von unsichtbarer Hand zu Boden geschleudert. In Budweis in Böhmen war ein berühmtes wunderthätiges Marienbild. Einst kam eine Herzogin von Mailand dahin, um vor demselben ihre Andacht zu verrichten. Zum Andenken nahm sie eine Rose, die man dem Bilde in die Hand gegeben, mit sich fort, aber am andern Tage war ihr die Rose verschwunden und befand sich wieder in der Hand der Maria. [119]

Ich habe nun aus der fast unerschöpflichen Menge der Legenden eine Auswahl gegeben, die, wie ich glaube, vollkommen genügt zu zeigen, wie die Rose in dieselben eintritt, wie sie in denselben verwerthet wird; die sämmtlichen Legenden, auch nur die, in denen die Rose vorkommt, mitzutheilen, würde weder erfreulich, noch belehrend, sondern nur langweilig werden. Ich kann aber nicht umhin, noch auf eins aufmerksam zu machen, was gleichsam zwischen Legende und Geschichte die Mitte hält, worauf man wenigstens im Laufe der Geschichte und ihrer Bearbeitung oft wieder zurückgekommen ist, um das angeblich Geschehene an den nachfolgenden Ereignissen zu prüfen. Im Jahr 1148 starb der Erzbischof und Primas Malachias zu Armagh in Irland, oder wie er mit seinem keltischen Namen geheißen haben soll, Maelmadoic O-Morgar. Von ihm leitet man eine Weissagung her, die Charakter und Schicksale der nachfolgenden Päpste aussprach und die lange bei jeder neuen Papstwahl Stoff zu Unterhaltungen, Hoffnungen und Befürchtungen gegeben hat; sie soll im Jahr 1130 niedergeschrieben sein. [120] Viele der Päpste, die natürlich nur mit den Nummern ihrer Reihenfolge, aber nicht mit ihrem Namen bezeichnet sind, werden auch durch eine Rose charakterisirt. Nicolaus III. wird als »rosa composita« bezeichnet; Honorius IV. mit »ex rosa Leonia«; Clemens VI. »de rosa Atrebatensi«;*) Urban VIII. mit »lilium et rosa«; [121] Clemens VIII. als »rosa Umbriae«. Ich überlasse es meinen Lesern selbst, auszumachen, ob in diesen Beziehungen ein Sinn liegt oder nicht. Die Echtheit dieser Prophezeiungen ist übrigens historisch durchaus nicht beglaubigt.

---

*) d. h. aus Arras in Frankreich.

Um vollständig zu sein, muß ich nun noch von drei Rosen sprechen, die zwar keine Rosen, aber allbekannt sind und viel Redens von sich gemacht haben. Die erste kommt im Rosenkranz vor. Die alten Indier schon hatten eine Perlenschnur „Akschamala" (wörtlich „Beerenkranz") genannt, die so viele Kügelchen enthielt, als Brahma Awataren (d. h. Incarnationen) und Wishnu Namen hat, nämlich 108. In allen Grottentempeln trägt jede Gottheit diese Schnur. Von den Indiern ging sie auf die Buddhisten über und wurde Gebetmaschine, nach den 108 Kugeln wurden 108 Gebete abgeleiert. Nach Plinius scheinen auch die Babylonier eine solche Gebetschnur gehabt zu haben. Von den Derwischen kam sie während der Kreuzzüge zu den Christen und wurde bei ihnen durch einen Uebersetzungsfehler „Rosenkranz" genannt, während sie ursprünglich mit Rosen gar nichts zu thun hat. Die allgemeine Einführung bei den Christen schreibt man bald dem Peter von Amiens, bald dem Paulus Eremita, bald dem h. Dominicus zu. Aber es kommen wohl schon früher Spuren davon vor. Jedenfalls aber kam der Rosenkranz erst mit dem zwölften Jahrhundert allgemeiner in Gebrauch. Der h. Paulus von Theben betete sein Pensum nach abgezählten Steinchen. Eine Paternosterschnur erfand man in England und nannte sie Beltidum. Man unterscheidet jetzt den großen Rosenkranz mit 15 Paternoster (große Kugeln) und 150 Ave Maria's (kleine Kugeln) und den kleinen Rosenkranz von 5 Paternoster und 50 Ave's. [122] Daß man den buddhistischen Ursprung des Rosenkranzes nicht zugestand, versteht sich von selbst, aber über den christlichen Ursprung wurde man doch auch nicht einig, und von zahlreichen Sagen und Legenden hat keine eine allgemeinere Anerkennung gefunden. Wegen des nun einmal vorhandenen, wenn auch aus Unwissenheit hervorgegangenen Wortes wurden später immer die Rosen mit dem Rosenkranz in Verbindung gebracht. Nach einer Legende fiel ein frommer Jüngling im Walde durch Räuber. Seine letzten Gebete pflückte ein Engel als zwölf weiße und drei rothe Rosen von seinem Munde und wand daraus einen Kranz, der dann später im Kultus durch die Schnur von Gebetperlen nachgeahmt wurde. [123] Eine andere Legende lautet: Ein frommer Mann betete unterwegs 50 Ave's, da erschien ihm die Jungfrau und nahm die einzelnen Ave's als Rosen von seinem Munde, flocht daraus einen Kranz, setzte sich den auf's Haupt und flog in den Himmel zurück. [124]

Die Maler, die sich früher bekanntlich überhaupt über Geschichte, Chronologie und Costümkunde hinwegsetzten, haben auch den Rosenkranz oft seltsam verwendet. In Titian's Unterredung Christi mit den zwei Jüngern zu Emmaus haben beide Jünger eine Pilgerkutte und einer einen Rosenkranz. In der Kirche San Severino in Neapel hat sogar auf einem Bilde Christus einen Rosenkranz am Gürtel und ebenso in der Kirche di St. Dominico e St. Sisto in Rom. [125])

Etwas ganz Anderes sind die in der kirchlichen Wandmalerei sogenannten Rosenkranzbilder, die auf einer wirklichen mystischen Verwendung der Rosen beruhen. Es ist hier immer ein wirklicher Rosenkranz, der, einzeln oder zu dreien, Darstellungen aus den religiösen Mysterien oder der heiligen Geschichte als Rahmen umschließt. Eins der schönsten und ausgeführtesten ist das Bild in der Kirche des ehemaligen Klosters zu St. Peter in Weilheim bei Eßlingen. Es sind drei Rosenkränze, der kleinste goldene bildet den innersten Kreis und umschließt die Maria mit dem Kinde auf dem Schooße, zwei Engel bieten demselben einen Kranz von Rosen dar, hinter ihr ist ein Rosenhag, wo Rosen von Engeln gepflückt, und vorn ein Platz, wo sie von andern zum Kranz gewunden werden. Diesen innersten Kranz umgiebt ein größerer mittlerer von rothen Rosen und diesen wieder ein noch größerer äußerer von weißen Rosen. Auf jedem der drei Kränze befinden sich fünf Medaillons mit Bildern aus der heiligen Geschichte von der Verkündigung (Nr. 1 im äußersten Kranz) bis zum Tode der Maria (Nr. 14) und dem Weltgericht (Nr. 15). Es sind die fünf Freuden (im weißen Kranz), die fünf Schmerzen (im rothen) und die fünf Verherrlichungen der Maria (im goldenen). [126]) Aehnliche Bilder finden sich in Schwabach, Bamberg, Basel. [127]) Auch als Relief und Holzschnitzwerk kommen diese Darstellungen vor, so in Nürnberg, Krakau u. s. w. [128])

Ich wende mich nun zu einer andern, auch in neuerer Zeit vielbesprochenen Rose, die aber nur ein Kunstwerk des Goldschmiedes ist, nämlich zur „goldenen Rose" (Rosa aurea) des Papstes. Am dritten Sonntag vor Ostern, dem Sonntag Lätare, weiht der Papst in der Camera Papagalli, nach Anderen in einer besonderen Kapelle eine goldene Rose, indem er sie in heiliges Oel taucht, dann mit Moschus bestreut und dann den

Segen darüber spricht. Diese Weihung wird mit derselben Rose jährlich
wiederholt, bis sich eine Gelegenheit findet, ein besonders geliebtes Kind der
Kirche damit zu beglücken. Die Bedeutung dieser Rose wird allerdings von
Verschiedenen sehr verschieden angegeben. Die am allgemeinsten angenom=
mene ist, daß sie nach dem schon oben erwähnten Gleichniß Christus
als die von Maria entsprossene Rose darstelle, und zwar soll durch das
Gold der Körper, durch den Moschus die Seele und durch das Chrisma die
Gottheit Christi bezeichnet werden. Alexander III. sagt dagegen in einem
Briefe an den König von Frankreich: „Das Gold bedeutet die Herrschaft
des Königs der Könige und des Herrn der Herrn, die Röthe bezeichnet das
Leiden des Erlösers und der Wohlgeruch ist die Herrlichkeit der Auferstehung."
Nach Mornay wäre die erste goldene Rose von Urban V. geweiht und
der Johanna von Sicilien gesendet, »ceste bonne Dame, qui avait
estranglé son mari« — wie Mornay hinzusetzt; die beiden letzten
Rosen wurden bekanntlich der anmuthigen Königin Isabella von Spa=
nien und der keuschen Kaiserin Eugenie von Frankreich gesendet, An=
fang und Ende würdig dieses Possenspiels. Aber von dem frommen Jesuiten
Theoph. Raynaud wird Mornay mit einer wahren Fluth von
Schimpfreden überschüttet, indem er selbst die Erfindung dieses Gebrauchs
auf eine viel frühere Zeit versetzt und behauptet, daß Leo IX. die erste dieser
goldenen Rosen geweiht habe, die anfänglich überhaupt nur für das Haus
Orsini bestimmt gewesen wären, und daß jene erste im Jahr 1051 dem
Ludovici Orsini verehrt worden sei. Schade, daß die Geschichte vor
1190 nichts von einem Orsini weiß, und so können wir nicht beurtheilen,
ob der erste Empfänger den beiden letzten Inhaberinnen ebenbürtig war.
Wenn man die zahlreichen sich widersprechenden Nachrichten mit einander
vergleicht, so kommt man zu dem Schluß, daß der Ursprung dieses Ge=
brauches unbekannt ist. Gewiß findet er sich erst nach Karl dem Großen.
Von Innocenz III. (1178—1180) wird eine Predigt über die goldene
Rose aufbewahrt (vielleicht untergeschoben). Von der goldenen Rose heißt
der Sonntag Lätare auch Dominica rosae. Als Dominica rosae
(Rosensonntag) wurde aber früher ein Tag in Sta. Maria ad Mar=
tyres (oder in Rotunda, dem früheren Pantheon) gefeiert, bei welchem
nach dem Gebet, um den h. Geist zu repräsentiren, von der Decke Rosen

auf die Gemeinde herabgestreut wurden. Diese Sitte kam erst während des Exils zu Avignon (1309—1377) ab, und vielleicht ist die Rosenweihe an deren Stelle getreten. Gerade in jene Exilzeit fällt aber die Regierung Urban's V.

Die goldene Rose war bald einfach, bald ein ganzer kleiner Rosenbusch, bald ein Zweig mit drei Rosen, einmal auch nur ein Eichenzweig mit goldenen Eicheln. Von Angelo Rocca und Anderen hat man Abbildungen, aber nur von der Form eines ganzen kleinen Rosenstrauches. Die Rose ist im Verlauf der Jahrhunderte an gar verschiedene Personen verliehen, an Männer und Frauen, Kaiser, Könige und Vornehme, an Städte, Kirchen und Klöster. Die Rose, die Gregor XIII. an die Jungfrau Maria von Loreto sendete, war 1000 Ducaten werth. Nur eine aller dieser Rosen hat eine gewisse historische Bedeutung gewonnen. Es ist die, welche Leo X. durch seinen Gesandten Karl von Miltitz an Kurfürst Friedrich von Sachsen schickte, um ihn dadurch zu bewegen, gegen Luther einzuschreiten. Der Kurfürst hatte aber so wenig Respect vor der Rose, daß er Miltitz nicht einmal Gelegenheit gab, sie ordnungsmäßig zu übergeben, und daher die Ueberreichung nur ganz beiläufig in Altenburg an die Räthe geschehen konnte. Wenn der Kurfürst sie auch nicht gerade zurückwies, so behandelte er die Sache doch so wegwerfend, daß der Papst sehr erzürnt gleich darauf eine solche Rose an Heinrich VIII. von England sendete, was mit ein Beweggrund zu dem Buche dieses Fürsten gegen Luther gewesen sein soll. [129] Auch dem Kurfürsten Albrecht von Mainz sendete Leo X. 1519 eine goldene Rose, wie es scheint, um damit dessen thätige Unterstützung in der Verfolgung Ulrich's von Hutten zu erkaufen. [130]

Die dritte hier zu erwähnende Nichtrose ist dann die sogenannte Rose von Jericho. Pilger fanden an den sandigen Küsten von Syrien eine kleine Pflanze, die ihnen fremd und auffällig war. Dieselbe, jetzt nach Linné Anastatica hierochuntica genannt, gehört zu der großen Familie der Kohlgewächse oder Kreuzblüthigen; sie ist einjährig, bildet zahlreiche, sich allseitig auf dem Boden ausbreitende und verholzende Stengel, die Blätter sind klein, ebenso die röthlichen Blüthchen. Wenn die Pflanze abstirbt, so rollen sich beim Austrocknen alle Zweige fast schneckenförmig nach der Mitte zusammen und bilden so ein unschönes bräunliches Knäul. Wirft man dies

ins Waſſer, ſo breiten ſich die aufweichenden Zweige wieder aus, aber ohne
daß die Pflanze etwa wieder auflebte. Unwiſſenheit und Aufſchneiderei, wo=
durch ſich die Pilger von je ausgezeichnet haben, machten daraus eine Roſe,
verſetzten ſie nach Jericho und erzählten, ſie blühe immer nur in der Chriſt=
nacht und dann ganz von ſelbſt wieder auf, ſie könne keine Calviniſten leiden
und blühe nie auf, wenn auch nur ein Einziger in demſelben Hauſe ſei, ſie
ſchütze das Haus, worin ſie aufbewahrt werde, vor Blitzſchlag, und der=
gleichen Unſinn mehr. Damit mag über dieſe Spielerei genug geſagt
ſein. [131]

Zum Schluß will ich noch einige Worte über die Roſe in der chriſtlichen
Kunſt ſagen, ſoweit dies Thema nicht ſchon durch Anführung einiger Ge=
mälde berührt worden iſt. Ich beginne mit der Architektur. Bekanntlich
nennt man gewiſſe durchbrochene Verzierungen an Fenſtern, Bogen u. ſ. w.
Roſetten. Dieſer Name iſt höchſt uneigentlich und nur nach flüchtiger Ver=
gleichung mit der Roſe gewählt. Es geht das ſchon daraus hervor, daß die
älteſten Roſetten, die ſich ſchon beim Rundbogenſtil vorfinden, drei= oder
viertheilig (ſogenannte Drei= oder Vierpaß) ſind, während die Roſe immer
und überall typiſch fünftheilig iſt. Die wahrſcheinlich zuerſt aus dem
zweimal gebrochenen Bogen zuſammengezogene Roſette war dreitheilig wie
ein Kleeblatt und wurde gewiß als Symbol der Dreieinigkeit aufgefaßt;
möglich, daß man bei der Viertheiligkeit an die vier Apoſtel dachte. Die erſt
am ſpäteſten auftretende fünftheilige Roſette mag dann wirklich als Typus
der Roſe auf die Jungfrau Maria gedeutet ſein. [132] Bekanntlich findet
man in der Gothik eigenthümliche Laubblätter (die „Krabben"), mit denen
alle Giebeleinfaſſungen und Thurmkanten verziert ſind und welche ſich dann
auf der Spitze zu einer Art von Blume, der „Kreuzblume", vereinigen.
Dieſe Blume hat man auch wohl „Kreuzroſe" genannt, ebenſo fehlerhaft wie
die Roſette, denn die Kreuzblume iſt wohl ſelten, vielleicht niemals fünf=
theilig. [133] Dagegen iſt die wirkliche Roſe in der kirchlichen Ornamentik
ſehr vielfach verwendet worden, freilich meiſt nur als Zierde wegen der ſchö=
nen Form der fünfblättrigen Blume mit oder ohne ſichtbaren fünfblättrigen
Kelch und mit dem gewöhnlich ſtiliſirten Knoten der Staubfäden in der
Mitte; indeſſen doch zuweilen auch ganz entſchieden mit myſtiſcher Bedeu=
tung. So finden wir ſchon in den erſten chriſtlichen Gräbern der Katakom=

ben in Rom ein Kreuz, aus dessen Stamm rechts und links Rosenzweige hervortreten, oder eine Taube mit einer Rose im Schnabel. Auch als bloße Verzierung, wie es scheint, kommen hier Rosen und Rosenzweige schon vielfach vor.[134] Später hört wohl die wirkliche Rose in der Ornamentik auf, symbolisch zu sein; wir finden sie als Zierrath an Säulenschäften und Capitälen, an Hohlkehlen der Portale,*) an den Chorstühlen, besonders an den Seitenstücken u. s. w.[135] Zuweilen ist auch die Monstranz von einem Rosenkranz eingerahmt, der dann aber symbolische Bedeutung gewinnt.[136]

Nur beiläufig will ich hier bemerken, daß die Rosetten auch häufig in gemalten Fenstern vorkommen,[137] daß man wirkliche Rosen gestickt auf Altartüchern findet,[138] und daß auf alten Taufbecken sehr häufig zwischen Maria und dem verkündenden Engel ein Rosenstock steht.[139]

Noch bleiben einige Gemälde zu erwähnen, die ich an das Frühere nicht füglich anknüpfen konnte, und die hier noch kurz aufgeführt sein mögen. Auf einem Bilde der heiligen Familie von Guido Reni reicht ein Engel dem Christuskinde aus einem Korbe eine Rose. In dem Museum von Madrid befindet sich ein Bild des Alonso von Tobar, worauf die Jungfrau Maria Schafe mit Rosen füttert.[140] Eine Madonna von Domenichino in Bologna streut Rosen auf die Martyrer herab. Auf einem Bilde von Carlo Maratti theilt die Madonna Rosenkränze unter Nonnen aus. In Rafael's Fresken an der Decke der Sixtinischen Kapelle und bei Michel Angelo hat die lybische Sibylle, die Karthagerin Elissa, einen Rosenkranz auf dem Haupt, und die hellespontische Sibylle trägt einen Rosenzweig in der Hand u. s. w. Diese Anführungen mögen genügen, eine Vollständigkeit wäre hier wohl zur Zeit nicht zu erreichen.

Ich konnte diesen Abschnitt nicht aus der Geschichte der Rose fortlassen, so wenig Freude er mir auch gemacht hat. Ich mußte zeigen, wie die Rose sich auch der traurigsten Zeit geistigen und sittlichen und religiösen Unterganges der alten Welt und dem, was aus diesem Sumpfe sich entwickelte, hingeben mußte. Das Bild wäre noch düsterer geworden, wenn man die Seelen der Menschen wie eine mit Kreide beschriebene Tafel hätte behandeln können, von der man mit einem nassen Schwamm Alles, was früher darauf

---

*) Vielleicht sind die Rosen hier nur Symbole der Baubütten, wovon später zu reden ist (s. S. 175).

geschrieben war, in einem Augenblick weglöscht. Aber das ging nicht, und die Menschen retteten sich noch manche Blume der Schönheit aus der früheren Zeit in eine Lebensanschauung hinein, die aller Natur, allem Schönen feindselig entgegentrat. Sollte die Menschheit nicht ganz wieder in Nacht versinken, sollte sie wieder fortschreiten, so mußte eine neue frische Kraft erstehen, die die Arbeit aufnahm, welche den alten Völkern entfiel; sollte der Lebenstrank des Geistes nicht in den alten schmutzigen Bechern in Fäulniß zu Grunde gehen, so mußten neue reine Gefäße gefunden werden, in denen er in gesunder Gährung sich allmälig zum edlen Weine klären konnte. Diese Aufgaben fielen den germanischen Völkern zu, die im fünften Jahrhundert auf die Bühne der Geschichte traten, den alten absterbenden Völkern die Herrschaft entrissen und sich selbst herrschend an die Spitze der Menschheit stellten, um sie allmälig einer höheren Entwicklungsstufe zuzuführen. Die Rose auch in den Händen dieser Völker zu betrachten, wird die Aufgabe des vierten Abschnitts sein.

Anmerkungen zum dritten Abschnitt.

1) Bei der Belagerung Alexandriens durch Cäsar brannte die Bibliothek ab, wurde aber bald wieder hergestellt. Unter den Lagiden brachten die beauftragten Schiffer alle Schriften mit, die sie irgendwo erkaufen konnten. Diese Novitäten wurden in eigenen Sälen aufgestellt und hießen „die Bücher aus den Schiffen". Eigene gelehrte Beamte, die Chorizonten, waren angestellt, um die Echtheit der Schriften zu prüfen, wobei sie mit größter Gewissenhaftigkeit verfuhren. Unechte und selbst zweifelhafte Schriften wurden besonders aufgestellt und hießen „die Bücher in dem kleinen Bücherschrank". Ueber die alexandrinische Bibliothek geben genauere Auskunft: Parthey, Das alexandrinische Museum, Berlin, 1838; Klippel, Ueber das alexandrinische Museum, Göttingen, 1838, und Ritschl, Die alexandrinischen Bibliotheken, 1838.

2. Noch bei Justinus Martyr (Apologie I. cap. 46. Edit. Migne, Paris, 1837, Sp. 398) tritt diese Begriffs- und Wortverwirrung in der schärfsten Weise hervor, wenn er sagt: „Wir haben gelernt, daß Christus der Erstgeborne Gottes ist,*) wir haben auch gezeigt, daß er der Logos ist, an dem das ganze menschliche Geschlecht Theil hat. Die also, welche dem Logos gemäß leben, sind Christen, wenn man sie auch für gottlos gehalten hat, wie Sokrates bei den Griechen und Herakleitos und sie ihnen ähnlich sind." Die Verwirrung von Wort und Vernunft geht durch die ganze erste und zweite Apologie und der ältere anerkannte Uebersetzer, H. Stephanus, giebt (nach seiner unmaßgeblichen Ansicht) das griechische Logos bald mit ratio (Vernunft?), bald mit Verbum (Wort) wieder. Ja, in diesem tollen Gedankenwirrwarr wurde sogar anfänglich der h. Geist die „Mutter Christi", um in der Dreieinigkeit die ganze Familie vollständig zu haben. Origines, Comment. in Joan. T. II, c. 6. bpp., Würzb., Bol. XIX. (1793), p. 163, 89; Hieronymus, Comm. in Jes. l. XI, cap. 40 (pag. 485 f.), Edit. Migne T. IV, Sp. 404.

3) Man vergleiche Manus' Gesetzbuch, zwischen 1200—800 v. Chr. verfaßt und Lassen, Indische Alterthümer, an den betreffenden Stellen.

4) Der frühe Einfluß des Buddhaismus auf das Christenthum wird auch noch dadurch bestätigt, daß die christliche Sekte der Manichäer ihren angeblichen Stifter Mani geradezu für einen Schüler des Buddha erklärte. Vergleiche überhaupt: Eug. Burnouf, Commentaire à l'histoire du Buddhisme, Paris, 1844, besonders S. 327, und Le Buddha et sa religion, par J. Barthélemy St. Hilaire, Paris, 1860. Auch der h. Josaphat, von Johannes Damascenus in die Legende eingeführt, ist nichts als

---

*) Wo sind dann die andern Kinder?

der nur mit wenig verändertem Namen übertragene Buddha. M. Müller, Essays, Bd. 3, S. 322 ff.

5) Rosa loquens, v. J. H. Hagelgans, 1652, Seite 10.
6) Valerius Maxim., Memorab. l. IX, c. 3.
7) Sueton, August. 27. Athenäus, Deipnos, lib. IV, cap. 11, p. 148 ed. Causobon.
8) Aristoteles, Ethik, lib. III, cap. 10 (Opp. ed. Didot, Paris, 1850, Vol. II.).
9) Tacitus, Annal. XIV, 61.
10) Vergl. d. zweiten Abschnitt S. 45.
11) Curtius, de rebus gest. Alexandri V, 3. Ovid, Trist. IV, 2, 50 ff. Martial, Epigramm. VI, 80. Herodian, Histor. I, 7, 2; V, 6, 19; VIII, 6, 4.
12) Tacitus, Histor. II, 70.
13) Lucian, Nigrinus, 31.
14) Mamertinus, Paneg. Julian. 11. Aehnliches tritt noch einmal eigenthümlich im Mittelalter auf. In Longfett in der Grafschaft York mußte eine Meierei an die Herren Borville mitten im Sommer einen Schneeball und um Weihnacht eine blühende Rose als Lehnsabgabe entrichten.
15) Latinus Pacatus, Paneg. Theodos. 14.
16) Macrob., Saturnal. 7, 5.
17) Seneca, Epist. 122, 8.
18) Plinius, H. N., XXI, 3—4. Früchte aus Wachs werden vielfach erwähnt z. B. Arrian, Dissertat. Epictet. 4, 5; Aelius Lampridius, Heliogab. 25.
19) Martial, Epigramm. 6, 80; Plinius, H. N., XXI, 8; Vopiscus, Carinus 1. Wüstemann, Die Rose, Gotha, 1854, S. 47.
20) Seneca, de vita beata 11 und Gronow ad h. loc.
21) Apicius, de re culinaria 1, 4; 4, 2; Plinius, H. N., XXI, 4, 10; XXI, 18, 73. Dioscorides, de mat. med. I, 131. Athenäus, Deipnos, aph. IX, 70. Palladius, de r. rust. VI, 14.
22) Martial, Epigramm. IV, 22, 6.
23) Lampridius, Alex. Sever. 3, 6 (Script. Hist. Aug., Leipzig, 1774, VI, p. 228). Lampr., Heliogabal. 19 (p. 194); 21 (p. 196); 23 (p. 197). Dioscorides, de mat. med. IV. 35. Palladius, de r. rust. VI, 13.
24) Ovid, Fasti V, 335; 360; Seneca, Epist. 51, 12. (Hierzu Wüstemann, Die Rose, Gotha, 1854, S. 56. Die Einwendungen, die in Becker's Gallus, 3. Aufl. 1863, Bd. 1, S. 151 gegen Wüstemann gemacht werden, scheinen mir völlig nichtssagend zu sein. Bei Seneca kommt nichts von Wind und Wellen vor, gegen letztere war der Lucriner See durch den Damm geschützt, und man pflegt stürmische Tage nicht zu Lustfahrten zu wählen. Auch weiß Jeder, der etwas vom Wasser gesehen, daß kleinere Wellen die Gegenstände, die auf ihnen schwimmen, nicht wegführen, sondern nur auf und nieder tanzen lassen.) Seneca, de ira 2, 25; Martial, Epigr. XII, 17, 7. Sueton, Nero, 31; Lampridius, Heliogabal. 19 (Script. H. Aug., Leipz., 1774, VI, p. 194); 21 (p. 196); 23 (p. 197); Lucian, Nigrinus 7; Athenäus, Deipnos IV, 29; Aelian, Var. histor. IX, 8; IX, 24; Trebellius Pollio, de Gallieno, 16 (Hist. Aug. Script. 1774, VI, S. 324); Aelius Spartianus, Verus, 5 (H. Aug. Script. 1774, VI, S. 26); Fl. Vopiscus, Carinus, 17 (H. A. Scr. 1774, VI, S. 450); Cicero, in Verrem V, 2; Oppian, Cyneget. 2, 35.
25) Claudius Claudianus, de rapt. Proserp. II, 92.

Schleiden, Die Rose.

26) Cassiodor, Var. Epist. lib. I, c. 2.
27) Fulgentius, Mytholog. in Vener. lib. 2.
28) Lucianus, Lucius sive Asinus.
29) Tzezes, Carmina Iliaca, ed. Schirach, S. 23. Anm.
30) Gregor. Turon., Histor. lib. VI, cap. 44.
31) Uhland's Schriften zur Geschichte der Dichtung und Sage. Bd. 3, S. 92.
32) S. Ambrosii Hexaemeron, lib. III, c. 11, §. 8; St. Basilii epistol. 342. Sie sind auch nicht einmal in ihren Dummheiten originell und schöpferisch, denn offenbar ist das hier Erwähnte aus der persischen Sage entlehnt.
33) Tertullian, de corona militis cap. 2, in fine; cap. 5 in f., cap. 8 in f.
34) Clemens Alexandrin., Paedagogus lib. II, cap. 8 (ed. Paris. 1641, Seite 179 f.; 181.
35) Th. Rainaud e Soc. Jes., Rosa mediana etc. in Th. R., Pontificia T. X, (Nr. IV) Lugduni 1665, S. 405.
36) 1. Makk. 4, 57; 3. Makk. 4, 8; 7, 16; Judith 3, 7; u. s. w. Offenb. 6, 2.
37) Homer, Ilias XVIII, 567.
38) Clemens Prudentius, Kathemerinon Hym. 3, v. 21 und Peristephanon Hymn. 3, p. 24. Hält man das Alles mit dem Lob zusammen, welches Hegesippus, „der den Aposteln noch nahe stand", dem Apostel Jacobus dafür ertheilt, daß er seinen Körper nie in einem Bade abgewaschen habe (Eusebius, Hist. Eccles. lib. II, cap. 23, p. 63), nimmt man dazu die Aeußerungen der h. Paula über die Reinlichkeit*) und verwandte Erscheinungen, so ist es wahrscheinlich, daß die ersten Christen nicht gerade, wie etwa die heidnischen Griechen, nach Rosen geduftet haben, und daß daher das Wunder des h. Pachomius, der Heiden und Christen durch den bloßen Geruch unterschied, nicht so gar groß ist. Vgl. Görres, Gesch. d. Mystik, II, 91.

39) Walafridus Strabus (806—849) in seinem Hortulus (ed. Chouland) Seite 420 ff. spricht von dem Sproß aus Jesse's Wurzel, der durch seinen Tod die Rosen färbt, und S. 409—18 stellt er die Rosen und das Blut der Martyrer zusammen. St. Basilius (Homil. 47, de St. Balsam.) vergleicht die Geißeln mit Rosen. In der Vita B. Henr. Cap. 51 (Auriemma Marian. Schaubühne, deutsch von Bisselius, 1721. Thl. 1, Cap. XV, S. 152) sagt Christus: „Die Rosen bedeuten Kreuze". Im Romanusbüchlein (Scheible, Kloster 3, 490—1) ist vom „rosenfarbenen Blut des Herrn" die Rede. Im Frauenkloster zu den heiligen Engeln in Wien bewahrt man eine Phiole mit dem Blut Christi, dem zu Ehren eine Gesellschaft zum „Rosenrothen Blut Christi" gestiftet und mit Privilegien und Ablaß ausgestattet wurde (Küchelbecher, Röm. Kaiserlicher Hof zu Wien. S. 638). Selbst in die protestantischen Kirchenlieder zieht sich der Jammer vom „rosenfarbenen" Blut Christi hinein. Es sei mir erlaubt, hier nur ein Beispiel noch anzuführen, von dem Blödsinn, zu welchem sich die mystisch-pietistische Frömmelei erheben kann: „Siehet die Braut Christi eine rothe Feldblume oder andere Blumen, so gedenket sie an ihren Bräutigam, den Herrn Jesum, und spricht: Mein Freund ist weiß und roth, der unter den Rosen weidet. Siehet ein in Jesum verliebtes Herze eine rothe Frucht an einem Baume, oder was es sei, welches entweder an Farbe roth, oder einen rothen Saft von sich giebt, so kommen ihm solche rothe Früchte vor, als wenn sie mit dem Kraftblute des unschuldigen unbefleckten Lämmleins Jesu Christi bestrichen, gemalt oder gefärbt wären. Siehet oder kostet es den rothen Wein, so erinnert sich's des lieblichen süßen Safts, des Freudenweins des Blutes Jesu, welches aus seiner eröffneten Seite

---

*) „Reinlichkeit des Körpers ist Unreinlichkeit der Seele."

geflossen. Summa: was nur einem andächtigen Jesuherzen vorkommt, das scheint demselben mit dem rosenfarbenen Blute des gekreuzigten Jesu gefärbt zu sein." (Aus: die Altlutherische Blut-Theologie in einem Auszug aus des sel. Dr. th. Fritschen's sog. Himmelslust und Weltenlust. Nebst Vorrede u. s. w. Stargard (?) 1750.) Was ist hier größer, die widerliche Geschmacklosigkeit, die irrsinnig-düstere Weltanschauung oder die ekelhaft lüsterne Sinnlichkeit, die bei Allem durchschimmert?

40) St. Bernardus, Vitis mystica, in Opp. ed. Mabillon, Paris, 1719. Vol. II. Jener Aufsatz wird allerdings als nicht vom h. Bernhard herrührend angegeben.

41) Der h. Benedict wälzte sich zu seiner Kreuzigung auf Dornen. St. Franciscus, gerührt davon, küßte die Dornen und sie verwandelten sich in ein Rosenbeet, dessen Blumen nachher viele Wunder bewirkten. (Lucas Wandingus, Annal. Ord. Minor. T. 1, p. 1222.) Unter einem Christusbild in Nürnberg steht: Mundamur roseo sanguine, Christe, tuo. (Murr, Beschreib. d. Merkwürdigt. Nürnbergs S. 85.) Und auf einem alten Bilde in Gorkum sind die fünf Wunden an Christus deutlich als Rosen gemalt. (Menzel, Christl. Symbolik, Regensb., 1854, Bd. 2, S. 566.) In gleichem Sinne spricht sich ein Meistersängerlied aus:

„Merkt ihr Kristenleute!
„Die Rosen ich euch deute:
„Das sein fünf Wunden roth und zart,
„Damit er uns erlöset hat,
„Die Fraun und auch die Mann."

J. Görres, Altdeutsche Volks- und Meisterlieder, 1817. S. 239. Die Rose als Bezeichnung des Martyriums kommt überall vor. Bei Piccolomini (Erinner. a. d. Leben h. Jünglinge, Würzburg, 1843, S. 2 f.) ist als Titelbild eine Copie des von Beccafumi gemalten Altarblattes in der Servitenkirche in Siena, auf dem das Christkind dem h. Joachim die Martyrerkrone, einen Rosenkranz, reicht. Bei dem Historienmaler A. Grahl in Dresden sah ich eine schöne Originalhandzeichnung von Fra Bartolomeo aus dem Jahre 1577, darstellend die S. Domitilla, den S. Nireus und S. Achilleus, über jeder Person schwebt ein Engel, der sie mit dem rothen Rosenkranze krönt. Wicelius (Chorus Sanctor. omn., Köln, 1594, S. 678) sagt: „Die Theologen theilen den Aposteln Lorbeer, den Martyrern Rosen aus." Ein mit Rosen bekränzter Todtenkopf ist das Symbol der h. Radegunde. Man vergleiche noch S. Hieronymus, Epist. X. ad Furiam de viduitate servanda (Edit. Migne Bd. 1, Sp. 557, §. 14) und Epist. XXVII. ad Eustochium (Edit. Migne Bd. 1, Sp. 509, §. 31); Cyprianus, Epist. VIII. ad Martyr. et Confessores (Edit. Migne, Spalte 249); S. Ludolphus Carthus., Vita Jesu Christ., 1483, fol. Pars II, cap. 62, rel. 13; Sintzel, Leben und Thaten der Heiligen, Augsb., 1839 41. Bd. 3, S. 272: der h. Lucian; Bd. 3, S. 451: der h. Pelagius; Bd. 4, S. 552: die unschuldigen Kinder. — Auch sonst in Kinderlegenden kommt die Symbolik vor, so z. B. Grimm's Kinder- und Hausmärchen, Göttingen, 1857. Bd. 2, S. 471.

42) Thomas de Aquino, de venerabili sacramento altaris, cap. XXXI, in Opuscula, Venedig, 1490.

43) Sintzel, Leben und Thaten der Heiligen, Bd. 1, S. 762.

44) Gebr. Grimm, Deutsche Sagen, Bd. 1, S. 352, Nr. 264. Friedlieb, Medulla theologica, Cac. Cons. 6. p. 315 bei Fr. Francisci, Der höllische Proteus, Nürnberg, 1708, S. 1059 ff. Nicol. Remigii Daemonolatria, Hamb., 1693, 2, 377 ff.

45) Gabr. Bucelin, Germania sacra et profana, Augsb., 1682, Bd. 2, p. 163.

Leibnitz, Scriptores Brunsvicensia illustrantes, Bd. 2, Hannover, 1710, darin: Annales Corbeienses, die unter dem Jahr MCXII (S. 306) die Nachricht haben: »Lilium nuncius mortis Fratrum nostrorum.«

46) Francisci, Höll. Proteus, S. 1058; — ebenda S. 61; — Leonard Vairus, de fascino, lib. II, cap. 14; Nierenberg, de miraculosis natur. in Europa, cap. 8; Delrio, Disquisition. mag. lib. IV, cap. 3, quaest. 2; Mariana, de reb. Hispanicis, lib. XXI, cap. 10; Francisci, Höll. Proteus, S. 1031; K. Haupt, Sagenbuch der Lausitz, Thl. I, S. 271, Nr. 350. — Grimm, Altdeutsche Wälder, Bd. 2. S. 186; von Döllinger, Papstfabeln des Mittelalters, München, 1863, S. 159; Gregorovius, Ueber die Gräber der Päpste. — Vgl. im Allgemeinen noch G. Fr. Daumer, Die Geheimnisse des christlichen Alterthums, Hamburg, 1847, Bd. 2, S. 37—46.

47) Artemidoros, Oneirokritika lib. I, cap. 79.

48) Nibelungen, übersetzt von Simrock, Stuttgart, 1859. Abenteuer XVI, Strophe 6, S. 203.

49) A Crown-Garland of goulden Roses by R. Johnson, London, 1611, in Percy Society (Bd. VI und XV) Bd. VI, S. 30.

50) Nork, Andeutung eines Syst. d. Mythologie, S. 184; Friedreich, Symbolik, 8, Mythologie der Natur, S. 225.

51) Afzelius, Sagen und Lieder aus Schweden u. s. w., deutsch von Ungewitter, Leipz., 1842, Thl. 3, S. 240. Aehnlich in der deutschen Kinderlegende: „Die Rose" bei Grimm, Kinder- und Hausmärchen, 2. Bd., Nr. 3.

52) Nach mündlichen Mittheilungen.

53) F. L. F. Dobeneck, Des deutschen Mittelalters Volksglauben und Heroensagen, Berlin, 1815, Bd. 2, S. 53; H. Harrys, Volkssagen, Märchen und Legenden Niedersachsens, Celle, 1862, S. 73, Nr. 42.

54) Sinzel, Leben und Thaten d. Heiligen, Bd. 1, S. 490 f.

55) Cyprianus, Epist. lib. I, cap. IV, Edit. Paris. 1512.

56) Aur. Augustini Meditationes, cap. 26. Rythmus de gloria Paradisii vers. 13 ff. (edit. Migne Paris, Opp. Tom. VI, Sp. 920); Petr. Damiani Card. Opuscula varia. Op. 51. de vit. eremit. c. 15 de coelestis Hierusalem beatitudine (ed. Migne Bd. 2, Sp. 750); Corolla Hymn. sacr., Cöln, 1806, p. 73.

57) Libanios, Opera Tom. II, S. 177 nach Hase, Kirchengesch., Edit. VII. S. 127.

58) Eusebius (Praeparat. evangel. lib. XIII, cap. 11. pag. 663; Edit. Migne Sp. 1095) erkennt ausdrücklich an, daß man in Ansehung der Verehrung der Heiligen, der Gebete für Verstorbene u. s. w. bei den Christen dem Beispiel der Heiden folge. Man vergl. auch Baronius, Ann. eccles. ad Ann. 58, Nr. 76 über die Agnus Dei; ad Ann. 200, Nr. 5 über das Bekränzen der Tempel der Heiligen; Gregor. Magn. Opp. (p. 1176), Epist. XI, 76, Edit. Migne Tom. III, Sp. 1215 ff.; Theodoret, Sermo de Martyr., (Edit. Schultze, Tom. IV, p. 898 ff., Edit. Migne Tom. IV, S. 1007 ff., über den Uebergang der alten Götter und ihrer Feste in Heilige und Heiligenfeste.

59) So wurden die Lupercalien und das Reinigungsfest der Februa erst 494 vom Bischof Gelasius I. in das Fest Mariä Reinigung umgewandelt. Die mit Fackelzügen begangene Feier des Raubes der Proserpina wurde erst 689 zum »Festum candelarum«, Mariä Lichtmeß, erhoben. Ceres war die locale Schutzgöttin von Catania. Ihr Fest am 1. Februar wurde durch Wettrennen, geweihte Fackeln u. s. w. gefeiert. Die Göttin mit ihrer gesammten Festfeier blieb bestehen, nur taufte man sie auf den Namen St. Agatha.

60) Es ist hier nicht der Ort, das im Text Gesagte im Einzelnen durchzuführen. Ich verweise daher auf einige der Hauptschriftsteller, in denen man eine vollständigere Durchführung oder einzelne Angaben findet: Dr. J. C. W. Augusti, Die Feste der alten Christen, Leipzig, 2 Bde. 1817-8; John James Blunt, Vestiges of ancient manners and customs discoverable in modern Italy and Sicily, London, 1823; Ullmann, Vergleichende Zusammenstellung des christlichen Festcyclus mit vorchristlichen Festen, in Creutzer's Symbolik und Mythologie, Bd. III, 1843; Römische Alterthümer von W. A. Becker und Jac. Marquardt, Bd. 4, Leipzig, 1856, wo man die christlichen Beziehungen leicht selbst findet; F. Nork, Die Sitten und Gebräuche der Deutschen und ihrer Nachbarvölker mit Bezugnahme auf die aus den kirchlichen, abergläubischen und Rechtsbräuchen hervorgegangenen Mythen und Volkssagen, Stuttgart, 1849; R. Hospinianus, Festa Christianorum, Zürich, 1593; C. Bötticher, Der Baumkultus der alten Hellenen, Berlin, 1856; M. du Tilliot, Mémoires pour servir à l'histoire de la Fête des Fous, Lausanne et Genève, 1741; C. Bötticher, Tektonik der Hellenen, Bd. I u. II; Frouwa und der Schwan, von Hocker, in J. W. Wolf, Zeitschrift für deutsche Mythologie, Bd. 1, 7853; Ernst Brotuff, Chronica von den Antiquitäten des kaiserl. Stifts un der Stadt Marsburg an der Salah, Budissin, 1556; Beda venerabilis, de temporum ratione c. 13; L. Rocholz, Drei Gaugöttinnen Walburg, Verene und Gertrud als deutsche Kirchenheilige, Leipzig, 1870; Burkhardt, Kultur der Renaissance, 2. Aufl., Leipzig, 1869, Seite 332, 386 ff.; verglichen mit J. Grimm, Deutsche Mythologie, Bd. 1, 1854, S. 236 ff.; Bohlen, Das alte Indien, Bd. 1. S. 332 f., 335, 339, 345, 348; Lassen, Indische Alterthümer, Leipzig, 1847—1861. Bd. 1. S. 775, Bd. 2. S. 453; W. Menzel, Odin, S. 27; Karl Haupt, Sagenbuch der Lausitz, Leipzig, 2 Bde., 1862—3. Nr. 14, 106, 154, 285, 287, 289 und Bd. 1, S. 233, Anmert.; F. Nork, Andeutungen eines Systems der Mythologie, Leipzig, 1850, S. 103; Grimm, Mythologie S. XXXII f.; W. C. H. Lecky, Gesch. d. Ursprungs und Einfl. der Aufklärung in Europa, deutsch von Jolowicz, Bd. 1, S. 156 ff. und S. 166, Anm. 1. und unzählige andere Schriftsteller.

61—62) C. L. Piozzi, Bemerk. auf d. Reise durch Frankreich, Italien und Deutschland, a. d. Engl. v. G. Forster, Bd. 1, (1790) S. 385.

63) J. Grimm, Deutsche Mythol. Bd. 1, S. 104.

64) Montanus, Deutsche Volksfeste, u. s. w. Bd. 2, S. 124.

65) Man vergleiche hierzu auch Gebr. Grimm, Altdeutsche Wälder, Bd. 2, S. 206 ff. Freilich klingen die modernen Titel dieser christlichen Göttin vornehmer. Auf einem in der Schweiz feilgehaltenen Heiligenbilde hieß sie: Jungfrau Maria, Mutter Jesu, Braut des h. Geistes, Königin aller Engel, Fürstin zu Jerusalem, Markgräfin zu Loreto u. s. w. Gedruckt, Zug, bei J. M. A. Blunschi. Siehe Kastbofer, Bemerkungen auf einer Alpenreise über d. Brünig u. s. w. Bern, 1825, S. 77.

66) »Nata, sorror, conjux, eadem genetrixque tonantis«. Keyßler's Reise, S. 815.

67) Man hat versucht, diesen Götzendienst mit sophistischen Spitzfindigkeiten über die Art der Verehrung zu rechtfertigen, die alle in Nichts zerfallen vor der Thatsache, daß Maria von den orthodoxesten Schriftstellern geradezu »dea«, Göttin, genannt wird. Hippol. Maraccy in seiner Polyanthea Mariana, Köln, 1683, führt allein dafür 18 Stellen an und circa 250, worin sie wie die Isis »Regina coeli« heißt.

68) Epiphanius advers. Haeres. Lib. III, T. II, Haer. 58, sive 78 adv. Antidicomarianitas §. 23. und Haer. 59, sive 79, adv. Collyridianos. Nestorius

sagt in seiner ersten, zu Constantinopel gehaltenen Predigt: „Hat denn Gott eine Mutter? Ist dieses, so muß man die Heiden entschuldigen, daß sie die Mutter der Götter eingeführt haben."

69) Zunächst erhält Maria alle die Beinamen jener Göttinnen, die schon in vorchristlicher Zeit oft von einer zur anderen übergeben: „Heilige Jungfrau, himmlische Jungfrau, Göttermutter, Gottgebärerin, Himmelskönigin u. f. w." Besonders aber gebt, außer der Venus, vorzüglich die Isis (und Cybele) in die Maria über und zwar gerade als „Göttermutter". Ueberall wo der Isiskultus verbreitet war, finden wir nachher auch die Maria, auf der Mondsichel stehend, oder mit dem Mond gekrönt. Kunstblatt von Förster und Kugler, 1846, S. 171; Wangen, Kunstwerke und Künstler, Bd. 2, 9; 188; St. Bernhard, ad B. Virg. serm. 2; Picinello, Symbol. virg. p. 166, §. 7.— Ich erwähne nur noch die Analogien: die spröde Jungfrau Ceres, die den jungen Bacchus säugt; die keusche Pallas, die den Erichthonios gebiert, und die jungfräuliche Gottesmutter Maria; die Isis salutaris und Juno salutifera wurden zu Santa Maria della salute. Der Isistempel in Paris wurde zur Kirche von Notre Dame, die das Horuskind säugende Isis zur Maria mit dem Kinde. Der Vers der tiburtinischen Sybilla auf die Isis:

„Ueberglückliches Weib, des Himmels würdigste Mutter,
„Die an heiliger Brust so hohen Sprößling gesäugt hat."

wird von Picinello (Symbola virginea, Symb. XVI, §. 4) auf die Maria angewendet. Die Lilienzwiebel ist das Symbol der Fruchtbarkeit und ist der Isis, Juno und Venus geheiligt. Aber die Lilie ist auch der Maria geheiligt und bei Alcava in Valencia wurde das Bild der unbefleckten Empfängniß in einer Lilienzwiebel gefunden. Das Fest der h. Rosalia (nur einer Nebenform der Maria) wiederholt in allen Einzelheiten die Procession der Cybele. (Virgil, Georg. III, 531; Aeneid. VI, 784.) Die Vorstellung der Maria mit dem Kinde hängt aber besonders von der Aphrodite mit dem Eros ab, und wäre ohne dieses Vorbild nie entstanden, denn da Christus als Erwachsener Stifter der Kirche ist, so bleibt ja die gleichzeitige Darstellung von Christus als Säugling ein vollkommenes Unding, welches sich aber aus der Anhänglichkeit des Volkes an die Vorstellung der Venus mit dem Amor leicht erklärt. Dahin gehört wohl nicht, wie gewöhnlich, z. B. von Augusti, a. a. O., Bd. 3, S. 12, gesagt wird, die Lehre der Manichäer von der schönen Jungfrau mit dem schönen Knaben im Himmel, denn diese ist rein meteorologisch. Cyrillus, Hierosol. Catches. VI, §. 34. Aber auf Bildern der h. Theresia (auch einer Form der Maria) liegt die Heilige in einer Ohnmacht des Entzückens, während ein Engel lächelnd mit dem Pfeile nach ihr zielt. Nicht selten wird das Christkind selbst als Amor aufgefaßt. Und besonders oft kommt er als Amor mit der Psyche vor, letztere (wie schon bei Appulejus) als menschliche Seele gedacht. Die Darstellungen finden sich auf altchristlichen Sarkophagen (Kunstblatt 1844, S. 330; Bunsen, Beschreib. Roms, II, 1, 192. Vergl. auch d'Agincourt, Sculpt. IV, 3). Ein ganzes Auto des Calderon behandelt diesen Gegenstand (Cald. geistl. Schausp. von Eichendorff, II, 201); auch die Niobe geht über in die Maria, die unter ihrem Mantel die Sünder beschützt gegen die Pfeile des Christus-Apollo. Gerhard, Confessio catholica lib. II, Pars II, Art. X, c. 2, Appendix §. 14. Auf Christus wird besonders gern der Apollo bezogen, und die ältesten Hymnen auf den Logos sind offenbar den Päanen auf den Sonnengott nachgebildet (siehe Augusti, a. a. O.). Auch hier gebe ich mit Verweisung auf die früher genannten und hundert andere Schriften nur Beispiele dafür, daß das Christenthum, weit entfernt, eine reinere und edlere

Gottesverehrung einzuführen, sich nur zu dem ganz rohen Aberglauben des niedrigsten heidnischen Pöbels entwickelte, über den die besseren und gebildeten Heiden selbst sich schon lange erhoben hatten. Und geistig arm waren die Priester allerdings auch, konnten nichts erfinden, keinen neuen Gedanken, kein neues Märlein, kein neues Gleichniß und Symbol und keine neue Form und Gebrauch. Alles wurde nur ein trostloser Abklatsch dessen, was schon lange dagewesen.

70) Die St. Maria aegyptiaca hat freilich eine nicht sehr appetitliche Jugendgeschichte, wie so viele Heilige, die dadurch an ein bekanntes deutsches Sprichwort erinnern. Christliche Kunstsymbolik und Ikonographie, Frankfurt, 1839 f. v. Maria. Schwarze Madonnen finden sich in Neapel und Loreto, Einsiedeln, Würzburg, Oettingen, Marseille u. s. w. (Grimm, Mythol., S. 289; Grimm, Altdeutsche Wälder, II, S. 209, 286; Goethe, Briefwechsel mit einem Kinde, Berlin, 1837, II, S. 183 f.). In Orleans findet man eine schwarze Madonna mit schwarzem Kind neben einer weißen in derselben Kirche, (Ruge Zwei Jahre in Paris, Leipzig, 1846, I, S. 357 f.). Auch die Venus hat hier Theil daran, denn Aphrodite heißt am Ende des Monats „die Schwarze". Pausanias, Arkad. IV, 2.

71) Picinello, Mundus symbolicus, in Lat. trad. a Dr. August Erath. Cöln, 1681. Cochlea und Conchylium achtmal aus verschiedenen Autoren. Als Concha Gideonis roscida kommt sie vor bei Drexel, Opp., Antwerpen, 1643. T. I, P. I, S. 820 ff.

72) Venus verwandelt sich in der Flucht vor dem Typhon in einen Fisch (Ovid, Metam. 5, 331). Von ihren heiligen Fischteichen hieß sie Aphakitis. Die philisteische Aphrodite ist die Atargitis oder Derketo, die Fischgöttin. Der Fisch als erotisches Symbol ist auch dem Eros und der Dea Syria geheiligt (Movers, Phönicier, Berlin, 1841, Bd. 1, S. 308). Ichthys (Fisch) ist im Talmud der Messias; bei Augustinus (de Civ. Dei XVIII, 23) ist es Christus nach dem griechischen Akrostichon: Jesus Christos, Theû Yios, Soter (Jesus Christus, Gottes Sohn, Erlöser). In Madrid befindet sich das berühmte Bild von dem so classisch gebildeten Rafael, die Virgin del Pez, auf dem ein knieender Knabe dem Christuskinde (Eros) einen Fisch darreicht. (J. G. v. Quandt, Beobacht. u. Phantasien..... auf einer Reise durch Spanien. Leipz., 1850, S. 238 ff.). In der Godehardikirche zu Hildesheim stellt ein Schnitzwerk am Chor die Maria dar, die zwei Fische in einer Schüssel trägt (Attribute d. Heiligen, Hannover, 1843).

73) Die Venus marina (Aphrodite pontia) war Patronin der Schiffer (in Venedig, in Spanien). An ihre Stelle trat die S. Maria del Mar (Quandt, Beob. und Phantas..... auf einer Reise d. Spanien, S. 18; S. Maria del mar in Barcellona). Anderswo wird daraus die S. Marina. Früher wurden die Votivbilder der Artemis dargebracht, später der Madonna. An die Schifffahrt knüpft sich die Verehrung der Sterne, der Führer auf dem Meere. Das Fest des Tages, an dem sich die Sternenjungfrau Asträa gen Himmel erhob (d. 16. Aug.) wird Himmelfahrt Mariä. Maria selbst wird Polarstern (Picinello, Symbola virginea, in Lat. trad. a Aug. Erath. Augsburg, 1694, S. 692, §. 1). Sie wird Abendstern und Morgenstern. (Ebenda S. 713, §. 1; S. 722, §. 8; S. 723.) Als Schiff (S. Maria della navicola), Meer, Stern, Zodiacus kommt sie unzählige Male vor (Picinello, Mundus symbolicus, e Lat. trad. a A. Erath. T. I. Bei Drexel (Opp. Pars I, 820 ff.) heißt Maria Stella fulgentissima, Stella mundi. Oft wird Maria mit einem Stern über dem Haupte abgebildet. Attribute der Heiligen, Hannov., 1843, S. 80. Bei Gottfried von Straßburg

im Lobgesang auf Maria (Zeitschr. f. Deutsche Alterth. hg. v. M. Haupt, Bd. IV, 1844) heißt es (Strophe 20, S. 521) : „Du bist ein sunne, ein mâne, ein stern". Endlich erinnere ich noch an das allgemein bekannte: »Ave maris stella«.

74) Eidechsen, am Morgen gesehen, sind noch jetzt in Italien ein Glückszeichen. Aehnlich bei den Alten (Winckelmann, Werke, 2, S. 627). Auf einem Madonnenbilde von Rafael in Madrid findet sich im Vordergrunde eine Eidechse, nach der auch das Bild benannt wird (J. G. v. Quandt, Beobacht. und Phantasien u. s. w. S. 240).

75) Die Taube als Symbol der Ueppigkeit und Fruchtbarkeit ist allen weiblichen Naturgottheiten geheiligt. Des Astartedienstes wegen hieß Babylon die Stadt der Taube (Jeremias 50, 16). Die Dea Syria hatte überall Columbarien und das Taubenessen war daher verboten, wie noch jetzt im Morgenland und in der griechischen Kirche. (Wernsdorff, de columba sancta Syrorum, Helmstädt, 1761 ; Xenophon, Anab. I, 4, 9; Euseb., Praep. evang. 8, 14; Lucian, de Dea Syria 54.) Auch in Jerusalem war die Taube heilig und vorzugsweise Opfervogel, wohl wegen des Baaltiscultus. Dem h. Geist, als Mutter Christi gedacht, wurde die Taube zum Symbol gegeben. Natürlich ist auch die Taube der Vogel der Venus. (Properz IV, 5, 63 ; Schwebel, de antiquissimo columbarum sacro apud paganos cultu. Onold., 1767.) Die Semiramis, aus der indischen Liebesgöttin entstanden und Repräsentantin der Venus, wurde aus einem Taubenei geboren und unter den Flügeln einer Taube wurde sie groß. Das Protevangel. Jacobi, c. 8, sagt: „Wie eine Taube ward Maria groß gezogen." Maria als Taube kommt vor in Picinello (Symb. virg., Symb. XII). Auch in Gottfried's von Straßburg Lobgesang heißt es Strophe 21:

„Und dar zuo mê
„Der triuwe ein türteltube."

Lächerlich ist die moderne Erklärung, daß die Taube wegen ihrer Reinheit und Unschuld gewählt sei. Sie ist einer der liederlichsten, gefräßigsten, unsaubersten und zänkischsten Vögel. Nur die von ihrer großen Fruchtbarkeit entlehnte heidnische Symbolik erklärt ihre spätere Verwendung.

76) Auf Kypros war das Rebhuhn der Aphrodite geheiligt. [Engel, Kypros, Bd. 2, S. 155. Dem entspricht das bekannte Bild (Ermitage impérial Catalogue St. Petersburg, 1863, Nr. 603) von A. van Dyck: Madonna mit acht tanzenden Engeln und dem h. Joseph, dabei zwei Rebhühner.

77) Die ganze Pflanzenwelt ward in dem angegebenen Sinne umgetauft, und allgemein spricht es Platen (Gesammelte Werke. Cotta, 1843, II, S. 281) aus:

„Längst zwar trieb der Apostel den heiligen Dienst der Natur aus,
„Aber es ehrt sie das Volk gläubig als Mutter des Gott's."

Die heidnische Welt hatte nach manchen symbolischen Beziehungen eine große Anzahl Pflanzen, bei den classischen Völkern der Venus, bei den Deutschen der Freia oder Frigga geheiligt. Im Christenthum gingen sie auf die Maria über. Beispielsweise erwähne ich nur folgende:

(Adiantum) **Capillus Veneris** wird „Unsrer lieben Frauen Haar",
(Alchemilla) **Pallium Veneris** wird „Frauenmantel",
(Cypripedium) Schuh der Kypris wird „Frauenschuh",
(Scandix) **Pecten Veneris** wird „Liebfrauenkamm",
(Prismatocarpus) **Speculum** wird „Liebfrauenspiegel",
(Orchis) Freia's Thränen wird „Marienthränen".

(Eine andere Orchidee, Niördr's Hand wird „Marienhand". Von anderen Pflanzen sind die heidnischen Namen vergessen, in der christlichen Volksnomenklatur haben wir aber fast die ganze Hauswirthschaft Maria's, als: Unsrer lieben Frauen Bettstroh, Mantel, Pantoffel, Handschuh, Flachs, Nadelkissen, Schlüsselbund, Haar, Kamm, Spiegel u. s. w., vergl. v. Perger, Pflanzensagen, S. 69 f.; Menzel, Odin, S. 27; Menzel, Christl. Symbolik (1854), Bd. 1, S. 141 f.; Afzelius, Volkssagen aus Schweden, deutsch von Ungewitter (1842), Theil III, S. 240 ff.; Grimm, Mythol., S. 1145 u. s. w.

78) Verzeichniß der Gemälde der Pinakothek von G. v. Gillis. München, 1845, S. 149, Nr. 579: „Maria sitzt im Rosenhag oder Rosengarten". Gottfried's von Straßburg Marienlied in Haupt's Zeitschrift, Bd. IV, S. 520; ebenso bei Wackernagel, Das Kirchenlied, Nr. 130. Kunstblatt von Schorn, 1841, S. 26. Friedreich, Symbolik und Mythologie der Natur, S. 227. Fr. Kugler, Beschreib. der Gemälde des königl. Museums zu Berlin, 1838, S. 31. Waagen, Deutschland II, 318.

79) Hippolytus Maraccy hat in seiner Polyanthea Mariana (Köln, 1683) aus den genannten und vielen anderen Schriftstellern vom Jahr 410 bis auf seine Zeit 138 Stellen gesammelt. Die Stellen ließen sich noch unendlich vermehren, wenn nach irgend einer Seite ein Gewinn davon zu hoffen wäre. Kein Schriftsteller, der über die Maria geschrieben, und deren sind bei Maraccy, Bibliotheca Mariana, Legion, hat diesen Gemeinplatz des Vergleichs mit der Rose, übergangen.

80) Reinbot v. Born in H. Georg, v. 4026 ff.

81) Carmina Burana, Stuttgart, 1847, S. 142 f., vergl. auch: Burkhard, Kultur d. Renaissance, 2. Aufl. 1869, S. 138.

82) Jacob Balde (Silvae lyricae, edit. II, Colon. Ubior. 1846, lib. VII, carm. 1, pag. 188) hat folgende Hymne:

Ad B. Virginem Mariam.
Ver sine te bruma est, Majusque exsanguis et ater,
Calvusque Februarius.
Arescunt sine te fontes, sunt lilia nigra,
Rosa cadaver putridum.
At simul extuleris cinctum caput igne comanti,
Et arva visu strinxeris:
Tunc iterum manant fontes, tunc lilia candent,
Rosaeque vivunt mortuae.

Das ist mit geändertem Versmaß fast wörtlich das reizende Liebeslied des Nemesianus: »Te sine« etc., nur sehr viel unpoetischer und in der vierten Zeile sogar ekelhaft.

83) Außer dem schon angeführten Maraccy erwähne ich hier noch einige der hauptsächlichsten der von mir benutzten Schriften: Maxim. Sandaeus, Flos mysticus sive Orationes u. s. w. Mainz, 1629; Petr. Hieron. Drexel, Opera omnia (besonders lib. XIII, Rosae etc.) Antwerp., 1643; Petrus Labbé (er selbst nennt sich Petrus l'Abbé), Elogia sacra etc. Lipsiae, 1686; Theophil. Raynaud, Pontificia T. X (Nr. IV), Lugdun., 1665: Rosa mediana; (diese vier sind Jesuiten); Marianischer Liederkranz u. s. w. Augsburg, 1641; Görres, Altdeutsche Volks- und Meisterlieder, Frankfurt, 1817; Dr. K. E. P. Wackernagel, Das deutsche Kirchenlied u. s. w. Stuttgart, 1841; L. Uhland, Alte hoch- und niederdeutsche Volkslieder, Bd. 1, Liedersammlung, Stuttgart u. Tübing., 1844.

84) Ueber den Parallelismus der Entwicklung der Kunstformen mit den Veränderungen der religiösen Anschauungsweisen der Kirchenlehre vergleiche man den geistreichen Aufsatz

von Sal. Bögelin: Die Religion im Spiegel der Kunst, in den Zeitstimmen aus der reformirten Kirche der Schweiz, X. Jahrg., Nr. 15; 1. Ausg. 1868 (Winterthur).

85) Das Dogma von der Sündlosigkeit der Maria, anfänglich von allen Kirchenlehrern entschieden verworfen, war zuerst 1160 von Petrus Lombardus als Hypothese aufgestellt, wurde noch am Ende des 13. Jahrhunderts von Thomas von Aquino heftig angegriffen, im Anfang des 14. Jahrhunderts von Duns Scotus vielleicht nur aus Widerspruchsgeist gegen Thomas vertheidigt und dann von Minoriten und Franciskanern mit Lebhaftigkeit aufgenommen, von den Dominikanern bekämpft. Es blieb Pius IX. vorbehalten, diesen Irrweg für eine Hauptstraße zu erklären.

86) Noch Epiphanius (Haeres. 89, §. 11) erklärte um 350 die Frage über das Lebensende der Maria in Uebereinstimmung mit der Bibel für unbeantwortbar. Erst Gregor von Tours um 550 erfand das Märchen, daß Maria gestorben und dann erst ihre Seele und darauf ihr Leib direkt durch Christus in den Himmel erhoben sei. Im 11. Jahrhundert faselte der Cardinal Damiani noch hinzu, daß Christus bei seiner Himmelfahrt nur von zwei Engeln empfangen sei, aber der Maria sei Christus selbst mit der ganzen Schaar der Engel und Gerechten entgegen gezogen. (Damiani, Serm. 40, de assumpt. B. V. M., Opp. II, 91.) Auf die Feier der Himmelfahrt Mariä ging, außer Anderen, auch ein altes heidnisches Fest über, das sich auf die Pflanzenwelt bezog, daher verband sich damit an vielen Orten eine Weihung von Kräutern in der Kirche, um dieselben später gegen Teufel, Hexen und Blitz zu gebrauchen (Hildebrandt, de diebus festis p. 105). Davon heißt das Fest in Deutschland an vielen Orten „Würz=weihe" oder „Würzmesse"*), womit auch der Name der Stadt Würzburg und die daselbst erbaute Marien= oder Frauenburg zusammenhängt. Oberthür, Gesch. d. Herzogthums Ostfranken, nach Augusti a. a. O., S. 115. In Frankreich, dessen Beschützerin die Maria ist, wurde dieses Fest von jeher besonders feierlich begangen, daher verlegte der schlaue Napoleon I. seinen Geburtstag auf diesen, den Franzosen ohnehin heiligen Tag.

87) Paderborner Liederbuch, Nr. 99.

88) W. Menzel, Christl. Symbolik, Bd. 2, S. 279.

89) Wolff, Zeitschr. f. deutsche Mythologie 2, 126; Friedreich, Symbolik und Mythol., Bd. 1, S. 402.

90) Aug. Stöber, Sagen aus dem Elsaß, Nr. 6, in Wolff's Zeitschr. f. deutsche Mythol., Bd. 1, S. 402.

91) v. Perger, Pflanzensagen, S. 239.

92) K. Müllenhoff, Sagen und Märchen aus Schleswig=Holstein, S. 358, Nr. 479; v. Perger, Pflanzensagen, S. 236.

93) v. Perger, Pflanzensagen, S. 231. Menzel, Christl. Symbolik, Bd. 2, S. 283.

94) L. Bechstein, Deutsches Sagenbuch, S. 339 f., Nr. 399.

95) Die Legende ist unzählige Male erzählt mit den mannigfachsten Abweichungen. Ich habe sie im Texte möglichst vollständig gegeben und zwar nach L. Bechstein, Deutsches Sagenbuch, Leipzig, 1833, S. 268, Nr. 309 und Harrys, Volkssagen, Märchen und Legenden Niedersachsens, Celle, 1862, S. 71, Nr. 40; S. 72, Nr. 41.

96) v. Perger, Pflanzensagen, S. 234. — Aehnliche Legenden, in denen eine Rose oder ein Rosenstock Veranlassung zum Kirchenbau giebt, werden noch viele erzählt, z. B. Bechstein, S. 641, Nr. 780; S. 680, Nr. 829; W. Menzel, Christl. Symbolik, Bd. 1, S. 420 u. s. w.

---

*) Würz, Wurz, engl. wort, ist „Kraut", „Gewächs".

97) Die Geschichte findet sich in jedem Legendarium. Petrus, de Natalibus Catalog. Sanct., Lib. III, c. 101, Fol. 52 a; M. Maruli, Bene vivendi institut. Lib. V, c. 6, Fol. 203 a; Sintzel, Leben und Thaten d. Heiligen, Bd. 1, S. 490 ff.; Christl. Kunstsymbolik und Ikonographie, Frankfurt a/M., 1830, S. 29 u. f. w.

98) W. Menzel, Christl. Symbolik, Bd. 2, S. 195.

99) Sintzel, Leben und Thaten der Heiligen, Bd. 4, S. 353; W. Menzel, Christl. Symbol., Bd. 1, S. 163; Herder in seiner Legende: die Orgel; Jacob de Voragine in der Legenda aurea, Straßburg, 1502, Leg. 164; S. Vincentii Sermon. de Sanctis, Lugduni, 1499: Serm. de S. Caecilia; Vincentius Bellovacens., Speculum hist., Nürnb., 1483, l. XII, c. 22; In Einzelheiten weichen alle diese Erzählungen von einander ab.

100) Bechstein, Deutsches Sagenbuch, S. 44, Nr. 52.

101) Gregor. Turon., de gloria Martyr., Opp. Cöln, 1583, l. II, c. 46, S. 187 f.

102) Die Legende der h. Rosa von Lima findet sich überall. W. Menzel, Christl. Symbolik, Bd. 2, S. 283. Ihr ganzes Leben schrieb Anh. Gonsalez, Vita Sponsae Chr. b. Rosae de S. Maria, Cöln, 1668, 12°. Auch von P. Hansen giebt es eine Lebensbeschreibung derselben.

103) Dr. K. R. Pabst, Ueber Gespenster in Sage und Dichtung. Bern, 1867, S. 20 f.

104) Fr. Constantin Kirchner, Wunderliche Geschichten, 1468, in Curiositäten, Bd. 4. Weimar, 1815, S. 347 f.; Menzel, Christl. Symbolik, Bd. 2, S. 283.

105) Hermann Hugo, Pia Desideria, Antwerpen, s. a. (1657?), lib. II, vol. 8, pag. 162.

106) Menzel, Christl. Symbol., Bd. 2, S. 241.

107) J. W. Wolf, deutsche Märchen und Sagen, Leipz. 1845, S. 177, Nr. 59; v. Perger, Pflanzensagen, S. 230 f.; Dr. M. Sandaeus, Maria flos mysticus Mainz, 1629), S. 55; Sintzel, Leben und Thaten der Heiligen, Bd. 4, S. 399.

108) Wem fällt hierbei nicht die Stelle aus Gottfried's von Straßburg Tristan und Isolde ein. Als nämlich das Gottesurtheil den Meineid der Isolde für Wahrheit erklärt hat, fährt der Dichter fort:

„Da war wohl offen erkläret
„Und all der Welt bewähret,
„Daß der viel tugendhafte Christ
„Wind schaffen, wie ein Ermel ist.
„Er fügt sich bei und fügt sich an,
„So man es mit ihm fügen kann.
„Er ist allen Herzen gleich bereit
„Zum Trug, wie zur Wahrhaftigkeit.
„Ist es Ernst, oder ist es Spiel,
„Er ist ja so, wie man ihn will."

109) Augustin Paoletus, Sanctuarium hoc est sermones..... sanctorum omnium. Cöln, 1664, cap. 29, §. 8, (p. 402).

110) Sintzel, Leben und Thaten der Heiligen, Supplementband S. 121.

111) Sintzel, a. a. O., S. 293.

112) Sintzel, a. a. O., B. 3, S. 46.

113) H. v. Maltzan, Reise auf der Insel Sardinien, Leipzig, 1869, S. 33.

114) Sinzel, a. a. O., Bd. 2, S. 177; Attribute der Heiligen, Hannover, 1843, S. 146; Christl. Kunstsymbolik und Ikonographie, Frankfurt, 1839, S. 30.

115) Sinzel, a. a. O., hat zwar (4, 333) die Geschichte der h. Elisabeth, aber erwähnt des Rosenwunders gar nicht. Aus der hierher gehörigen Literatur erwähne ich: Rosegarten, Legenden, Berlin, 1818, Bd. 1, S. 277 f., nach der Legenda aurea; Die Attribute der Heiligen, S. 445; Sancta Elisabeth, ihr Leben, von L. Storch, Leipzig, 1860; Justi, Die heilige Elisabeth, Zürich, 1797, S. 40; C. F. Schoppe, Elisabeth, Herzogin zu Sachsen u. s. w. Gotha, 1832; Menzel, Christl. Symbolik, Bd. 2, S. 282.

116) Christl. Kunstsymbolik und Ikonographie, S. 30; Die Attribute der Heiligen, S. 445.

117) Sinzel, Leben und Thaten d. Heil. Bd. 3, S. 88. Wer speciell die Geschichte der Legende behandeln wollte, würde dazu Zeit gewinnen müssen, für jede einzelne Erzählung die Zeit ihres ersten Auftretens aus der weitläufigen und entsetzlich langweiligen Legendenliteratur zu ermitteln, um so auszumachen, wo der erste Ursprung dieser Sage ist und was die Stufen ihrer Fortbildung sind. Ich möchte fast glauben, daß dieselbe auf die h. Elisabeth von Thüringen gerade am allerspätesten übertragen wurde. Ich kann nicht umhin, hier einer neuen Stiftung zu erwähnen, die sich an die Elisabethlegenden in ehrenvollster Weise anschließt. Im Jahre 1866 erschien eine Dame Mathilde Arnemann beim Waldpfingstfeste in Karlsbad mit einem Körbchen Rosen, in deren Mitte eine Sammelbüchse stand, um die Badegesellschaft aufzufordern, daß sie durch Gaben den Rosen die Wunderkraft, Unglückliche zu trösten und Kranke zu heilen, wiedergeben möchten. Die erste Sammlung ergab 830 Gulden; 1871 betrug das Kapital bereits 16,000 Gulden. Von den Zinsen erhalten arme Kranke ohne Rücksicht auf Nation und Confession freie Bäder und 30 Gulden für den Aufenthalt in Karlsbad. Die Rosen wurden in Anspielung auf die Legende Elisabethrosen genannt. Professor Czermak machte ein sehr hübsches Gedicht darauf, siehe Hackländer, Ueber Land und Meer, 1871, Nr. 42. S. 6.

118) Justi, Die heilige Elisabeth, S. 41; Menzel, Christl. Symbolik, Bd. 2. S. 282; Thomas Cantiprat, de apibus II, 25. So citirt Menzel, Christl. Symbol. 2, 282; in der von mir benutzten Ausgabe des Thomas kommt eine h. Ada gar nicht vor, wohl aber Thomas Cantiprat., Miraculorum et exemptorum memorabilium sui temporis libri duo . . . . . Duaci, 1603, Lib II, cap. 25, Nr. 13.

119) Gumppenberg, Atlas Marianus, München, 1672, Nr. 713, p. 766 und Nr. 423, p. 526.

120) Eine Lebensbeschreibung des Malachias gab Abt Bernhard von Clairvaux unter dem Titel: Vita Sti. Malachiae episcopi in Bernardi Clarevallensis Opp. omn. edit. Basil. 1566, fol. column. 1834—1864. Bernhard erwähnt zwar mehrere Visionen des Malachias, aber der Weissagung über die Päpste gedenkt er nicht. In Maximil. Misson, Reisen aus Holland durch Deutschland in Italien, Leipz., 1713, S. 818 ff. (33. Brief) ist die Prophezeiung ganz abgedruckt; Aufstellung älterer und neuerer Propheten und ihrer Prophezeiungen, Zeitz, 1798, S. 130.

121) Urban VIII. war aus Florenz, der Stadt der Blumen, gebürtig. Sein Wappen waren drei Bienen über Blumen. Auch wird durch die Lilie seine große Aufrichtigkeit, durch die Rose sein gutes Gemüth angedeutet. Misson, a. a. O., S. 703. Derselbe war übrigens 1604 der Hauptbeförderer der Wiederaufnahme der Jesuiten in Paris, verdammte das Kopernikanische Sonnensystem und sorgte vortrefflich für seine Nepoten.

122) Rork, Mythologisch-etymologisches Wörterbuch, unter „Rosenkranz"; Bohlen, Das alte Indien, Bd. 1, S. 339; Laſſen, Indiſche Alterthümer, Bd. 3, S. 442; Plinius, H. N XXIII, 2; F. H. Sedulius, Historia seraphica vitae Franc. Assisiatis etc. Antwerp., 1613, S. 527, cap. 2.

123) Binterim, Denkwürdigkeiten, Bd. VII, Thl. 1, Abthlg. 2, S. 98 ff.

124) Guill. Pepin, Aurei rosarii mystici sermones etc. Sermo 1: de rosario beatae Mariae.

125) Joh. Georg Keyßler's Reiſen, Hannover, 1751, Bd. 1, S. 35, Brief 6; S. 493, Brief 49; S. 599, Brief 51; Bd. 2, S. 832, Brief 59. Aehnliches bei P. J. Weber, Diss. moral. de usu imaginum, Trier, 1785, §. IX, p. 12 und J. H. von Wessenberg, Die chriſtl. Bilder, ein Beförderungsmittel des chriſtl. Sinnes, Conſtanz, 1827, Bd. 1, S. 206.

126) Dr. L. v. Schorn im Kunſtblatt 1840, S. 416; Dr. G. F. Waagen, Kunſtwerke und Künſtler in Deutſchland, Bd. 2, S. 228 ff.

127) Waagen, a. a. O., 2, S. 229; 2, S. 301.

128) Waagen, a. a. O., 1, S. 219 ff.; H. Otte, Handb. d. kirchlichen Kunſt-archäologie, 4. Aufl. S. 782, S. 783. — Vergl. auch noch J. F. Mayer, Dissertat. de rosario, 1720, p. 44. sqq.

129) Die Literatur über die goldene Roſe iſt außerordentlich umfangreich. Ich führe hier nur die Werke an, die ich ſelbſt benutzt habe. Durandus, Rationale divinorum officiorum, Ulm, 1475, lib. VI, cap. de quarta domin. quadrag.; R. Hospinianus, de origine, progressu . . . . festorum dier. Christian., Zürich, 1593, pag. 42; Ph. de Mornay, Le mystère d'iniquité, Saumur, 1611, p. 448; Reinh. Bakius, Copiosiss. evangel. dominic. expositio, Magdeb., 1624, Vol. II, Dominica Laetare; J. B. Casalius, de veterib. sacr. Christianorum ritib., Rom, 1647, Pars IV, cap. 81, p. 336; Theophil. Raynaud, Rosa mediana etc. in Th. R., Pontificia Tom. X, Leyden, 1665, p. 401 ff; Adam Rechenberg, de aurea rosa, Leipz., 1666; Carlo Catari, de rosa d'oro pontificia, Rom, 1681; Zach. Grapius, de rosa aurea, Leipz., 1696; Joh. Micrälii Histor. Eccles. Leipz., 1699, Lib. II, Sect. 2, Nr. 18, p. 382; Ang. Rocca, Opp. omnia Tom. I, Rom, 1719, S. 207 ff.; Fr. Parskius, Rosa aurea, 1728; Theophilander, Hiſtor. Nachricht von der güldenen Roſe, 1740; Curioſitäten, Weimar, Bd. IV. (1815) S. 414 ff.; Aſchbach, Kirchenlexicon ſ. v. Roſe, goldne. Ueber die an Friedrich v. Sachſen geſendete Roſe außer dem Obigen noch: Sleidanus, de Statu relig. et rei publ. Carolo V. caesare et princ. s. l. 1555, Lib. I, p. 10; Th. Zwinger, Theatr. vitae human., Basel, 1604, Vol. III, lib. 9, p. 1006; J. Imhof, Singularia politica, Nürnberg, 1652, p. 92; L. v. Seckendorf, de Lutheranismo, Paris, 1688, p. 102; Hildebrandt, de dieb. festis, Helmſtädt, 1701, S. 58.

130) Ulrich v. Hutten, von Dr. F. Strauß, Leipzig, 1858, Bd. 2, S. 71.

131) Einige wenige literariſche Nachweiſungen mögen hier genügen: Matthioli, Kräuterbuch (ſ. v. Roſe von Jericho), verdammt ſchon den an die Pflanze geknüpften Aberglauben; Sturm, de rosa hierochuntica, Leipz., 1608; J. C. Benemann, Die Roſe zum Ruhme ihres Schöpfers, Leipz., 1742, S. 57; Ursinus, Arboretum biblicum, Nürnberg, 1699, Bd. 2, S. 47; Marc. Mappo, Thes. bot. de Rosa de Jericho, Strassburg, 1700; Hadr. Belaudi Palästina ex monum. veterib. illustrata, Tom. I, Utrecht, 1714, Lib. III, p. 829 ff., weiß nichts von der angebl. Roſe.

132) In Dr. Ernſt Förſter, Vorſchule der Kunſtgeſchichte (Leipz., 1862), zeigt

Fig. 176 a den gebrochenen Bogen; denkt man sich den Bogen etwas tiefer noch einmal gebrochen und die Nasen (Fig. 174) in der Mitte zusammenstoßend, so hat man den Dreipaß (Fig. 173 a); Fig. 172 und 176 oben zeigen den Vierpaß (Fig. 173 b). Drei- und Vierpaß, sowie fünftheilige Rosetten finden sich am Rathhaus zu Münster (Fig. 244) neben einander. Die fünftheilige Rosette wird dann in der Gothik im Innern weiter vergliedert oder mit anderen zusammengesetzt, woraus die reichsten Formen hervorgehen, so das prachtvolle Fenster an der Kirche da batalha bei Lissabon (Gubl und Kaspar, Denkmäler der Kunst, Bd. 2, Taf. 25, Fig. 5), ebenso an der Kirche St. Ouen zu Rouen (Gubl und Kaspar, Bd. 2, Taf. 18, do. Taf. 17, Fig. 8—9). Diese Beispiele mögen zur Veranschaulichung des Gesagten genügen.

133) E. Förster, Vorschule, Fig. 171.

134) Paul Aringhi, Roma subterranea (Rom, 1651) Tom. I, S. 381, Tab. II; S. 339, §. 23; S. 549, Tab. II; S. 551, Tab. III; S. 555, Tab. IV; Tom II., S. 115, Tab. I.

135) Beispiele in Heideloff u. Görgel, Ornamentik des Mittelalters; Puttrich, System. Darstell. d. Entwicklung der Baukunst in den sächsischen Ländern, Leipzig, 1852, und Puttrich, Denkmale der Baukunst des Mittelalters, Leipzig, 1841; H. Otte, Handb. d. kirchl. Kunstarchäologie, 4. Aufl. S. 287; Fr. Kugler, Handb. d. Kunstgeschichte, 1859, Bd. 2, S. 379 u. s. w.; M. Viollet-le-duc, Dictionnaire du mobilier français et c. q. s. II. Edit. T. I. (Paris, 1868) pag. 119, Fig. 3.

136) E. Förster, Vorschule zur Kunstgeschichte S. 70.

137) So am Kölner Dom, Boisserée, Geschichte und Beschreibung des Domes zu Cöln, Stuttgart, 1823, S. 78 f. und das große Kupferwerk desselben. Taf. XI, XII

138) Heideloff und Görgel, Ornamentik d. Mittelalters 2, Taf. 4 a.

139) B. Curiositäten, Bd. VIII, Weimar, 1820, S. 230.

140) Fr. Kugler, Handbuch d. Geschichte der Malerei, Bd. 2, (Berlin, 1862) S. 269.

Vierter Abschnitt.

Die Rose bei den Germanen.

Auch die Völker haben, wie die Individuen, eine Lebensgeschichte und ein begrenztes Leben. In der allgemeinen Entwicklungsgeschichte der Menschheit kann jeder einzelne Volksstamm den Fortschritt nur bis zu einer gewissen Stufe fortführen, das ist eben seine Aufgabe in der Geschichte, und hat er die erfüllt, so geht er unter oder vegetirt fort in einer Art von kindischem Greisenalter, zur Erzeugung weiterer lebenskräftiger Schöpfungen unfähig.[1]) Wir können nach der dem einzelnen Volke angewiesenen Stufe dasselbe aber auch mit den Abschnitten des individuellen Lebens vergleichen, und wenden wir das auf die alte Welt an, so stellen die Griechen das Jünglingsalter, die alten Römer die Zeit der vollendeten Mannheit, die Kaiserzeit und das Christenthum das Greisenalter dar. Gewiß aber ist, daß wenige Jahrhunderte nach Beginn unsrer Zeitrechnung die ganze alte Welt im Absterben begriffen und zur Fortführung der Aufgaben der Geschichte der Menschheit unfähig geworden war. Die asiatischen Kulturvölker hatten eigentlich schon lange, bis auf den kleinen Stamm der Hebräer, der als geistiges Ferment unter alle Völker zerstreut fortlebte, ihre Rolle in der Weltgeschichte ausgespielt. Es bedurfte neuer Träger der lebendigen Fortentwicklung, und als solche traten die germanischen Völker im Beginn unsrer Zeitrechnung hervor, um vom sechsten Jahrhundert an die eigentlich fortschreitende Geschichte allein zu beherrschen. Diese Mission, die ein Volk in der Geschichte zu erfüllen hat, ist allemal bedingt durch seinen ihm eigenthümlichen Charakter. Daß die Individuen unter den Menschen unendlich verschieden, eigenartig und mit besonderen Anlagen in körperlicher und geistiger Hinsicht ins Leben treten, kann wohl Niemand läugnen, der sich nur etwas unter den Menschen umgesehen hat. Aber die mannigfachen Formen der Begabung der Individuen zeigen sich auch keineswegs gleichförmig durch die Menschheit vertheilt; in dem einen Volk herrscht diese, im andern jene Erscheinungsform vor und bestimmt dadurch den Charakter eines Volkes. Dazu kommt, daß alle Individuen eines Volkes noch durch die Einflüsse der äußeren Natur, durch die eigenthümlichen Schicksale, unter denen das Volk sich gestaltete und ausbildete, gewisse, allen gemeinsame Züge aufgeprägt erhalten. Das bewegt uns dann ja auch und erleichtert es, die einzelnen Völker mit gewissen charakteristischen Beiwörtern zu bezeichnen, indem wir meinen, damit kurz ihr Wesen angeben zu können. Wie bei Individuen, so bei Völkern erklärt aber gerade diese Eigenart fast vollständig die Schicksale derselben. Und die Geschichte zeigt uns überall, wie fest dieser Charakter in den einzelnen Völkern sich erhält. Das beweisen die Chinesen seit mindestens 4000 Jahren, die arabischen Stämme, die noch denselben Charakter tragen, wie vor drittehalb tausend Jahren nach den Schilderungen des alten Testamentes, und wenn wir die heutigen Franzosen mit der Zeichnung vergleichen, welche Cicero und Cäsar von den Kelten (Galliern) entwarfen, so staunen wir über die Aehnlichkeit des Portraits.[2] Ich halte mich daher nicht nur für berechtigt, sondern selbst verpflichtet, bei der gegenwärtigen Untersuchung auf die Verschiedenheit der nationalen Charaktere, wenigstens in den wesentlichsten und mit meiner Aufgabe in näherer Beziehung stehenden Zügen aufmerksam zu machen.

Im ersten Jahrhundert schrieb schon Tacitus, in bitterem Zorn über die Entsittlichung und Erschlaffung seiner Zeit, die Germania, in der er der versunkenen Römerwelt die vielversprechende Jugendkraft und sittliche Tüchtigkeit der Deutschen gegenüberstellte, und noch 1400 Jahre später sagte Machiavelli, auch ein Romane: „Unverdorbenheit und Gewissenhaftigkeit, um so bewundernswerther in diesen Zeiten, je seltner sie sind, haben sich allein auf deutschem Boden erhalten, weil die Deutschen weder von den Sitten der Italiener, noch denen der Franzosen und Spanier angesteckt wurden, welche Völker eines wie das andere die Verderbniß der Welt sind."[3] — Merkwürdiger Weise sagt im Jahr 1871 wiederum ein Romane: „Arbeit, Vorsicht, Sparsamkeit, Treue, großes Pflichtgefühl, lebhafter Familiensinn, welcher vor keinem Opfer zurückscheut, disciplinarische Kraft — das sind die mächtigen Factoren des deutschen Nationalcharakters, der von anderen Völkern nicht eher beachtet wurde, als bis der Klang der Siegeswaffen ihn in wunderbarer Weise offenbarte."[4]

Von den ältesten Zeiten bis auf heute ist der Ruf der deutschen Treue in allen Verhältnissen unerschüttert geblieben. Langsam im Entschluß[*] und fest im Bewahren des einmal Ergriffenen, haben die Germanen vielleicht mehr als irgend ein Zweig der großen indogermanischen Völkerfamilie die Erbschaft aus den Zeiten der gemeinschaftlichen Ursitze und Urväter bewahrt, wohl nach ihren äußeren Schicksalen und Umgebungen ausgebildet und umgestaltet, aber ohne die ursprünglichen Züge vollständig zu verwischen, so daß wir noch jetzt in tausend Zügen der Sage, des Aberglaubens, der Sitte die Beziehungen auf die uralten Vorstellungskreise erkennen können.[5] Daß die Germanen einst mit den Urvätern aller indogermanischen Völker zusammenhingen und ein Volk ausmachten, das beweist uns die Sprachvergleichung, die uns auch erlaubt, aus den allen Stämmen gemeinschaftlichen Worten uns ein Bild von dem Urzustand jenes Volkes zu entwerfen, in welchem alle späteren Verzweigungen noch ungetrennt zusammenlebten.[6] Wohl läßt sich auch aus der Sprachvergleichung annähernd die längere oder kürzere Verbindung der einzelnen Stämme nach ihrer Trennung vom Urvolk angeben, aber im Ganzen bleiben uns die Schicksale derselben nach jener Trennung bis zu ihrem ersten Auftreten in der Geschichte selbst dunkel. Manche Verknüpfungen, manche gegenseitige Verkehrsverhältnisse lassen sich auch noch aus Sitten und Gebräuchen ableiten, und so können wir hin und wieder zu Andeutungen über die Wanderungen der Völker bis zu der Bühne ihres historischen Auftretens gelangen. Für die Germanen scheint mir die Sache so zu liegen, daß sie längere Zeit mit den Persern in engerer Verbindung gestanden haben müssen, worauf Manches in der Sprache und Vieles in bedeutungsvollen Sitten hinweist,[7] daß sie dann am Südrande des Kaspisees entlang und quer durch den Kaukasus, wo noch die Osseten, als Zeugen engerer Verbindung mit ihnen, wohnen,[8] nach Norden gezogen sind.

Die ältesten Gestaltungen einer Ahnung des Göttlichen knüpften sich

---

[*] „Was sie Abends beim Gelage beschlossen, wurde noch einmal am folgenden Tage nüchtern und ruhig überlegt, ehe es zur Ausführung kam" — und noch jetzt hat der Deutsche das Wort und die Sitte: „Wir wollen es erst einmal beschlafen."

für die ganze indogermanische Völkerfamilie an die belebende Sonne, den die Nächte erhellenden Mond, an die den Menschen unentbehrlichen Himmelsgaben Feuer und Wasser, deren Herabkunft aus den Wolken sich an die Erscheinungen des Gewitters knüpfte. Diese Naturmächte waren auch für die Germanen die ältesten Symbole des Göttlichen, die sie später milder im südlichen deutschen Zweige, rauher, ja finstrer in dem skandinavischen nördlichen, obschon im Ganzen mit gleichen Grundanschauungen personificirten. Die Verehrung des Weibes erhoben dieselben stufenweis durch die weisen Frauen (wie Aurinia, Velleda, Ganna), durch die halbgöttlichen Gestalten (der Walkyren und Anderer) bis zur weiblichen Gottheit der Freia, Frigga; der Hertha oder Nerthus; der Ostera u. s. w.). Als Feste feierten sie die großen Jahresabschnitte Frühlings- und Herbst-Tag- und Nacht-Gleiche, so wie die Winter- und Sommer-Sonnenwende (die Julfeste,*) jetzt Weihnacht und Johannis). Am meisten tritt die Frühlingsfeier (mit der sich theils Ostern, theils Pfingsten verbindet) hervor; am wenigsten das Herbstäquinoctium.9) Die Sonnenwendfeste wurden beide unter Anzünden von Feuern, Fackeln, Lichtern begangen.

Auch das Gemüthsleben der Deutschen war so glücklich angelegt, daß es einen Seelenadel, eine Tiefe zeigt, wie wir sie kaum bei einem andern Stamme der indogermanischen Völkerfamilie, von anderen Gliedern der Menschheit zu schweigen, wiederfinden.

Dieser gemüthlichen Seite der Deutschen gehört dann auch die schon von Tacitus erwähnte Freude an Dichtung und Lied. Schon damals feierten Volksgesänge die Urerinnerungen der Nation, die alten mythischen Vorfahren des Volkes: Tuisco und seines Sohnes Mannus. Der letzte Name führt auf die Zeiten der Urväter in Asien zurück. Noch Karl der Große verbot das Absingen alter heidnischer Volkslieder auf öffentlichen Plätzen, insbesondere in der Nähe der Kirchen. Leider ist uns von diesen im Volke lebendigen alten Traditionen fast nichts erhalten, denn die Priester, welche die ersten dürren Chroniken aufzeichneten, waren zu dumm und zu unwissend, die Bedeutung solcher Volkssagen zu begreifen. Abgeschmackte angebliche Heiligenlegenden waren ihren geistlosen Köpfen viel wichtiger.10)

---

*) Vom schwedischen Hjul „das Rad".

So finden wir allerdings für den Anfang große Lücken in den erhaltenen Aufzeichnungen, aber wie er in Lied und Sang begonnen, so lebte der Deutsche fort bis zum heutigen Tag; Heldensage und Volkslied, Ritterdichtung und Meistersang sind die lebendig sprudelnden Quellen, in denen wir sein Leben, sein Denken und Dichten, sein Fühlen, sein Leid und seine Lust treu abgespiegelt finden. Und mit dem Liede knüpft er auch an die Natur an, für die eine tiefe Empfindung, eine innige Sympathie zu seinen Anlagen gehörte. Nicht, wie der Grieche, legt er derselben menschliche Personificationen unter, sondern er fühlte mit ihr, sie war ihm für sich belebt und sie trat ihm unmittelbar als Freundin oder Feindin entgegen. Der Grieche kannte überhaupt die Landschaftsmalerei nicht, aber hätte er sie gekannt, so hätte er wohl Dryaden, Nymphen und Pane hineingemalt; doch das specifisch deutsche Stimmungsbild, aus dem die Natur selbst unmittelbar den Menschen mit seinen eigenen Gefühlen anspricht, hätte er nie verstanden. [11] —

Diesem hier kurz skizzirten Charakter der Germanen schmiegt sich nun auch die Rose so eng an, daß man denselben fast schon allein aus der Art und Weise, wie die Deutschen die Rose sich aneigneten, in Dichtung und Leben verwertheten, ableiten könnte. Im Beginn wenigstens müssen wir geschichtlich zu Werke gehen und das zuerst betrachten, was uns als Aeltestes in der deutschen Literatur in Bezug auf die Rose erhalten ist. Wenn die Rosen aufblühten, feierten die Kashmirer ihr heiteres Frühlingsfest. Bei den Persern wurden im Jahre sechs Feste, die Gahanbars (Erinnerung an die sechs Schöpfungsperioden der Welt) gefeiert, eines davon fiel mit dem großen Mithras- (Sonnen-) Feste zusammen und begann mit der Frühlings-Tag- und Nacht-Gleiche.[12] Wo Wechsel der Jahreszeiten ist, mußte dem Menschen die Wiederkehr der wärmeren Jahreszeit besonders wichtig erscheinen, und sobald er mit den Erscheinungen in der ihn umgebenden Natur vertrauter geworden war, erschien ihm der Tag besonders bedeutungsvoll, an welchem die Sonne wieder anfing, länger über als unter dem Horizont zu verweilen, mit einem Wort das Frühlingsäquinoctium. Je mehr aber die Menschen gegen Norden zogen, je schärfer sich der Gegensatz des unwirthbaren Winters gegen die belebende Sommerwärme ausprägte, um so glückbringender und heiliger mußte ihnen der Tag der

Umkehr zur besseren Jahreszeit werden. In dieser Stellung waren die Germanen, nachdem sie ihre Sitze in Mittel-, Nord- und West-Europa eingenommen hatten, und in der That finden wir auch, daß bei ihnen von den drei Hauptjahresfesten, Winter-, Sommer-Sonnenwende und Frühlings-Tag- und Nacht-Gleiche das letztere oder Ostera-Fest das größte und wichtigste war. An die Frühlingsfeier, die ganzen Gemeinden oder selbst Volksstämmen gemeinschaftlich war, knüpften sich daher auch die den Angelegenheiten des Stammes oder Volkes gewidmeten großen Versammlungen, dem Klima entsprechend, im Westen früher, im Osten etwas später gefeiert, jenes das Märzfeld, dieses das Maifeld oder Maienlager genannt. — Der Platz, auf dem diese Festversammlungen stattfanden, hieß wahrscheinlich der Rosengarten und zwar aus doppeltem Grunde. Die Hundsrose (Rosa canina L.) führt seit den ältesten Zeiten den Namen Hagerose, Heckenrose, wodurch ihre Benutzung ausgesprochen war. Sie wächst freilich in ganz Deutschland wild, aber ganz besonders häufig findet man sie an den Rainen jener Haiden oder Waldstrecken, die oft nachweislich früher als heilige Haine oder Opferhaine gedient haben. Auch in einer Wappensage schützt Maria die verstoßenen Kinder im Walde durch eine dichte Hagerosenhecke gegen wilde Thiere.[13] Die Leichtigkeit, mit der sich ihre langen scharfdornigen Zweige zu undurchbringlichen Hecken verschlingen, machte sie besonders geeignet, diese heiligen Plätze, die auch die eigentlichen Mittelpunkte der Hauptjahresfeste wurden, gegen das Eindringen von Thieren oder auch unbefugten Menschen zu schützen.[14] Dies ist die echte alte deutsche Rose, die seit den ältesten Zeiten in ihrer einfachen Form mit den fünf blaßrothen Blumenblättern, bald mit, bald ohne die fünf spitzen Kelchblätter und mit dem goldgelben Knopf der Staubbeutel in der Mitte (Fig. 4) als Hausmarke,[15] Wappenbild und sonst in der Ornamentik

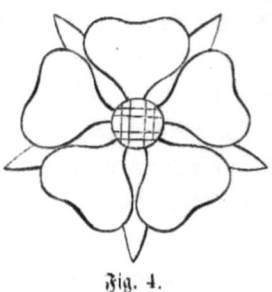

Fig. 4.

vorkommt. Da die heiligen Haine mit ihrer Einfriedigung aus der Heidenzeit stammen, so kann die Rose nicht erst durch die Römer zu den Deutschen gekommen sein, und sicher werden die Deutschen auch für die Pflanze, mit der sie ihre heiligsten Orte einhegten, schon einen Namen gehabt haben. Und dieser Name konnte nur von ihren Ursitzen mitgebracht sein. Gerade daß sie die Rose wählten, statt des ebenso häufigen und ebenso dienlichen Brombeerstrauches, deutet darauf hin, daß für sie die Rose schon durch alte Erinnerungen geheiligt war, daß sie die in Persien seit den ältesten Zeiten gepflegten Gulistane, die Rosengärten, nicht vergessen hatten, an welche auch in Asien sich die besonders durch Rosen geschmückten Frühlingsfeste knüpften. So wurde ihnen nicht nur wegen der Einzäunung des heiligsten Platzes bei den Volksversammlungen, sondern auch wegen der alten Erinnerungen der Ort der Frühlingsfeier zum „Rosengarten". Daß die Volksversammlungen in den heiligen Hainen abgehalten wurden, wissen wir schon aus dem Tacitus. [16]) Die uralten religiösen Ueberlieferungen, an das Naturleben angeknüpft, wurden allmälig von den Germanen ausgezeichnet und die einzelnen Naturkräfte und Erscheinungen personificirt, zu Göttern oder gottähnlichen Helden gestaltet. Auch Sommer und Winter wurden so gedacht und bei der Frühlingsfeier führte man eine Art von Festdrama auf, in welchem der Kampf des Sommers und des Winters und das Unterliegen des letzteren dargestellt wurde. Natürlich wurde auch diese Festfeier dem heiligen Haine oder Rosengarten zugewiesen. Die Zeit des Festes war nach den lokalen Verschiedenheiten verschieden und fiel vom 22. März bis zum Anfang Mai. [17]) Auch der Tag wurde vielleicht von dem Witterungscharakter des einzelnen Jahres abhängig gemacht. Alte Festlieder z. B. deuten darauf hin, daß man sich dabei durch das Aufblühen bestimmter Blumen leiten ließ. [18]) Bekannt ist diese Vorstellung des Kampfes zwischen Sommer und Winter durch das auch von C. M. v. Weber nach einer alten Volksmelodie in Musik gesetzte Lied:

„Trarira, der Sommer, der ist da" u. s. w.

Das Lied findet sich in den verschiedenen deutschen Gegenden in endlosen Variationen. Eine derselben lautet:

„Stab aus! dem Winter geh'n die Augen aus,
„(Mit) Veilchen, Rosenblumen
„Holen wir den Sommer,
„Schicken den Winter über den Rhein,
„Bringt uns guten kühlen Wein."[19])

Hier wird auch bestimmt bei der Frühlingsfeier die Rose genannt, und es ist nicht undenkbar, daß die ersten an dem den heiligen Hain umgebenden Rain gefundenen Veilchen, die ersten an der Einfriebigung aufgeblühten Rosen Veranlassung zum Beginn der Frühlingsfeier gaben.

Aus den schon oben angegebenen Gründen sind uns nur Bruchstücke der alten Vorstellungen und Gebräuche aufbehalten, aus denen wir uns mühsam die vollständigen Anschauungen zusammenstellen müssen. Was uns aufbehalten, stammt noch dazu aus sehr verschiedenen Zeiten, zeigt sich also, abgesehen von den lokalen Verschiedenheiten, in sehr verschiedenen Stufen der allmäligen Umbildung und Abschleifung, wodurch die Schwierigkeiten für den Forscher noch vergrößert werden. Grimm unterscheidet in der großen Menge der von ihm gesammelten Zeugnisse vier verschiedene Hauptformen der Sommeranfangsfeier:[20] 1. In Schweden und Gothland ritterlicher Kampf des Winters und Sommers, feierlicher Einzug des Letzteren; 2. in Schonen, Dänemark, Niedersachsen und England bloßer Mairitt oder Einholung des Maiwagens; 3. am Rhein bloßer Kampf zwischen Winter und Sommer, ohne Wassertauche*) und ohne den Pomp des Einreitens; 4. bei Franken, Thüringern, Meißnern, Schlesiern, Böhmen bloßes Austragen des winterlichen Todes ohne Kampf und feierliche Einführung des Sommers. Unter diesen Formen sind wohl entschieden die erste und dritte die ältesten und ursprünglichsten, und gerade sie sind es auch, die uns hier am meisten interessiren, da sie uns in der Heldensage noch vollständig, wenn auch ohne Rücksicht auf ihre eigentliche Bedeutung, im „großen Rosengartenlied" erhalten sind.[21] Die richtige Deutung ist schon von vielen Forschern ausgesprochen worden,[22] und man wird diese Dichtung, wenn man das hier Vorausgeschickte im Auge behält, nunmehr leicht verstehen. Die schöne Kriemhild hat von Kindheit an bei Worms auf einer Rheininsel, die noch heute den Namen „der Rosengarten" führt, einen schönen großen Garten mit Rosen und in deren Mitte eine Linde gepflanzt und erzogen. Dieser Rosengarten wird von tapferen Helden und Riesen vertheidigt, aber wer tapfer kämpfend sie besiegt, dem wird ein Rosenkranz und als Minnelohn ein Kuß von schönem Mund. Das ganze Rosengartenlied blüht und glüht von rothen Rosen. Zwar wird der Kampf

---

*) Wie z. B. früher in Frankfurt a/M.

der Helden sehr ernsthaft mit Blut und Wunden beschrieben, aber doch geht durch die ganze Dichtung ein Zug von Lebenslust und heiterem Humor, daß man schon deshalb an der symbolischen Bedeutung nicht zweifeln kann. Auch Hans Sachs besingt noch den ritterlichen Kampf des Herrn Mai mit dem Herbste, den jener überwindet, und dabei heißt es vom Mai:

> „Sein Panzerhemd glänzt prächtig,
> „Gar schöner Rosen mächtig
> „Erscheint sein Waffenrock."[23]

Der Rosengarten bei Worms wird zwar nicht bestimmt als Ort der Frühlingsfeier genannt, aber im Allgemeinen wird doch berichtet, daß die Frühlingsfeiern

> „am Rhein entlang, auf grünen Werdern und Auen"

stattfanden. Karl der Große hielt zweimal, 776 und 781, das Maifeld bei Worms, gewiß an alt herkömmlichen und geheiligten Stätten[24] und wahrscheinlich auf dem so bequemen Werder, dem „Rosengarten". Bei den Volksversammlungen waren Waffenspiele eine Hauptbelustigung, und es wäre daher wohl möglich, daß man später deshalb allgemein den Turnierplatz „Rosengarten" genannt hätte. Aber wahrscheinlich ist das schon deshalb nicht, weil viele Oertlichkeiten, z. B. solche mitten im Gebirge, sich zu Turnieren gar nicht geeignet hätten. Wohl aber paßten sie in frischen Waldthälern vortrefflich zur Frühlingsfeier, und es ist daher viel eher anzunehmen, daß man mit den Festlichkeiten des Sommeranfangs später den „Rosengarten" verließ, so daß nur der Name als Erinnerung an seine frühere Bestimmung sich erhielt. Wenn aber Uhland mit Bedauern ausspricht, daß sich gar keine Frühlingsfeiern an die Bezirke dieses Namens knüpfen, so ist das nicht ganz richtig. Bei Tambach im Thüringerwalde liegt ein sogenannter großer Rosengarten, wo auch Luther angeblich von Schmalkalden aus rastete und wo man noch jetzt einen Lutherbrunnen nennt; in diesem Rosengarten wird noch jetzt am ersten Mai eine mit Bändern und Blumen geschmückte Tanne aufgepflanzt und das Maifest gefeiert.[25]

Schon die weite Verbreitung der Rosengärten macht diesen Namen von einer blos lokalen Beziehung, also von dem gerade in Worms spielenden Rosengartenliede völlig unabhängig. Ihnen muß nothwendig eine allgemeine, dem germanischen Vorstellungskreise von Altersher angehörige Bedeutung zu Grunde liegen. Wir kennen noch Rosengärten, bald als freie Plätze, bald nur noch im Namen eines darauf errichteten Gebäudes bewahrt, an zahlreichen Orten. Außer in Worms und weiter am Rhein, finden wir dergleichen noch in Tirol, z. B. bei Meran, in Rorschach, Constanz, München, bei Comburg im Kocherthal, im Thüringerwald, bei Osnabrück, bei Rostock, in Schweden u. s. w. [26] Auf den tiroler Garten ist das sogenannte „kleine Rosengartenlied" [27] der Heldensage vom Rosengarten des Zwergkönigs Laurin bezogen; dasselbe ist aber so eigenthümlich lokal gefärbt, das man gleich sieht, wie nur die spätere Dichtung willkürlich die Helden des Nibelungen-Kreises auch in diese Oertlichkeit einführte, weil eine dem wormser Rosengarten gleiche Grundanschauung auch hier sich vorfand und den Dichter bewog, dortige Heldengestalten auf diesen verwandten Boden zu übertragen. Heinrich Frauenlob kommt auf seinen Wanderungen nach Rostock, wo der Markgraf Woldemar von Brandenburg einen Rosengarten hatte, und von demselben heißt es: „Seven Linden up den Rosengahrden" sind die Wahrzeichen der Stadt Rostock. [28] Auch im wormser Rosengarten stand eine große Linde, darunter 500 edle Frauen Raum hatten. Die Verbindung der Linde, dieses echt deutschen Baumes, mit Rosen und mit Minne werden wir noch oft in Volksliedern antreffen. Kein Fest scheint den Deutschen so wichtig gewesen zu sein, bei keinem zeigt sich die Lust so ausgelassen, der Jubel so allgemein, wie bei der Frühlingsfeier. Selbst der Mönch mit der Nonne, ja der Einsiedler auf seinem Berge, tanzen dazu, daß die Kutte in die Höhe fliegt, obwohl ihnen sonst das Tanzen Todsünde ist. [29] In einem Lied des dreizehnten Jahrhunderts, auf den Sängernamen Göli gehend, kommt noch das Osterspiel als Schwerttanz, bei dem der Sommer sein Zelt aufschlägt und vom Mai zum Siege geführt wird, vor. [30] Auch das dänische Volkslied scheint mir noch in den Kreis der echten Rosengartenlieder zu gehören: Schmucke Ritter und Frauen tanzen über Gass' und Brücke, einem Vorsänger nachsingend, Rosenkränze auf dem Haupte, die Schwerter unterm Scharlach, auf das Schloß und hinein; „noch niemals sah man Schlösser so mit dem Rosenkranze gewinnen". [31] Das Schloß ist hier wohl die Burg des Winters. Aehnlich ist auch später noch das schon erwähnte Mailied von Hans Sachs. Hierher gehört auch die Dichtung von der Minneburg, die von Rittern angegriffen und von Jungfrauen mit Blumen vertheidigt wird. Eine hübsche Darstellung davon zeigt die Rückseite eines Handspiegels in Elfenbeinschnitzwerk aus dem Mittelalter. Die Minneburg wird von Rittern mit Rosen auf den Schilden angegriffen und von Jungfrauen mit Rosenwerfen und mit Lanzen, die statt der Spitze eine Rose haben, vertheidigt, aber vergebens, denn einige Ritter haben schon die Mauern erstiegen und fordern von den Lippen der Schönen das Lösegeld ein.[32]) Ich schließe hier nicht ohne Bedenken die Sage vom altgermanischen Schwerttanze an, bei dem auch die Rose erwähnt wird, obwohl ich einen Zusammenhang mit dem ritterlichen Kampf zwischen Sommer und Winter nicht nachweisen kann. Vielleicht gelingt es einem Anderen. Der alte Erzbischof Olaus Magnus erzählt in seiner Geschichte der nordischen Völker folgendermaßen: „Acht Tage lang vor der Aschermittwoch üben sich die Jünglinge in großer Anzahl mit beständigen Tänzen. Sie erheben die mit den Scheiden bedeckten Schwerter zu einem dreifachen Ring. Dann entblößen sie dieselben, heben die Klingen in die Höhe und strecken sie mit der Hand vor, und indem sie langsamer sich im Kreis drehen, fassen sie jeder die Spitze des nächsten Schwertes und ordnen sich dann in eine sechsseitige Figur, welche sie „die Rose" nennen. Dann ziehen sie rasch die Schwerter an und erheben sie wieder so, daß über jedem Haupt eine viereckige Rose entsteht, worauf sie unter lautem Zusammenschlagen der Schwerter sich plötzlich zurückziehen und das Spiel beenden, das mit Flöten und Gesang begleitet wird." Ganz ähnlich schildert Viethen den Schwerttanz bei den Ditmarsen. Fischart im Gargantua spricht ebenfalls vom Schwerttanz, und in der alten nürnberger Ausgabe des Theuerdank steht ein Holzschnitt, der den Kaiser Maximilian auf einer Schwertrose stehend darstellt.[33])

Vielfach findet sich dann in Lied und Gebrauch die Frühlingsfeier mit Rosen in Verbindung. Zu Thann im Elsaß hält am ersten Mai ein kleines Mädchen, „das Maienröslein", mit Blumen und Bändern geschmückt, seinen Umzug, um Gaben zur Festfeier einzusammeln. Die Begleiter singen dazu:

„Maienröslein, kehr' dich dreimal um,
Laß dich beschauen rum und rum!
„Maienröslein, komm in grünen Wald hinein!
„Wir wollen alle lustig sein,
„So fahren wir vom Maien in die Rosen."

Eine ähnliche Feier soll auch noch in der Provence Statt finden. Es wird gesagt: „Man errichtet dort am ersten Mai am Eingang jeder volkreichen Straße eine Art von Thron, worauf ein junges, mit Rosen und Guirlanden geschmücktes Mädchen den ganzen Tag hindurch sitzen bleibt, während ihre Gespielinnen zu Füßen des Thrones stehen und von allen Vorübergehenden eine Abgabe der Liebe für die „Schöne des Mai" (la Belle de Mai) erheben."[34] —

Aus einem anderen Festlied finden sich noch die Kehrzeilen:

„Maie, sei willkommen!
„All so weit die Welt ist,
„Sprießet, ihr Rosenblumen!"

Das unendliche Luftgefühl beim neuen Frühlingshauche und seine belebende Kraft knüpft sich aber auch an die Rosen, und darauf beziehen sich wohl die Worte eines nordfranzösischen Lai: „Der Garten duftete so von Rosen und anderer Würze, wäre ein Kranker eine Nacht darin gelegen, er wäre geheilt von dannen gegangen."[35]

Denn auch von König Laurin's Rosengarten weiß der Volksglaube, daß die Rosen dort so herrlich dufteten, daß Betrübte getröstet wurden und Kranke genasen.[36]

Als mehr und mehr das Volk wehrlos wurde, durch das Christenthum die alte Heiligkeit und Herrlichkeit der Rosengärten verklang, an denen die politischen Umgestaltungen auch die Bedeutung als Volksversammlungsorte verwischt hatten, blieb die alte Frühlingsfeier nur noch in einzelnen Gauen als allgemeinere Feier, oft nur als Fest für das niedere Volk. Aber die Vorstellungen vom Rosengarten erhielten sich, knüpften sich an die ohnehin dem Lenze angehörige Liebeslust, so wie durch Lenz und Liebe an Lied und Sang. So erhält sich denn der Rosengarten in der Sage von der Stiftung der Meistersängerkunst. Zwölf edlen Meistern ist ein schöner Rosengarten zur Hut übergeben:

„Da kam ich in die Rosen roth,
„Die stunden unverwesen,
„Sie wurden ausgelesen,
„Aus andern Blümlein gar."

. . . .

„Herr Gott genad der werthen Hand,
„Die da vor manchem Jahre

„Beschaffen hat fürwahre
„Die Rosen und den Plan."

. . . .

„Nun merk, du ungelehrter Mann,
„Wilt du die Rosen gäten,
„So sollt du geh'n die rechte Bahn,
„Die Blumen nicht zertreten." [37]

Die Rosen an den Stöcken sind jener Meister sinnreiche Gedichte. Rosenbrechung ist Kunstwerbung, und wer die rechte Bahn geht, dem wird der Ehrenkranz aufgesetzt. Aber es wird auch von Aushängen eines Rosenkranzes, von Abgewinnen und Aufsetzen desselben in einer Weise gesungen, daß man sieht, wie dem ein wirklicher alter Brauch des Wettsingens um einen Rosenkranz zu Grunde liegt. So zieht Meister Regenbogen, der Schmidt, zum Rhein und fordert zu einem Singekampf auf: „um Singens willen hänge er einen Rosenkranz auf, wer ihm den abgewinne, den Meister wolle er kennen." [38] In einem Liede bei Görres heißt es:

„Daran (auf der Fahne) find't man gezieret stan
„Ein Kranz von Rosen wohlgethan;
„Wer mir den abgewinnen kann . . . . . ." [39]

Und da zur Kunst der Meistersänger auch das Fertigen künstlicher Räthsellieder gehörte, heißt es in einem anderen Liede:

„Nun rathet, ihr Meister, was es sei!
„Mein Kränzlein hänget auf dem Plan,
„Und ist gemacht von edlen Rosen roth!
„Wer mir auflöst diesen Bund,
„Mein Kränzlein er von mir gewonnen hat." [40]

Auch das gehört noch hierher, was Sebastian Franck in seinem Weltbuche von 1542 erzählt: „In Franken machen die Maid am Johannistag Rosenhäfen also: sie lassen ihnen machen Häfen voller Löcher, die Löcher kleiben sie mit Rosenblättern zu, und stecken ein Licht darein, wie in eine Laterne, henken nachmals diesen in die Höhe zum Laden heraus, da singt man alsdann umb ein Kranz Meisterlieder." [41] Auch mag noch erwähnt werden, daß bei den Troubadours sich etwas Aehnliches wie bei den Meistersängern findet. Die fröhliche Gesellschaft der sieben Troubadours von Toulouse hatte den Namen der Académie des Jeux floraux, als Preis für eine gelungene Dichtung ertheilte sie ein goldenes Veilchen, eine Heckenrose und eine Ringelblume (souci). [42]

Endlich aber verliert sich im Volk auch die Erinnerung an diesen Sängerkampf, und es erhält sich nur noch das Bild des Rosengartens als eines Ortes der Liebeslust oder auch nur ganz im Allgemeinen als einer besonderen Pracht und Herrlichkeit lebendig, so z. B. heißt es:

> „Mein Schatz ist schwarzäuget,
> „Het rothe Backen;
> „Den thu ich mir pflanzen
> „In'n Rosengarten." [43]

oder:

> „Jungfräulein, soll ich mit Euch geh'n
> „In Euren Rosengarten?
> „Ich sah die rothen Röslein steh'n,
> „Die feinen und die zarten." [44]

und sogar noch auf den Himmel bezogen:

> „Dort in jenem Rosengarten
> „Will ich mein Bräutigam erwarten;
> „Dort in jener Ewigkeit
> „Steht mein Brautbett schon bereit." [45]

Dann wird endlich „im Rosengarten sein" sprichwörtlich für Wohlsein und Gutleben. Im Liede von der lüneburger Fehde heißt es:

> „Gy Heren weset alle fro,
> „Gy sind in dem Rosengarden."

Die Bewohner des Kuhländchens fühlen sich in ihrer Heimat „wie im Rosengärtlein", und ein Lied des fünfzehnten Jahrhunderts sagt:

> „Du erfreust mir's Herz im Leib
> „Wohl in dem Rosengarte,
> „Dem Schlemmer sein Zeitvertreib." [46]

Der Herzog Heinrich von Bayern hielt sein Land so rein von Räubern und Raubrittern, daß die Kaufleute es „im Rosengarten" nannten. [47]

Ich habe versucht, hier den Faden aufzuweisen, welcher von den uralten asiatischen Erinnerungen durch die späteren Gestaltungen in der heidnisch germanischen Mythologie bis in die Volksdichtung des Mittelalters verläuft, wobei sich die Vorstellungen allmälig abschleifen, bis sie zuletzt in der kaum noch verstandenen Vorstellung vom Rosengarten als etwas wunderbar Schönem verklingen. [48]

Die Zurückführung des Rosengartenkampfes auf mythologische Anschauung des Wechsels von Sommer und Winter ist schon von besseren

Männern gegeben, die Beziehungen auf asiatische Vorstellungen vom Rosengarten und asiatische Erinnerungen an die Rosen scheinen mir unabweisbar,
denn der Rosengarten tritt in der frühesten Dichtung und Sage auf, gar
nicht als etwas Neues, als etwas fremdher Entlehntes, sondern als etwas
Urgermanisches, Bekanntes und Vertrautes. Auch kennen von allen Völkern,
mit denen die Germanen in Berührung kamen, nur die Perser den Rosengarten als etwas Volksthümliches. Ich muß hier bekennen, daß ich Gervinus nicht recht begreife, wenn er mit einem, wie mir scheint, etwas
billigen Spotte alle die Arbeiten über vergleichende Mythologie oder, wie
man es auch nennen könnte, über die Entwicklungsgeschichte der Mythen
von sich abweist.⁴⁹) Mit demselben Spotte verfolgten kluge Leute vor
Jahrhunderten die Alchemie und später die Etymologie. Bei beiden lief im
Anfang wohl viel Thörichtes mit unter, aber jene erwuchs zur Chemie, diese
zur Linguistik, und wer wagt es, diese beiden so unendlich ergiebigen Wissen-
schaftsschachte heute noch für ein „Graben nach Regenwürmern" zu erklären.
Wohl hat der Geschichtsschreiber der deutschen Dichtungen da nichts zu thun,
wo ihm keine deutschen Dichtungen vorliegen, aber der Geschichtsschreiber
der deutschen Dichtung muß den Quellen des dichtenden Geistes nachgehen
und muß sich sagen, daß z. B. die Märchen von den verschiedenen Volksstämmen nicht erst in dem Augenblick erfunden sind, als irgend ein Forscher
anfing, diesen Schatz alter Ueberlieferungen zu sammeln und aufzuzeichnen.
Gervinus kann doch unmöglich glauben, daß die indogermanischen Völker,
als sie sich von ihren asiatischen Sitzen losrissen, mit einer tabula rasa im
Gehirn fortgezogen und erst wieder in Centraleuropa zur Besinnung und
zum Auffassen gänzlich neuer Vorstellungskreise erwacht seien. Das wäre
ein absolut unhistorischer Gedanke, denn in der Geschichte giebt es so wenig
wie in der Natur Sprünge, sondern nur eine stetige Entwicklung. Das,
was die Germanen selbst, noch im kindlichen Spiel mit geistigen Nebel-
bildern befangen, aus der Heimat mit sich fortnahmen, lebte und wirkte
in ihnen fort, wurde, noch durch keine Schrift abgeschlossen und erstarrt,
immer in lebendiger Tradition von Geschlecht zu Geschlecht auf's Neue
reproducirt und dabei in Einklang mit den neuen Umgebungen, neuen inneren
Erfahrungen um- und ausgezeichnet, auch wohl mit fremdher Entlehntem
verquickt, ohne daß gleichwohl der uralte Kern, die im Glauben an etwas

Heiliges und im Geist der Sprache niedergelegten alten Errungenschaften jemals vollständig sich verwischten und verloren gingen. Mir unterliegt es keinem Zweifel, daß in dem vom Fafnirdrachen bewachten und dann von einem göttlichen Helden befreiten Schatze sich die, vielleicht nach hundertfachen Umbildungen aus dem Vorvedisch-Asiatischen in das Skandinavisch-Nordische übertragene Erinnerung an den in den Wolkenbergen verschlossenen Schatz des segenbringenden Regens, den die Schlange des Blitzes bewacht und der dann vom Blitzgott Agni befreit und gehoben wird, erhalten hat. Ich dächte, nach Adalbert Kuhn's schöner Arbeit „über die Herabkunft des Feuers und des Göttertrankes" könnte Niemand mehr über die Wirklichkeit solcher durch die Geschichte der indogermanischen Menschheit durchlaufenden Fäden im Zweifel sein. Wohl mag es schwer sein, sie aus dem ganzen Gewebe, an dem viele Jahrtausende gearbeitet haben, wieder herauszulösen, aber die Arbeit hat auch erst begonnen und wird, ruhig fortgeführt, zu einer Entwicklungsgeschichte des Geistes der indogermanischen Menschheit führen. Ich kann hier noch eine Bemerkung nicht unterdrücken, die, wie mir scheint, geeignet ist, die erwähnte Tradition der Geistesschätze der Menschheit verständlicher zu machen. Es ist bekannt, daß die wurzelbildende Kraft in der Sprache eines Volkes in einer gewissen Zeit erlischt, so daß dann nur die bereits vorhandenen Wurzeln abgeändert und combinirt werden können. Eben das gilt aber auch, wenn nicht absolut, doch theilweise von der Götter, Symbole, Sagen, Ideen und Gedanken schaffenden Kraft eines Volkes. Bei dem einen Volk früher, beim anderen später, wird der Geist anfänglich lahmer und zuletzt unfähig, Neues auf geistigem Gebiete hervorzubringen. Die Sprache, in der sich die Entwicklung des Geistes vollzieht, läßt nur noch Umbildung des Vorhandenen, aber keine Neubildungen zu. Eine solche Sprache ist gewissermaßen todt, wenn sie auch gesprochen wird; und das ist es, was Steinthal einmal von den romanischen Sprachen ausführte.[50] Man kann eigentlich behaupten, daß jede entwickelte Sprache nur aus geflügelten Worten besteht, die einmal zuerst von einem Einzelnen gesprochen und von Anderen aufgefangen und weitergetragen wurden. Dieselben schliffen sich aber wie Kiesel im Strome der Geschichte nach und nach so ab, daß sie jeden Zug des Individuellen verloren und nur noch als Redetheile der Sprache erscheinen. Dergleichen wird in jedem Zeitalter, obwohl es dasselbe bleibt, nur nach der Mode der Zeit umgekleidet und erscheint dadurch neu. Ein merkwürdiges Beispiel der Art bieten die Hexengeschichten des Mittelalters dar. Man sollte denken, in dieser Zeit sei die Phantasie so auf's Höchste erregt gewesen, daß sie einen unendlichen Reichthum neuer Schöpfungen hervorgebracht hätte. Dem ist aber nicht so. Die Phantasie war vielmehr äußerst arm im Erfinden; neun Zehntheile der Geschichten, die in den betreffenden Büchern des Mittelalters von einem **Prätorius**, **Remigius**, **Wier** und Anderen mitgetheilt werden, lassen sich rückwärts durch Römer, Griechen bis in den alten Orient verfolgen, und das letzte Zehntheil erscheint uns vielleicht nur deshalb neu, weil wir die alten Quellen noch nicht aufgefunden haben. Ein Gleiches gilt von religiösen Ideen, ja selbst von Witzworten. Der gute Einfall eines Derwisches bleibt, wird aber dann an den Namen eines römischen Haruspex und endlich eines deutschen Superintendenten gehängt. Man hat wohl dagegen eingewendet, daß gar manche Ideen so natürlich menschlich, aus überall und immer wiederkehrenden Verhältnissen sich entwickeln müßten, daß man sie, wo sie sich finden, als ursprünglich ansehen könne. Das mag bei der Vergleichung verschiedener Völker, unter denen man historisch keine Berührung kennt, allerdings wohl anwendbar sein, aber doch nur mit großer Vorsicht, denn immer spricht das Naturgesetz der menschlichen Entwicklung für Continuität, und das angeblich Neue bedarf immer der strengen Prüfung. Noch entschiedener muß man aber jene Auffassung beschränken, wo es sich um dasselbe Volk oder um Völker handelt, die erweislich lange mit einander in Verkehr gestanden haben; nur muß man sich die Sache nicht so vorstellen, als ob die Entlehnung geschäftsmäßig durch einen einzelnen bestimmten Act in bewußter Weise stattgefunden habe. Nehmen wir ein naheliegendes Beispiel. Wenn der achtzehnjährige Jüngling die „rosigen Wangen" seiner Geliebten preist, so glaubt man wohl, dieser Vergleich liege so nahe, daß er ihn, und wie er viele tausend Andere, im Moment gefunden habe. Das ist aber nicht wahr. Allerdings hat er nicht direkt von irgend einem alten Perser oder Griechen entlehnt. Aber doch hat Einer zuerst die Wange eines Mädchen mit der Farbe der Rose verglichen; dies wurde ein geflügeltes Wort, wurde Eigenthum der Sprache, und lange ehe es einem Jüngling einfällt, die Wangen wirklich mit Rosen zu vergleichen, um zu sehen, ob sie übereinstimmen, ist dieser Vergleich schon durch die Sprache sein Eigenthum geworden.

Oder betrachten wir die Sage, die sich bei den Osseten findet: „Gott gab den alten Königen auf dem Berge Brutsabseli jedesmal bei ihrem Regierungsantritt einen Stern vom Himmel mit dem Versprechen, so lange der Stern in ihrem Besitze sei, sie und ihr Volk mit dem reichsten Segen zu beglücken; dieser Stern wurde nun in einem eignen Schrein aufbewahrt. Zuletzt herrschte eine Königin, und als die einst verreisen mußte, übergab sie die Aufsicht über die Burg auf dem heiligen Berge, sowie den Schlüssel zum Schrein mit dem strengen Verbot, denselben zu öffnen, ihrer treuesten Dienerin. Kaum war aber die Königin fort, so öffnete die neugierige Dienerin den geheimnißvollen Schrein; der heilige Stern flog heraus und wieder in den Himmel zurück. Als die Königin zurückkehrte, war der Berg mit tiefem Schnee bedeckt und unersteiglich, die ehemals blühende Umgegend des Schlosses eine Wüste. Alle Schätze im Schlosse waren unwiederbringlich vergraben und das Glück des Volkes dahin." [51] Eine uralte Weisheit fand, daß das Erdenglück des Menschen vielfach in seiner Beschränktheit und darin wurzele, daß ihm gar Manches verborgen bleibe, was ihm zu wissen nicht fromme, daß, wenn er in diese ihm verschlossenen Geheimnisse eindringe, besonders, wenn er zu dem Behuf ein sittliches Gebot breche, sein Glück zerstört und für immer entflohen sei. Ob dieser Satz zuerst einfach für sich oder in einem Bilde, einer Allegorie ausgesprochen wurde, ist gleichgültig, genug, es wurde ein geflügeltes Wort, das sich von Volk zu Volk, von Geschlecht zu Geschlecht fortpflanzte und immer wieder unter den verschiedensten Verkörperungen nach Ort und Zeit hervortrat. Die Sage der Pandora und der Psyche, die den schlafenden Amor belauscht, das Märchen vom Marienkindlein, wie vom Fichtervogel bei Grimm, [52] sowie selbst die vielfache Gestaltung der Blaubartsage, sind Alles nur Darstellungen desselben uralten Grundgedankens, den noch zuletzt Schiller, anknüpfend an die mißverstandene Inschrift auf dem Bilde der Göttin zu Sais, aussprach:

> „Wer zu der Wahrheit geht durch Schuld,
> „Dem kann sie nie erfreulich sein."

Das mag denn genügen zu meiner Rechtfertigung, wenn ich den Rosengarten und seine Kämpfe als aus uralten asiatischen Erinnerungen und heidnischen Mythen zusammengeflossen erkläre, und wenn ich überhaupt in der Rose bei den Germanen ein uraltes Erbstück und nicht einen neuen Erwerb erblicke, denn auch hierfür werden weiterhin noch entscheidende innere Gründe vorkommen, und nun wende ich mich wieder meinen Rosen zu.

Ich habe schon früher im Allgemeinen darauf hingewiesen, daß man auch auf die den Indogermanen benachbarten und längere Zeit mit ihnen im Verkehr stehenden Völker Rücksicht nehmen könnte, insbesondere gilt dies für die Ungarn, in deren erobertem Gebiet so viele deutsche Kolonien eingedrungen sind,[53] sowie von den Ehsten, die seit Jahrhunderten unter deutschem Bildungseinflusse stehen. Daher glaube ich denn hier auch noch auf eine ungarische Sitte hinweisen zu dürfen, die zwar nicht auf die Frühlingsfeier, aber doch auf das Sommersonnenwendfest, auf Johannis, sich bezieht. Beim Johannisfeuer wird ein kleines Rad glühend gemacht,[54] dann auf einer Stange geschwungen, und dabei singt der Bursch:

Ispiláng ispiláng*)	
Ispilangi rósza	Ispilanger Rose,
rósza volnék	Wenn ich Rose wäre,
piros lennék	Wäre ich schön roth;
karika volnék	Wenn ich ein Rad wäre,
fordulnék	Würde ich mich drehen,
kire, kire, kire	Zu wem? zu wem?
az..... (Örzsijére).[55]	Zu der..... (Name des Mädchens).

An die Blumenlust der Frühlingsfeier knüpfen sich noch gar manche märchenhafte Phantasien, in denen immer die Rose mitspielt. Wenigstens muß man wohl die folgenden Vorstellungsspiele so auffassen. Schon Tristan, als er dem König Mark die Isolde abgewinnen will, verspricht ihr ein Schloß zu bauen zwischen Himmel und Wolken aus Blumen und Rosen ohne Reif. Ausführlicher sagt ein Volkslied aus dem mährisch-schlesischen Gebirge:

„Ich pflückte mir die Röslein
„Und band mir einen Kranz,
„Ich steckt' ihn auf mein' Federhut
„Und ging zum Bräutigamstanz.

„Und wie der Tanz auf's Beste ging,
„Fiel mir ein Röslein aus.

---

*) „Ispiláng" ist ein noch unerklärtes Wort; „lang" bedeutet Flamme im Ungarischen.

„Soll heim dich führen, schönes Lieb.
„Und hab' kein eigen Haus!
„Wir wollen uns eins bauen
„Von grüner Petersill.
„Mit was soll'n wir es decken?
„Mit gelber Lilj' und Dill.
„Und wie das Häuslein fertig war,
„So hatten wir keine Thür.
„Schön Liebchen, das hat sich schier bedacht
„Und hing ihr Schürzlein für."

Ein anderes Lied bringt die Verse:

„Von Liljen ein Bett,
„Und von Rosen eine Deck',
„Von Muskaten eine Thür,
„Mit Näglein ein Riegel dafür."

Ein schottisches Lied hat die Zeilen:

„Die weiße Lilje sei dein Hemd,
„Sie steht dir recht zur Lust.
„Die Schlüsselblume deck' dein Haupt,
„Die Rose deine Brust."

In einem alten englischen Liede heißt es:

»There will I make thee beds of roses
»With a thousand fragrant posies, ...
»A cap of flower and a kirtle
»Imbrodered all with leaves of mirtle.«

Ja noch viel vollständiger werden die Blumenkleider in der altfranzösischen Erzählung von Florance und Blancheflor: Hier gehen zwei schöne Jungfrauen in einem Garten und tragen Mäntel, die von zwei Feen gewebt sind, der Zettel von Schwertlilien, der Eintrag von Mairosen, die Säume von Blüthen, das Gebräm von Liebe und die Schleifen mit Vogelsang befestigt. Und das wird noch mehr ausgeführt, als sie später auf einem Gerichtstag beim Liebesgott erscheinen, wobei auch ihre Ritter: Papagei und Nachtigall, Harnische und Waffen von Blumen haben. [56]

Ich glaube als Anhang hier noch das bekannte Rosenfest von Salency anschließen zu dürfen, indem ich nichts Anderes erkennen kann, als eine noch aus der Heidenzeit stammende, später nur christlich umgetaufte Frühlingsfeier. Die spät entstandene Legende selbst konnte den heidnischen Ursprung nicht ganz verläugnen und setzt die Entstehung des Festes in die Zeit des ursprünglich heidnischen und erst später (496) mit einigen seiner Großen getauften Frankenkönigs Chlodwig. Es ist wahrscheinlich, daß man hier, wie in hundert anderen Fällen, die alte heidnische Sitte nicht ausrotten konnte und daher dem Ding ein christliches Mäntelchen umhing. Die Legende erzählt: Der h. Bischof Medardus von Noyon, ein eifriger Heidenbekehrer, war auch Herr zu Salency und kam (angeblich 530) auf den Gedanken, alle Jahre diejenige von den Töchtern seiner Besitzung, welche von der ganzen Gemeinde als die tugendhafteste anerkannt würde, mit einem Kranz von Rosen und einer Ausstattung von 25 Livres, damals eine große Summe, zu belohnen. Er gab ihn zuerst einer seiner Schwestern, (er selbst soll aus Salency gebürtig gewesen sein), welche die allgemeine Stimme zum Rosenmädchen ernannte. Noch in neueren Zeiten war über der Medarduskapelle in Salency ein Bild zu sehen, welches diese erste Verleihung des Tugendpreises darstellte. Um die jährliche Wiederholung dieser Feiern zu sichern, gab er zwölf Morgen Landes her, von deren Ertrag die Feierlichkeit bestritten werden sollte. Später hatten die jedesmaligen Herren von Salency das Recht, aus drei von der Gemeinde gewählten und vorgeschlagenen Mädchen eine auszuwählen. Die Gewählten wurden aber erst acht Tage vorher von der Kanzel proclamirt, damit etwaiger Widerspruch laut werden könne. Wurde kein Widerspruch erhoben, so begab sich das Rosenmädchen in weißem Kleide und frei über die Schultern hängendem Lockenhaar, begleitet von ihrer Familie und zwölf weißgekleideten, mit blauem Gürtelband geschmückten Mädchen aufs Schloß, wo sie vom Herren oder seinem Abgesandten nach einer kurzen Anrede von Seiten des Mädchens in die Pfarrkirche geführt und nach vollendeter Vesper in der Kapelle des h. Medardus mit dem geweihten Rosenkranz gekrönt und mit den 25 Livres beschenkt wurde. Dann wurde noch in der Pfarrkirche ein Te Deum gesungen, worauf ein Gastmahl für alle Anwesende und allerlei Ergötzlichkeiten die Feier schlossen. — Die Entstehungsgeschichte dieser Feier durch den h. Medardus ist allerdings nicht von den Jesuiten in ihre „Akten der Heiligen" aufgenommen worden. Ludwig XIII. fügte dem Rosenkranz ein breites blauseidenes Band und einen silbernen Ring hinzu. Heinrich IV., der bekanntlich gegen junge Schönheiten nicht unempfindlich war, krönte selbst immer mit eigner hoher Hand das Rosenmädchen. Gewöhnlich machten die Rosenmädchen noch in dem Jahr ihrer Krönung eine vortheilhafte Heirath, die dann auch festlich begangen wurde. Ueber das Recht der Wahl entstanden später einmal (1774) zwischen dem Herrn von Salency und der Gemeinde Streitigkeiten, die aber vom Parlament zu Gunsten der letzteren entschieden wurden.[57] Die Rosenmädchen werden von alten Zeiten her gemalt und ihre Bilder sorgfältig in den Familien aufbewahrt. Es hat sich dadurch unter den Bauern eine Art von Adel gebildet, durch die Zahl dieser Ahnenbilder, die eine einzelne Familie aufzuweisen hat. Jedenfalls ist dieser Adel, der immer auf tugendhafte Mütter zurückführt, mehr werth als der gewöhnliche, der nur zu oft von einem Urvater sich ableitet, der Straßenräuber war.

Das Rosenfest zu Salency wurde in neuerer Zeit mehrfach nachgeahmt, ohne daß ein althergebrachter Gebrauch zum Grunde gelegen hätte. Der Abbé Delhiste stiftete im Jahre 1778 einen solchen Tugendpreis, wozu er eine jährliche Rente von 300 Frcs. vermachte. In den Revolutionsstürmen verschwand das Fest und wurde erst 1804 von einem Herrn Desbassayns und seiner Gattin zur Erinnerung an den Tod ihrer sehr geliebten Tochter wieder hergestellt.[58] Außerdem wurde das Rosenfest nachgeahmt in Canon und Briquebec (Depart. Manche). 1782 stiftete die Handelskammer zu Nantes ein Rosenfest zu Ehren des Grafen Artois unter dem Namen »La Rosière d'Artois«. — 1783 wurde in Nogent-sur-Marne ein solches Rosenfest gefeiert.[59] Zu St. Fergeux bei Besançon wurde schon 1776 ein Rosenfest gestiftet unter dem Namen »Fêtes des moeurs«. Auch in Paris entstand bei dem Lycée des Arts eine ähnliche Feier, die sich merkwürdiger Weise selbst während der ganzen Schreckenszeit erhielt.[60] Auch nach Deutschland wurden diese Feste verpflanzt. So z. B. gründete der Herr von Kettelhodt ein solches Fest zu Lichstedt im Rudolstädtischen; in den Jahren 1769 und 1772 übersendete der Dichter von Göckingk dem gewählten Rosenmädchen ein Gedicht. Ferner stiftete der Prediger Samuel Fr. Schulze mit einem Kapital von 1000 Thalern einen Tugendpreis für die Dörfer Sidow und Zelchow im Magdeburgischen. Merkwürdig ist hierbei, daß ein Kranz von weißen Rosen die Erwählte schmückt.[61] 1784 wurde auch in Stockey in der Grafschaft Hohenstein eine solche Stiftung von Fräulein Philippine von Hagen gemacht, wozu sie den Ertrag aus dem Verkauf ihrer Gedichte bestimmte.[62] Ritter Johann Thierry ordnete auf seiner Besitzung unweit Fiume 1785 auch ein ähnliches Fest an. Auch zu Nikolsburg in Mähren auf der Herrschaft des Fürsten Dietrichstein und zu Frain auf der Besitzung des Grafen Mnischuck, sowie 1792 zu Prag sind Rosenfeste gefeiert worden. Desgleichen wird in Schwerin in der Casinogesellschaft alljährlich im Juni ein Rosenfest gefeiert an einem schönen Ort der Umgegend, wobei die Herren eins der jungen Mädchen, das sich durch Schönheit oder Lieblichkeit auszeichnet, zur Rosenkönigin wählen und mit einem prächtigen Kranz aus natürlichen Rosen schmücken.

Ich glaube hier alles Wesentliche zusammengestellt zu haben, was die Frühlingsfeier und die enge Beziehung der Rose zu derselben betrifft, und zugleich klar gemacht zu haben, wie wir hierin wenigstens, in bedeutenden Grundlagen und vielfachen Anklängen vorhistorisches indogermanisches Erbgut besitzen.[63] Solche Anklänge werden uns auch später noch mannigfach entgegentreten, aber zunächst will ich die Rose im Lichte des echtdeutschen Naturgefühls und in ihrer Verschmelzung mit dem ganzen deutschen Gemüthsleben betrachten. Ich kann hier nicht ganz mit Uhland übereinstimmen, wenn er behauptet: „Sage man immerhin, der Mensch verlege nur seine Stimmung in die fühllose Natur, er kann nichts in die Natur übertragen, wenn sie nicht von ihrer Seite auffordernd, selbstthätig anregend entgegenkommt."[64] Hier spricht, oder dichtet vielmehr schon, der Dichter. Daß im Allgemeinen uns die Natur anregen muß, ist gewiß, aber richtiger ist wohl zu sagen, im Menschen liegt ein Sinn, der ihn in der Natur ein Verwandtes ahnen läßt, und deshalb kann er nicht umhin, der Natur Gefühle, Leid und Freud, kurz sein eigenes Gemüthsleben unterzulegen. Die Nöthigung liegt aber im Menschen und nicht in der Natur, sonst müßte dieselbe Phase ihrer Erscheinung in allen Menschen die gleiche Auffassung bedingen, was thatsächlich nicht der Fall ist. Hat der Mensch einmal seinen Sinn der Natur geöffnet, so ist sie ihm wie ein treuer Freund, der mit ihm jubelt, mit ihm klagt, ohne aus sich selbst zu gleichen Stimmungen geführt zu sein und ohne diese Stimmungen im Anderen hervorzurufen, obwohl er ihnen ein williges Echo wird. In gleicher Weise wird auch die Natur immer nur das Echo unserer eigenen, anderweitig erzeugten Stimmungen und Gefühle. Am auffälligsten zeigt sich das aber, wenn wir Völker mit Völkern vergleichen und sehen, wie so ganz verschieden bei ihnen die Auffassung der

Natur sich gestaltet. Wie anders ist die Stellung des Germanen zur Natur als die des Griechen. Auch diesem war die Natur belebt, wie allen kindlichen Völkern, aber die Baum und Blume, Wald und Gebirge belebenden Wesen gehörten einer anderen Welt an, sie waren übermenschliche oder doch nicht menschliche Personen; der Grieche benutzt die Formen der Natur als Formen der Schönheit und nur in so fern schmückt er mit ihnen sein Leben. Der Deutsche sucht und findet keine Dryas in seiner Linde, nein, diese selbst spricht zu ihm, erheitert und tröstet ihn; die Fichte, die Rose sind nicht gottbewohnte Gestalten, sondern sie sind er selbst, seine eigene Seele wächst in ihnen aus dem Grabe seines Leibes hervor. Die Natur fühlt mit ihm, lacht und weint zu seinen Begegnissen, giebt Rath, ermuthigt oder warnt ihn, kurz, theilt sein ganzes Geistesleben, ist seine Vertraute, sein Gewissen. Wer das nicht aus dem kleinsten deutschen Volksliede herausfühlt, dem ist nicht zu helfen, mit Worten läßt sich das nicht deutlicher machen. Selbst in die Heldendichtung ist diese Gemeinschaft mit der Natur durch eine reiche und lebendige Episode übergegangen. In dem Alexanderliede des Pfaffen Lamprecht[65] kommen die Helden an einen prächtigen Wald, drinnen hören sie herrlichen Gesang, und wie sie hineingehen, finden sie wunderschöne Mägdelein, die dort im grünen Klee spielen; „da fühlten die Helden alle Noth vergeh'n und was ihnen Leides war gescheh'n." Wenn nämlich der Winter verging, blühten die Blumen auf, groß und voll, und wenn sie aufbrachen, kamen die wunderschönen Mädchen daraus hervor — „wandelten lebendig und sprachen so verständig und fühlten Menschenleid und Lust." Aber leben konnten sie nur im kühlen Schatten des Waldes. Entzückt von der Schönheit des Ortes und der Jungfrauen schlugen die Helden ihre Zelte im Walde auf, nahmen die Mädchen zu ihren Frauen und lebten ein seliges Leben „drei Monate und zwölf Tage", dann aber welkten die schönen Blumen, und die schönen Frauen starben alle, der Wald verlor sein Laub, die Böglein ihren Gesang, und die hellen Brunnen hörten auf zu fließen und

„Da schied in Trauer der Held von dannen
„Mit allen seinen Mannen."

Aber im Ganzen müssen wir zum Volk und seinen Liedern herabsteigen, wenn wir das deutsche Gemüth in seiner Reinheit und voller Innigkeit erfassen wollen. Die vornehmere Dichtung entfremdete sich bald der Natur.

Ueber einen älteren Troubadour sagen die Liederbücher: „Es sei ein Spielmann gewesen und habe Lieder gemacht, wie man sie damals machte, von armem Gehalt, von Blättern und Blumen und vom Gesange der Vögel; weder seine Gesänge haben großen Werth, noch er selbst"; und einer der frühesten nordfranzösischen Minnesänger Thibault von Champagne äußert: „Blatt und Blumen taugen nichts im Gesange und können nur Leuten mittleren Standes genügen."⁶⁶⁾ So vollständig hatte sich die vornehme Modepoesie von der Natur losgesagt, aber vernichtet hat sie das deutsche Herz nicht, es schlug fort im Volkslied und lebte noch hell und freudig, nachdem jene Afterdichtung längst begraben war, bis auf den heutigen Tag.

Natürlich verknüpft sich die Rose vor Allem mit der Liebe; Minne, Frühling und Rose sind drei unzertrennliche Erscheinungen. „Wes Herz von Minne brennt, der soll einen Kranz von Rosen tragen", heißt es im Liede des Tanhusers,⁶⁷⁾ und im Gegensatz dazu in einem altfranzösischen Liede: „Schön Alis stand früh Morgens auf, kleidet' und schmückte sich, ging in einen Baumgarten, fand da fünf Blümelein, machte daraus ein Kränzelein von blühender Rose; um Gott, hebt euch von hinnen, ihr, die ihr nicht liebet."⁶⁸⁾ — Heißt es doch sogar vom Raben, der verliebt ist: „Er geht hin zum Tanze, mit seinem Rosenkranze tritt er in die Reihen, des freut sich der lichte Mai."⁶⁹⁾

Das schon früher erwähnte Lied aus dem mährischen Gebirge beginnt:

> „Ich ging in Nachbars Garten,
> „Ich legt' mich nieder und schlief,
> „Da träumte mir ein Träumelein
> „Von meinem schönen Lieb.
>
> „Und wie ich drauf erwache,
> „Da stund Niemand bei mir,
> „Bis auf zwei rothe Röslein,
> „Die blühten über mir.
>
> „Ich pflückte mir die Röslein
> „Und band mir einen Kranz,
> „Ich steckt' ihn auf mein' Federhut
> „Und ging zum Bräutigamstanz."

Zwei Rosen oder drei, zumal auf einem Stiele, scheinen überall als besonders bedeutsam und kommen öfter vor. So in einem deutschen Liede:

"Wollt' Gott, ich möcht' ihr wünschen
"Zwo Rosen auf einem Zweig."

und in einem altniederländischen Liede:

"Hätt' ich nur drei Wünsche,
"Drei Wünsche also edel,
"So sollt' ich mir geh'n wünschen
"Drei Rosen auf einem Stiel;
"Die eine sollt' ich pflücken,
"Die andre lassen steh'n,
"Die dritte sollt' ich schenken
"Der Liebsten, die ich hab'." [70]

Der Vergleich der Geliebten mit Rosen ist natürlich ganz gewöhnlich. Ein Minnesänger sagt:

"So oft ich meine Frau ansehe,
"Ist mir, wie Alles Rosen trage." [71]

Ein anderer singt:

"Mein Lieb, das treit ein Mund so roth,
"Der prinnet als die Rosen,
"Wenn sie in rechter Blüthe staht —
"Und schon aufgat
"Als Veyel in der Awe." [72]

Ein provençalischer Dichter Raimond de Miraual weist den Vergleich mit der Rose gleichsam ab, aber in einer sehr zarten Wendung:

"Seufzend möchte ich sie küssen und mit ihr sprossen und wachsen, wie die Lilie mit der Rose, wenn der Frühling wiederkehrt, aber meine Fraue hat immer Frühling." [73]

Ein voigtländisches Lied singt:

"Ei wenn doch mei Schatzel
"Ae Rosenstock wär',
"So setzt' ich'n vor's Fenster,
"Bis er aufgeblüht wär'!" [74]

Ja Rose und Mädchen gehen geradezu in einander über, so die Rose in ein schönes Mädchen, [75] oder das Mädchen in eine Rose, um sich der Verfolgung zu entziehen; [76] oder in dem von Grimm angeführten Liede, worin es heißt:

"Wie ein rôseboum
"hôch unde kranc (schlank)
"mit zweien blüenden esten umbewienge mich,
"darunter fand ich viôl und der rôsen smac." [77]

und dann wird der Baum zum Menschen, wie in dem Märchen. Einen sehr zarten Wunsch spricht ein schottisches Volkslied aus: „O wär' mein Lieb die rothe Rose, die auf der Burgmauer wächst, und ich selbst ein Tropfen Thau, herab auf die rothe Rose wollt' ich fallen." [78]) Die Blume im Thau wird überall als das Schönste gefeiert, [79]) und darnach bestimmt sich auch die schönste Zeit zum Rosenpflücken:

> „Die Röslein soll man brechen
> „Zu halber Mitternacht,
> „Dann seind sich alle Blätter
> „Mit dem kühlen Thau beladen,
> „So ist es Rösleins brechens Zeit." [80])

Aber der Thautropfen funkelt doch am schönsten im Strahl der Sonne, und so singt Reinbot von Born:

> „Die rose in dem tauwe,
> „eyn licht anzuschaun,
> „wann sie anget süßer sonnenschin
> „in ihrem viel süßen kemmerlin,
> „dartzu rucht sie vil wol." [81])

Auch zu Wünschen für die Geliebte muß die Rose dienen und oft in sehr hyperbolischer Weise, z. B.

> „Als manig gut Jahr geh' dich an,
> „Als ein geleiterter Wagen
> „Gefüllte Rosen mag tragen,
> „Jegliches Blatt in neun gespalten,
> „Gott muß deines jungen Leibes walten!" [82])

Eine geschenkte oder zugeworfene Rose ist Liebeswerbung oder Liebeserhörung, ebenso die Einladung, in die Rosen zu gehen; die einig gewordenen Liebenden wandeln im Rosengarten. [83])

> „Er thät ein Röslein brechen,
> „Zum Fenster stieß er's hinein:
> „Thust schlafen oder wachen,
> „Herzallerliebste mein?"

und in einem Liede des Meistersängers Muskatplut:

> „Was wollt's sie mich entgelten lan,
> „Die Wohlgethan,
> „Die Tugendreich,
> „Die Ehrenreich,
> „Sie führt mich in die Rosen."

oder bittend:

„Ach Jungfrau! wollt ihr mit ihn gahn?
„Da wo die schönen Röslein stahn,
„Draußen auf jener Wiesen."⁸⁴)

Die Rosen müssen den Liebenden auch zur Vereinigung verhelfen. In dem Volksbuch „Flos und Blankflos" findet Flos seine Geliebte in einem Thurm gefangen, da zieht er ein rosenfarbenes Kleid an, legt sich in einen Korb und läßt sich ganz mit Rosen bedecken und so als ein Geschenk von Rosen zur Geliebten tragen. Da finden denn freilich die Träger den Korb ungewöhnlich schwer, meinen aber, das käme davon, daß die Rosen im Thau gepflückt seien, denn Blankflos habe sie lieber thaunaß, als trocken, und sie werde sich wohl freuen, wenn sie die Rosen sähe.⁸⁵)

Aber Liebe findet nicht immer Erwiderung, und so steht dem Kranz mit blühenden Rosen der nur grüne Rosenkranz, ja selbst der Kranz von Nesseln oder der Strohkranz gegenüber. Schon in einer Bearbeitung des großen Rosengartenliedes läßt Kriemhilde den Berner Helden sagen: „sie möchten lieber daheim einen Kranz von Nesseln tragen, als zu Burgund die lichten rothen Rosen". In einem Liede heißt es:

„Was giebt sie ihm zum Lohne?
„Ein Rosenkränzlein,
„Ist grüner als der Klee",

d. h. ohne Blumen. ⁸⁶)

In einem anderen Liede wird der anmaßende Bauerbursch abgewiesen:

„O Bauernknecht! laß die Rosen steh'n!
„Sie sind nicht dein;
„Du trägst wohl noch von Nesselkraut
„Ein Kränzelein."

Ja, wem seine Freiheit lieb ist, der zieht auch wohl den Strohkranz vor, so in einem Ernteliede Burkart's von Hohenvels:

„Mir ist von Stroh ein Schapel (Kränzlein)
„Und mein freier Muth
„Lieber als ein Rosenkranz,
„So bin ich behut (gehütet)."⁸⁷)

Oder die Gegenliebe wird vertagt auf unmögliche Bedingungen, so in einem niederrheinischen Liederbuche:

„Nun schweiget, eine hübsche Magd,
„Und laßt das Weinen sein!
„Wann es Rosen schneiet
„Und regnet kühlen Wein,
„So wollen wir, Allerliebste,
„All bei einander sein."

und so vielfach in andern Liedern. [88] Zuweilen aber wird die unmögliche Bedingung in tragischer Weise erfüllt. So heißt es:

„Wann kommst du aber wieder,
„Herzallerliebster mein;
„Und brichst die rothen Rosen,
„Und trinkst den kühlen Wein?"

„Wenn's schneiet rothe Rosen,
„Wenn's regnet kühlen Wein;
„So lang sollst du noch harren,
„Herzallerliebste mein."

Sie stirbt in Liebessehnsucht, und er kehrt zurück:

„Der Knabe kehrt zurücke,
„Geht zu dem Garten ein,
„Trägt einen Kranz von Rosen
„Und einen Becher Wein.

„Hat mit dem Fuß gestoßen
„Wohl an das (Grab-) Hügelein,
„Er fiel, da schneit es Rosen,
„Da regnet's kühlen Wein." [89]

Schon hier eigentlich sind die Rosen mithandelnd, aber das tritt noch viel auffälliger in anderen, ja in den meisten Volksliedern hervor. Die Natur nimmt selbstthätig Theil an dem Thun und Treiben der Menschen, und so mahnt die Rose an Liebe und Treue, so bei Dietmar von Aist:

„Ich sah da Rosenblumen stahn,
„Die mahnen mich der Gedanken viel,
„Die ich hin zu einer Frauen han." [90]

und in einem Volksliede:

„Es stehen drei Rosen in einem Thal,
„Die rufet, Jungfrau, an!" —
„Gott gesegn' euch, schöne Jungfrau,
„Und nehmt kein' andern Mann."

Die Rosen klagen mit dem unglücklich Liebenden:

„Klag' Alles, das
„Der Himmel beschloß!
„Klag', Röslein fein!
„Klagt, kleine Waldvögelein!" [91]

Die allzu große Sprödigkeit straft der Mai durch Verweigerung der Rosen. Als der Sänger der ganzen Natur die Strenge seiner Geliebten klagt, antwortet ihm der Mai:

  „Ich, meie, will dien bluomen nün verbieten, dien rôsen rôt,
  „dien liljen wîz, daz sîu sich vor ihr fliegen zuo."

Damit verwandt ist das Bruchstück aus den Liedern des mährisch-schlesischen Kuhländchens:

  „Gespiele, liebe Gespiele mein!
  „Was will ich dir nun sagen?
  „'S hat mir ein Baum mit Rosen
  „Mein schönes Lieb erschlagen."

  „Hat dir ein Baum mit Rosen
  „Dein schönes Lieb erschlagen,
  „So soll derselbige Rosenbaum
  „Keine rothe Rose mehr tragen."

In einigen Liedern heißt es von einem Freudenstörer: „Rosen und aller Vöglein Sang soll ihn meiden", [92] wenn aber zwei glücklich Liebende sich umarmen und küssen, so lachen die Rosen vor Freude. [93] Den Getrennten bringen die Rosen Nachrichten vom fernen Geliebten; dem Mädchen im Walde fallen drei Rosen in den Schooß:

  „Nun sag', gut Röslein roth,
  „Lebet mein Buhl oder ist er todt?" —
  „Er lebet noch, er ist nit todt,
  „Er liegt vor Münster in großer Noth,
  „Er liegt zu Cöln wohl an dem Rhein,
  „Er schenkt den Landsknechten tapfer ein." [94]

Auch in den Märchen ist es häufig eine Rose, an deren Blühen oder Verwelken das Schicksal eines Abwesenden erkannt wird. [95] Die Rose verräth auch den verkleideten Liebhaber, denn wenn er eine Nelke pflückt, so ist es ein Mädchen, pflückt er aber eine Rose, so ist's ein Mann. Oder die Rose wird Schicksalsblume, um den echten vom Schicksal bestimmten Bräutigam zu bezeichnen:

„Ein sterbender König empfiehlt seinem Sohne, wenn eine seiner Schwestern Lust habe, zu heirathen, so solle er von dem Rosenstrauch der Terrasse eine Rose pflücken und sie auf die Straße werfen; wer dieselbe aufhebe, soll der Gemahl sein." [96] — Sehr häufig ist das Rosenpflücken die Einleitung zu einem Liebeshandel. Ein reizendes spanisches Lied singt:

> „Wer ist das Mädchen,
> „Welches die Blumen pflückt,
> „Wenn es keinen Liebsten hat?
> „Das Mädchen pflückte
> „Die blühende Rose;
> „Der kleine Gärtner
> „Forderte ihr Pfänder ab,
> „Wenn sie keinen Liebsten hat."

Einleitung zu einem traurigen Schicksal des Mädchens wird das Rosenpflücken in einer schottischen Ballade, [97]) und deshalb warnt der Hagedorn oder die mythische Haselstaube das Mädchen. Besonders verderblich wird das Rosenpflücken während der Kirchzeit zum Tanzschmuck, so in der Geschichte vom Aennelein, die der Böse alsbald in einen anderen Rosengarten führt, wo sie den feuersprühenden Wein trinken muß. [98]) Ein Mädchen glaubt sich sicher, als sie zum Preis für ihre Gunst drei Rosen auf einem Stiel verlangt, die zwischen Weihnacht und Ostern aufgeblüht sind; aber sie werden ihr gebracht und

> „Da sie die rothen Rosen sah,
> „Gar freundlich thät sie lachen:
> „So sagt mir, edle Röslein roth,
> „Was Freud' könnt ihr mir machen?"

Aber die gebrochenen Rosen verkünden ihr nur ihr eigenes Schicksal. Hieran schließt sich dann das bekannte, überall in den mannigfachsten Abänderungen sich wiederholende tief sinnige Märchen von dem Mädchen, das von dem reisenden Vater nur eine Rose mitgebracht haben will, wodurch sie aber in die Gewalt eines bezauberten Prinzen geräth, den sie durch ihre treue Liebe erlöst. In der Form, wie es Grimm in den Kindermärchen erzählt, fordert das Mädchen eine Lerche, aber er selbst führt mehrere Abweichungen an, in denen die Rose zum verhängnißvollen Gegenstand wird. In einer anderen Abänderung wird ein Rosenkönig verlangt, oder drei Rosen auf einem Stiel. [99])

Daß der Apfel bei den Griechen ein Symbol der Liebe war, hatte man lange vergessen, und deshalb erzählen die Gesta Romanorum die auf die neuere Zeit übertragene Geschichte der Atalanta so, daß der Jüngling, der um eine Prinzessin wirbt und sie durch den Sieg im Wettlauf gewinnen will, der Prinzessin Rosenkränze in den Weg wirft, durch deren Aufheben sie im Laufe zurückbleibt. 100)

Aber nicht nur dem Liebenden, auch dem Pilgrim und dem bloßen Wandersmann schließt sich die Rose erquickend an. So sagt das Lied vom „varenden Mann":

„mit dem himmel was ich bedaht (bedacht)
„und mit den Rosen was ich umbestaht." 101)

Unter Sternen auf Rosen betten sich die Pilger, um Morgenweiß und Abendröthe beten sie.

Ist's die Rose, welche die Liebe knüpft, so ist es häufig die Linde, die sie in ihrem Schatten aufnimmt oder doch theilnehmend dazu steht, ja auch in die Liebeswünsche mit hineingezogen wird. 102) Ich habe dieser Verbindung schon oben gedacht und will hier nur noch ein paar Beispiele aus Volksliedern anführen. Zwar heißt es im Titurel: „es wäre thöricht, die duftige Rose zu verschmähen, weil ihr Vater nicht ein breiter Lindenbaum sei, denn Kaiser und Kaiserin achten die Rose eine edle werthe Blume", aber doch singt Trostberg von seiner Geliebten:

„Ob in einem walde eine linde
„trüge rôsen liechtgevar (lichtfarbig),
„der schöne un ir süezen winde
„zierten al den wald viel gar u. s. w." 103)

und bei Konrad von Würzburg heißt es:

„Sie lagen under eine schaten,
„der in ze schirme was gegeben
„von laube, jedoch underweben
„mit wünneclîcher blüete.
„die bluomen und die rosen rot
„in beiden Sorge schwacheten (abschwächten, milderten),
„wan sie sô suoze lacheten
„einander an durch grüenez krut." 104)

Und mit Rose und Linde verbindet sich schließlich auch noch die Nachtigall und hierin finden wir wieder einen wichtigen Zug, der die germanischen Völker mit den Persern verknüpft, und von den Griechen und Römern trennt, denen der Kultus der Nachtigall fremd war. 105)

Ja selbst über den Tod hinaus vereint die Rose noch die Liebenden. Der Wunsch, unter Rosen begraben zu werden, kommt oft vor, und ist zumal unglücklich Liebenden geläufig:

> „Und stirb ich nun, so bin ich tot,
> „begrebt man mich unter die rosen rot." [106]

Gar anmuthig wünscht in einem serbischen Liede der Unglückliche:

> „Mir zu Häupten sollt ich ihr
> „Eine Rose pflanzen
> „Und zu meinen Füßen
> „Eine Quelle leiten!
> „Jüngling oder Jungfrau
> „Pflück' sich eine Rose,
> „Und dem Alten kühle
> „Seinen Durst die Quelle!" [107]

Zu Ockley in Surrey ist es überhaupt Sitte, auf die Gräber von Jünglingen und Jungfrauen Rosen zu pflanzen. [108] Häufig ist die Vorstellung, daß aus den Gräbern Verstorbener Bäume oder Blumen sich gleichsam als Verkörperungen ihrer Seele erheben. Die fast nur symbolische und daher von der dogmatischen Seelenwanderung himmelweit verschiedene Wiedererscheinung Verstorbener in der Form von Pflanzen spielt in der Dichtung aller Völker und aller Zeiten eine große Rolle, und darf ich ja nur auf die schönen Mythen der Alten über Lorbeer, Hyacinth, Narciß, Pappel und Sonnenblume u. s. w. verweisen und daran erinnern, daß der Perser große alte Bäume mit Ehrfurcht betrachtet, weil er glaubt, daß die Seelen der Seligen sich darin aufhalten, weshalb er diese Bäume Pir (Greis), Scheich (Aeltester) oder Iman (Prediger) nennt. [109] Bei den Germanen und den nächstverwandten Völkern [110] hat sich dieser Glaube besonders an die Seelen von Liebenden geknüpft. In einem litauischen Volksliede bricht das Mädchen eine Rose vom Grabe ihres Geliebten und bringt sie der Mutter, diese spricht aber:

> „Das ist ja die Rose nicht,
> „Das ist des Jünglings Seele."

Nach dem Volksbuche Tristan und Isolde wurde auf sein Grab eine Weinrebe, auf ihres eine Rose gesetzt, diese rankten dann so zusammen, daß man sie in keiner Weise aus einander bringen konnte. [111] Das englische Lied von dem süßen Wilhelm und der schönen Anna endet:

> „In der Kirche Maria's lag der Than,
> „Die Maid im Marienchor,
> „Aus seinem Grab wuchs die Birke heran,

„Schwert in der Hand,
„Stiegen vom Meer,
„Männer des Krieges ans Land,
„Trugen Entsetzen daher!
„Was hat euch, Männer vom Meere,
„Mein schuldlos Gärtchen gethan?
„Da sitz' ich und härm' mich in Zähre:
„Was fang' ich Arme nun an?
„Bäumchen kein Laub!
„Schatten nicht mehr!
„Rosen zertreten in Staub!
„Lilien zerstreuet umher!" [119]

Endlich verknüpft sich die Rose mit dem Tode auch noch in der wehmüthigen Alpensage: „Die Rose von Calbres". [120] Die Tochter des Ritters von Calbres malte gern schöne Blumen, die sie liebte, und nannte sich selbst die Rose von Calbres. Einst beim Blumensammeln lernte sie einen schönen Bauernsohn kennen, der ihre Liebe gewann. Der Vater, zornig über diese standeswidrige Neigung, sperrte sie in einen Thurm. Hier siechte sie rasch dem Tode entgegen, ihren ganzen Kerker mit Blumen ausmalend. Die letzte Blume, die sie malte, war eine entblätterte Rose, an der ein Wurm nagt, dann legte sie sich zur ewigen Ruhe nieder.

An Rosengarten, Liebeslust und Lebensgenuß mannigfach anklingend, finden wir bei den Deutschen noch einen andern Sagenkreis, den wir nicht mit Stillschweigen übergehen dürfen, wenn sich die Rose auch nur sehr nebensächlich damit verbindet, ich meine die Venusberge. Die weiblichen Göttinnen der Deutschen hatten auch ihre heiligen Tage (z. B. der Freitag = Freiatag) und ihre Festfeiern, und diese waren, wie sich das bei dem sittlich keuschen Charakter der Germanen und ihrer Verehrung des weiblichen Geschlechtes von selbst versteht, frei von jenen Ausschweifungen, von jenem Uebermuth sinnlicher Lust, die sich an die Verehrung weiblicher Gottheiten bei den Orientalen, sowie bei den späteren Griechen und Römern knüpfte. Aber die christlichen Priester, denen jede heidnische Gottesverehrung Teufelswerk war, verleumdeten natürlich auch jene Feste und legten ihnen alles das unter, was die Verehrung weiblicher Gottheiten bei den Romanen kennzeichnete. Die deutschen Göttinnen wurden von den Römern fast alle zusammengeworfen und mit dem Namen der Venus bezeichnet. Wo die Priester jene heiligen Handlungen nicht christlich auffärben, die Göttinnen nicht in die Maria oder andere Heilige umtaufen konnten, wurden sie mit der allbekannten christlichen Rohheit verfolgt und ausgerottet. Das Volk wahrte aber lange seine alten theuren Erinnerungen und zog sich damit besonders gern in das Dunkel der damals noch fast unzugänglich bewaldeten Gebirge zurück. Wo in dieser Weise Feste der weiblichen Göttinnen sich in den Versteck der Bergschluchten bargen, wurden diese eben Venusberge, auf die die Romanen dann die Erinnerungen an die schon im zweiten Abschnitt besprochenen Venusgärten und alle Vorstellungen, die sie (aber nicht die Deutschen) von der sinnlichen Lust bei der Feier weiblicher Gottheiten hatten, übertrugen. In Schweden mögen sich auch die eigenthümlichen Sagen von den Elfengärten damit verknüpft haben.[121] So wurde denn die Theilnahme an solchen Festen, das Besuchen des Venusberges in den Augen der christlichen Priester eine unverzeihliche Sünde. Aus diesem Vorstellungskreise ging dann die Tannhäusersage hervor, die sich, wie der Venusberg, in den mannigfachsten Gestaltungen an eine Menge verschiedener Oertlichkeiten anknüpfte. Aber das Volk hatte kein Verständniß dafür, warum das, was es selbst, wie seine Urväter, so lange als heilig verehrt hatte, nun plötzlich ein verdammungswerthes Verbrechen sein sollte. Es legte gegen die Verurtheilung durch die Priester eine eigenthümliche Art von Berufung ein. Es ist ein ganz besondrer Zug, der durch einen großen Theil der deutschen Sagen hindurchgeht, und den man als den Ausdruck einer stillen, sittlichen Behme bezeichnen könnte. Junker und Pfaffen waren bei der Ordnung der neu sich bildenden germanischen Staaten gleich bei der Hand, sich in die Ausbeutung des Volkes zu theilen und zu dem Zwecke dasselbe durch List und Gewalt nach und nach wehr- und rechtlos zu machen. Nur das germanische Rechtsgefühl konnten sie nicht ausrotten und das Volk sprach sein Urtheil in letzter Instanz über die übermüthigen Dränger in seinen Sagen aus; die Sagenbildung war gleichsam die Preßfreiheit des unterdrückten Volkes. Hatte der nichtswürdige Junker bei seinen Jagden ihnen ihre Saaten niedergeritten, so verdammte man ihn zur Hölle und ließ ihn als wilden Jäger ruhelos, hetzend und gehetzt, durch die Lüfte ziehen. Hatte ein Pfaffe ihnen ihr Geld abgepreßt, ihre Frauen verführt, so mußte er nach seinem Tode als verdammte Seele umgehen. So legte sich das Volk die Sachen zu Rechte und versöhnte damit sein beleidigtes Rechtsgefühl. Die

Mißhandlung war vorüber gegangen, aber die Strafe dafür hatte es in seinem Glauben täglich vor Augen.

So wird uns von einem Ritter von der Schneburg erzählt, der in dem Venusberg bei Uffhausen (eine Stunde von Freiburg im Breisgau) gewesen war. Er zog gen Rom zum Papste und beichtete diesem seine Sünden. Der Papst aber in seinem Eifer sprach: „Ehe soll der Stab, den ich in meiner Hand habe, Rosen tragen, ehe ich dir vergeben werde." Der Ritter zog traurig heim und gerieth zufällig in den Venusberg, dessen Pforte offen stand. Unterdessen wuchsen am Stabe des Papstes Rosen, was den Papst so beunruhigte, daß er den Ritter überall suchen ließ, bis man ihn mitten im Venusberg, noch auf seinem Rosse sitzend, aber todt fand. 122) Denselben Grundgedanken, aber menschlich=milder und wohlthuender ausgeführt, finden wir in einer schwedischen Volkssage: Ein Priester ritt Abends über eine Brücke und vernahm in demselben Augenblick Töne des anmuthigsten Saitenspiels. Er blickte um sich und gewahrte über der Wasserfläche einen bis zur Hälfte des Leibes nackenden jungen Mann mit einer rothen Mütze und goldgelocktem Haar, in der Hand eine goldene Harfe. Er erkannte, daß es der Nix sei, und rief in seinem Eifer ihm zu: „Wie kommst du dazu, so fröhlich auf deiner Harfe zu spielen? Eher wird der dürre Stab, den ich hier in der Hand trage, grünen und blühen, als du der Erlösung gewärtig sein kannst!" Der unglückliche Harfenspieler warf nun betrübt seine Harfe auf das Wasser und saß bitterlich weinend auf den Fluthen. Der Pfarrer trieb sein Roß an und ritt weiter. Aber kaum hatte er eine Strecke zurückgelegt, da gewahrte er, daß sein alter Wanderstab sich belaubte und die schönsten Rosen zwischen den Blättern zum Vorschein kamen. Das schien ihm ein Wink vom Himmel, daß er die trostreiche Lehre von der Versöhnung in andrer Art lehren müsse, als er gethan. Er eilte sogleich zurück zu dem noch immer klagenden Nix, zeigte diesem den grünen Stab und sprach: „Siehst du, jetzt grünt und blüht mein alter Stab, wie ein Schößling im Rosengarten, so blüht auch die Hoffnung im Herzen aller erschaffenen Wesen, denn ihr Erlöser lebt." Hierdurch getröstet, griff der Nix wieder zu seiner Harfe, und freudige Töne erklangen die ganze Nacht hindurch an dem Ufer des Stromes. 123) In beiden Erzählungen tritt eben der Grundgedanke hervor, daß der Himmel dem geistlichen Hochmuth verdammungseifriger Priester seine Zustimmung versagt.

Es wird hier am Ort sein, noch einen Punkt, der bei den Dichtern des Mittelalters vielfach hervorgehoben wird, noch etwas genauer ins Auge zu fassen. Schon im zweiten Abschnitt habe ich erwähnt, wie bei den Griechen und Römern die Redensart vorkommt: „Er spricht Rosen". 124) Auch im dritten Abschnitt wurde erwähnt, daß das Christenthum diese Vorstellung aufgenommen und verwerthet hat. 125) Endlich ist schon im Vorigen angeführt, wie auch dem deutschen Dichter der Vergleich des Mädchens, der Frau, besonders der Geliebten, mit Rosen geläufig ist. — Nicht nur die Rosen lachen beim Anblick glücklich Liebender, sondern auch das Lachen der Jungfrau ist rosig; zumal bei den Minnesängern:

„Was kann trauern das verschwachen
„denn ihr zartes roselichtes Lachen."

oder: „Rosenroth ist ihr Lachen."

oder: „Wenn die Haide baar der Blumen lieget,
„Da noch seh' ich Rosen,
„Wenn ihr rothes Mündel lachet."

In den Nithardsliedern wird aber davon gesprochen, daß der lachende Frauenmund Rosen und andere Blumen streuen könne. 126) Heinrich von Neuenstadt singt:

„Er küste sie wohl dreißig stunt
„an iren rôsen lachenden munt."

Im Mythus weint die Freia Perlen und Gold. In der Sage klingt es vielfach nach, daß Glückskinder Blumen und Rosen lachen. Im Märchen hat das gute Kind die Gabe, daß ihrem Munde beim Reden Edelsteine entfallen und daß sie Perlen weint und deshalb von der bösen habsüchtigen Stiefmutter beständig geschlagen wird. Im Apollonius von Tyrus erwirbt sich ein alter Bettler die wunderschöne Königstochter zur Braut, und dabei heißt es:

„Das sach der rôsen lachender man,
„der lachet, daz ez vol rôsen was,
„perg und tal, laub und gras."

Dieser Gedanke muß im Mittelalter außerordentlich verbreitet gewesen sein, denn er ging selbst in die Personennamen über. Alte Urkunden be=

wahren die Namen Blumenlacher, Rosenlacher, Rosenlächler; der letzte Name kommt noch jetzt vor. — In einem niederländischen Sprichwort heißt es: „Wenn er lacht, schneit es Rosen", und ein neugriechisches Volkslied erzählt von einer reizenden Jungfrau, der, wenn sie lacht, Rosen in die Schürze fallen. 127) In den ficilianischen Märchen verleiht auch ein Zauberer dem guten Mädchen die Gabe, daß ihr, wenn sie spricht, Rosen aus dem Munde fallen; im Pentamerone sind es Rosen und Jasminen. Auch in einem polnischen Märchen lacht das Mädchen Rosen, 128) ebenso im Neugriechischen. 129) Es ist kaum wahrscheinlich, daß diese Vorstellung des Rosenlachens nur von den Alten entlehnt ist, denn sie kommt viel häufiger vor, ist der deutschen Dichtung viel zu geläufig und so sehr gerade auch mit dem Volkslied verflochten, während sie doch bei den Alten nur in einigen wenigen Stellen erhalten ist. Vielleicht ist gerade diese Vorstellung eine von denen, die so natürlich naheliegend sind, daß sie auch bei verschiedenen Völkern selbstständig auftreten kann; die Bilder: „rosige Lippen", „rosiges Lachen", „Rosenlachen" und „Rosen lachen" folgen so stetig auf und aus einander, daß ein poetischer Volksgeist fast nothwendig bis zu der letzten Stufe vorgehen mußte.

Auch der andere Zug der klassischen Dichtung, daß unter den Füßen der von den Göttern Begnadigten Blumen aufsprießen, findet sich bei den germanischen Stämmen scheinbar selbstständig, z. B. in einem schwedischen Märchen, in dem ein Zauberer ein gutes Mädchen damit begabt, daß unter ihren Tritten Rosen sprießen. Vielleicht gehört hierher auch der Personenname „Rosentreter", den Pott anführt. 130)

Die Rosen waren aber keineswegs nur Blumen der Dichtung, vielmehr legt diese blos Zeugniß dafür ab, wie sehr diese Blume mit Gedanke und Gefühl des Volkes verwachsen war, da sie den Schmuck seines täglichen Lebens ausmachte. Beim Tanze schmückten sich Jünglinge und Jungfrauen mit Rosenkränzen. 131) Feste, Gelage, die nicht durch althergebrachten Glauben geheiligt und dadurch an bestimmte Zeiten gebunden waren, wurden immer im Lenz oder Sommer veranstaltet: zu Pfingsten, zu Johannis u. s. w. Das galt von den festlichen Anzügen der Gewerke und Zünfte, 132) von ihren Festgelagen, das galt besonders von den Meistersängern. Dabei war dann immer die Rose, der Rosenkranz der unerläßliche Hauptschmuck.

So wird uns im „Weißkunig" ein Festspiel zu Ehren der Gemahlin Kaiser Friedrich's III. beschrieben: „Daselbst ist auch zugericht gewesen eine Stadt oder ein Garten als das Parabeis, daraus ein Jüngling als ein Engel aus der Höh durch ein Fenster eines Thurmes kam und bracht in einem verguldeten Becken Rosen und warf dieselben auf der bemeldeten Königin Haupt und derselbe Engel sang also: Nimm die Blumen und Rosen, daß du und dein Samen blühen werden auf dem Erdreich" u. s. w. [133] Der Rosenkranz war althergebrachte Tracht von Braut und Bräutigam am Hochzeitstage, was sich um so leichter ausführen ließ, da es lange festftehender Gebrauch blieb, die Hochzeiten nur zwischen Ostern und der Adventszeit und vorzugsweise zwischen Ostern und Johannis zu feiern. [134] Rosenkränze schmückten auch die Himmelsbraut, die Nonne, am Tage ihrer Aufnahme ins Kloster. Wo die Rose nicht in Natur angewendet werden konnte, nahm man zu künstlichen Rosen von Seide, Flittergold und dgl. seine Zuflucht. Rosen mußten aber das Haupt zieren und die Häufigkeit des Gebrauches zum festlichen Kopfputz brachte die Rosen in ein eigenes gesetzliches Verhältniß zu der Zunft, denen die Anfertigung der Kopfbedeckungen zu Schutz und Schmuck oblag, der Käppler, **Schapeler, Chapeliers**. [135]

Ein Meistersängerlied hat die Zeilen:

„Dazu die rothen und weißen Rosen
„Hält man in großer Acht,
„Groß Geld daraus zu losen;
„Schön Kränz' man daraus macht." [136]

Schon früher habe ich „von Stroh den Schapel" angeführt. In den Nibelungen, wie bei den Minnesängern wird oft der Schapel erwähnt. [137] In der chansonette de la belle Marguérite heißt es:

»En son chief ot chapel
»De roses fres nouel
»Face ot freche colorée.« [138]

Im Roman de la violette wird gesagt:

»Chascuns ot en son chief chapiel
»De roses et de flors diverses.« [139]

und der Roman vom Lancelot erzählt: »Il ne fut jour ou Lancelot, en hivèr ou été, n'eust au matin un chapel de fresches roses sur la teste.« [140]

Ein altdeutsches Volkslied beginnt:

"Weiße Seide, rothe Rosen, die gingen mit dir,
"Blauer Zwirn, schwarze Kappen, die kamen mit dir." 141)

Hier ist der Freuden- und Trauerschmuck gleich gegen einander gestellt. Eine Zusammenstellung, die sich häufig findet, ist: "ir schapel und ir krenze." 142) Der Tanhuser singt:

"Man darf ouch nieman zihen,
"von rosen schappel tragen." 143)

Der Blumenkranz hieß in Frankreich capiel des fleurs; capiel, capel, chapel überhaupt das, was man als Haarschmuck aufs Haupt setzt. Schapels von Blumen machte man für Brautleute und Brüderschaften bei Kirchenfesten. Karl VIII. erhielt bei seinem Einzug in Neapel von den Damen ein chapel de violettes. Solche Kränze wurden bei Mahlzeiten auf dem Kopf getragen, und man zierte damit Flaschen und Gläser. Da Rosenkränze am häufigsten waren, so erhielten die chapeliers das Privilegium, Rosen zu ziehen. "Bei alten »droits seigneuriaux« findet sich oft die Lieferung von Rosen", so berichtet Legrand d'Auffy. 144) Das mag genügen, um nachzuweisen, wie groß der Verbrauch an Rosenkränzen in jener Zeit war und welche wichtige Rolle sie im Leben des Volkes spielten. 145)

Wo man die Rose nicht selbst anwenden konnte, benutzte man aber, unter demselben Namen, die aus Seidenband verfertigte Rosette. So zierte man zur Zeit Richard's II. in England die Spitzen der Schuhe mit solchen Rosen. 146) Zu Shakespeare's Zeiten war es Mode, Rosen hinter den Ohren zu tragen, entweder wirkliche oder noch öfter Rosetten von Seidenband. So erscheinen sie z. B. oft auf den Bildnissen der Königin Elisabeth. Dieselbe ließ drei Hellerstücke (three farthings) prägen, worauf ihr Bildniß mit Rosen fast größer als ihr Kopf erschien. Darauf bezieht sich das Wort von Philipp Faulconbridge in Shakespeare's "König Johann":

"Ja Fürstin, säh' mein Bruder aus wie ich,
"Und ich wie er, Sir Robert's Ebenbild;
"Und hätt' ich Beine wie zwei Reitergerten,
"Den Arm gestopfte Aalhaut, schmal Gesicht,
"Daß keine Ros' ins Ohr ich dürfte stecken,
"So schrie die Welt: Seht dort drei Heller geh'n." 147)

Es scheint mir hier der passendste Ort, noch einer anderen französischen Sitte zu erwähnen, die sich sogar mit dem französischen Staatsleben eng verflocht. Im pariser Parlament herrschte früher der Gebrauch, daß Herzöge, Pairs, selbst Söhne Frankreichs, Könige und Königinnen von Navarra im April unter den Parlamentsmitgliedern Rosen austheilen mußten. Der Ursprung der Sitte ist unbekannt, einige setzen ihn ins vierzehnte Jahrhundert. Der zur Lieferung aufgeforderte Pair ließ Rosen und andere wohlriechende Blumen pflücken und damit alle Bäume des Parlaments schmücken. Darauf gab er den Mitgliedern ein glänzendes Frühstück. Dann ging er durch alle Zimmer, wobei ihm ein silbernes Becken mit Sträußen und Kränzen von Rosen vorgetragen wurde, soviel als Mitglieder des Parlaments gegenwärtig waren, und jeder Strauß mit seinem Wappen geziert; im großen Saale gab man ihm Audienz, bei der er die Rosen austheilte, und nachher wohnten Alle der Messe bei. Das Parlament hatte einen eigenen Rosenlieferanten, den »rosier de la cour«, von dem der betreffende Pair die Rosen kaufen mußte. Der rosier de la cour bezog seine Rosen aus einem Dorfe bei Paris, das davon den Namen Fontenay-aux-roses erhielt. Dieser Gebrauch hieß »la baillée des roses« (die „Rosenvertheilung"). Unter der Regierung Franz' I. entstand ein Streit zwischen dem Herzog von Montpensier und dem Herzog von Nevers über den Vorrang bei der baillée des roses. Das Parlament ertheilte den Vorrang dem Herzog von Montpensier als Prinzen von Geblüt, obwohl der Herzog von Nevers der ältere Pair sei. Als hochgestellte Persönlichkeiten, die sich dieser Ceremonie unterwarfen, werden die Herzöge von Vendôme, von Beaumont, von Angoulème und Andere genannt. Selbst Anton von Bourbon, König von Navarra, unterwarf sich, in seiner Eigenschaft als Herzog von Vendôme, der Sitte. Heinrich IV. von Navarra bewies, daß keiner seiner Vorgänger sich dem Gebrauch entzogen habe, und machte selbst die Ceremonie durch. Als in den wilden Zeiten der Ligue das Parlament nach Tours flüchten mußte, wurde diese Rosenvertheilung vernachlässigt und hörte endlich im siebenzehnten Jahrhundert unter Richelieu ganz auf. [148] Die Rosenkultur war damals in Frankreich überhaupt ein Privilegium, wofür den Verleihern, Stadträthen u. s. w. jährlich am Feste der h. drei Könige drei Rosenkronen und am Himmelfahrtstage ein großer

Korb voll Rosen zur Bereitung von Rosenwasser geliefert werden mußte. Besonders zeichnete sich Rouen im vierzehnten Jahrhundert durch seinen unermeßlichen Rosenverbrauch zu Sträußen und Hüten, zum Schmücken der Fefträume und Festtafeln aus. [149]

Aber nicht nur Burschen und Mädchen [150], sondern auch die Ritter zierten sich im Mittelalter vielfach mit Rosen. So erzählt Hans von Schweinichen von seinen Sammetbinden mit güldenen Rosen geschmückt. Erzherzog Karl von Oesterreich trug bei den Ritterspielen, die Maximilian II. als König von Böhmen veranstaltete, einen braunsammetnen Koller mit kleinen silbernen Rosen verziert. [151] Natürlich gingen dann auch die Rosen in die Wappenbilder über. Eine große Anzahl alter Adelsfamilien führen eine oder mehrere Rosen im Wappen. In den Begräbnißkapellen des Meißner Doms sieht man die erzenen Grabplatten der Herzöge, Markgrafen und Kurfürsten von Meißen; auf denselben sind die Gestorbenen in Lebensgröße gravirt und von einem Laubgeranke eingerahmt, in welchem rechts und links je drei Wappenschilder hängen. Bei dreien jener Herren hat ein Wappenschild die deutsche Rose, wie ich sie oben beschrieben, die fünfblättrig mit den fünf schmalen spitzen Kelchblättern dargestellt ist und in der Mitte einen fünftheiligen Staubbeutelwulst zeigt. Auch einer der Bischöfe hat eine Rose im Wappen und an der Bischofsmütze. Es ist das Wappen derer von Schleinitz und findet sich auch am Georgenthor in Dresden in Stein ausgehauen. Auch das Domstift Merseburg und Altenburg haben eine Rose im Wappen, bei dem letzteren ist es die rothe Rose im silbernen Feld des ehemaligen burggräflichen Wappens, [152] denn die Burggrafen von Altenburg waren vorher Herren von Penig, und das Wappen der Stadt Penig zeigt eine Rose. [153] Auf dem Rheinstein bei St. Goar liegt in einem Gewölbe ein alter Grabstein und darauf als Wappen eine fünfblättrige Rose. Es ist das Wappen einer dorthin verheiratheten Prinzessin von Lippe. Auch die Stadt Magdeburg hat eine Rose in ihrem Wappen, wie jeder weiß, der das Lutherdenkmal in Worms aufmerksam betrachtet hat. Rosen im Wappen führen noch England, Florenz, Grenoble, Werthheim, Kurbrandenburg wegen der pommer'schen Herrschaft Gützkow, die Herren von Rosenberg, Rosenheim in Bayern. [154] Die rothen Rosen sind auch das Symbol der mecklenburgischen Stadt Teterow. Auch die von Alvensleben haben drei Rosen im Wappen und zwar nach den drei Linien, von denen die letzte jetzt ausgestorben ist, drei rothe, drei weiße und drei schwarze Rosen. Das Aussterben der Linien ist an eine Sage von diesen Rosen geknüpft. Auch Patrizierfamilien führten Rosen im Wappen. Neben dem Riesenthor am Stephansdom zu Wien ist ein Grabstein eingemauert des „Ernvesten Sewastian Kobler aus St. Gallen", dessen Wappen drei Rosen im Felde und fünf auf dem geschlossenen Helm zeigt. Auch das Wappenschild auf dem Grabstein der Magdalene Ebenstetter (1468) im Kloster Gars zeigt einen schiefen Balken mit drei Rosen darauf. 155) Die Stadt Alzey zeigt eine Geige mit Bogen auf rosenbestreutem Grunde. Uhland setzt dies Wappen in Beziehung zur Frühlingsfeier, zum Rosengarten und Volger von Alzey, dem Spielmann. 156) Noch eine große Anzahl Rosen führender Wappen zählt Döring 157) auf. Für meine Zwecke habe ich wohl der Beispiele genug angeführt.

Wie auf Wappen erscheint denn die Rose auch auf Münzen, die zum Theil ihren Namen davon haben, so der „Rosenoble" von Eduard III. Die darauf befindliche Rose ebenso wie die Rosen auf dem von demselben (1350) gestifteten Hosenbandorden beziehen sich wahrscheinlich auf das Familienwappen der Yorks und Lancaster. Dasselbe gilt wohl von dem durch Heinrich IV. (1399) gestifteten (?) Bathorden, sowie von den unter Heinrich VIII. geprägten „Georgenobles", den crowns of gold und den Sovereigns. Zu den Spitzbübereien in der englischen Colonialpolitik gehören auch die 1724 unter Georg I. aus einer schlechten Kupfermischung für die Colonien geprägten Shillings u. f. w., die die Umschrift Rosa americana führten. Ich erwähne sodann die vielen italienischen Münzen: Oselli in Venedig, Pistole della rosa, Livornini della rosa, Duetti in Toscana, Barbone in Lucca, und die Rosenpfennige oder Rosenvierer in der Grafschaft Lippe. Merkwürdige Gedenkthaler mit Rosen sind unter Anderen der böhmische Christophsthaler des Herrn von Rosenberg, der braunschweig-lüneburgische Lügenthaler von den Jahren 1596 und 1597, die Wespenthaler ebendaher von 1599 u. f. w. Auch die 1541 auf Luther geprägte Denkmünze zeigt unter seinem Brustbilde eine aufgeblühte Rose, in deren Mitte ein Herz mit einem Kreuze liegt, auf der Rückseite steht der

Spruch: „Das Christen Herz auf Rosen geht, wenn's mitten unterm Kreuze steht." Rose mit Herz, Kreuz und Spruch waren dem Petschaft, das **Luther** zu führen pflegte, entlehnt. [158]

Schon sind soeben zwei Orden erwähnt, zu deren Symbolen eine entschiedene Wappenrose gehört, es giebt noch einige andere Ordensverbindungen, die sich ebenfalls nach der Rose nennen, ohne daß dieselbe die Bedeutung eines Wappens hätte. Der Theolog **Joh. Val. Andreä**, angewidert von dem theosophisch-mystischen Schwindel seiner Zeit, gab 1603 einige satirische Werke über Theosophie und geheime Brüderschaften in Form beißender Parodien heraus; er nannte sich selbst darin „Ritter vom Rosenkreuz", da er zufällig ein Kreuz und vier Rosen im Petschaft führte. Aber es gab in der That Leute, die so dumm waren, seine Satiren für Ernst zu nehmen und daraufhin 1614 einen geheimen Bund zu stiften, der sich den „Bund der Rosenkreuzer" nannte, mit Kabbala, Goldmachen und dergleichen Unsinn abgab und endlich sich vor dem Erwachen der Naturwissenschaften verlor. Die ganze alberne Farce ist wahrlich das Papier nicht werth, was für, gegen und über die Rosenkreuzer verjudelt ist. [159] Eine der Rose angethane Schmach ist der 1780 von dem liederlichen **Duc de Chartres** zu liederlichen Zwecken gestiftete ordre de chevaliers et nymphes de la rose, ein dem deutschen Volk angethaner Schimpf ist es, daß sich ein deutscher Junker, **Herr von Grossing**, fand, der Schuft genug war, die französische Verworfenheit (1784) auf deutschen Boden verpflanzen zu wollen, aber sie konnte hier noch weniger als in **Frankreich** gedeihen, wo sie sich auch bald wieder verlor.

Den geraden Gegensatz zu den eben erwähnten Nichtswürdigkeiten bietet die gegen Ende des achtzehnten Jahrhunderts gegründete Gesellschaft der »Rosati« dar. Der Ort ihrer Zusammenkünfte hieß „Eden" oder »Bouquet de roses«; die Unterhaltung bestand in Musik, Poesie und heiteren (»mais decentes«) Gesprächen. Die geistreichsten Frauen von **Paris** nahmen Theil daran. Die Devise der Gesellschaft war »plaisir et decence«. Die Dichter mußten sich strenge in den Schranken der Sitte halten, Alles, was etwa ein Erröthen der Damen hervorrufen konnte, wurde mit allgemeiner Mißbilligung zurückgewiesen. Um Mitglied werden zu können, mußte man die Rose besungen haben. [160]

Ich wende mich jetzt noch zu einer Verbindung, in deren Gebräuchen die Rose so häufig vorkommt, daß man sie fast als specifisches Symbol derselben ansehen könnte. Als gegen Ende des Mittelalters die wohlgefütterten Geistlichen vollends in Müßiggang versanken, hörte auch ihre Selbstthätigkeit beim Bau der Kirchen und Klöster auf. Sie überließen das anfänglich mit der Kirche verknüpften Laienbrüderschaften. Diese machten sich aber bald unabhängig und constituirten sich in echt deutschem genossenschaftlichen Sinne unter strengen Zunftformen mit Autonomie, Gebräuchen und Symbolen, die zum Theil als Zunftgeheimnisse behandelt wurden, als sogenannte Bauhütten, die aus den entferntesten Ländern unter einander in Verbindung traten. An den Werken, die sie aufführten, brachten sie stets, gleichsam als Künstler-Monogramme ihre Symbole an, und diese finden sich wenigstens außerordentlich häufig mit Rosen verbunden. Tritt man in den großen Hof des Heidelberger Schlosses, so sieht man über dem Eingang zum alten Ruprechtsbau einen Kranz von fünf Rosen durch Laubwerk verbunden und in der Mitte einen geöffneten Zirkel; dies ist ein solches altes Bauhütten-Symbol. Am Thurm der zwei Schwestern in der Alhambra ist in den Winkeln über dem Hufeisenbogen eine Rose, mit phantastischem Laubgewinde umgeben. In der Nähe des griechischen Klosters St. Georg in Syrien steht „Kalaat el Hößn", ein Kastell, und zwar eins der schönsten mittelalterlichen Gebäude. Es ist von den Kreuzfahrern aufgeführt. Ueber dem Thor zeigt sich das Wappen der Grafen von Toulouse, über dem Eingang mehrerer Thüren finden sich in Stein ausgehauene Rosen. Auch an den Mauern von Dschebail (dem alten Byblus), die noch aus den Zeiten der Kreuzzüge stammen, findet sich eine große Rose und zu beiden Seiten eine kleinere in Stein ausgehauen.[161] Ich habe schon im vorigen Abschnitt erwähnt, daß die gothischen Fensterrosetten aus geometrisch-mystischen Combinationen hervorgingen und mit der Rose nichts zu thun haben. Auch finden wir sowohl in den Capitälen des romanischen Stils als auch in der gothischen Baukunst zwar eine reiche Anwendung des Laubschmuckes, aber verhältnißmäßig seltene Verwerthung der Blumen, und manche Rose, die wir sonst noch an diesen Bauwerken finden, mag ebensowohl als Bauhüttenzeichen gelten. Schöne gefüllte Rosen mit großem Kelche, deren Stengel sich zum Capitäl verflechten, finden sich an einer Console zu Karlsburg.¹⁶²) Aus den besonders lange in England sich erhaltenden Verbrüderungen der Bauhütten gingen endlich die Freimaurer hervor und deshalb finden wir auch bei ihnen das Symbol der Rose, z. B. auf ihren Schürzen. ¹⁶³)

Aus der Ritterwelt geht die Rose auch in die Kriege über. Es ist bekannt, daß die beiden Häuser York und Lancaster eine weiße und eine rothe Rose im Wappen führten. Historisch ist über den Ursprung dieser Wappenbilder nichts bekannt. Sie wurden aber die Veranlassung, daß man die langjährigen Fehden der beiden Häuser um den englischen Thron als den Krieg der weißen und rothen Rose bezeichnete. Beendet wurde der Kampf endlich durch die Vermählung Heinrich's VII. mit Elisabeth, der letzten rothen Rose. Die Freude des Volkes über die endliche Beendigung dieser unheilvollen Kriege hat sich in vielen Volksliedern erhalten, eins hat folgende Zeilen:

»Renowned York the White Rose gave,
»Brave Lancaster the Red:
»By wedlocke here conjoyn'd to grow
»Both in one princely bed.« ¹⁶⁴)

Die roth und weiß gestreifte Rose, die beide Farben vereinigt, führt noch jetzt in England den Namen: the York-and-Lancaster-rose. — Im Jahr 1641 wurde Münnerstadt von den Schweden unter dem weimar'schen General Rosa belagert. In der Stadt war eine Brüderschaft zum h. Rosenkranz. Auf ihr Gebet erschien Maria und fing alle feindlichen Kugeln in ihrem Mantel auf, „so daß die Schweden, darüber entsetzt, abzogen". ¹⁶⁵). Als der Graf von Tecklenburg die Stadt Osnabrück in einer Fehde besiegt hatte, mußte dieselbe unter Anderem, um sich zu lösen, auch zwei Rosenstöcke ohne Dornen liefern. Da ließ der Rath Rosenschößlinge durch enge Glasröhren wachsen, so daß die Dornen sich nicht entwickeln konnten. Diese so entstandene dornenlose Rose wurde dann fortgepflanzt und hat sich von Osnabrück überallhin verbreitet. ¹⁶⁶) In einer Schlacht sah ein Herzog einen Knappen aus drei Wunden bluten und fragte theilnehmend: „Mein armer Knabe, was ist dir geschehen?" Da erwiderte der Knappe heiteren Muthes: „O Herr, ich habe drei Rosen gepflückt, die ich meiner Mutter bringen will." Der Herzog, von dem frischen Muth erfreut, schlug ihn zum Ritter und sagte: „Du sollst hinfort Herr von Rosen heißen!"

Das Geschlecht existirt noch. [167] Endlich erwähne ich noch eines Zuges aus dem kräftigen Schweizerleben, der hierher gehört. Nach der Schlacht bei St. Jacob (1444) ritt Burkhard, Mönch von Landskron, eine der österreichischen Creaturen, über das Schlachtfeld und rief zwischen den Leichen der tapfern Schweizer lachend aus: „Wir baden heute in Rosen." Da ergriff der mit dem Tode ringende Urner Hauptmann Arnold Schick einen Stein und mit den Worten: „Da friß eine der Rosen!" schleuderte er denselben mit seiner letzten Kraft so heftig dem Burkhard ins Gesicht, daß dieser vom Pferd stürzte und nach drei Tagen unter großen Schmerzen verschied. [168]

Der Rose blieb bei den Deutschen die Erniedrigung erspart, der sie bei den Römern in der Kaiserzeit unterlag, sie wurde nie Gegenstand gemeiner Schwelgerei. Zwar machten Fürsten hin und wieder Gebrauch von Rosenwasser auch zu Bädern, aber diese Verwälschung blieb auf einzelne Fälle beschränkt, und die Rosenlieferungen zur Bereitung von Rosenwasser als Lehensabgabe finden sich auch nur einzeln im romanisirten Frankreich. [169] Nur eine einzige Anführung ist mir bekannt geworden dafür, daß man auch die Bäder mit Rosen bestreute. Ulrich von Lichtenstein erwähnt es und vielleicht ist es bei ihm auch nur eine poetische Hyperbel. [170] Ganz vereinzelt steht die Angabe, daß einmal in Frankfurt a. M. die Rose ein Abzeichen verlorner schöner Kinder gewesen sein soll. [171] Die Rosen waren sonst überall Zeichen der reinen Jungfrauen, und das Volk duldete ihren Mißbrauch durch Unwürdige nicht. Selbst der verheiratheten Frau war der Rosenkranz versagt, und es wurde an der böhmischen Herzogin Dubranka bitter getadelt, als sie diese Sitte durchbrach. „Es war ein großer Wahnsinn der Frau", sagt der Chronist Cosmas. [172] Wohl ist es möglich, daß in großen Städten jene verlorenen Schönen den Schmuck der Andern zuweilen annahmen, wie ja auch heute noch die verworfene Demimonde die eifrigste Trägerin aller Moden ist. Gewiß ist es aber nur eine Fabel, wenn vielfach erzählt wird, [173] daß die Juden im Mittelalter eine Rose als Abzeichen hätten auf der Brust tragen müssen. Es giebt nicht eine einzige Autorität dafür, und wenn man sich auf einen Beschluß des Concils von Nimes beruft, so ist das aus der Luft gegriffen. Von Rosen ist in keinem der beiden Concile von Nimes die Rede gewesen. Wohl wurde dort, wie auch sonst zur Schande der Christen, den Juden das Tragen eines Abzeichens auferlegt, aber es wird dabei keine Rose genannt. [174])

Sehr häufig kommt die Rose als Verzierung vor, um Gegenständen des täglichen Lebens einen größeren Werth zu verleihen. Im vierzehnten und fünfzehnten Jahrhundert finden wir die Wagen vornehmer Leute oft nach Art unserer Frachtwagen (sog. Planwagen) überspannt von gebogenen Stangen, die Teppiche zum Schutze gegen die Sonne tragen; diese Teppiche sind häufig ganz mit Rosen durchwirkt. [175]) Um noch ein Beispiel anzuführen, erwähne ich eines Messergriffes aus dem vierzehnten Jahrhundert, der mit sehr zierlichen eingelegten Rosenzweigen verziert ist. [176])

Ich wende mich jetzt zu einer ganz anderen Seite der Rose, ihrer Beziehung auf Aberglauben und Medicin. Hier wenigstens soll diese Zusammenstellung auf nichts weiter hinweisen, als die Verwandtschaft, welche beide in ihrem Ursprung und ihrem ersten Erscheinen haben. Und wir können ja nicht in Abrede stellen, daß die Medicin, wie sie im Volke bei seinen Hausmitteln lebt, von dem Aberglauben sich noch immer nicht geschieden hat. Ich erinnere an das Besprechen der Krankheiten, an die vielen sympathetischen Kuren und an die Wahl bestimmter Tage für bestimmte körperliche Verrichtungen, was beides ja dem ursprünglichen religiösen und medicinischen Glauben angehörte und erst im Fortschritt der Wissenschaften zum Aberglauben geworden ist. Gerade in Bezug auf die Rose würde es auch auf die Zeit, von der ich spreche, ganz unmöglich sein, anzugeben, wo der Aberglauben aufhört und die wirkliche Medicin beginnt.

Die Betrachtung des Aberglaubens will ich gleich mit der Erwähnung von einigen heidnischen Gottheiten, denen man, ich glaube aber mit Unrecht, die Rose als Attribut beigelegt hat, beginnen. Der (angebliche) [177]) bald den Germanen, bald den sächsischen Wenden zugeschriebene Gott Krodo soll dargestellt gewesen sein als alter Mann, in der linken Hand ein Rad (oder Sonnenbild?), in der rechten einen Korb mit Rosen und Früchten haltend. [178]) Auch Siwa, die Liebesgöttin der Wenden, wird zuweilen mit Rosen geziert abgebildet. Nach einigen Nachrichten soll sie einen Myrtenkranz um den Leib, eine Rose im Munde und eine brennende Fackel auf der Brust tragend und auf einem von zwei schwarzen Schwänen gezogenen Wagen stehend dargestellt werden sein. [179]) Da von den christlichen Priestern alle, auch die unschuldigsten Personificationen des Glaubens unserer Urväter in Teufel verwandelt wurden, so kommen unter diesen auch solche mit seltsam zarten Namen vor, nämlich die kleinen', freundlichen Wichte und Blumengeister, mit denen unsere Vorfahren ihre mondbeglänzten Wiesen belebten; da hört man von „Wohlgemuth, Blümchenblau, Lindenzweig, Hölderlin", in Italien von »Fiorino«, in Frankreich vom »Verd joli«. Beim Wier heißt ein Teufel „Rosenbaum". Auch ein „Maiblume, Rosenblatt, Grasmann, Roselind" u. s. w. kommt vor. [180]

Es versteht sich wohl von selbst, daß in dem mittelalterlichen Aberglauben drei verschiedene Elemente sich mit einander verbinden: das ursprünglich Germanische, Uebertragungen aus dem griechischen und römischen Alterthum und specifisch christliche Gestaltungen. In einigen Fällen zeigen die einzelnen Sagen deutlich ihren Ursprung an, in andern Fällen aber ist es schwer oder unmöglich, sie mit Sicherheit auf ihre Quelle zurückzuführen; oft ist auch die aus einem Kreise entsprungene Vorstellung, durch Berührung mit einem anderen fortgebildet oder umgestaltet. Noch unmittelbar an die alten heidnischen Religionsvorstellungen knüpft sich der Glaube, daß, wenn die weiße Heckenrose zweimal im Jahre blüht, der Weltuntergang (d. h. die alte Götterdämmerung) nahe sei. [181] Schon bei Griechen und Römern galt, wie erwähnt, der Glaube, daß gewisse unreine Thiere Wohlgerüche und besonders die Rosen nicht vertragen könnten. Das wiederholt noch im dreizehnten Jahrhundert Michael Glykas: „Geier und Käfer fliehen den Rosengeruch". [182] Unter christlichem Einfluß bildete sich das weiter aus: Der Teufel kann die Rosen nicht leiden und wird durch ihren Geruch vertrieben; vom Teufel Besessene vertragen keinen Rosengeruch und können auf keine Weise gezwungen werden, an einem Rosenbeet vorbeizugehen, eine Hexe kann keine Rose brechen und fürchtet sie, denn wenn sie sich an einem Hagerosendorn ritzt, wird sie als Hexe entlarvt; wenn ein Wärwolf nur an einen solchen Strauch anstreift, so verliert er sein Wolfskleid und steht in menschlicher Gestalt da. [183]

Die Heckenrose schützt den unter ihren Zweigen Liegenden vor dem Blitz, weil aus ihr die Dornenkrone Christi gemacht sein soll. Den Gegensatz dazu bildet die Alpenrose*), auch Donnerrose genannt und dem Gott Donar geheiligt. Wer sie bei sich trägt, wird nach dem in Tirol herrschenden Glauben vom Blitz erschlagen, was durch viele angebliche Erfahrungen bestätigt wird. [184] Wenn eine einzelne Rose im Herbst aufblüht, so bedeutet das in der Familie des Garteneigenthümers einen Todesfall. Giebt man einem Todten Rosen mit ins Grab, so verwelkt der Strauch, von dem sie genommen waren. Auch sollen Rosen nicht gerne dort wachsen, wo ein Todter liegt; was freilich sogleich durch den Anblick unserer Kirchhöfe widerlegt wird. Aber ein Rosenkönig, der im Garten erblüht, bedeutet auch eine Braut im Hause. Die mit den Namen zweier Liebenden begabten und auf einen Bach geworfenen Rosenblätter zeigen durch ihr Fortschwimmen das zukünftige Schicksal des Paares an. [185] Rosenbalsam, mit Meereicheln vermischt und ins Gesicht eingerieben, verspricht dem begonnenen Geschäft guten Erfolg, am Leibe getragen, vertreibt es die nächtliche Furcht, Gesichte und Teufelsanfechtungen u. s. w. [186] Uralte indogermanische Anschauungen vom Zauberstab, Merkurstab, Wünschelruthe amalgamiren sich mit christlichem Aberglauben in folgender Vorstellung: Wenn man fürchtet, daß irgendwo Zaubermittel vergraben sind, um Menschen und Vieh krank zu machen, den Kühen die Milch zu nehmen u. s. w., so soll man eine in drei (zwei?) Zweige ausgehende Ruthe von der Heckenrose im Vollmonde, ohne daß es Jemand sieht und gegen Morgen gewendet, mit drei Schnitten abschneiden und dazu sprechen: „In des Teufels (ein Schnitt abwärts), in der Dreieinigkeit Namen (ein Schnitt aufwärts) schneide ich dich ab (ein Schnitt abwärts)"; dann schneidet man dreimal, oben, in der Mitte und unten die Buchstaben I. H. S. in die Rinde, legt zwei Dornen des Strauches kreuzweise auf Papier in den rechten Schuh unter den Fuß und geht dann an den verdächtigen Ort, so haftet der Fuß da, wo das Zaubermittel liegt und man kann es dann ausgraben. [187]

Natürlich knüpft sich in jener Zeit, wo die Thorheit der Astrologen das ganze Leben durchdrang und beherrschte, [188] die Blumenwelt und darunter die Rose auch an den Sternenaberglauben: Maßliebe steht unter der Wage, ebenso die Primel, Rittersporn und Salbei unter dem Wassermann, Erbsen

---

*) Rhododendron, nicht (wie Menzel zu glauben scheint) die Rosa alpina.

und Linsen müssen unter dem Zeichen der Fische und der Jungfrau gelegt werden, sonst bleiben sie beim Kochen hart. Rosen und Märzveigelein werden unter dem Widder aufgezogen und verblühen auch unter ihm.[189] Die Pflanzen, welche Blumen von der Farbe glühender Kohlen, wie der Mars, haben, zeigen auch dessen Kräfte, das Blut zu stillen und abzuführen, wie z. B. die Rose.[190]

Anderer Aberglauben noch knüpft sich an krankhafte Auswüchse des Rosenstrauches, oder an solche, die auf andern Pflanzen vorkommen, aber im gemeinen Leben Rosen genannt wurden. An den Zweigen der Heckenrose bildet sich oft in Folge des Stiches der Rosengallwespe*) ein Auswuchs, der aussieht, als wäre er dicht mit feinem Moos bewachsen. Er führt eine Menge von Namen: Rosenschwamm, Schlafapfel, Schlafkolben, Schlafbunzen, Schlafkunzen. In den Apotheken heißt er auch wohl in Folge früheren Gelehrt-thuens der Unwissenheit: „Bedeguar"; das ist aber ein Wort, welches im Arabischen eine weiße Distelart[191] bezeichnet. In der Edda wird ein svefnþorn (Schlafdorn) erwähnt, mit dem Odin die Brynhild sticht, so daß sie einschläft.[192] In Tristan und Isolde ist es ein „Küsselin der Zauberer", welches den Schlaf bewirkt. Später finden wir den Glauben allgemein verbreitet, daß dieser Auswuchs frei (auch wohl gepulvert) oder in einem kleinen Kissen unter das Haupt gelegt, einen tiefen Schlaf hervorrufe, der nicht eher aufhört, als bis der Schlafkunz wieder entfernt ist. Man legte sie den Kindern bei Krämpfen unter das Kopfkissen, damit sie aufhören zu schreien oder, wie man meinte, damit die Bezauberung des Kindes aufhöre. Auch bei Rasenden und den von Wasserscheu Ergriffenen wurde dasselbe Mittel angewendet.[193] Das andere hierher gehörige Gebilde ist die sogenannte „Weidenrose". Ebenfalls durch einen Insectenstich entsteht zuweilen an den Spitzen der Weidenzweige eine rosettenartige Anhäufung kleiner, meist grüner, aber auch gelblicher und röthlicher Blätter, die das Volk „Weidenrose" nennt. Nach Ballemont sollen wirkliche Rosen zuweilen auf Weiden wachsen. Man glaubte, daß sie immer bedeutende historische Ereignisse verkündeten, so gab es 1647 viele Weidenröschen, und darauf folgte der westphälische Friede. Auch entstand damals das Sprichwort: „Es wird

---

*) Cynips rosae.

nicht eher Friede, als bis Rosen auf Weiden wachsen." Ebenso kündigten sie 1698 das Ende des Türkenkriegs, 1707 den Kirchenfrieden in Schlesien an. [194]

Zwischen Aberglauben und Medicin so recht in der Mitte steht die im Mittelalter, ja bis in die neueste Zeit gepflegte Lehre der Sympathien und Antipathien. Auch hier tritt die Rose in den Vorgrund. Für den bairischen Zecher ist es gewiß sehr betrübt zu hören, daß, wenn man Rosen in den Bierkeller bringt, oder Bier in einen mit Rosen bekränzten Krug gießt, dasselbe sogleich abständig und sauer wird. [195] Bedeutender ist allerdings die bis aufs Aeußerste getriebene Antipathie einzelner Menschen gegen die Rosen. Bekannt ist, daß die Römerinnen, die überhaupt gute Gerüche fliehen (der Gestank ihres Schmutznestes genirt sie durchaus nicht), ganz besonders den Rosen abgeneigt sind, und römische Aerzte sollen behaupten, daß Rosen- oder Veilchengeruch in fünf Minuten eine Römerin tödten würde. [196] Die Werke des späteren Mittelalters sind voll von Geschichten über den verderblichen Einfluß der Rosen. Cardinal Oliver Caraffa mußte immer zur Rosenzeit Rom verlassen und sich in seinem Park am Quirinal einsperren, damit nicht etwa ein Besuch eine Rose mitbrächte; Cardinal Heinrich von Cordona fiel in Ohnmacht, wenn er eine Rose roch; Lorenz Bischof von Breslau starb am übermäßigen Rosengeruch; Franc. Venerius, ein venetianischer Fürst, ließ, wenn er an hohen Festen die Kirche besuchte, erst die Rosenguirlanden aus derselben entfernen, weil er sonst in Ohnmacht fiel; ein Dominicaner-Mönch aus der Familie der Berberigi in Venedig stürzte, wenn er eine Rose roch, oder nur von Weitem sah, ohnmächtig zusammen; ähnlich ging es einem Chevalier Guise, einem gewissen Pietro Malino, einem Hoffräulein der Königin Elisabeth; ein Apotheker wurde jedesmal ohnmächtig, wenn er Rosenpräparate machen sollte. Es werden das der Beispiele genug sein, die ich übrigens noch unendlich vermehren könnte; ich will nur das noch bemerken, daß ich diese Beispiele sämmtlich weder historisch noch medicinisch vertreten möchte; ich erzähle nur nach. [197]

Schon näher an die Medicin tritt die Vorschrift heran, daß, wenn man zum erstenmal zur Ader läßt, man das Blut unter einen Rosenstrauch schütten soll; wobei man sich erinnern muß, daß im Mittelalter, ja zum

Theil noch im vorigen Jahrhundert monatliche oder doch wenigstens jährliche Aderlässe zur normalen Diät gehörten.[198]

Wenden wir uns nun zur medicinischen Anwendung der Rose, so haben wir hierin zwei Verhältnisse ins Auge zu fassen, die bestimmend auf die Anwendung der Arzneimittel im Mittelalter einwirkten. Das eine ist die astrologisch-physikalische T e m p e r a m e n t e n l e h r e, das andere die Lehre von den S i g n a t u r e n. Ich muß zur Erklärung des ersten Verhältnisses etwas weiter zurückgreifen, denn es ist nicht deutsch, sondern stammt aus der griechischen Weltanschauung und ist nicht verständlich, wenn man nicht auf diesen ihren einfachen Ursprung aus einer noch ganz kindlichen Naturauffassung zurückgeht. Die Anschauung, die man die Aristotelische nennt, weil Aristoteles sie zuerst in wissenschaftlicher Form vortrug (obwohl ihre Einzelheiten viel älter sind), ist nun kurz folgende: Die Welt ist ein einziges, abgeschlossenes, kugelförmiges Ganze, umfaßt von der vollendeten Vernunft, der Gottheit, die selbst unbeweglich, aber die Ursache aller Bewegung ist. Diese Weltkugel besteht zunächst aus acht krystallnen Sphären oder Hohlkugeln. An die äußerste, die zuerst bewegliche, sind die Fixsterne geheftet, an die sieben folgenden die sieben Planeten (einschließlich S o n n e und M o n d) vom J u p i t e r herab bis zum M o n d. Diese acht Sphären machen die Welt des Unveränderlichen aus und gehören dem (fünften) Element des Aethers an. Unter der Mondsphäre, in der sublunarischen Welt, sind die vier Elemente, die die Welt des Veränderlichen bilden, so angeordnet, daß die Erde die Mitte einnimmt, darüber das Wasser sich lagert, dann aber die Luft und endlich der Mondsphäre zunächst der Feuerkreis folgt, dem der Blitz und sonstige feurige Meteore angehören. Diesen Elementen entsprechen dann die vier physikalischen, schon von P y t h a g o r a s aufgestellten Grundkräfte, die zwei thätigen Wärme und Kälte in Feuer und Luft, die zwei leidenden Feuchtigkeit und Trockenheit in Wasser und Erde. Alles was unter dem Monde besteht, ist aus diesen Elementen und ihren Kräften gemischt und hat eben in dieser Mischung sein eigentliches Wesen (Temperamentum = die Mischung).[199] Nun wird aber Mischung und Auflösung nach den damaligen Anschauungen von der Bewegung der Sphären bestimmt, das heißt, Dasein und Schicksal alles Lebendigen ist seinem ersten Grund nach bedingt und bestimmt durch die Sterne und ihre Bewegung. Das ist die für jene Zeiten ganz rationelle

Grundlage der Astrologie. Diese Aristotelische Weltansicht blieb im Wesentlichen die herrschende, bis Kopernikus im sechszehnten Jahrhundert von Seiten der Astronomie und Galilei im siebenzehnten Jahrhundert von Seiten der Physik, den Kampf gegen sie begannen, der mit Newton (einige Ignoranten und Dummköpfe abgerechnet) zu Gunsten der mathematischen Naturwissenschaft gegen Aristoteles für alle Gebildeten entschieden ist. Diese Elementenlehre wurde nun von Galen im zweiten Jahrhundert auf Physiologie und Arzneikunde angewendet und in dessen Fassung wesentlich bis zum Ende des siebenzehnten Jahrhunderts als medicinische Theorie festgehalten. Nach dieser Theorie hatte nun jedes lebende Wesen, jeder Theil desselben, jede Krankheit, jedes Arzneimittel seinen Charakter von einem der vier Elementarkräfte, und zwar nach Graden bestimmt, oder von einer bestimmten Mischung (Temperament) derselben. Die Kunst des Arztes bestand darin, diesen Elementarcharakter der Krankheit zu erkennen und durch ein Mittel von entgegengesetzter Wirkung zu neutralisiren.[200] So werden wir es nun leicht verstehen, wenn wir bei Wecker in dem Paragraph über die kalten Pflanzensäfte zuerst mit die Rose erwähnt finden, oder wenn Camerarius sagt: „Die Rose ist kalt im zweiten Grade und warm im ersten."[201] Nur die Art und Weise, wie es die Männer anfingen, so bestimmt die Elementarnatur einer solchen Pflanze zu ergründen, wird uns wohl immer ein Räthsel bleiben, da wir nicht mehr die feine Zunge des Galen haben, der Alles durch den Geschmack meinte entdecken zu können.[202]

Gehen wir nun zu dem anderen medicinischen Princip der Signaturenlehre über, so müssen wir zuerst bestimmt aussprechen, was man darunter zu verstehen hat. Es ist die Lehre, daß jedes Ding, das nach seinen Eigenschaften (Gestalt, Oberfläche, Farbe, Geschmack, Geruch u. s. w.) mit irgend einem anderen, also auch mit dem menschlichen Körper, seinen Theilen, seinen Zuständen übereinstimmt, auch auf diesen durch die die ganze Welt durchbringende Sympathie wirkt, und Signatura ist diejenige äußere Erscheinung eines Körpers (Steines, Pflanze oder Thieres), wodurch er anzeigt, mit welchem anderen er in Sympathie steht. Hatte man in der Astrologie nur die Erscheinungen der sublunarischen Welt mit den Sternen in harmonische Beziehung gesetzt, so übertrug man das später auch auf die inneren Verhältnisse der Welt des Veränderlichen und nahm an, daß hier Alles und jedes gegen einander in geheimnißvoller Sympathie oder Antipathie stände und so auf einander zu wirken bestimmt sei. Spuren dieser Lehre finden wir freilich schon in den ältesten Zeiten, selbst bei Hippokrates, mehr noch bei Theophrast und Dioscorides, wenn sie z. B. den Samen des Echion, der einem Vipernschwanze gleiche, zur Heilung des Schlangenbisses, die Samen des Psyllion, weil sie Flöhen ähnlich sehen, zur Vertreibung der Flöhe und dgl. mehr, empfehlen. Noch mehr Beispiele dafür findet man bei Plinius, z. B. wenn er den dichtbehaarten Schlafapfel der Hundsrose gegen Kahlköpfigkeit empfiehlt.[203] Ja Plinius hat schon eine Art von Theorie, wenn er sagt, die Natur habe den eßbaren Pflanzen Farbe, Geruch und Geschmack deshalb verliehen, daß der Mensch gleich durch seine Sinne darauf geführt werde, daß sie zum Essen gut seien. Er fährt dann fort, weiter über Antipathien und Sympathien zu reden, und schließt dann mit den Worten: „daraus ist die Medicin entstanden".[204] Aber dann trat Galen auf und entwickelte seine Lehre von den Elementen und Elementarkräften und nach ihm fiel, wie alle Wissenschaft, so auch die Medicin in einen Winterschlaf von 1000 Jahren, in denen Keiner wagte, über die Träumereien des Galen hinauszugehen, und man nur Muth hatte, ihm sklavisch nachzubeten oder seine Irrthümer noch schärfer auszuprägen. Wenn man findet, daß in dieser Zeit des in der Medicin absolut herrschenden Blödsinns gleichwohl die Sterblichkeit der Menschen nicht zunahm, sondern die Menschenzahl trotz fast ununterbrochner Kriege fortwährend stieg, so könnte man daher leicht einen Grund hernehmen, um die ganze Medicin, wenn nicht für schädlich, doch wenigstens für höchst überflüssig zu erklären. Die Volksmedicin war übrigens im Mittelalter im Stillen lange den Signaturen der Pflanzen gefolgt, ehe Paracelsus dieselben zu einer Theorie verarbeitete. Das sagt Paracelsus selbst in einer seiner derben Apostrophen an die Aerzte seiner Zeit: „Aber ihr Aerzte begehret die Zeichen der Kräuter und ihre Form doch nicht anders zu urtheilen, denn wie ein Bauer, und wißt weniger, denn die Bauern. Denn was soll ich sagen, ich habe über achtzig Bauern gekennet, so allein die Kräuter von wegen ihrer Form und Anatomia den Krankheiten vergleicht haben und für meinen Augen damit wunderbarlich und wohl geholfen."[205] Vollendet wurde die Theorie dann von dem italienischen Arzte Joh. Bapt. Porta.[206] In Bezug auf die Rose wendet er

seine Theorie in folgenden Worten an: „Blumen, die eine brennende Farbe
haben, wie die Rose, sind Heilmittel gegen Entzündungen, solche, welche die
Farbe des vom Wein erhitzten Gesichts haben, wie die Rose, heben die
Trunkenheit auf."[207]) Dies wird genügen, um meinen Lesern nun die vollständige Signatur der Rose, wie sie Rosenberg in seinem Rosenbuche
giebt, einigermaßen begreiflich zu machen. Er sagt: „Die noch ungeöffnete
Rose gleicht dem Kopfe, wenn sie sich dann öffnet, so zeigen die zusammen-
gewickelten Blätter die gefurchte und gefaltete Oberfläche des Gehirns, der
kegelförmige röthliche Kelch drückt das Herz aus, auch noch anderen edlen
Theilen ist sie gleich gebaut und ihnen ganz besonders angepaßt, gleichsam
durch eine besondere Gnade der Natur."[208]) Nun wird man sich auch nicht
wundern, wenn nach den damaligen medicinischen Ansichten die Rose bei den
meisten und wichtigsten Krankheiten als Heilmittel auftritt. Hagendorn
zählt nicht weniger als 33 zum großen Theil lebensgefährliche Krankheiten
auf, gegen welche die Heckenrose helfen soll und darunter z. B. Epilepsie,
Wasserscheu, Croup, Blutspeien, Wassersucht, Hämorrhoiden, Kropf und
Podagra. Die salernitanische Schule hat:

„Fenchel, Eisenhart, Rose, die Schwalbenwurz und die Raute,
„Daraus bereite ein Wasser, es heilt die Schwäche des Auges."

und nach Didymus Symphorianus ist Rosenthau das beste Mittel gegen
Triefäugigkeit. Rosenpräparate helfen gegen Liebestränke; Rosenöl, worin
Bienen oder Kanthariden gekocht sind, heilt die Kahlköpfigkeit, und Rosenwasser ist das beste Mittel gegen alle Unreinigkeiten des Teints.[209]) Und
im Allgemeinen tönt das Lob der Rose von allen Seiten: Rosenberg behauptet, „es gäbe kein einfaches, weder ein heimisches noch exotisches Mittel,
welches in der Medicin so nothwendig, so nützlich und so angenehm wäre,
wie die Rose. Und wahrlich, wenn man zusähe, was in den Apotheken ver-
schrieben und bereitet wird, so würde man finden, daß fast jedes dritte
Mittel aus Rosen besteht oder doch mit Rosen vermischt ist." Pomet schließt
seine Beschreibung der Provinsrose mit den Worten: »En un mot, on re-
tire tant de choses des Roses, que sans elles la medicine ne serait
pas si fleurissante, qu'elle est.«[210]) Einige der kostbarsten Arcana der damaligen Zeit bestanden wesentlich aus Rosen, so der aus der Damascenerrose
bereitete „goldene Syrup des Herzogs von Mantua", das „trinkbare Gold

des Rodericus a Fonseca" und „das königliche Geheimniß", welches die Königin Elisabeth von England an Kaiser Rudolph II. schenkte.²¹¹)

An die Medicin schließt sich naturgemäß die Diät an, und das führt mich zu einigen wenigen Bemerkungen über den Gebrauch der Rose in der Küche. Wie auch noch jetzt wohl, wurde Rosenwasser als einer der angenehmsten Zusätze zu vielen Speisen, besonders zu verschiedenen Backwerken gebraucht. Ein strenger Moralist, Arnaud de Villeneuve, tadelte im dreizehnten Jahrhundert den damals übermäßigen Gebrauch der starken Gewürze und verlangte, man solle gebratenes Geflügel nur mit ein wenig Wein, Salz und Rosenwasser genießen. Krünitz in seiner Encyclopädie führt noch zwanzig Recepte zu Rosenspeisen und fünf zur Benutzung der Hagebutten an, und bekanntlich sind in einem leichten Teig gebackene weiße Rosen noch jetzt besonders in Süddeutschland eine vielfach beliebte Speise. Im Ganzen treten diese Delicatessen sehr in den Hintergrund, denn wenn man die Küchenzettel und Rechnungen über große im Mittelalter gegebene Bankette durchsieht, so begegnen dem Auge unglaubliche Mengen von Fleischspeisen aus allen Ordnungen der Thierwelt, dazu viel Hülsenfrüchte und Mehl, kurz lauter sehr solide und nahrhafte Gerichte, aber sehr wenig feinere, auf einen ausgebildeten Zungenluxus deutende Speisen. In Büsching's Buch über das Ritterwesen finden sich an vielen Stellen des ersten Bandes solche Küchenzettel mitgetheilt.

Ehe ich zu einigen wichtigeren Betrachtungen übergehe, möchte ich noch einen flüchtigen Blick auf das Vorkommen der Rose in der weltlichen Malerei werfen. Schon im vorigen Abschnitt habe ich die Rose in der christlichen Malerei betrachtet, und die Beispiele, die ich dort angeführt, ließen natürlich eine große Vermehrung zu,²¹²) eine Vollständigkeit war dort und ist hier durchaus nicht Aufgabe und wohl auch kaum erreichbar. Schon in den römischen Katakomben findet man im Coemeterium Callisti ein Bild Christi als guten Hirten, umgeben von den Jahreszeiten, darunter den Frühling als einen Landmann, der Rosen von einem Strauche bricht. In Rafael's Tagesstundencyklus hat die ora prima di giorno einen Rosenstrauß in der Hand. Auf dem bekannten Bild von Guido Reni, dem Sonnenaufgang, streut die vorausschwebende Aurora Rosen auf die Erde. In den Ufficien von Florenz findet sich das Bild von Sandro

Boticelli „Die Geburt der Venus". Venus steht in einer auf dem Meer schwimmenden Muschel und ringsum regnet es Rosen. [213] In der Farnesina in Rom streuen die Grazien Rosen auf dem Bilde: „Die Hochzeit der Psyche". Lukas von Leyden malte eine Charitas mit zwei Kindern, von denen das eine ihr über ihre Schulter eine Rose reicht. [214] Eine Venus von Titian ruht auf rothem Sammet, der mit weißen Rosen bestreut ist. Auf dem großen Bilde A. Dürer's, „Die Krönung Maximilian's" in der kaiserl. Galerie zu Wien, setzt die h. Jungfrau dem Kaiser eine Krone von Rosen auf das Haupt. — Auch aus der Mosaikmalerei ist hier ein Bild anzuführen, das sich in Rom in der Kirche der h. Susanna befindet. Auf demselben überreicht der h. Petrus dem vor ihm knienden Karl dem Großen eine mit Rosen übersäete Fahne.

Ich habe bis dahin zu zeigen gesucht, welche große Rolle die Rose im Volksleben der germanischen Nationen spielte, als Prüfstein für die Richtigkeit dieser Darstellung und zugleich als die beste Bestätigung will ich jetzt noch die Sprache vorführen, in der sich immer Alles, was im Geiste eines Volkes lebt, am treusten ablagert. Es kann nicht hier die Aufgabe sein, alle Dichter jener Zeit bis etwa zum Ende des siebenzehnten Jahrhunderts auszuziehen und zu zeigen, wann, wo und wie sie von der Rose Gebrauch gemacht haben. Es giebt keinen Dichter, der geglaubt hat, die Rose entbehren zu können, und tausenden von Gedichten hat sie Ueberschrift und Inhalt verliehen. Vieles davon findet sich für den, der solche poetische Brocken liebt, zerstreut bei Döring und Biedenfeld. Bei der Betrachtung der Griechen und Römer war das etwas Anderes, dort fehlt uns das Material der Volksdichtung, war auch (den Homer vielleicht abgerechnet) wohl nie vorhanden. Für die Entwickelung des deutschen Lebens und Geistes hatten wir aber als Zeugen die Fülle der Volkslieder, die im Obigen auch für diesen Zweck, wenn auch wohl lange nicht erschöpfend, doch, wie ich meine, genügend benutzt sind. Die Dichter selbst aber müssen wir dem sinnigen Leser der deutschen Dichterwerke auch selbst überlassen; doch bleibt die Sprache uns noch als ein sehr wichtiger Zeuge für das, womit sich unser Volk beschäftigte, was in seinem Vorstellungsspiele lebte. Und da können wir wohl aussprechen, daß kein Gegenstand der Natur so von dem Deutschen in seiner Sprache nach allen Seiten hin verwerthet ist, als gerade die Rose. Rose, rosig, rosen-

farben, rosenroth, Rosen der Jugend, Rosenwangen, Rosenlippen, Rosen=
mund, Rosenzeit sind nicht Eigenthum der Dichter, sondern gehören der
Sprache des gemeinen Lebens an. Nach Farbe, Form, Duft, sowie nach
ihrer Schönheit überhaupt ist die Rose in die Sprache aller Stände, aller
Berufsarten übergegangen, um als Gleichniß zur Bezeichnung eines Gegen=
standes zu dienen.

Zunächst drängt sie sich in der Namengebung auf: Rose, Röschen,
Rosalinde, Rosamunde, Rosaura, Rosalie, Rosine; als Fami=
liennamen: Rosa, Rosas, Rosebom, Rose, Rosenbach, Rosen=
busch, Rosenhain, Rosenstengel, Rosenzweig u. s. w. — Pott [215])
führt einige 60 auf. Nicht minder häufig findet sich die Rose in Ortsnamen,
als Rosa, Rose, Rosen, Rosenau, Rosenberg, Rosengarten,
Rosenthal, Rosenwinkel; in Ritter's geograph. Wörterbuch finden
sich über 150 solcher Namen. Die Schifffahrtskunde hat ihre Windrose;
an den musikalischen Instrumenten (Schallöcher) [216]), unter den Farben der
Maler, bei der Beeteintheilung der Gärtner, bei der Arbeit der Putzmacherin,
bei Goldschmieden und Juwelieren, in den Filzhüten wie in den Thürschlös=
sern, an den Pferdegebissen wie im Bruche des Stahls, überall finden wir
Rosen, Röschen, Rosetten.

In der Botanik geben die Farben, die Form der Blumen und die Zu=
sammenstellung der Blumenblätter die Mittel zur Beschreibung anderer
Blumen, und unzählige Blumen werden nach dieser oder jener Aehnlichkeit
auch Rosen genannt, z. B. Adonisröschen, Himmelröschen, Stock=
rose, Pappelrose, Alpenrose, Cistrose, Sonnenrose, Lorbeer=
rose, Gichtrose, Klatschrose und zahlreiche andere Blumen. Bei den
Thieren hat der Hirsch am Gehörn Rosenstock und Rose, und nach der
Rose werden unzählige Thiere benannt, von der Rosenkoralle und
Klippenrose bis zur Rosendrossel und dem Rosenaffen. Ja selbst
die Mineralogie hat ihr Rosenblei, Rosengut (Zinkvitriol), Rosen=
quarz, ihre Gypsrosen u. s. w. — Wie viele Krankheiten benennt der
Mediciner nach der Rose. — Und soweit sich diese Namen auf einheimische
Gegenstände beziehen, sind sie größtentheils uraltes Eigenthum unseres
Volkes, stammen aus der Sprache des Bauern, Hirten, Jägers und Berg=
mannes und sind älter als die wissenschaftlichen Namengebungen.

Auch die Schriftsteller liebten es, gerade wie wir das später bei den Persern finden werden, ihre Bücher Rose, Rosengarten, Rosengebüsch u. s. w. zu taufen, wenn die Rose auch gar nicht in ihnen vorkam. So haben wir medicinische Handbücher unter dem Namen »Rosa anglica«, »Rosa gallica«, einen „Rosengarten der Hebammen"; alchemistische Bücher als „Philosophisches Rosenbeet" und „Hermetischen Rosenkranz"; theologische Werke als »Rosa poenitentialis biblica«, „Blut- und Liebesrosen", »Rosa pentaphylla«, „die güldene Rose"; Geschichte als „Historisches Rosengebüsche"; lateinische Stilübungen als „Rosengebüsch"; Logik als »Rosarium logices« und Astronomie als »Rosa Ursina«. [217] Es wird hier der beste Ort sein, noch ein paar größere Gedichte über die Rose zu erwähnen, von Jan. Guillielmus, Valens Acibalius und Jan. Passerat in lateinischer Sprache und entsetzlich hölzern und poesielos. [218] Endlich ist hier noch ein seiner Zeit viel besprochenes, angefeindetes und vertheidigtes und wohl noch mehr gelesenes Buch zu nennen, nämlich der Roman de la rose. Es ist eine „Kunst zu lieben" nach Art des Ovid und sehr lasciv geschrieben; die Rose kommt nur ganz beiläufig darin vor. [219] Es ist die ganze absurde Eitelkeit und Selbstgefälligkeit eines französischen Narren, wenn Et. Pasquier dies unbedeutende Machwerk Dante's göttlicher Komödie gleichstellt. Etwas bedeutender ist das Gedicht von William Dunbar »The Thistle and the Rose«, welches derselbe auf die Vermählung Heinrich's IV. von Schottland mit Heinrich's VII. von England Tochter Margaretha verfaßte. [220]

Auch in zahlreichen sprichwörtlichen Redensarten ging die Rose in die Sprache ein: „Keine Rose ohne Dornen", „Wer Rosen nicht im Sommer bricht, der bricht sie auch im Winter nicht", „Wer die Rose will, darf den Dorn nicht scheuen", „Vergänglich wie die Rose".

„Daß man der Dornen acht't,
„Das haben die Rosen gemacht."   Lehmann.
„Zeit bringt Rosen, nicht der Stock."   Seb. Franck. [221].

Auf alten Trinkgläsern findet sich nicht selten der Spruch:

„Was wir all hier thun kosen,
„Das bleibe unter der Rosen." [222]

und Aehnliches wiederholt sich in mannigfacher Form, z. B. bei Murner:

„Sprich das unter der Rosen oder bichtwyhß", und „Ich hab unter rothen Rosen geklafft, gefallen und gekosen"; ferner bei Kaisersberg: „Was wir hie kosen, das bleib unter der Rosen", 223) und bei Sebastian Brant:

> „und daß er's unter der rosen hett'
> „und jn din eigen herz geredt." 224)

Vielfach wird erzählt, daß es Sitte sei, nach Einigen vorzugsweise im Norden, nach Anderen in Franken, bei Gelagen über der Tafel eine Rose aufzuhängen, zur Mahnung, daß das, was unter dieser Rose (sub rosa) etwa in der Weinlaune gesprochen werde, nicht ausgeplaudert werden dürfe. 225) Zuweilen findet man auch bei einer solchen steinernen oder hölzernen Rose an der Decke die Inschrift: „Under der Rosen". Auch in Berathungssälen der Rathsherren findet man oft eine Rose an der Decke, z. B. in Lübeck, und sehr häufig findet man an alten Beichtstühlen eine Rose über dem Eingang angebracht, z. B. in der Stephanskirche zu Wien, wie im Dome zu Worms. 226) Schon im sechszehnten Jahrhundert ist die auch noch jetzt geläufige Redensart ganz allgemein: „Ich sage dir das sub rosa", d. h. unter dem Siegel der Verschwiegenheit. Der Ursprung dieses Gebrauches ist zur Zeit noch völlig unaufgeklärt. Alles, was man gesagt hat, um es aus dem Alterthum und insbesondere von den Griechen abzuleiten, ist völlig aus der Luft gegriffen. Auch Winckelmann 227) hat sich durch ein Epigramm des Mittelalters täuschen lassen, welches aber offenbar erst hinterher gedichtet ist, um dem schon bestehenden Gebrauch eine Deutung unterzulegen. Das Epigramm lautet:

> „Rose, Blume der Venus, dich gab dem Harpokrates Eros,
> „Daß im Verborgenen bleib', was die Mutter gefehlt.
> „Darum hänget der Wirth die Rose über die Tafel,
> „Daß, was darunter gesagt, weise verschweige der Gast." 228)

Den jungen Horus, den Sohn des Osiris, lernten die Griechen unter dem Namen Harpokrates (das heißt Har-pa-chrud = Horus-das-Kind) erst spät, jedenfalls erst unter den Ptolomäern kennen, also zu einer Zeit, als die mythenbildende Periode längst vorüber war; schon deshalb kann Harpokrates nicht in die Aphroditemythe verflochten sein. Auch machten die Griechen den Harpokrates nur in Folge eines gründlichen Mißverstandes seiner Abbildungen zum Gott des Schweigens.

Er wird nämlich dargestellt mit dem Finger am Munde, was aber einfach das Symbol des Saugens ist und Kind bedeutet. ²²⁹) Auch nicht eine einzige Stelle bei den Alten giebt eine Andeutung, daß sie die Rose als ein Symbol der Verschwiegenheit gekannt hätten und noch weniger den Gebrauch, den man im Mittelalter davon am Zechtisch machte. Ja wir können aus einer Stelle des Horaz fast einen entschiedenen Beweis hernehmen, daß ihnen diese Sitte unbekannt war. In einem graciösen Einladungsbillet an den Torquatus, in dem er mit behaglicher Breite und Genügsamkeit alle seine kleinen Hauseinrichtungen vorführt, sagt er auch: „Ich werde schon sorgen, daß Niemand da sei, der das, was unter vertrauten Freunden gesprochen, über die Schwelle trage." ²³⁰) Hätte er den Gebrauch gekannt, hier hätte er gewiß an ihn erinnert. — Im Mittelalter wird noch des Sprichwortes erwähnt: „Ich hasse einen Zechgenossen mit gutem Gedächtniß." ²³¹) In einem „Bäbeker" des siebenzehnten Jahrhunderts kommt die Lebensregel vor: was man bei Mahlzeiten sehe oder höre, ja nie weiter zu tragen. Dabei wird bemerkt, daß es in manchen Gegenden Sitte sei, den das Haus betretenden Gästen die Schwelle zu zeigen mit den Worten: „Darüber hinaus darf nichts." ²³²) Das Alles erklärt wohl, wie wünschenswerth Verschwiegenheit da ist, wo der Wein die Zunge löst und Manches hervortreten läßt, was man sonst „im Busen gern bewahren möchte", aber es giebt keine Andeutung darüber, wie die Rose zum Symbol dieser Verschwiegenheit geworden. Zur Zeit, bis sich etwa neue Quellen eröffnen, wüßte ich nur auf zwei Punkte hinzuweisen, die, beide in rein germanischer Anschauungsweise begründet, möglicherweise dahin geführt haben könnten, der Rose jene eigenthümliche Bedeutung zu verleihen. Ich erinnere einestheils an die Bedeutung, die ich oben für die Heckenrose in Anspruch genommen habe. Wenn sie die heiligen Haine, die Opferstätten umschloß, so sicherte sie damit auch, den Profanen abhaltend, die Unverletzlichkeit der Kultusgeheimnisse, und wohl mag das schon früh die Vorstellung erweckt haben, daß die Rose den Beruf habe, Geheimnisse zu schützen; werden doch auch in Legende und Märchen zur Tödtung bestimmte, aber durch höhere Mächte erhaltene Kinder häufig durch dichte Rosenhecken gegen zu frühe Entdeckung geschützt. Hatte sich so diese Vorstellungsweise einmal eingeschlichen, so konnte um so leichter eine Zunftgenossenschaft darauf kommen, indem sie ihre Satzungen einem neu Aufzunehmenden unter dem Eid der Verschwiegenheit mittheilte, überhaupt die Rose zum Symbol der Bewahrung der Zunftgeheimnisse zu machen, wie wir es nach dem früher Mitgetheilten bei den Bauhütten des Mittelalters finden. Von der „Morgensprache" (den Zunftversammlungen) der Gewerke ging dann die Rose auf ihre Mahlzeiten beim Freisprechen der Gesellen, beim Meisterwerden u. s. w. über und verbreitete sich dann von hier aus auch auf die nicht zünftigen Zechgelage. Ebenso ging dann aber auch durch die Baumeister die Rose als Mahnung zur Verschwiegenheit auf die Rathsäle und auf die Beichtstühle über. So erklärt es sich denn auch ganz gut, weshalb wir vor dem Ende des dreizehnten Jahrhunderts, bis nämlich die Bauhütten sich von Straßburg aus in Deutschland verbreitet hatten, von jener Bedeutung der Rose, jener Verwerthung derselben und der Redensart sub rosa keine Spur finden.

Habe ich somit die Rose auch durch die Sprache verfolgt, so wird mir jetzt nur noch übrig bleiben zu fragen: welche Rosen kannten denn unsre germanischen Vorfahren, wie stand es um die wissenschaftliche Betrachtung dieser Blume? Wir haben in einem früheren Abschnitt gesehen, daß es schwer hält, wo nicht unmöglich ist, über die Rosenkenntniß der Griechen und Römer ins Reine zu kommen. Aber wir sahen doch, daß sie mehr als eine Rose kannten, daß sie sie in der Natur sorgfältig beobachtet hatten, ja daß auch die Männer der Wissenschaft, ein Theophrast, Dioscorides, Plinius sich wesentlich mit ihnen beschäftigt hatten. Es war ein Grund gelegt, auf dem fortgebaut werden konnte. Aber vergebens sehen wir uns nach Zeugnissen für eine solche Geistesarbeit um. Auf den Plinius folgen fast 1300 Jahre der fast absoluten geistigen Nacht. Wohl excerpirten und commentirten anfänglich noch einige Nachzügler den Dioscorides, aber so wie die Philosophie und die Medicin gänzlich in den wüstesten Aberglauben, den Dummheit und Unwissenheit groß zogen, sich verloren, so ging es auch den Naturwissenschaften. Bei Griechen und Römern ging jedes wissenschaftliche Interesse, jedes Streben nach Wahrheit unter und bei den Germanen konnte es noch nicht erwachsen, weil es, eine kurze Zeit unter Karl dem Großen ausgenommen, an allen Schulen fehlte, die etwas Anderes leisteten, als die Menschen noch dummer und unwissender zu machen, als sie von Natur waren. Die sogenannte Wissenschaft blieb ganz auf die

Mönche beschränkt, die ihre Muttersprache, von der sie ohnehin meist nur
den gemeinsten Volksdialekt sprachen, fast aufgaben, dafür eine haarsträu-
bend geringe Kenntniß des Lateinischen eintauschten, vom Griechischen gar
nichts verstanden und in allem realen Wissen unwissender waren, als ein
etwas von Natur begabter Bauer. Ein Muster einer solchen Arbeit, noch
dazu von einem Bischof, ist das „Buch der Ursprünge" (oder Etymologien)
des Spaniers Isidor. 233) Die absurdesten etymologischen Spielereien
liefern glänzende Beweise von seiner sprachlichen Unwissenheit, und überall
schreibt er aus anderen Büchern selbst die tollsten Fabeln aus, ohne auch
nur irgend ein Ding in der Natur selbst angesehen zu haben, d. h. ohne
selbst zu wissen, wovon er spricht. Ebenso traurig sind die späteren Mönchs-
arbeiten eines Walafridus Strabus, 234) des pseudonymen Mönches
Flor. Macer, des Alfred, des falschen Albertus Magnus, Vincentius von Beauvais und vieler Anderer. Wenn man einen Tyroler-
burschen von der Alm riefe, ihm Kant's Werke vorlegte und verlangte, er
solle nun ein Buch über die Kantische Philosophie schreiben, es könnte kaum
erbärmlicher ausfallen, als Alles, was jene geistlichen Herren über Naturkenntniß zusammengesudelt haben. Sie schreiben nur ab, was sie bei mangel-
hafter Sprachkenntniß aus den Alten herausbuchstabirten, und brachten die
einheimischen Pflanzen, ohne sie zu kennen, bei den Namen des Dioscorides und Plinius unter. Selbst die, welche sich sowohl in Italien
als in Deutschland aufgehalten hatten, merkten nicht, daß im südlichen
Europa andere Pflanzen als im nördlichen wachsen, weil sie, wie ihnen
noch Galilei mit Recht vorwirft, gar keine Ahnung davon hatten, daß
man aus der Betrachtung der Natur etwas lernen könne. 235) Erst das im
vierzehnten Jahrhundert wieder erweckte Studium der Klassiker in ihrer un-
verfälschten Gestalt führte zu der Entdeckung, daß es eine Natur gäbe und
daß die Alten gerade dadurch groß geworden seien, daß sie nicht Bücher
excerpirt, sondern die Natur selbst studirt hätten. Von den schon durch die
Araber etwas besser geschulten Aerzten 236) ging dann das Studium der
Pflanzenwelt in eine neue Phase über, die mit Ueberspringung des ganzen
in mehr als tausend Jahren aufgehäuften Quarkes unmittelbar wieder an
die Geistesheroen der Alten anknüpfte und dann, aber auch erst dann, nach-

dem man jenen Standpunkt mit Mühe wiedererrungen hatte, über denselben weit hinaus führte.

Nach dem so eben Ausgesprochenen dürfen wir daher nicht viel Gewinn aus dem Studium der Botaniker bis zum Beginn des siebenzehnten Jahrhunderts hoffen. Das Wenige, was sich daraus entnehmen läßt, ist indessen, wie sich später zeigen wird, doch nicht ohne Interesse. Halten wir uns zunächst an die mittelalterlichen Dichtungen, so ist oben gesagt, wie der Rosengarten wohl ursprünglich nichts ist, als der mit wilden Rosen eingehegte heilige Hain. Als die heidnische Bestimmung aufhörte und er, wie ebenfalls oben ausgeführt, ein Platz für die Frühlingsfeier wurde, pflanzte man wohl auch in ihm wilde Rosen an, um dort gleich bei der Lenzesfeier durch die von Altersher gefeierte Blume begrüßt zu werden. Man muß mit dem Worte Garten für jene Zeit überhaupt nicht die Bedeutung verbinden, die das Wort jetzt für uns hat. Garten heißt ursprünglich nichts als „eingehegter Platz", wahrscheinlich verwandt mit garder „wahren", wie noch jetzt im Norwegischen gaard ungefähr so viel wie Hofraithe, z. B. Praeste gaard, Pfarrhof, d. h. Haus, Hof und Garten des Pfarrers. Erst viel später wurde Bezug auf den Inhalt genommen und durch Zusätze bezeichnet: Baumgarten, Krautgarten, Würzgarten. Der Blumen- oder Lustgarten tritt erst am spätesten auf. In zahlreichen Liedern und Dichtungen gehen Bauer und Bürger nicht in den Garten, sondern in Feld und Wald, auf Wiese und Haide, um Rosen zu pflücken;[237] die Rose des Volkes war also die ursprünglich einheimische wilde Rose, die man aber nach ihren mannichfachen Formen nicht besonders unterschied und benannte. Höchstens wurde der Farbe der Blüthe nach rothe und weiße Rose neben einander gestellt. Gänzlich unbekannt waren unseren Vorfahren die im Süden schon früh geschätzten gefüllten Spielarten, die erst ganz allmälig am Ende des Mittelalters sich nach und nach, erst in Frankreich und Holland, dann in Deutschland einbürgerten, und zwar sind es hier ganz charakteristisch die großen Handelsstädte Nürnberg, Frankfurt, Basel u. s. w., die mit Italien in Geschäftsverkehr standen, in deren Gärten die gefüllten Rosen zuerst auftreten. Die älteste deutsche Nachricht über Rosen finden wir in Karl's des Großen Verordnungen über die Verwaltung seines Staates; er nannte dieselben, weil er sie gleichsam nach ihrem

Inhalt in Kapitel eintheilte: Kapitularien. Eins darunter führt die Ueberschrift: „Ueber die kaiserlichen Landgüter und Gärten."²³⁸) Darin zählt Karl der Große die Obstbäume, Gemüse und Heilpflanzen auf, deren Anbau er auf seinen Gütern anbefiehlt. Hier werden denn auch „Rosen" genannt. Ernst Meyer glaubt, daß dies Pflanzenverzeichniß auch eine beträchtliche Anzahl von Zier- und Heilpflanzen umfasse; wohl von diesem Gedanken befangen, erklärt er dann »Rosa« als »Centifolia«. Ich finde in dem Verzeichniß nicht ein einziges, nur als Zierpflanze zu betrachtendes Gewächs, und deshalb kann ich unter „Rose" auch nur die einfache, als Heilmittel in vielfacher Weise so hochgehaltene Heckenrose verstehen.²³⁹) Es ist wohl schwerlich zu erweisen, daß man diesseits der Alpen vor dem Ende der Kreuzzüge eine gefüllte Rose gekannt habe, und wunderbar wäre es, daß, wenn schon damals auf Kaiser Karl's des Großen sämmtlichen, über ganz Frankreich und Deutschland zerstreuten Domänen die Centifolie kultivirt worden wäre, diese schöne Blume so völlig wieder verschwunden sein sollte, daß die Botaniker der nächsten Jahrhunderte gar keine gefüllte Rose, sondern nur die einfache wilde kennen, und daß die Centifolie später ganz allgemein nur als die holländische oder batavische, d. h. die aus Holland eingeführte Rose bezeichnet wird.

Wohl mögen schon früh bei Häusern und Gehöften Plätze zum Anbau von Gemüsen (zumal Kraut und Rüben) *) eingehegt worden sein, doch finde ich erst spät die Erwähnung von Gärten. Augsburger Statuten vom Jahre 1276 erwähnen des Anbaus verschiedener Gewürzkräuter wie Salbei, Raute und Polei „in Gärten"; in dem Landbuche von Oesterreich aus dem dreizehnten Jahrhundert kommen „Chrautgarten" und in einer Urkunde vom Jahre 1347 Kaps- oder Kappus-**)(Kopfkohl-) Gärten vor.²⁴⁰) Daß schon früher bei den Klöstern kleine Würzgärtlein waren, hat eine andere Bedeutung, denn anfänglich machten die Mönche sich allerdings auch als die leiblichen Heilkünstler nützlich, da sie noch allein den Dioscorides lesen konnten. Wo aber ein Arzt ist, muß eine, wenn auch noch so kleine Apotheke sein, und das stellen eben jene Würzgärtlein vor. Als die Klöster aber

---

*) Daher die Anwendung zum Gleichniß für ein ungeordnetes Durcheinander.
**) Dies Wort kommt noch jetzt, gerade wie „Kohl", als Personenname vor. Auch jetzt noch heißt in der Umgegend von Leipzig bei den Landleuten der Samen des Kopfsalates „Kappsamen".

so schnell durch Erbschleicherei und dumme Bigotterie der Besitzenden reich wurden, da wurden auch die Mönche zu faul zur Praxis und Arzneikräuterzucht, man überließ das den Laien. Die Anzucht der zum medicinischen Gebrauch nöthigen Pflanzen blieb lange Zeit die einzige Aufgabe der Gärten außer der rein ökonomischen. Eine Bearbeitung der Genesis in deutschen Versen aus dem zwölften Jahrhundert (oder noch älter) schildert das Paradies und die darin blühenden Pflanzen, unter denen auch Rosen sich befinden; die betreffenden Verse zeigen, daß der Phantasie des Dichters nichts Anderes, als ein solches medicinisches Würzgärtlein vorschwebte. 241) Mehr als solche waren denn auch nicht die ersten botanischen Gärten der medicinischen Schulen und später der Universitäten, deren ältester wohl der vom Magister Gualterus 1333 mit Unterstützung der Republik Venedig angelegte war, 242) dem dann, aber erst 1545, der auf Professor Buonafede's Ansuchen an der Universität Pisa gegründete Garten folgte. 243) Erst sehr viel später wurde die wissenschaftliche Erforschung der Pflanzenwelt ohne besondere Berücksichtigung der officinellen Pflanzen Aufgabe der botanischen Gärten. Etwas früher, schon im fünfzehnten Jahrhundert entstanden die Gärten einiger italienischen Fürsten und Edelleute, besonders die der Medicäer, und mit ihnen tritt eigentlich erst der Gedanke an Zier- oder Lustgärten in die Wirklichkeit. In Frankreich arteten dieselben schnell in den von Le Notre im Garten von Versailles zur Vollendung erhobenen, aller Natur Hohn sprechenden Karikaturstil aus. Bei den Deutschen folgten erst spät die großen Handelsherren in Ulm, Augsburg (Hochstetter, Fugger, Herbart, Herwart), Nürnberg (Stephan von Hausen) u. s. w. und die Fürsten. Man blieb aber hier länger bei der Natur und der Freude an schönen Blumen stehen. Fugger kultivirte 1565 die erste Moschusrose, 1559 war bei Herwart die erste Tulpe in Deutschland zu sehen. Hausen brachte 1579 die ersten Crocus in seinen Garten, und in Gartenbüchern werden „Ulmer" Rosen als eine besondere Art angeführt. Dem kaiserlichen Garten in Wien stand mehrere Jahre der berühmte Botaniker Clusius vor und pflanzte hier 1588 die ersten zwei aus Belgien eingeführten Kartoffeln an. 244)

Es handelt sich hier um die Zeit der tiefsten Erniedrigung im Geistesleben der europäischen Menschheit. Die romanische sittliche und geistige

Verkommenheit blieb stehen und wirkte fort, denn nur sehr langsam vollzog sich der Prozeß, durch den die Führerschaft der geistigen und sittlichen Fortschrittsaufgabe der Menschheit auf die jugendliche Kraft der Germanen übertragen wurde. Schon der Uebergang des gewonnenen geistigen Inventars, das von den älteren Völkern zu unfruchtbarem Besitz zähe festgehalten wurde, auf die neuen Vorkämpfer der Menschheit, erforderte große Anstrengungen und Kämpfe. Die so vielfach überschätzte und einseitig gepriesene Renaissance war keineswegs ein neuer geistiger und sittlicher Aufschwung bei den Romanen, sondern nur eine Erneuerung des Luxus der römischen Kaiserzeit. Die zahllosen selbstständigen, von jedem staatlichen Verbande fast abgelösten und selbstsüchtigen italienischen Fürsten hielten sich, wie die Großen der römischen Kaiserzeit, Gelehrte und Philosophen zu ihrer Unterhaltung wie eine Art Hofnarren. Von einer Einwirkung des sogenannten Wiedererwachens der Wissenschaften auf geistige und sittliche Erhebung war nichts zu spüren. Die Vornehmen versanken nur vollends in höhnenden Atheismus, blieben materialistisch roh und moralisch verworfen. Das Volk blieb dumm und verkommen, und wer etwa versuchte, sich desselben anzunehmen, wurde nach wie vor verfolgt, eingekerkert oder verbrannt. Selbst dem enthusiastischsten Lobredner der Renaissance, Burkhardt, ist es nicht gelungen, diese faule Seite der ganzen Zeit zu verdecken. In der finsteren Zeit waren es zwei Deutsche, die wie helle Sterne durch die allgemeine Nacht glänzten, aber auch beide, weil sie weit der langsam sich entwickelnden Zeit voraus waren, bald wieder erloschen. Der erste ist am Ausgang des achten Jahrhunderts Karl der Große, dessen wunderbare Schöpfungen schnell unter der Leitung der unwissenden und unfähigen römischen Priester wieder zu Grunde gingen, und der zweite in der Mitte des dreizehnten Jahrhunderts Albrecht von Bollstädt, bekannter als Albertus Magnus. Dieser war es, der mit genialem Blick die dem Abendlande zugetragenen Schriften der Alten erfaßte, in Uebersetzungen der Originalwerke seiner Zeit zugänglich machte und, was mehr sagt, in ihrem Sinne geistig fortarbeitete. Aber seine Wiederbelebung des Aristoteles, die er der widersprechenden Kirche abrang, verkümmerte sogleich zur dürren, jedem dogmatischen Unsinn, jedem tollen Aberglauben als feile Magd dienenden Scholastik; sein wunderbares Buch „über die Natur der Gewächse" verschwand nach zwei Ausgaben gänzlich aus dem Gedächtniß der Mitwelt, während die gleich nach ihm unter seinem erlogenen Namen erschienene Sudelei über die „Wunder der Welt, der Thiere, Pflanzen und Steine", ein Meisterstück der Unwissenheit und des blödesten Aberglaubens, dreißig Auflagen erlebte. 245)

Wenden wir uns nach diesen Vorbemerkungen nun zu den Schriftstellern über Naturgeschichte, so sind es nur zwei Punkte, an die ihre Thätigkeit anknüpft, an die Arzneimittellehre des Dioscorides und die Heilkunst, und einige Wenige an die Schriften der Alten über den Landbau. Wie schon gesagt, ist anfänglich alles Wissen nur das oft sogar sinnlose Abschreiben der Alten. Isidor (um 700) in seinem „Buche der Ursprünge" nennt die Rose nur und leitet ihren Namen gewaltsam genug von der rothen Farbe ab. Walafridus Strabus (um 850) hat ebenfalls nur das Wort „Rose" und macht dazu aus den Versen der Alten einige neue Verse. Im Anfang des zehnten Jahrhunderts erst erschienen die sogenannten Geoponica, Excerpte aus den Schriften der Alten über den Landbau. Um die Mitte des zwölften Jahrhunderts nennt die h. Hildgarde von Bingen in ihren Büchern über die Natur die Rose und giebt dazu die medicinische Anwendungsweise. 246) Auch das etwa um diese Zeit verfaßte Gedicht über die Schöpfung 247) nennt nur das Wort Rose. In der Mitte des dreizehnten Jahrhunderts erschien der „große Spiegel" des Vincenz von Beauvais, worin nur der h. Ambrosius, Isidor, Plinius und einige Aerzte excerpirt sind zu dem Wort »Rosa«; wovon er spricht, erfährt man aber nicht. Gegen Ende dieses Jahrhunderts schrieb Bartholomäus Anglicus sein Buch über die Eigenschaften der Dinge. 248) Hier finde ich zuerst den Unterschied von zahmen oder Gartenrosen und wilden erwähnt, dabei wird bestimmt gesagt: „die Gartenrose wird vernachläßigt und unbeschnitten zur wilden und die letztere durch häufiges Verpflanzen und gute Pflege zur zahmen Rose", d. h. die Gartenrose ist nur eine gefüllt gewordene wilde. Aus dem ganzen vierzehnten Jahrhundert ist nichts zu bemerken, erst gegen Mitte des fünfzehnten Jahrhunderts erscheint das „Puch der Natur" von Conrad von Megenberg. Das Buch ist deutsch geschrieben, unterscheidet den Hagdorn von der Rose; von der letzten, „dem Rosenpaum", wird nur der medicinische Nutzen angegeben, der Hagdorn aber wird beschrieben, so daß man die „Weinrose" erkennt, und unterschieden vom „Rosendorn" oder „Veltdorn", welches wohl die „Hundsrose" ist, aber nicht weiter besprochen wird. Hier liegt offenbar schon etwas Naturbeobachtung vor, woraus denn sogleich Beschreibung und Unterscheidung erwächst.²⁴⁹)

Aber mit diesen schüchternen Anfängen war noch nicht viel gethan. Die nächste Zeit wird ausgefüllt mit den zum Gebrauch der medicinischen Schüler bestimmten Kräuterbüchern, wirklich entsetzlichen Sudeleien nach Text und Holzschnitten, die von nun an als Hülfsmittel des Studiums auftreten. Die erste Ausgabe des »Herbarius« (Mainz, 1484) nennt die Rose, fügt dazu kurz den medicinischen Gebrauch und einen Holzschnitt, eine Pflanze mit einfachen und einigen dreizähligen Blättern darstellend, deren Blumen vier lange spitze Kelchblätter und vier Blumenblätter zeigen. Eine spätere Ausgabe (Passau, 1486) ist bloßer Abdruck der ersten. Die dazwischenliegende Ausgabe (Mainz, 1485) hat zwar den Text unverändert, aber statt des erwähnten Holzschnittes einen Zweig mit gefüllten großen Rosen, der gar nicht übel gezeichnet ist.²⁵⁰) Am Ende des fünfzehnten Jahrhunderts erschien, wahrscheinlich zuerst lateinisch und dann ins Deutsche übersetzt der »Ortus sanitatis« oder „Gart der Gesundheit", beide in zahlreichen Ausgaben. Es sind dürftige Compilationen aus vorhergehenden Schriftstellern. Die Ausgabe von 1517 nennt die Rose, aber ohne nähere Beschreibung, und giebt in Holzschnitt die Abbildung zweier Rosen, beide einfach, vielleicht die Heckenrose und die Weinrose. Das zuerst 1471 erschienene Buch des Petrus de Crescentiis gehört jedenfalls noch dieser Periode an. Das Kapitel von den Rosen lautet (abgesehen von dem medicinischen Nutzen): „Rosen sind bekannt, etlich weiß, etlich rot, etlich heymisch, etlich wild. Die weißen, heymisch und wild, haben starke Stacheln und machen gute Zäune, die roten haben schwache gertlin und Dörner." — Der Holzschnitt ist ein Rosenbusch mit einfachen Blättern. Dürftiger kann wohl nichts gedacht werden.²⁵¹)

Bis so weit finden wir in der betreffenden Literatur entweder völlige Unbekanntschaft der Verfasser mit den Gegenständen, über die sie schreiben, oder eine höchst dürftige Kenntniß der in Deutschland wild wachsenden Rosen, die aber weder unter einander noch von anderen Rosen unterschieden werden. Von nun aber gewinnt die Arbeit ein anderes Ansehen in so fern, als man anfängt, die Pflanzen auch über den Kreis der hergebrachten medicinischen Kenntnisse hinaus ihrer selbst wegen ins Auge zu fassen, als man ferner anfängt, die einheimischen Pflanzen sorgfältiger zu erforschen, und dabei allmälig zu der Entdeckung kommt, daß dieselben großentheils nicht diejenigen seien, von denen die Alten sprechen, und als man drittens schüchtern anfängt, die Pflanzen nicht nur zu nennen, sondern auch zu beschreiben. Aber Leonhard Fuchs (um 1550) bleibt vorläufig noch bestimmt bei der Eintheilung in wilde und kultivirte Rosen: „wilde und tamme", stehen und bemerkt nur, daß es bei beiden weiße und rothe gebe. Von der Rose im Allgemeinen bemerkt er noch, eine Beschreibung sei überflüssig, da die Rose jedermann bekannt sei, — ein Ausspruch, dem wir auch bei Matthioli (von 1548 an), ja selbst bis ins achtzehnte Jahrhundert hinein begegnen; Tabernämontanus (1592) schränkt diese Worte ganz bestimmt auf die beiden wilden Arten, die Hundsrose und Feldrose, ein. Schon bei Conrad von Megenberg findet man den deutschen Namen „Hagdorn" für die Hundsrose, auch werden „Rosendorn" und „Felddorn" erwähnt. Bei Fuchs werden die Volksnamen „Heyderose", „Hagherose" und „Wildrose" angeführt. Bei Bock (1553) finden wir „Heckenrosen", „die lieblichen Morgenröslein" (auch Weinrosen, Frauendorn, Mariendorn genannt), „Haberrosen" oder „Feldrose" und „Hanbüttel". Die größte Verwirrung wurde aber immer noch dadurch unterhalten, daß man die Rosen (natürlich ganz willkürlich und daher bei den verschiedenen Schriftstellern verschieden) mit den Namen der alten, besonders des Plinius bezeichnete. Bock unterschied zuerst bestimmt vier wilde Rosen und stellte denen die zahmen Rosen im Ganzen gegenüber. Die Abbildungen, die man gab, stellten anfänglich eine einfache wilde Rose dar, dann eine einfache und gefüllte auf zwei an einander geschmiegten Sträuchern, z. B. bei Bock (Tragus). Das Kräuterbuch von Adam Lonicer (1587) hat sogar nur einen Strauch, der auf der einen Seite einfache, auf der anderen gefüllte Rosen trägt. Anfänglich findet sich keine Beziehung der Abbildung auf eine bestimmte Rosenart. Nur Dodonäus (1583) hat drei bezeichnete Abbildungen, die zahme, die wilde und die „Dünenrose". Molinäus (1586) spricht noch bestimmt aus, daß die wilden Rosen durch Kultur in den Gärten zu zahmen werden, doch giebt er von einigen Gartenrosen schon an, wo sie wild wachsen. Camerarius (1588) unterscheidet schon acht Rosenarten, Plantinus (1591) zehn. Clusius (1601) nennt zuerst die »Centifolia«, die er als „holländische" (batavica) bezeichnet; er behandelt sie als etwas noch Seltenes und nennt nur einen Garten Deutschlands, in Frankfurt a. M., wo er sie gesehen. Allmälig vermehren sich die Gartenrosen, aber auch die Arten der wilden Rosen, und so kommen wir denn endlich zu Caspar Bauhin's großem Werke, das 1623 in Basel erschien, mit dem ich aus doppeltem Grunde hier abschließe, denn erstens sind wir jetzt an den Schluß des Mittelalters gelangt, und dann ist C. Bauhin der letzte botanische Schriftsteller, bis auf welchen Linné zurückgeht, daran verzweifelnd, den Pflanzennamen der Vorgänger desselben eine irgendwie sichere Bedeutung beilegen zu können.[252] Bauhin theilt auch noch in „zahme Rosen" (Rosa sativa), deren er 17 Arten aufzählt, und „wilde Rosen" (Rosa sylvestris), deren er 19 mit kurzen, meist ungenügenden Merkmalen namhaft macht. J. P. Tournefort in seiner „botanischen Schule"[253] hat im Ganzen 25 wilde und kultivirte Rosenarten. Von allen diesen sogenannten Arten seiner Vorgänger erkennt Linné in seinen „Pflanzenarten" (1753) nur 5 in Europa wild wachsende Arten an: die Zimmtrose, die Weinrose, die große Hagebutte, die Hecken- oder Hundsrose und die dornige Rose, dazu fügt er als in Europa in Gärten wachsend die Centifolie und die weiße Rose, so daß Bauhin's 36 Arten auf 7 zusammenschmelzen. Er nennt ferner noch für Europa die Hängerose, für Frankreich die Provinsrose und für Deutschland die immergrüne Rose, ohne sie auf Bauhin'sche Arten zurückzuführen.[254] Diese zehn Rosen können wir als in der Mitte des siebenzehnten Jahrhunderts schon als mehr oder weniger genau bekannt voraussetzen.

Ueber die Kultur der Rose wäre, außer dem, was in den Compilatoren aus den Alten ausgezogen wird, nur auf einige abergläubische Künste zu verweisen, z. B. grüne, blaue, schwarze Rosen zu ziehen, verbrannte Rosen aus ihrer Asche wieder erstehen zu lassen und dergleichen stets geglaubte und nie gesehene Wunderdinge mehr. Daß aber die Rose überall geliebt und gepflegt wurde, dafür führe ich zum Schluß noch die Worte Jacob Dümmler's an: „Es wird wohl kein Gärtlein, wie klein es auch sei, anzutreffen sein, darinnen nicht ein Rosenstock zu finden." — [255]

Anmerkungen zum vierten Abschnitt.

1) Vergl. Ad. Quételet, Zur Naturgeschichte der Gesellschaft. Deutsch von Karl Adler. Hamburg, 1856, S. 143 f., 218 ff.

2) Der Gelehrte, der am entschiedensten und mit dürren Worten die Existenz und Bedeutung des Nationalcharakters läugnet, ist Buckle. Man sollte glauben, er habe auch keine Spur von historischen Kenntnissen (Gesch. der Civilisation, deutsch von Ruge, Bd. 1, Abthl. 1 [1860] S. 36). Ebenda, S. 41 heißt es: „Die Araber sind in ihrer Heimat wegen der Dürre ihres Bodens immer ein rohes, ungebildetes Volk geblieben." Offenbar denkt er nur an den kleineren Theil der Wüstenaraber (auch in der Wüste ein edler Stamm); Nabatäer, Mekkaner, Sabäer, Himjariten ignorirt er. Aber in Bagdad und Spanien gründeten die Araber eine intellectuelle Kultur und eine Civilisation, die wie helle Sterne in der Finsterniß der ganzen damaligen Welt leuchten. Dem spanischen Boden und Klima hatten die Spanier nichts abgewinnen können. Die Araber gründeten dort eine Kultur, an der die ganze europäische Welt sich aus der Nacht der Unwissenheit herausarbeitete. Boden und Klima blieben dieselben, aber die Spanier, die vorher nichts aus dem Boden hatten machen können, waren nicht einmal fähig, die hochgesteigerte Bodenkultur der Araber auch nur zu erhalten, als die Araber vertrieben waren. Wo die Araber hin kamen, entwickelten sie sich zu hoher Kultur, zu der sie die Nationalanlage hatten, die Spanier blieben nach wie vor ein faules, geistig verkommenes Volk, das auch nicht einmal durch ein besseres Beispiel zu einer Erhebung erweckt wurde. Sind das Nationalunterschiede oder nicht? Der ganze erste Abschnitt bei Buckle („Einfluß der Naturgesetze") ist über alle Maßen oberflächlich. Reichthum des Bodens soll Reichthum der Menschen und wegen niedrigen Arbeitslohns Ungleichheit der Vertheilung des Reichthums zur Folge haben. Wenn der Boden den Menschen so leicht ernährt, wie kommt er dann überhaupt dazu, für Andere zu arbeiten. Buckle vergißt ganz, daß die Arbeit für andere und somit Arbeitslohn schon die Ungleichheit voraussetzt, die er dadurch erklären will. Der reichste Boden, den wir kennen, ist der der südamerikanischen Flußebenen; hier genügen ein Brotbaum und ein paar Bananen zur Ernährung einer ganzen Familie, und doch giebt es hier, eben deshalb, weder Reichthum noch Arbeitslohn. Die individuelle Verschiedenheit der Menschen wird immer auch eine Ungleichheit der Menschen in Reichthum und Macht hervorrufen können, aber sie wird in einem reichen Lande am wenigsten gefährlich werden. Aber überall, wo wir die schreienden Unterschiede zwischen Reichen und Armen, Mächtigen und Unterdrückten finden, beruht das darauf, daß eine begabtere Rasse durch Gewalt eine weniger begabte sich unterworfen hat. So in Indien („Auch wenn der Herr ihn freiläßt, bleibt der Sudra ein Sklave, denn wie kann er eines Standes, der ihm natürlich ist, entkleidet werden", Manu, Gesetzbuch X, 129). Ebenso war es in Aegypten, ebenso in Peru und Mexiko. Und ich dächte, Buckle hätte an England, wo der Abstand von Arm und Reich so schroff ist wie irgendwo, wo das Land seit Jahrhunderten seine Einwohner ohne fremde Hülfe nicht ernähren kann, das beste

Beispiel, daß dieses Mißverhältniß auf dem Eindringen fremder Eroberer beruht. Buckle liefert in diesem ganzen Abschnitt ein Beispiel, wie ein höchst geist- und kenntnißreicher Mann von einer vorgefaßten Meinung so verblendet werden kann, daß er das nicht mehr sieht, was selbst für das blödeste Auge klar zu Tage liegt.

3) Machiavelli, Discorsi I, cap. 55.

4) Juristisches Archiv in Bologna, Septemberheft, siehe Augsb. Allg. Zeitung, d. 4. März 1872, S. 955.

5) Die ganze neuere, besonders von Grimm gegründete, vergleichende Mythologie, Sagen- und Sittenforschung giebt die Beweise dafür. Ein ganz durchgeführtes Beispiel ist Adalbert Kuhn, Die Herabkunft des Feuers und des Göttertrankes, Berlin, 1859. Vergl. auch Dr. F. L. W. Schwartz, Der Ursprung der Mythologie, dargestellt an der griechischen und deutschen Sage, Berlin, 1860.

6) Z. B. Kuhn in A. Weber, Indische Studien, Bd. 1, S. 321—363.

7) „Das jetzige Neuperfisch ist unter allen Sprachen der Arier der deutschen Sprache sowohl im Bau als Vocabular am nächsten verwandt." M. Perty, Grundzüge der Ethnographie, 1859, S. 83. Uhland, Schriften zur Geschichte der Dichtung und Sage, Bd. 1. (1865), S. 178. Perser und Germanen verehrten die heiligen, weißen (Sonnen-) Rosse, und sahen ihr Wiehern als prophetisch an. Xenophon, Anab. IV, 5 am Ende.- Cyrop. VIII, 3; Herodot III, 84—86; Procop., de bello Persico II, 5. Th. v. Bernhardi, Volksmärchen und epische Dichtung, 1871, S. 26 ff. — „Von Altersher beteten die Perser nur Sonne, Mond und Feuer an, auch haben sie keine Götterbilder und Tempel" (Herodot I, 131). Dasselbe sagt Tacitus in der Germania von den Deutschen. — „Die Perser sind gewohnt, über die wichtigsten Angelegenheiten sich trunken zu berathen, und was ihnen im Rath gefallen hat, das legt ihnen Tags darauf der Hausherr wieder vor, und wenn es ihnen auch nüchtern gefällt, so gilt es" (Herodot I, 133). Ebenso bei den Deutschen. Auch die Kindererziehung (Herodot I, 936) weist gleichartige Hauptzüge auf. Ueber den Rosenkultus bei Persern und Deutschen ist später zu sprechen.

8) „Die Osseten haben nach von Haxthausen mancherlei Sitten und Gebräuche, die mit den deutschen übereinstimmen." M. Perty, Grundzüge d. Ethnographie, S. 84. „Auf dem ganzen Kaukasus herrscht der Glaube, daß Osseten und Deutsche von einem Volke stammen, oder daß eines aus dem anderen hervorgegangen wäre." Deshalb wurde auch Koch überall bei den Osseten freundlich aufgenommen. K. Koch, Reise durch Rußland nach dem kaukasischen Isthmus, 1843, Bd. 2, S. 77. Muth, Stärke, Reinheit der Sitten, Gastfreundschaft, Blutrache sind Züge, die Tacitus von den Germanen, Koch von den Osseten hervorhebt. c. 20; Bd. 2, S. 101 ff

9) Es scheint, daß die alten Deutschen nur die schöneren und erfreulicheren Abschnitte des Jahres als Feste hervorhoben: die Rückkehr der Sonne in der Winter-Sonnenwende, die Rückkehr des Frühlings im Frühlingsäquinoctium und den höchsten Stand der Sonne und damit den Beginn der größten Wärme im Sommersolstitium. Dagegen wurde das Herbstäquinoctium, d. h. der Eintritt der winterlichen Stürme und der schlechten Jahreszeit, von ihnen ignorirt. Tacitus (Germania c. 26) sagt: „Für Winter, Frühling und Sommer haben sie Verständniß und Namen, für den Herbst aber und seine Schätze fehlt ihnen selbst die Bezeichnung."

10) Nur bei den weltlichen Schriftstellern, Paul Warnefrid für die Longobarden (etwa 790 n. Chr.) und Jordanes für die Gothen (um 550 n. Chr.) findet sich Manches erhalten; die romanisirten Geistlichen, wie z. B. Gregor von Tours für

die Franken (um 590 n. Chr.) haben nichts bewahrt. Vergl. Gervinus, Gesch. d. deutsch. Dichtung; 5. Aufl., 1871, Bd. 1, S. 32—40.

11) „Wenn man sich der schönen Natur erinnert, welche die alten Griechen umgab; wenn man nachdenkt, wie vertraut dieses Volk unter seinem glücklichen Himmel mit der freien Natur leben konnte, wie sehr viel näher seine Vorstellungsart, seine Empfindungsweise, seine Sitten der einfältigen Natur lagen, und welch ein treuer Abdruck derselben seine Dichterwerke sind, so muß die Bemerkung befremden, daß man so wenige Spuren von dem sentimentalischen Interesse, mit welchem wir Neueren an Naturscenen und Naturcharakteren hangen können, bei demselben antrifft. Der Grieche ist zwar im höchsten Grade genau, treu, umständlich in Beschreibung derselben, aber doch gerade nicht mehr und mit keinem vorzüglicheren Herzensantheil, als es auch in Beschreibung eines Anzugs, eines Schildes, einer Rüstung, eines Hausgeräthes oder irgend eines mechanischen Produktes ist." Schiller, Ueber naive und sentimentalische Dichtung.

12) Eug. Burnouf, Commentaire s. l. Yaçna, 1835, S. 335; 563.

13) Mone, Zur Gesch. der Heldensage, S. 127, § 130. Montanus, Die deutschen Volksfeste, Volksbräuche u. s. w., Bd. 2, 148 b.

14) Montanus, Die deutschen Volksfeste, Volksbräuche u. s. w., Bd. 2, 148 f.

15) Es wird in Deutschland wenig ältere und größere Städte geben, in denen nicht ein oder mehrere Häuser noch jetzt den Namen die Rose, zur Rose, zu den drei Rosen, zum Rosenzweig, zum Rosenbusch führen, und wo die Häuser vielleicht verschwunden sind, erinnern noch Straßennamen, wie Rosengasse, Rosenstraße, Rosenweg, bei der Rose u. s. w. an die Stellen, wo sie gestanden haben.

16) Tacitus, Germania 39; Annal. 2, 12; Histor. 4, 14.

17) J. Grimm, Deutsche Mythol., 1844, Bd. 1, S. 266 ff. und 2, 729 f.

18) Grimm, Mythol., Bd. 2, S. 722 ff.

19) Grimm, Mythol., Bd. 2, S. 725.

20) Grimm, Mythol., Bd. 2, S. 739.

21) B. d. Hagen, Deutsche Gedichte des Mittelalters, Bd. 2; Uhland, Schriften z. Gesch. d. Dichtung und Sage, Bd. 1 (1865), S. 47, 109, 412.

22) Jac. Grimm, Deutsche Mythol. (1844), Bd. 2, S. 724—26. Moritz Carrière, Die Kunst im Zusammenhang der Kulturentwicklung, 1. Auflage, I, 354, und vor Allem die gründliche Entwicklung von L. Uhland in Franz Pfeiffer's Germania, Jahrgang VI (1861): Zur deutschen Heldensage, II. der Rosengarten von Worms, S. 307 ff., besonders S. 326—9 und 332 Mone, Zur Gesch. d. deutschen Heldensage, S. 168 ff., § 148 ff.

23) O. L. B. Wolff, Die deutschen Dichter (1846), S. 49.

24) Wie zähe die alten Deutschen ihre heidnischen Erinnerungen festhielten, geht indirekt aus der schon angeführten Verordnung Karl's des Großen hervor, worin er das öffentliche Absingen heidnischer Lieder und ganz besonders auf den Kirchenplätzen verbietet. Erinnert man sich, daß es stehender Gebrauch der damaligen Heidenbekehrer war, die alten heidnischen Kultusstätten zu vernichten und dann mitten auf einem solchen Platz eine christliche Kirche zu errichten, so erklärt sich jenes Verbot leicht daraus, daß das Volk noch immer die altgewohnten heiligen Plätze besuchte und dort die Lieder anstimmte, die es früher ebendaselbst bei seinen gottesdienstlichen Handlungen gesungen hatte.

25) Herzog, Taschenbuch von Thüringen, S. 431; von Hoff und Jacobs, Der Thüringer Wald. Erste nordwestliche Hälfte. Gotha, 1807, I, 440 u. 592.

26) Uhland, a. a. O. bei Pfeiffer, S. 321, Anm. *) und **); Zingerle,

König Laurin, Innsbr., 1850, 21 f.; Afzelius, Volkssagen u. s. w. aus Schweden, deutsch von Ungewitter, 1842, 1, 163 (der Rosenhain); Mone, Zur Gesch. der deutschen Heldensage, S. 44, § 41: der Rosengarten.

27) „Disz büchlin saget vō dem Rosengarten Künig Laureins und von den Risen, wie sy mit ainander streiten u. s. w. Augspurg, 1508."— L. Uhland, Schriften zur Gesch. d. Dichtung und Sage, Bd. 1 (1865), S. 44, 411; vergl. auch v. Perger, Pflanzensagen, S. 233, und Alpenburg, Alpensagen, S. 246, Nr. 256 und 337, Nr. 358.

28) Bechstein, Deutsches Sagenbuch, S. 58, Nr. 65 und S. 199, Nr. 221.

29) Uhland, in Pfeiffer's Germania, S. 337 f.

30) Uhland, ebenda, S. 321.

31) Uhland, Schriften zur Gesch. d. Dichtung und Sage, Bd. 3 (1866), S. 399.

32) C. Becker und J. H. von Hefner-Alteneck, Kunstwerke und Geräthschaften im Mittelalter und der Renaissance. Frankfurt a. M., 1857, Bd. 2, Taf. 41.

33) Ol. Magni, de gentibus septentrion. historia, Basel, 1567, lib. XV. c. 23, pag. 583; Viethen, Beschreibung und Geschichte der Ditmarsen, Hamburg, 1734; Fischart, Gargantua, Nürnberg, 1590, c. 4, S. 91; vergl. auch H. F. Maßmann, Schwerttanz, Reisentanz und Freudenlust des früheren Bürger- und Bauernlebens, in Spindler's Zeitspiegel, 1831. Theuerdank, erste Ausg., Nürnberg, 1603, Holzschnit 118.

34) Ich sage „soll", da ich keine Originalquelle kenne und die Nachricht nur aus H. v. Biedenfeld „Das Buch der Rosen" entlehne. Darin heißt Kapitel XII „Geschichte, Poesie und Symbolik der Rosen". Es ist ein wüstes Sammelsurium mit einem großen Antheil von Ignoranz, Aberwitz und Unsinn. Es wird genügen, für diese Behauptung einige Hauptbeispiele anzuführen: „Die Araber nennen die Rose Nard oder Nadon". — Was S. 437 Anfang und Ende, 438, 441 in der Mitte, 442 in der Mitte von den Griechen und Römern erzählt wird, ist Alles erfunden. Was 453 von den Juden erzählt wird, ist Alles rein erlogen. So heißt es z. B.: „Noch heut zu Tage feiern die Juden ein Blumenpascha oder Rosen-Ostern genanntes Fest". Wenn der Verfasser, ich will nicht sagen, etwas gelernt, sondern nur das Wenige, was er in seiner Confirmationsstunde gehört, nicht auch noch vergessen hätte, so wüßte er, daß Pascha bei den Juden nicht im Allgemeinen Fest bedeutet, sondern ausschließlich ein einziges ganz bestimmtes Fest, daß ein „Blumen-Ostern" genanntes Fest für Juden ein vollkommener Unsinn ist. Uebrigens ist das Ganze erlogen, wie man von jedem Rabbiner erfahren kann. S. 480 heißt es: „Pizarro ließ zu Mexiko den Kaiser Montezuma auf die Folter spannen". — Wann war denn Pizarro in Mexiko? und wann wurde denn Montezuma gefoltert? Der Büchermacher meint Cortez und den Quauhtimogin. Ebenda schreibt er ruhig die „Phrase Montezuma's (Quauhtimogin's): „Liege ich etwa auf Rosen" — aus einem Kinderbuche, aus Campe's Eroberung von Mexiko ab, u. s. w. Der Wisch hat merkwürdige Schicksale gehabt. Zuerst schrieb ein Literat denselben (ohne seine Quelle zu nennen) mit einigen Umgestaltungen für das Morgenblatt 1855, Nr. 24—25, ab, verbesserte Einiges; z. B. wo B. vom 70⁰—75' n. Br. gesprochen und dann fortfährt: „weiter nach dem Polarkreis am Hudson", macht sein Abschreiber daraus: „weiter nach den Polen". Jeder Quintaner muß besser wissen, wo der Hudson fließt. Den Aufsatz des Morgenblattes schrieb wieder Dietrich in seiner Geschichte des Gartenbaues], aber mit Angabe seiner Quelle, aus. Einige Excerpte daraus mit Weglassung vielen Unsinns, einigen guten Zusätzen und einigen eigenen Fabeln gab dann ein Herr Ferdinand

Mayer im Feuilleton der Vossischen Zeitung d. 12. Juli 1868. Aus dem Morgenblatt und der Vossischen Zeitung schrieb dann ein Herr S. v. M. mit einem neuen Rahmen schöner Phrasen und einigen eignen Erfindungen versehen, einen Aufsatz zusammen für die Westermann'schen Monatshefte (August 1870).

35) Uhland, Schriften zur Geschichte der Dichtung und Sage, Bd. 3 (1866), S. 30, 31, 103.

36) v. Perger, Pflanzensagen, S. 233; Alpenburg, Alpensagen, S. 246, Nr. 255.

37) J. Görres, Altdeutsche Volks- und Meisterlieder (1817), S. 223, 226.

38) Uhland, Schriften zur Gesch. der Dichtung u. s. w., Bd. 3 (1866), S. 203 bis 206.

39) Görres, Volks- und Meisterlieder.

40) Uhland, Schriften u. s. w., Bd. 3, S. 206.

41) Uhland, Schriften u. s. w., Bd. 3, S. 206.

42) Guillemeau, Hist. nat. de la Rose, Paris, 1800, S. 12 f.; Gebr. Grimm, Altdeutsche Wälder, Bd. 1, S. 134 f.

43) J. A. E. Köhler, Volksbrauch u. s. w. im Voigtlande, Leipz., 1867, S. 311.

44) Curiositäten u. s. w., Bd. 4, Weimar, 1815, S. 216 ff.

45) W. v. Plönnies, Volksgesang aus dem Odenwald, in Wolff, Zeitschrift für deutsche Mythol., 1, 99.

46) Uhland, Schriften u. s. w., S. 439 und Anmerkung 257.

47) L. Bechstein, Deutsches Sagenbuch, 1853, S. 703, Nr. 860. — Als Gegenstück dazu erwähne ich noch die Sage vom Räuber Schreckenwald. Auf dem hohen Agstein bei Mölk in Oestreich hatte er seine Burg. Die Leute, die er beraubt hatte, sperrte er auf dem steilen Felsen auf einem nur drei Schritt langen und breiten Raum, wo ihnen die Wahl blieb, zu verhungern oder in den Abgrund zu springen. Diesen Platz nannte er spottweise seinen Rosengarten. Einer aber wagte einmal den Sprung, fiel in weiche Baumzweige und zeigte nach seiner Rettung den Räuber an, der nun gefangen und hingerichtet wurde. Davon erhielt sich noch lange die Redensart von Jemand, der sich nur mit Lebensgefahr aus großer Noth retten kann: „Er sitzt in Schreckenwald's Rosengärtlein." Gebr. Grimm, Deutsche Sagen, Bd. 2, S. 212, Nr. 501.

48) Allerlei Anklänge an die altdeutsche Frühlingsfeier aus verschiedenen Gegenden sind ohne Quellenangaben zusammengestellt in „Wodan als Jahresgott" von Max Jähns (Grenzboten, XXX. Jahrgang, 1. Semest., Nr. 6, d. 3. Febr. 1871, S. 210 bis 218).

49) Gervinus, Geschichte der deutschen Dichtung, 5. Aufl., Bd. 1, S. 25 f.

50) „Die romanischen Sprachen sind geeignete Mittel zum Ausdruck für Gedanken, zur Mittheilung, aber sie regen den Geist nicht zur Schöpfung an; das Deutsche ist wirklich noch eine Werkstatt der Ideen. Französisch sprechen und schreiben ist eine sinnreiche Anwendung vorliegender Sprachmittel; deutsch reden ist Gedanken schaffen." Steinthal, Charakteristik der hauptsächlichsten Typen des Sprachbaues, 1860, S. 275.

51) K. Koch, Reise durch Rußland nach dem kaukasischen Isthmus, 1843, Bd. 2, S. 66.

52) Grimm, Kinder- und Hausmärchen, Nr. 3 u. 46. Auch daß die Sterne vom Himmel fallen und dem, der sie auflist, Glück bringen, klingt an in dem Märchen vom Sternthaler (Nr. 153). Man vergleiche auch für andere Formen der unglücklichen Neugier die Anmerkungen zu Nr. 3 und Nr. 46.

53) Vergleiche unter Anderem Fr. v. Löher, Karpathenreise, in der Augsburger Allg. Zeitung, 1871.

54) Ueber die uralt indogermanische Bedeutung des Rades bei dem Sommersonnenwendfeuer siehe Adalbert Kuhn, Die Herabkunft des Feuers und des Göttertrankes, Berlin, 1856, S. 48 ff.

55) Wolff, Zeitschrift f. deutsche Mythol., Bd. 1, S. 271.

56) Uhland, Schriften u. f. w., Bd. 3, S. 241 f., 263, 287, 412 f.; Th. Percy, Reliques of ancient engl. poetry, Vol. I, p. 190.

57) Année litéraire, 1766, lettre X, Tom. VI, p. 114. Krünitz, Oekonom. technolog. Encyclop., Theil 127 (von W. D. Korth), Berlin, 1819, S. 197 ff. Auch zu einer Oper hat das Rosenfest Veranlassung gegeben: Das Rosenfest, Operette in drei Akten, Musik von E. W. Wolf, Berlin, 1771. Auch von Grétry giebt es eine Oper: »La rosière de Salency«.

58) N. Fürst, in Wiener Zeitschrift für Kunst, Literatur u. f. w., 1833, Februar, S. 177 ff. Im Jahr 1821 sollen sich 100 Mädchen um diesen Preis beworben haben.

59) Ephemeriden der Menschheit, 1784, Januar, S. 118.

60) Mnemosyne, Taschenbuch für Frauen, Rödelheim, 1803, S. 116 ff.

61) Beiträge zu einer Bibliothek fürs Volk, Bd. 2, S. 286.

62) Ueber alle diese Rosenfeste im Allgemeinen vergl. noch Krünitz, Encyclopädie a. a. O.

63) Noch eine größere Anzahl von Beiträgen für die Auffassung des Maifrostes finden sich in: W. Mannhardt, Die Götter der deutschen und nordischen Völker, Berlin, 1860, S. 144—47.

64) Uhland, Schriften u. f. w., Bd. 3, S. 15.

65) Alexander des Pfaffen Lamprecht, herausgegeben von Weismann, Bd. 1, S. 281 ff., v. 5004—5205.

66) Uhland, Schriften u. f. w., Bd. 3, S. 388.

67) Uhland, Schriften u. f. w., Bd. 3, S. 208 und Anm. 142.

68) Uhland, Schriften u. f. w., Bd. 3, S. 424.

69) Uhland, Schriften u. f. w., Bd. 3, S. 225.

70) Uhland, Schriften u. f. w., Bd. 3, S. 241 f., 268, 425 und Anmerkung 199. Es versteht sich von selbst, daß es mir nicht einfallen kann, hier die sämmtliche Literatur in Bezug auf die Rose zu erschöpfen. Selbst von dem mir bekannt gewordenen wähle ich nur die prägnantesten Beispiele aus, um meine Mittheilungen zu erläutern. Ich citire daher auch lieber aus Uhland und ähnlichen Sammelwerken, wo man Alles beisammen hat, als aus den vielfach zerstreuten Originalquellen, obwohl ich die meisten selbst verglichen habe.

71) Uhland, Schriften u. f. w., Bd. 3, S. 420.

72) Görres, Altdeutsche Volks- und Meisterlieder, Frankfurt, 1817, S. 14. Uhland, Schriften u. f. w., Bd. 3, S. 420 und Anm. 176 u. 178.

73) Görres, Altdeutsche Volks- und Meisterlieder, Vorrede, S. XLIX.

74) J. A. E. Köhler, Volksbrauch u. f. w. im Voigtlande, Leipzig, 1867, S. 313. Vergl. auch Crown garland of goulden Roses by R. Johnson, London, 1612, in Percy society, Bd. VI, S. 30, 61; Bd. XV, S. 14—15; Thom. Percy, Reliques of ancient engl. poetry, Bd. 2, S. 118 ff., 152. Noch eine große Anzahl solcher Beispiele liefern die Minnesänger, siehe Tieck's Bearbeitung der Minnesänger.

75) Des Knaben Wunderhorn 2, 11 u. 12.

76) Gebr. Grimm, Märchen, Nr. 51 und 113; Laura Gonzenbach, Sicilianische Märchen, Bd. 1, S. 90, Nr. 14.
77) Gebr. Grimm, Märchen, Anmerkungen zu Nr. 123.
78) W. Grimm, Drei altschottische Lieder, Heidelberg, 1813, S. 10 f.
79) Uhland, Schriften u. s. w., S. 419, Anm. 168, 169.
80) Uhland, ebenda, S. 424.
81) Reinbot von Dorn im h. Georg, v. 4026 f.; vergl. auch Görres, a. a. O., S. 7.
82) Uhland, a. a. O., S. 262.
83) Uhland, Schriften u. s. w., Bd. 3, S. 417, 419, 420, 422.
84) Görres, a. a. O., S. 128, 190.
85) Simrock, Deutsche Volkslieder: Flos und Blankflos, S. 30 f.; Uhland, Schriften u. s. w., Bd. 3, S. 415 und Anmerk. 146.
86) Uhland, Schriften u. s. w., Bd. 3, S. 417 f.
87) Uhland, a. a. O., S. 406, 418.
88) Uhland, a. a. O., Bd. 3, S. 216.
89) O. L. B. Wolff, Die deutschen Dichter u. s. w., S. 46.
90) Uhland, Schriften u. s. w., Bd. 3, S. 419.
91) Görres, a. a. O., S. 73.
92) Uhland, a. a. O., S. 277 und Anm. 444.
93) Uhland, a. a. O., S. 422 und Anm. 175.
94) Uhland, Schriften u. s. w., Bd. 3, S. 428; O. L. B. Wolff, Deutsche Dichter u. s. w., S. 47.
95) J. G. von Hahn, Griechische und albanesische Märchen, Leipzig, 1864, Bd. 1, S. 231, Nr. 36.
96) Sicilianische Märchen, gesammelt von L. Gonzenbach, 1870, Bd. 2, S. 111 f., Nr. 77.
97) Uhland, a. a. O., S. 425, nebst den Anmerkungen.
98) Ebenda, S. 426 und Anmerkungen.
99) Gebr. Grimm, Kinder- und Hausmärchen (gr. Ausgabe, 1843), Nr. 88 und Anmerkungen dazu; Meyer, Volkssagen 202; W. Menzel, Odin, S. 58. Bekanntlich ist auch diese Fabel Gegenstand einer schönen Oper geworden: Zemire und Azor, von Spohr.
100) Gesta Romanorum, A° 1444, c. 60, fol. 33.
101) Gebr. Grimm, Altdeutsche Wälder, Bd. 2, S. 9.
102) Gebr. Grimm, Altdeutsche Wälder, Bd. 1, S. 134.
103) Uhland, Schriften u. s. w., Bd. 3, S. 419 und Anm. 166.
104) Conrad v. Würzburg „Engelhard"; herausg. von Haupt, S. 95, v. 3122.
105) Gebr. Grimm, Altdeutsche Wälder, Bd. 1, S. 134; Uhland, Schriften u. s. w., Bd. 3, S. 89 ff., 95, 100 f., 124 f. und Anm. 302; S. 445 und Anm. 281; K. Müllenhoff, Sagen, Märchen und Lieder aus Schleswig-Holstein und Lauenburg, Kiel, 1845, S. 481, Nr. XXXVIII.
106) Uhland, Alte hoch- und niederdeutsche Volkslieder, Bd. 1, Nr. 103 u. 150.
107) Serbische Volkslieder, übers. von P. v. Götze (1827), S. 1.
108) Soane New Curiosities of Literature II, p. 274.
109) Ueber den Glauben an das Wiedererscheinen Verstorbener unter der Form einer Pflanze hat Koberstein das Wichtigste zusammengestellt im Weimarischen Jahrbuch für

deutsche Sprache, Literatur und Kunst, herausg. von Hoffmann von Fallersleben und Oskar Schade, Bd. I, Heft 1. Weimar, 1854. Einen Nachtrag dazu lieferte Reinhold Köhler, ebenda, Heft 2, S. 479.

110) Uhland, Schriften u. f. w., Bd. 3, S. 9. „Je alterthümlicher das Gepräge des Liedes, um so weiter wird meist die Gemeinschaft sich erstrecken, demnach vorzugsweise bei Stücken, die dem Bereiche des Mythus und der ältesten Naturanschauung heimfallen, ja es begegnen sich in solchen Fällen oft die sonst geschiedenen Stämme, als erinnerten sie sich engerer Befreundung aus längst vergangenen Tagen."

111) Tristan und Isolde (deutsche Volksbücher von Simrock), S. 179 und 190; nach einer andern Erzählung wachsen aus beiden Gräbern Epheuranken hervor; nach der altnordischen Auffassung zwei Bäume. v. Perger, Pflanzensagen, S. 13.

112) Popular ballads and songs a. s. o. by Rob. Jamieson, Edinburgh, 1806, Vol. I, p. 33. Eine ganz ähnliche Ballade findet sich als »fair Margaret and sweet William« in Thom. Percy, Reliques of ancient engl. poetry, Vol. 3, p. 128 ff. und recht ungeschickt übersetzt in Herder, Stimmen der Völker, Abtheilg. 2, S. 16 f. Eine dritte Ballade ähnlichen Inhalts findet sich bei Percy 3, p. 231 als »Lord Thomas and fair Annet«.

113) P. v. Götze, Serbische Volkslieder, Leipzig, 1827, S. 93; auch bei Talvj, Volkslieder der Serben.

114) Ich freute mich sehr, als ich bei Döring die Angabe fand, daß Rosen auf den Gräbern zweier Feinde trotz alles Verflechtens sich immer wieder getrennt hatten. Der Verfasser berief sich dafür auf: Chr. Fr. Garmann, de Miraculis mortuorum, lib. III, Dresd. & Leipzig, 1709, p. 104 f. und 110. Leider steht mir diese Ausgabe nicht zu Gebote, eine frühere Ausgabe enthält nichts davon. In analoger Weise erzählen schon die Griechen, daß beim Verbrennen der Leichen der beiden feindlichen Brüder Eteokles und Polyneikes sich Flamme und Rauch bei der auch den Tod überdauernden Feindschaft getrennt hätten.

115) Die Edda, von Simrock (1871), S. 176.

116) Gebr. Grimm, Kinder- und Hausmärchen, gr. Ausgabe, 1843, Bd. 2, S. 142, Nr. 109 und die Anmerkungen dazu.

117) Pabst, Ueber Gespenster in Sage und Dichtung, 1864, S. 95—96; Mohnike, Volkslieder der Schweden; W. Grimm, Altdänische Heldenlieder, S. 73 f. Schon bei den Zend- und Sanskritvölkern findet sich das Verbot, die Todten zu beweinen, weil die Thränen sie im Grabe stören, oder ihren Eingang in den Himmel hindern. A. Kuhn: „Todte soll man nicht beweinen", in Zeitschr. f. deutsche Mythol. und Sittenkunde, herausg. v. J. W. Wolf, Bd. 1, Göttingen, 1853, S. 62 f.

118) Bechstein, Deutsches Sagenbuch, S. 523, Nr. 631.

119) Die Dainos sind Stegreiflieder der Litauer, etwa den Schnadahüpfeln entsprechend, nur meist länger und kunstvoller, und werden noch jetzt vom litauischen Landvolke im Singen gedichtet und, wenn sie gefallen, durch Wiederholung erhalten. Die im Texte mitgetheilte Daina findet sich in E. Himmel, Gesch. des Preuß. Staates und Volkes, Bd. 1, S. 168, und in verstümmelter Form auch bei Herder in den Stimmen der Völker, Buch 1, Nr. 17.

120) Ritter von Alpenburg, Alpensagen, S. 367, Nr. 394.

121) Afzelius, Volkssagen aus Schweden, deutsch von Ungewitter (1842), Thl. 2, S. 296 ff.

122) W. Menzel, Zur deutschen Mythologie, I, Odin, 1855, S. 312.

123) Afzelius, Volkssagen u. s. w., Thl. 2, S. 327 f. Zwei sehr schlagende Beispiele dieser Volksvehme erzählt noch W. Meurer, Der poetische Sagenschatz von Elsaß-Lothringen, in „Deutsche Blätter", Monatsschrift, herausg. von Dr. G. Tüllner, Aug. 1872, S. 511 und 516.

124) Zweiter Abschnitt, S. 49.

125) Dritter Abschnitt, S. 101.

126) Uhland, Schriften u. s. w., Bd. 3, S. 420.

127) Grimm, Deutsche Mythologie, 3. Aufl., 1854, Bd. 2, S. 1054 f. Gebr. Grimm, Altdeutsche Wälder, 1813, Bd. 1, S. 72 ff.; Pott, Die Personennamen u. s. w., Leipzig, 1859, S. 277, erklärt Rosenlächer von einer Lache, an der Rosen wachsen (?).

128) Sicilianische Märchen, von L. Gonzenbach gesammelt, Bd. 1, S. 228 f., Nr. 34 nebst Anm.

129) von Hahn, Griechische und albanesische Märchen, 1864, Bd. 1, S. 194, Nr. 28: „Vom Mädchen, das Rosen lacht und Perlen weint". Ich stehe nicht an, mich hier auch auf die griechischen und sicilianischen Märchen und Sagen für germanische Vorstellungen zu beziehen. Es kommen dort nicht nur viele Erzählungen vor, in denen sich germanischer Volksgeist, germanische Anschauungsweisen verrathen, sondern auch viele Märchen, die mit deutschen ganz identisch sind und in denen gar keine Rückbezüge auf altgriechisches oder römisches Wesen sich auffinden lassen. Nun kann aber auch ein tiefeingreifender und andauernder germanischer Einfluß auf diese Länder nicht bezweifelt werden: in Sicilien durch die normannischen Eroberungen, in Griechenland durch die normannischen Leibwachen der byzantinischen Kaiser.

130) Gebr. Grimm, Kinder- und Hausmärchen, Nr. 135 und Anmerkungen dazu. — Pott, am angef. Orte.

131) Uhland, Schriften u. s. w., Bd. 3, S. 417; Uhland, Alte hoch- und mitteldeutsche Volkslieder, Bd. 1, Nr. 212; Nr. 275 in der letzten Nummer heißt es:

„........ der Knecht
„in seinen Sonntagshosen,
„ein Kranz von bunten Rosen ....."

132) Die Goldschmiede standen im Mittelalter in großem Ansehen und traten oft bei feierlichen Aufzügen in den Vorgrund, z. B. in Paris, und dann pflegten sie mit Rosenkränzen auf dem Kopf zu erscheinen. Paul La croix, Les arts au moyen-âge et à l'époque de la rénaissance, Paris, 1871, p. 167.

133) Büsching, Ritterzeit und Ritterwesen, Bd. 1, Leipzig, 1823, S. 143.

134) Ein hübscher Gebrauch bei der Brautwahl fand früher im Neapolitanischen statt. In den Gesetzen des Königs von Neapel für seine Colonie zu St. Leucio vom Jahre 1788 heißt es: „Am Pfingsttage nach der heiligen Messe nehmen die jungen Paare aus zwei Körben am Altare sich Sträuße von rothen und weißen Rosen und im Vorhof überreichen sie sich dieselben wechselweise. Die rothen Rosen sind für das Mädchen, die weißen für den Jüngling. Nimmt das Mädchen den Strauß an und steckt ihn an die Brust, so ist ihr Jawort gegeben und der Jüngling steckt den Strauß des Mädchens an seine Brust. Abends nach dem Ave Maria werden sie dann im Beisein der Eltern und Volksältesten, der Lenker und Lenkerinnen der Gewerbe, vom Kaplan kirchlich getraut." (J. J. Gerning, Reise durch Oesterreich und Italien. Thl. 1 (1802), S. 301.

135) Die etymologischen Verwandtschaften dieses Wortes sind interessant. Im mittelalterlichen Latein heißt die Kopfbedeckung Capa, Cappa (das deutsche „Kappe"), in der Ver-

kleinerung Capella (franz. Chapelle, deutsch Schapel, Käppchen, Mütze). Die Verfertiger dieser Kopfbedeckungen hießen Capellarii, Chapeliers, Schapeler, Käppler, Kepler.*) Das Käppchen (Capella) des h. Martin von Tours, eine hochgehaltene Reliquie, wurde in einer Nebenabtheilung der Kirche aufbewahrt, die davon bald ganz kurzweg Capella genannt wurde; später übertrug man das Wort auf jede Nebenabtheilung einer Kirche, oder auf eine kleine, nicht ganz vollständig ausgestaltete Kirche, daher der Name Kapelle; da aber die Musiker bei Kirchenmusiken auch in einer solchen Nebenabtheilung saßen, wurde das Wort auch auf die Gesammtheit der Kirchenmusiker übertragen; — von der Form einer Haube erhielt aber auch der den Destillirapparat aufnehmende Untersatz den Namen Kapelle; daher der Ausdruck „etwas auf die Kapelle nehmen" für „scharf untersuchen".

136) Görres, Altdeutsche Volks- und Meisterlieder, 1817, S. 35.

137) Nibelungen, v. 2363, 6622, 7450; Parzifal, v. 23197; Tristan, von Gottfried von Straßburg, v. 10700; Fortsetzung des Tristan, von Fribert, v. 1176.

138) Uhland, Schriften u. s. w., Bd. 3, S. 424.

139) Gilbert de Montreuil, Roman de la Violette, edit. Francisque Michel, Paris, 1834, p. 37, v. 104, s.

140) Viollet-le-duc, Diction. raison. du mobilier français et c. q. s. Tom. III. Paris, 1872, p. 122.

141) O. L. B. Wolff, Die deutschen Dichter, S. 64.

142) J. B. Gebr. Grimm, Altdeutsche Wälder, Bd. 2, S. 225, v. 237.

143) Ruedger Manesser, Sammlung von Minnesängern. Zürich, 1758—59. Thl. II, S. 68, Sp. 1.

144) Legrand d'Aussy, Fabliaux, Contes etc. Bd. 1, Lai d'Aristote par Henri d'Andeli, Note 4 (p. 282). In Monteil, Histoire des Français, Tom. IV, p. 447, heißt es: »Les teneurs de la maison de la Bourvelie doibvent un chapeau de boutons de roses à trois rangs«, nach Viollet-le-duc, Diction. raison. du Mobil. franç. Tom. III (Paris, 1872), p. 121.

145) Ueber den capiel de fleurs und die Rosenkränze insbesondere vergl. noch Viollet-le-duc, Dictionnaire raisonné du Mobilier français. Tom. III (Paris, 1872), p. 119 ff.

146) Walter Scott, Peveril of the peak.

147) Shakespeare, King John, herausgegeben von Dr. N. Delius. Elberfeld, 1857, S. 20 und Anmerkung 32.

148) Lindley, Monograph. rosar., traduit par Pronville, p. 3 f.; (Hénault), Nouvel abrégé chronologique de l'histoire de France, Nouv. edit. Paris, 1768, Année 1541. — Ich habe hier wie an mehreren Stellen die französischen Verhältnisse mit berücksichtigt; ich glaube nicht mit Unrecht. Frankreich wurde als einheitlicher Staat von den deutschen Franken gegründet, und die deutschen Stämme drangen über den Rhein bis tief in das Herz Galliens, ebenso übten von Norden her die germanischen Normannen einen entschiedenen Einfluß. Was Gutes in Frankreich ist (man betrachte die von der Pariser Akademie selbst herausgegebene Bildungskarte), stammt gewiß nicht von den verwilderten Kelto-Romanen, sondern aus dem germanischen Volksgeist.

149) Tristan, Voyageur, Tom. III, p. 20. Rosenhüte werden im Mittelalter sehr häufig erwähnt, nicht nur zur Ausstattung von Bräuten, sondern auch als gewöhnliche

---

*) Daher der Name des berühmten Astronomen Kepler.

Tracht der Ritter, wenn es nicht gerade zur Fehde ging. So trägt schon Herr Cavnis im Volksbuch von Tristan und Isolde einen Rosenhut. Wahrscheinlich war ein solcher Hut aus seidenen Rosetten zusammengesetzt; so erscheint er wenigstens vielfach auf alten Bildern und Schnitzwerken.

150) Vergl. dafür noch Mone, Anzeiger, V. Jahrgang, 1836, S. 50, § 5.

151) J. G. Büsching, Ritterzeit und Ritterwesen, Bd. 1 (Leipzig, 1823), S. 264, 280 f.; Das Tragen der Kränze im Mittelalter, Morgenblatt 1823, Nr. 110, Beiblatt 37.

152) Dr. Jul. Löbe, Beschreibung und Geschichte der Residenzstadt Altenburg, 2. Aufl. Altenb., 1848, S. 8, 23.

153) Joh. Ernst Huth, Gesch. d. Stadt Altenburg. Altenb., 1819, S. 205 f.; vergl. auch Glafey, Sächs. Gesch., Bd. 2, Kap. 7: Von den kursächs. Wappen, Nr. 18.

154) Zedler's Universallexikon s. v. „Rose im Wappen".

155) D. A. v. Eye und Jacob Falke, Kunst und Leben der Vorzeit vom Beginn des Mittelalters bis zum Anfang des 19. Jahrh., 3. Aufl., Bd. 1, Nürnb., 1868. — Das Wappen des Domstifts Limburg an der Lahn zeigt in dem linken Felde ein Kreuz, dessen unterer Schenkel sich in zwei an beiden Seiten hinauflaufende Rosenzweige mit Blättern und blühenden Rosen spaltet. Rheinlands Baudenkmale des Mittelalters u. s. w., herausg. von Dr. Fr. Bock, 2. Serie, 6.—7. Lieferung.

156) Uhland, in Fr. Pfeiffer's Germania, Jahrg. VI, 1861, S. 325, 338.

157) W. L. Döring, Die Königin der Blumen, Elberfeld, 1835, S. 695 ff. Das Wappen der Freiherrn von Stein hat im ersten und vierten Quartier eine rothe Rose in goldenem Felde (Illustr. Zeitung, d. 3. Aug. 1872, S. 82). Man vergleiche noch Johann Siebmacher, Allgemeines und großes vollständiges Wappenbuch u. s. w. Nürnberg, 1772, 12 Theile. Bei flüchtiger Durchsicht zählte ich allein auf den 226 Tafeln des ersten Theils noch 91 Wappen, auf denen sich Rosen finden. Oft finden sich unverkennbare Rosen mit sechs Blättern (wohl nur der Regelmäßigkeit wegen); daß es Rosen sind, ist keinem Zweifel unterworfen bei »armes parlantes«, z. B. im Wappen des Herrn v. Rosenvelt.

158) Ueber die Münzen findet man das beispielsweise angeführte und noch viel mehr in allen den Werken über Numismatik, z. B. C. C. Schmieder, Handwörterbuch der gesammten Münzkunde, Halle, 1811. Ueber Luther's Petschaft vergl. man C. G. Jöcher's Gelehrten-Lexikon s. v. Luther.

159) Ueber den edlen und geistreichen Andreä siehe Herder, Zur Literatur und Kunst: Briefe über J. V. Andreä. Ueber die Rosenkreuzer: K. Sprengel, Gesch. d. Arzneikunde, 2. Aufl., Thl. 3, S. 224 ff.; Herder, Zur Philosophie und Geschichte, in der Beurtheilung von Nicolai's Tempelherren.

160) Guillemeau jeune, Hist. nat. de la Rose, Paris, 1800, p. 13, not. 1.

161) Sal. Vögelin, Die Religion im Spiegel der Kunst (Zeitstimmen aus der reformirten Kirche der Schweiz, 1868, Nr. 15), S. 316; C. L. Stieglitz, Altdeutsche Baukunst, Leipzig, 1820, S. 181, 184; Burkhardt, Reisen in Syrien u. s. w., deutsch von Gesenius, Bd. 1, S. 264, 296.

162) Mittheilungen d. K. K. Centralcommission zur Erforsch. und Erhalt. der Baudenkmale, unter Leitung d. Freih. von Czörnig herausg. von Karl Weiß, Bd. VI, Jahrg. 1861, S. 8, Fig. 41.

163) Nicolai, Von den Beschuldigungen, welche den Tempelherren gemacht worden u. s. w., Berlin, 1782, S. 71 und 169; Sarsena, Bamberg, 1820, S. 188.

164) A Crown garland of goulden Roses by R. Johnson, in Percy, Society, Vol. VI, p. 3.

165) L. Bechstein, Deutsches Sagenbuch, S. 672 f., Nr. 819.

166) L. Bechstein, Sagenbuch, S. 244, Nr. 280; Harrys, Volkssagen, S. 80, Nr. 49.

167) Diese Wappensage zieht sich durch viele poetische Arbeiten, z. B. in Fouqué's Romanzen, in der „Schlacht bei Tannenberg" in Wiener Zeitschrift für Kunst, Literatur, Theater und Mode, 1829, Nr. 29; in Harro Harring's Romanze, in Abendzeitung, 1830, Nr. 156.

168) Jacob Lutz, Die Schlacht bei St. Jacob. Basel, 1824.

169) Rosenwasser wurde häufig, zumal in Frankreich, zum Waschen oder Besprengen der Täuflinge benutzt. Man trug daher mit diesen oft große Kannen mit Rosenwasser zur Kirche. Als der spätere Dichter Ronsard (1524) zur Taufe in die Kirche getragen wurde, ließ die Amme das Kind, als der Zug über eine Wiese ging, auf die Blumen fallen, und die Frau, die das Rosenwasser trug, schüttete dasselbe vor Schreck über ihn aus; man sah das als ein wunderbares Vorzeichen seiner zukünftigen Größe an. Er wurde aber nichts desto weniger ein höchst mittelmäßiger Versemacher. Siehe Bayle, Diction. Art. Ronsard, Not. c.

170) Ulrich von Lichtenstein, Frauendienst, herausg. von L. Tieck, Stuttgart und Tüb., 1812, S. 114.

171) Nach mündlichen Mittheilungen von Dr. Kriegk.

172) Cosmas Pragensis, Chronic. lib. 1, p. 15. Menken, Script. rer. Saxon. T. I, p. 1997.

173) Herr von Biedenfeld, Buch der Rosen, 2. Aufl., S. 453. Morgenblatt, 1855, S. 587 u. f. w.

174) Die Concilbeschlüsse bei Mansi, sowie die Conciliengeschichte von Dr. C. J. Hefele ergeben, daß die Rose nie als Abzeichen für die Juden bestimmt wurde, und daß namentlich die Beschlüsse der Concilien von Nimes, Nr. 394 und Nr. 1096, nichts von der Rose erwähnen. „Es ist ärgerlich, wenn man überall so viele Hirngespinste findet, deren Dasein auf weiter nichts als auf eine leichtfertige, verstümmelte Anführung sich gründet", so sagt Lessing (Ehemalige Fenstergemälde im Kloster Hirschau, Werke, herausg. von Lachmann, Bd. 9, S. 244), und man wird leider noch gegenwärtig jeden Tag an die Wahrheit dieses Ausspruches erinnert.

175) M. Viollet-le-duc, Dictionnaire du mobilier français de l'époque Carlovingienne à la Renaissance, II. Edit. Tom. I (Paris, 1868), p. 58 et 59, fig. 3 et 4.

176) M. Viollet-le-duc, Diction. du mobil. franç. Vol. II (Paris, 1871), p. 77, fig. 3ter, A.

177) Siehe W. Mannhardt, Die Götter der deutschen und nordischen Völker. Berlin, 1860, S. 83.

178) Das Opferfest des Krodo auf der Harzburg, von Friedr. Weitsch; Bothonis Chronicon picturatum in Leibrietz, Script. rer. Brunsvic. Tom. III, p. 286; Montfaucon, l'Antiquité expliquée, Tom. II, p. 412.

179) Gräffe, Sagenschatz des Königreichs Sachsen, Dresden, 1855, S. 473; Widar Ziehnert, Sachsens Volkssagen, Balladen u. f. w., Annaberg, 1838. Bei Botho, a. a. O., S. 338, heißt es nur: „de afgodinne, de heyt Siwee, de hadde de hende over ruggen, in der einen hand hebbe se ein Wyndruwelen mit einem gronen blade unde öre bare bangede went in de waden."

180) Grimm, Deutsche Mythologie, 1015 ff.; Soldan, Gesch. d. Hexenprocesses, S. 229; Horst, Dämonologie, Bd. 2, S. 180; Wier, de praestigiis daemo-

num 1568, Basel, S. 114; Montanus, Deutsche Volksfeste u. s. w., Bd. 2, S. 126.

181) Montanus, Deutsche Volksfeste u. s. w., Bd. 2, S. 148.

182) M. Glykas, Annal. ed. Venet., 1729, fol., p. 39 a. Im Mittelalter hatte sich daraus das Sprichwort gebildet: »Unguentum scarabeo« (dem Käfer Balsam bieten), etwa mit derselben Bedeutung wie das deutsche Sprichwort: „Was nutzt der Kuh Muskate?"

183) v. Perger, Pflanzensagen, S. 231; A. Caesalpin, Daemonum investigatio, cap. XIV inf. pag. 23; Montanus, Deutsche Volksfeste u. s. w., Bd. 2, S. 148.

184) Ign. Zingerle, in Wolff, Zeitschr. f. deutsch. Mythol. (1853), Bd. 1, S. 75; v. Perger, Pflanzensagen, S. 219 f.; W. Menzel, Odin, S. 34.

185) v. Perger, Pflanzensagen, S. 231.

186) A. Caesalpin, Daemon. investig. cap. XV, pag. 24.

187) Vernaleken, Oesterreichische Sagen, S. 155; von Leoprechting, Der Lechrain, S. 29.

188) Vergl. Schleiden, Studien: Wallenstein und die Astrologie.

189) Carrichter, Kreutterbuch, S. 28, 70, wo man fast nichts als diesen medicinisch-astrologischen Unsinn findet. Vergl. Leonh. Thurneisser, Historia sive descriptio plantarum, Berlin, 1578; hier wird Natur und Wirkung jeder Pflanze nach ihrer Constellation bestimmt, ja vielen Pflanzen wird geradezu das Horoskop gestellt, um ihre Kräfte kennen zu lernen.

190) Joh. B. Porta, Phytognomica, Francof., 1608, lib. VIII, p. 471 f.

191) Es ist die ἀκάνθη λευκή, Casp. Bauhin, Pinax, l. 12, sect. 4, fol. 483 a.

192) Sämundr-Edda, 194 a. Damit verwandt ist der durch den Stich der Spindel hervorgerufene Schlaf des Dornröschens im Märchen, Grimm, Altdeutsche Mythologie, S. 632.

193) Grimm, Altdeutsche Mythologie, S. 1155 f.; J. R. Camerarius, Sylloge memorabilium medicinae, centuria XVII, 71; Montanus, Deutsche Volksfeste u. s. w. Bd. 2, S. 148 f.

194) J. E. Benemann, Die Rose zum Ruhme ihres Schöpfers u. s. w. Leipzig, 1742, S. 25 und 63. Abt von Vallemont, Merkwürdigkeiten der Natur und Kunst. A. d. Franz. Budissin, 1732, Kap. XIII, Nr. 11, S. 385. Hier wird noch angeführt, daß die Act. Nat. Cur. Acad. Leopold. Carol. Observ. CXVII, p. 155, Anno 1675 versichern, daß Anno 1648 eine Weide eine große Menge der schönsten Rosen getragen habe.

195) J. R. Camerarius, Syll. memorabil. medicinae, cent. XVIII, Nr. 71.

196) Morgenblatt, 1832, Nr. 26; Ausland, 1833, Nr. 8; K. W. Bolz, Beiträge zur Kulturgeschichte, Leipzig, 1852, S. 121; Döring, Die Königin der Blumen, S. 62 f.

197) Pierus, Hieroglyph. lib. 8; Schenk, Observat. med. lib. 7, cap. ult.; Cromer, Histor. Poloniae, lib. 8, pag. 139 b; Casp. Schott, Physica curiosa, lib. III, cap. 33, § 4: Mirabilia nasi et odoratus; Amatus Lusitanus, Curat. med., cent. II, Nr. 36, p. 184; Balzac, Entretiens, c. 2, p. 131; Curiositäten, Bd. 2 (Weimar, 1812), S. 261, Anm. *; Guillemeau, Hist. nat. de la rose, S. 194 ff.; man vergl. noch J. E. Rosenberg, Rhodologia, Frankfurt, 1631, S. 117; J. G. Rosa, De rosa, Strassburg, 1670, Thes. XXIX; J. E. Benemann, Die Rose zum Ruhme ihres Schöpfers, Leipzig, 1742, S. 191; J. Herrmann,

De rosa, Strassburg, 1762, S. 28; W. L. Döring, Die Königin der Blumen, Elberfeld, 1835, S. 58 ff.; Zedler's Universallexikon, s. v. Rose, Spalte 848.

198) von Perger, Pflanzensagen, S. 231.

199) Die Eigenthümlichkeit des Aristoteles in Abfassung seiner Schriften, macht es unmöglich, eine bestimmte Stelle anzuführen, man muß vielmehr eine solche kurze und zusammenhängende Uebersicht, wie ich sie im Texte gegeben habe, erst aus den einzelnen Aeußerungen zusammenstellen. Streng genommen, hat Aristoteles nur drei Elemente, den Aether, dann das Schwere mit der Bewegung nach unten und das Leichte mit der Bewegung nach oben; da aber die beiden letzteren veränderlich sind, so giebt es noch zwei vermittelnde, und so kommen fünf heraus, nämlich:

   der Aether;
   die Erde, schwer, trocken, kalt;
   das Wasser, schwer, feucht, kalt;
   die Luft, leicht, feucht, warm;
   das Feuer, leicht, trocken, warm. —

Man vergaß aber später den Aether ganz, sprach daher nur von vier Elementen, die eigentlich nirgends begründet sind, und vernachlässigte auch die strenge Eintheilung, wodurch der Charakter der Elemente etwas verändert wurde. Die Phantasien der alten Welt laufen in Bezug auf die Grundstoffe des Bestehenden bunt durch einander. Die Inder nahmen nur einen Urstoff an, und zwar die Siwaïten das Feuer, die Vishnuïten das Wasser, und die Krishnaïten die Luft (Bohlen, Das alte Indien, I, p. 160). Die Chinesen haben auch fünf Elemente, die aus dem form- und bewußtlosen Eins »Taiki« hervorgehen: Holz, Feuer, Erde, Metall und Wasser (Neumann, Das Chinesenthum u. s. w., in Zeitschr. d. deutsch. morgenl. Gesellsch., Bd. 7, S. 141). Nach Seneca (Natur. Quaest. lib. III, cap. 14) hatten die Aegypter vier Elemente: Erde, Wasser, Luft und Feuer, deren jedes sie in ein thätiges oder männliches und ein leidendes oder weibliches eintheilten, z. B. das Feuer in das brennende und das blos leuchtende. Durch die Alchemie wurde die alte Elementarlehre gestürzt und ging durch die Chemie allmälig in die jetzige Lehre von den Grundstoffen über.

200) Schon Hippokrates hatte die Lehre von den vier Temperamenten gegründet, Galen aber sie vollständig entwickelt, indem sie vier Hauptflüssigkeiten des Körpers annahmen: das Blut, die gelbe Galle, die schwarze Galle und den Schleim; diese vier Grundflüssigkeiten wurden dann in Beziehung zu den Elementen und ihren Grundkräften gesetzt, und je nach dem vermeintlichen Vorherrschen der einen oder anderen Flüssigkeit charakterisirte man die Natur des Körpers als sanguinisch, cholerisch, melancholisch und phlegmatisch. Besonders nach Galen's Ansichten verbanden sich mit diesen körperlichen Verschiedenheiten auch gewisse geistige Anlagen und Leidenschaften, und so bekamen die Temperamente auch geistige Bedeutung. Die auf Chemie und Anatomie gegründete Physiologie hat die Temperamentenlehre völlig bedeutungslos gemacht, und alle neueren Versuche, sie so oder so zu halten, sind verfehlte Unternehmungen, denn was etwa wahr daran ist, ist viel zu allgemein und oberflächlich, um irgend einen wissenschaftlichen Werth zu haben.

201) J. J. Wecker, Antidotarium speciale, Basel, 1574, pag. 211; Camerarius, Sylloge memorab. medicinae, Tübingen, 1683, centur. III, § 49.

202) Galen, De simpl. med. facult., lib. IV, cap. 1, edit. Kühn, S. 620 und zerstreut im ganzen vierten Buche.

203) Plinius, H. N., lib. XXIV, 6.

204) Plinius, H N., XXII, 7. Bei der sehr genauen Beschreibung des Lithospermum (Steinsamen), der gegen alle Steinkrankheiten empfohlen wurde, sagt er geradezu: „Die Pflanze zeigt dem Menschen auch ohne ärztlichen Rath auf den ersten Blick, wozu sie nütze ist" (H. N., lib. XXVII, 74).

205) Bücher und Schriften Ph. Theophr. Bomb. ab Hohenheim, Paracelsi genannt; aufs new an Tag geben durch Joh. Huserum, Basel, 1589, Pars III, 57 f. Ich möchte die Vermuthung aussprechen, daß die Signaturenlehre beim Volke auf alten germanischen Anschauungen beruhte, nach welchen auf jedem Gegenstand eine Rune bemerkt stehe, welche ihre eigenthümliche wesentliche Kraft (heidhr, abb. heit, z. B. Klugheit, Schönheit) bezeichnet. Siehe W. Mannhardt, Die Götter der deutschen und nordischen Völker, Berlin, 1860, S. 177 f.

206) Joh. Bapt. Porta, Phytognomica, octo libr. contin. Frankfurt, 1608.

207) Porta, Phytognomica, lib. V, pag. 344 und 347.

208) J. C. Rosenberg, Rhodologia etc. etc., Frankfurt, 1631, Pars II, cap 20.

209) Ehrenfr. Hagendorn, Cynosbatologia, Jena, 1681; Joh. Herrmann, De rosa, Strassb., 1762, S. 35; J. C. Rosenberg, Rhodologia, Frankf., 1631, S. 339, 347, 348.

210) Rosenberg, Rhodologia, praeludium, S. 1; Pierre Pomet, Hist. génér. des Drogues, Paris, 1694, S. 174 ff.; Wecker in seinem Antidotarium speciale, Basel, 1574, pag. 211; »Ventrem laxat, stomachum roborat, jecoris calorem extinguit«. Camerarius, Sylloge memorab. medic. (1683) centur. III, pag. 49: »Rosa somnum accersit, mentem et cerebrum firmat«. Minderer, Aloedarium, Wien, 1616, cap. XI, p. 153: »Non esset vel lux vel luxus Apothecis, si Rosa Pharmacopaeis desideraretur«.

211) J. E. Benemann, Die Rose zum Lobe ihres Schöpfers u. s. w., S. 43 und 137.

212) Ich trage hier noch einige Beispiele nach, um zu zeigen, wie häufig die Verbindung der Rose mit der Maria ist. In Bologna zu St. Lucia befindet sich ein Madonnenbild von Carlo Cignani, auf dem das Christuskind dem Täufer Johannes einen Kranz rother Rosen (Zeichen des Martyriums), der h. Theresa einen Kranz weißer Rosen überreicht. In der Düsseldorfer Galerie ist ein Madonnenbild von Carlo Dolce, auf dem das Kind einen Rosenzweig mit zwei Knospen in der Hand hält. Auf einem Gemälde von Joh. van Eyck reicht die Madonna dem Kinde einen Rosenzweig (Kunstblatt zum Morgenblatt, 1833, Nr. 84). In der Eremitage in Petersburg ist eine Krönung der Maria von Rubens, auf der die andächtigen Frauen ein mit Rosen gefülltes Leintuch in Händen halten (Catalogue Petersb., 1863, Nr. 547, p. 120). Ebenda ein Bild von Cl. le Lorrain, auf dem die Maria eine Rose in der Hand hält (Catal. Nr. 1440). Eine mit Rosen durchflochtene Krone trägt die Maria auf einem Bilde von M. Coexie in München. Auf einem Madonnenbilde von Sandro Botticelli (?) in Dresden hat das Kind eine Rose in der Hand, nach dem ein Engel von hinten langt. Ebenda die Madonna della rosa von Fr. Mazzuoli. Noch könnte ich die Bilder von A. Dürer im Palast Grimani in Venedig, Ludovico's Madonna della rosa und die Marienstatue des Nino Andrea nennen (Vasari).

213) Denkmäler der Kunst, von Guhl und Kaspar, Bd. III, Taf. IV, Fig. 5.

214) Neue Miscellanen artist. Inhalts für Künstler und Kunstliebhaber, von J. G. Meußel, Stück 1, Leipzig, 1795, S. 163.

215) Pott, Die Personennamen, insbesondere die Familiennamen.

216) Im 13. bis 15. Jahrhundert hat das Schallloch von Saiteninstrumenten häufig die Form einer Rosette. Mehrere Abbildungen davon siehe bei M. Viollet-le-duc, Diction. du mobil. franç., vol. II (II. Edit., Paris, 1871), chap.: Instruments de Musique, pag. 243 ff.

217) Joh. Anglicus (Gaddesden), Rosa medicinae, Pavia, 1492, und J. Anglicus, Rosa anglica, Augsb., 1595; Georg Laubius, Rosa anglica; Champerii, Rosa gallica, Nancy, 1512; Euch. Rösselin, Der schwangeren Frawen und der Hebammen Rosengarte, Wurms, 1513; Arnold Bachuone (Arn. de Villanova, † 1313), Rosarium philosophorum (Opp., Venedig, 1504); Herlicius, Hermetischer Rosenkranz (um 1625); Chr. St. Bangius, Rosa poenitentialis biblica († 1678); W. C. Deßler, Blut- und Liebesrosen, 1723; G. Franz Placy, Rosa pentaphylla († 1664); St. Prätorius, Die güldene Rose (Ende des 16. Jahrh.); Job. Quirsfeld, Historisches Rosengebüsche († 1686); J. L. Prasch, Rosetum styli latini († 1690); Ant. Coronel, Rosarium logices (um 1510); Chr. Schreiner, Rosa ursina, Bresc., 1630; und viele andere ähnliche.

218) Poemata Jani Lernutii, Jani Guilielmi, Valentis Acidalii nova Editio, Lignicii, 1603; Jan Passerat, Rosa, in Oeuvres poetiques, Paris, 1606.

219) Der »Roman de la rose« ist etwa 1305 erschienen, begonnen war er von Wilhelm de Lorris († 1260), vollendet war er von Méung. Die neueste Ausgabe ist von Francisque Michel besorgt. Vergl. Flögel, Gesch. d. komisch. Literatur, Bd. 2, S. 411, und M. P. Hust, Étude sur le roman de la rose, Orleans et Paris, 1853.

220) Abgedruckt in Ancient Scotish poems, publ. from the Mss. of George Bannatyne 1618, Edinburgh, 1770.

221) Deutsche Inschriften an Haus und Geräth, Berlin, 1865, S. 59; Lessing's Werke, Ausgabe von Lachmann, Bd. XI, S. 675, 682.

222) Deutsche Inschriften an Haus und Geräth, S. 61.

223) Scherz, Glossar. germ. s. v. »rose«.

224) Sebast. Brant, Narrenschiff, „von Zwytracht machen", v. 13—14.

225) J. C. Rosenberg, Rhodologia, S. 14; J. H. Hagelgans, Rosa loquens, S. 24; J. G. Stuckius, Antiquitatum convivalium libr. III, cap. 16, fol. 352 fac. alt.

226) Vergl. auch Stieglitz, Altdeutsche Baukunst, S. 184.

227) Winckelmann, Werke, Dresden, 1808, Bd. 2, S. 566.

228) »Est rosa flos Veneris, cujus quo furta laterent,
»Harpocrati matris dona dicavit amor.
»Inde rosam mensis hospes suspendit amici,
»Convivae ut sub ea dicta tacenda sciant.«

H. Meyer, Anthol. vet. lat. epigr., T. II, p. 189, Nr. 1550; Wernsdorf, Poet. lat. min., T. VI, p. 181. Eigentlich ist das Epigramm sinnlos, denn Harpokrates soll der Gott des Schweigens sein, aber ihm ist ja die Rose nicht heilig, sondern der Liebesgöttin, er wird nur durch die Rose zu dem bestochen, was er in seinem Charakter von selbst thun müßte; so kann die Rose nicht zum Symbol des Schweigens werden, wenn sie es nicht sonst schon ist, und das »inde« erinnert zu lebhaft an den bekannten Schluß: „gleich wie der Löwe ein grimmig Thier ist, also . . . ." — Wenn ein gelehrter Herr dabei sehr weise auf Martial, Epigr. X, 19 oder Ovid, Fast. V, 336 verweist, so beweisen diese Stellen nicht, daß bei den Alten die Rose Symbol der Verschwiegenheit war, um was es sich ja allein handelt, sondern nur, daß man sich bei Gelagen mit Rosen schmückte, was nie Jemand bezweifelt hat. Aber gesundes Nachdenken geht nicht selten den alten Philologen ab. Wernsdorf setzt, sehr mit Recht, das Epigramm erst in das spätere Mittelalter.

229) Konrad Schwenk, Die Mytholog. der Aegypter, Frankfurt, 1846, S. 235 f.
230) Horat., Epist. I, 5, 24 f.
231) M. J. Wittich, Rhodographia, Dresden, 1604.
232) Dav. Fröhlich, Bibliothecae sen. Cynosurae peregrinantium, Ulm, 1643, lib. I, p. 243 f.
233) Isidor Hispalensis Origenes ed. Vulkan., Basel, 1577, fol.
234) Er besang in ziemlich guten Versen die 23 Pflanzen des medicinischen Klostergärtchens von Reichenau.
235) Galilei's Briefe an Kepler (Epistolae ad Jo. Kepplerum etc. Anno aer. Dionys. 1718, o. l. ed. Hanschius, pag. 94) sagt: „Diese Art von Menschen (die ersten Professoren in Padua) glauben die Wahrheit nicht in der Welt und in der Natur, sondern nur in der Vergleichung der Texte finden zu können. Pater Caccini predigte 1614 in Florenz gegen Galilei's unsterbliche Entdeckungen und begann mit den Worten des Evangeliums: „Was steht ihr da, galiläische Männer, und schaut den Himmel an?" In der Predigt suchte er zu beweisen, die Geometrie sei eine teuflische Kunst und die Mathematiker müßten in allen Staaten als Urheber aller Ketzereien verbrannt werden. (Libri, Leben und Werke Galilei's, übers. von Carové, 1842, S. 49.) Vincenz von Beauvais, der sieben dicke Folianten über alle möglichen Dinge der Welt excerpirt und wahrscheinlich nichts von Allem selbst gesehen, wenigstens läßt sich das für die Pflanzen gewiß behaupten, wie schon Ernst Meyer, Gesch. d. Botanik, IV, 104 bemerkt hat. Wie grenzenlos roh und unwissend*) die Geistlichen des Mittelalters waren, dafür giebt Beda venerabilis ein höchst ergötzliches Beispiel. Er schrieb einen Commentar zum Mosaïschen Schöpfungswerke unter dem Titel »Hexaemeron«. Zu den Worten des dritten Tagwerks (Mos. 1, 11—12) macht er die Bemerkung: „Wir sehen aus diesen Worten Gottes, daß die Erde im Frühling geschaffen worden ist, denn das ist die Jahreszeit, in der die Kräuter zu grünen anfangen und die Bäume mit Früchten beladen sind." In seinen langen Jahren hatte also dieser venerable Strohkopf der göttlichen Schöpfung nicht so viel Aufmerksamkeit geschenkt, um zu wissen, was jeder achtjährige Bauernbub' weiß, wie sich Frühling und Herbst unterscheiden.
236) Laienärzte werden vor dem 12. Jahrhundert nicht erwähnt. E. Meyer, Gesch. d. Botanik, Bd. 3, S. 431.
237) Man vergleiche hierfür noch Uhland, Nachgelass. Schriften, Bd. 3, S. 450, Anm. 292; S. 451, Anm. 293.
238) Monument. German. histor. ed. G. H. Pertz, Hannover, 1835, Tom. III (Leges, Tom. I), p. 186, capit. 70: de villis et cortis imperialibus, auch abgedruckt in Ernst H. T. Meyer, Geschichte der Botanik, Bd. 3, Königsb., 1856, S. 401.
239) Siehe E. Meyer, a. a. O., S. 397 und 408.
240) K. W. Bolz, Beitr. zur Kulturgeschichte, Leipzig, 1852, S. 479.
241) Graff, Diutiska, Bd. 3, S. 47 f.
242) Ernst Meyer, Gesch. d. Botanik, Bd. 4, S. 255.

---

*) Eine Menge Citate zusammenschreiben über Worte, die man wohl zusammen buchstabiren kann, aber deren Bedeutung man nicht versteht, heißt nicht etwas wissen.

243) Ebenda S. 256.

244) K. W. Volz, Beitr. zur Kulturgeschichte, S. 481 ff.

245) Ernst Meyer, Gesch. d. Botanik, Bd. 4, S. 9—78 und S. 78—84. Die Verdienste Alberts des Großen um die Botanik sind wohl zuerst von Ernst Meyer richtig gewürdigt worden.

246) Schwerlich hatte die h. Hildegarde ihre Kräuter selbst angesehen und schrieb eben nur ganz dumm aus anderen Büchern die Worte ab, so z. B. kommt Asarum Europaeum unter dem deutschen Namen Haselwurz (II, 95) und dem etwas entstellten lateinischen Asero (II, 116) als zwei verschiedene Dinge vor. Völlig aus der Luft gegriffen ist es daher, wenn F. A. Reuss, De libris physicis S. Hildegardis, Würzburg, 1835, die nur genannte, nicht aber beschriebene Rose für Rosa centifolia erklärt.

247) Siehe Anm. 241.

248) Bartholomaeus Anglicus, De proprietatibus rerum, s. l. 1488, lib. XVII, cap. 136 : de rosa.

249) Conrad von Megenberg, Das Buch der Natur, herausg. von Dr. Franz Pfeiffer, Stuttgart, 1861. Nach E. Meyer (Gesch. d. Botanik, IV, S. 198 ff.) ist das Werk eine freie Bearbeitung des, so viel ich weiß, noch immer ungedruckten Buches von Thomas Cantipratanus, De naturis rerum; Buch IV, A handelt: „Von den Rosen", Kap. 8: „Von dem Hagdorn", und Kap. 44: „Von dem Rosenpaum".

250) Herbarius, Maguntia, 1484; Herbarius, Mentz, 1485; Herbarius, Pasaviae, 1486. Vielleicht gehört in diese Zeit ein mir vorliegendes Kräuterbuch in böhmischer Sprache: »Knieha, lekarska kteraz slozve herbaz« ohne Ort und Jahreszahl; abgebildet ist darin eine nicht zu bestimmende Rose, so schlecht, daß man nicht einmal unterscheiden kann, ob sie einfach oder gefüllt sein soll. Ein älterer Herbarius, den wir aber nicht mehr kennen, wird sehr oft von Vincenz von Beauvais angeführt; er ist von dem obigen verschieden. Von dem obigen kennt man im Ganzen (im Italienischen unter dem Titel Herbolarius) acht Auflagen bis zum Jahre 1509.

251) Petrus de Crescentiis, Vom Ackerbau, Erdtwucher und Bawleuten. XII Bücher, Straßburg, 1531, Buch V, fol. LXXXIII: Von Rosen. Die erste Ausgabe von 1471 ist lateinisch. Auch dies Werk erlebte sehr viele Auflagen. Vergl. Ernst Meyer, Gesch. d. Botanik, Bd. 4, S. 138 ff.

252) Caspar Bauhin, Pinax theatri botanici, Basel, 1623. Er ordnete den von ihm angenommenen Arten alle von seinen Vorgängern genannten Pflanzen, soweit ihm jene zugänglich geworden waren, unter, natürlich oft nur willkürlich, da Beschreibungen so gut wie gar nicht gegeben worden waren und die Abbildungen nur selten zur Erkennung einer Pflanze und wenigstens nicht zur Unterscheidung sich nahe stehender Arten genügten.

253) J. P. Tournefort, Schola botanica sive Catalogus plant. Hort. reg. Parisiensis, Amsterdam, 1689.

254) Linné, Species plantar., Holmiae, 1753.

255) Jacob Dümmler, Vermehrter Baum- und Obstgarten, Kap. 18, nach P. A. Matthioli, Neu vollkommnes Kreuterbuch, Basel, 1678.

Fünfter Abschnitt.

Das Morgenland.

Das Morgenland! Welche Fülle von wunderbaren Bildern knüpft die Phantasie an diesen Namen! Wiege der Menschheit, Jugendland unseres Geschlechts! Weit liegt es hinter uns in grauer Ferne, nur unsere Träume tragen uns noch zuweilen zu ihm. War es doch fast vergessen im Wirbel des Lebens der Neugestaltungen auf neuem jungfräulichen europäischen Boden — da weckte plötzlich ein Ruf die abendländische Menschheit: »Deus lo vult« Gott will es! die alten Träume wurden lebendig, und ein sehnsüchtiger Drang trieb die Menschen, das alte längst vergessene Paradies der Kindheit, das Land der seligen Jugendzeit aufzusuchen und sich wieder zu erobern. Die Kreuzzüge führten die wieder Kind gewordene Menschheit in das Morgenland, aber sie fanden es nicht. Thöricht ist es, die Zeit wiederbeleben zu wollen, der man einmal entwachsen ist. Nicht nur ist man selbst ein anderer geworden und mißt mit anderem Maßstab, sieht mit anderen Augen — auch der Spielplatz unserer Jugend wurde ein anderer. Zerstört ist, was uns früher erfreute oder begeisterte, Ruinen gähnen uns an, wo die Tempel unserer Jugendentzückungen standen, fremde oder gar feindliche Menschen wandern auf den Pfaden, auf denen uns sonst Liebe entgegenkam. Traurig und enttäuscht kehren wir zurück, um unsern Weg im Leben weiter zu verfolgen, unserem gegenwärtigen Beruf zu genügen. Aber gerne lauschen wir auch in späteren Jahren den Erzählungen der Märchen und Sagen, die noch aus der Zeit und dem Lande der Kindheit zu uns herüber tönen, und gönnen dem Traum der Vergangenheit eine kurze Stunde.

Die Stufen der Entwicklungsgeschichte der Menschheit zeigen sich dem ernsten Forscher, jede eine höhere Fortsetzung der vorhergehenden, und deren gewonnene Bildungsmomente aufnehmend und fortführend. Die erste liegt in ihren Anfängen und Entwicklungen weit hinter der Geschichte zurück; nur ihre Ausgänge, mit denen sie sich der zweiten verknüpft, reichen in die historische Erinnerung der Menschen herein. Die erste Verbindung von Orient und Occident, die Aushändigung der dem letzten bestimmten Erbschaftsstücke, schon vielfach in den Mantel der Sage gehüllt, giebt uns die Anfänge der Geschichte der südeuropäischen (romanischen) Menschheit. Was dem vorhergeht, ist den orientalischen Völkern größtentheils selbst fremd geworden und wird nur allmälig durch die schwere Arbeit neuerer Sprachforscher aus den vielfach verschütteten und erst nach und nach wieder aufgefundenen und gereinigten Schachten der orientalischen Sprachen und Literaturen zu Tage gefördert.

Die zweite Stufe, auf der die äußersten westasiatischen und die romanischen Völker sich bewegen, liegt klar vor unseren Augen. Wir sehen die Völker sich bilden, entwickeln, altern und absterben; ihre Todeszuckungen stören noch jetzt von Zeit zu Zeit die gesunde Entwicklung der Völker der dritten Stufe, den Kreis der germanischen Stämme, von denen wir nur den Anfang der Geschichte kennen, weil wir selbst noch in demselben leben. Sie sind gegenwärtig die eigentlichen Kulturvölker, denn als solche können wir nur diejenigen ansehen, die sich aus ihrem eignen Innern durch eigne Kraft entwickeln, nicht aber solche, die fremde Bildungsresultate als etwas Entlehntes sich aneignen, ohne es selbstthätig und in eignem Geiste fortbilden zu können. Es ist mir immer recht lächerlich vorgekommen, wenn ich sah, daß man Persern, Türken und vielen andern als civilisirten Völkern begegnet, blos weil sie Pantalon und Frack angezogen haben. Den Rumänen z. B. gehören nicht diplomatische Noten, Verfassung und Geschworenengerichte, sondern die Schule und der Stock, bis sie gelernt haben, sich als gebildete oder doch bildungsfähige Menschen zu betragen. Nicht bloße Vernunftanlage, sondern Vernunftgebrauch ist der einzige entscheidende Charakter des Menschen; wo und so lange der fehlt, hat man die Geschöpfe als Thiere zu betrachten, die der Dressur bedürfen.

Auch die asiatischen Völker sind aus der Reihe der Kulturvölker ausgeschieden und nur noch aufgeputzte Leichen; die fortbildende Geisteskraft ist in ihnen lange erloschen, und sie vegetiren nur noch durch den im alten Holze abgelagerten Saft. Berechnen doch zum Beispiel die Braminen den Sternenlauf noch jetzt ganz richtig nach Formeln, deren Ableitung ihnen völlig unbekannt, deren Bedeutung ihnen schon seit Jahrhunderten unverständlich ist.

Der allmälige Uebergang aus lebendigen Kulturvölkern in vegetirende Stereotypen, die höchstens noch die alten Errungenschaften festhalten, scheint auch in Asien selbst in der Richtung von Osten nach Westen stattgefunden zu haben. Die fortschreitende Entwicklung der Chinesen war wohl schon vor Beginn unserer Zeitrechnung beendigt. Etwas länger scheint sich das Leben und Streben in Indien erhalten zu haben, und bei den Persern finden wir noch gegen Ende des Mittelalters, bei den muhammedanischen Arabern noch bis zum Beginn des achtzehnten Jahrhunderts Blüthen einer regen Thätigkeit in Wissenschaft und Poesie.

Ich weiß wohl, daß man den Begriff „Morgenland" häufig sich viel enger begrenzt, als ich hier thue, aber ich glaube in meinem Rechte zu sein: das Land der „Levante", d. h. aufgehenden Sonne, ist gerade so unbegrenzt als das der „Ponente", der untergehenden, und dehnt sich ebenso weit aus, als ich gen Osten fortschreiten kann bis zu dem für die Alten „pfadlosen" Ocean. — Reden wir vom Morgenland, als der Wiege unseres Geschlechts, so ist zur Zeit unsere suchende Phantasie noch durch keine streng wissenschaftlichen Aussprüche an ein bestimmtes Gebiet gebunden, und fragen wir nach der Heimat gar wichtiger Theile unseres Geisteslebens, so ist es noch sehr die Frage, ob wir dem indischen Buddha und dem persischen Zarathustra davon nicht mehr verdanken, als dem kleinen syrischen Ländchen Palästina. So mag denn auch meine Untersuchung im äußersten Osten beginnen und nach Westen fortschreiten bis zu den Völkern, die unserm eignen Stamm am nächsten verwandt sind.

Nach dem Umfang, den ich in der Einleitung meiner Arbeit vorgezeichnet, sind eigentlich die Chinesen von derselben ausgeschlossen, und wenn ich ihrer hier kurz erwähne, so geschieht es nur des merkwürdigen Contrastes wegen, und um einige unbegründete Angaben in Bezug auf die Rose zurückzuweisen. Die Chinesen gehörten ohne Frage zu den hochbegabten Kulturvölkern, aber ihre Kulturentwicklung liegt weit hinter unserer Geschichte zurück und scheint vollständig das Stadium der Todtenstarre erreicht zu haben. Nur das Talent des Aufnehmens und Nachahmens fremder Errungenschaften scheint ihnen geblieben, die eigne schaffende Kraft aber gänzlich erloschen zu sein. Freilich ist für uns wohl nichts schwieriger, als in den Geist dieser seltsamen Erscheinung bis zum vollen Verständniß einzudringen; das ist schon in dem Wesen ihrer von den indogermanischen Sprachen so durchaus verschiedenen Sprache gegeben. Das Chinesische kennt durchaus keinen der uns geläufigen Redetheile, eigentlich nicht einmal Wörter, sondern nur Wortwurzeln, die dann nach Accent, Stellung zu andern u. s. w. die Bedeutung eines bestimmten Redetheils annehmen, deren Sinn also aus dem Zusammenhang der ganzen Rede erst erschlossen werden muß. So z. B. bedeutet »sin« je nach seiner Stellung zu andern Worten: „Ehrlichkeit", „ehrlich", „ehrlich sein", „ehrlich handeln" und sogar „für ehrlich halten" oder „trauen". Für eine weitere Charakteristik der chinesischen Sprache muß ich auf Steinthal[1] verweisen. Das Gesagte wird genügen, um meinen Lesern deutlich zu machen, mit welchen unendlichen Schwierigkeiten es verknüpft sein muß, in den Geist, in das tiefere Verständniß einer Literatur einzubringen, die uns in einer so durchaus fremdartigen Sprachform entgegentritt. In Bezug auf Geist, Verstandesschärfe, sittliche Bedeutendheit und Charakterkraft, finden wir bei den Chinesen Werke, die unser Erstaunen, unsere Bewunderung erregen und vollkommen die Anstrengungen lohnen, die auf ihr Studium verwendet werden müssen. Fremdartig werden sie uns aber immer gegenüberstehen, weil sie in dem, was Menschen am sichersten aneinanderknüpft, in Geschmack und Sitte, so weit von uns abweichen, ja zum Theil diametrale Gegensätze bilden. Von unserm Standpunkte aus würden wir die Chinesen höchst geschmacklos und ungesittet nennen, gerade so wie sie es mit uns machen. Ihre plastischen Kunstwerke, ihre Gemälde sind für unsern Geschmack abscheulich, ihre Bauwerke lächerlich. Daß sie bis auf einen langen Zopf auf dem Scheitel das Haar abscheeren, daß die Frauen die größte Zier darin sehen, ihre Füße zum Elephantenklumpfuß zu verunstalten, daß Männer und Frauen stolz darauf sind, ihre Nägel zu recht lang hervorstehenden spitzen Thierklauen*) zu erziehen, dünkt uns die höchste Stufe der Geschmacklosigkeit. Daß sie ihr seidenes Hemd ohne Wechsel tragen, bis es in Fetzen vom Leibe

---

*) Eins der charakteristischen Merkmale des Menschlichen im Gegensatz zum Thier besteht gerade in dem flachen, ganz angewachsenen, vorn abgerundeten Nagel.

fällt, ist für uns ekelhaft. Unsern Anschauungen widerspricht es direkt, daß ihre tiefste Trauer sich in Weiß kleidet, daß die Kriegsmandarinen das Pferd von der rechten Seite besteigen, daß sie den Geehrteren zur linken Seite gehen lassen, daß sie vor dem Vornehmeren gerade das Haupt aus Höflichkeit bedecken u. s. w. 2) Und doch verdanken wir diesem Volke eine der schönsten Zierden unserer Umgebung, den eine veredelte Natur darstellenden sogenannten englischen Park, der, nur eine Nachahmung der chinesischen Gärten, zuerst zu Pope's Zeit nach einem chinesischen Grundriß in England eingeführt wurde. 3) In den zahlreichen Schilderungen von Gärten, welche uns in Reisebeschreibungen und sonstigen Werken über China mitgetheilt werden, wird nun, so weit mir dieselben zugänglich waren, die Rose gar nicht erwähnt, wohl ein entschiedener Beweis, daß diese Blume bei den Chinesen keine große Rolle spielen kann. Auch in den Mittheilungen über Volksfeste, Sitten und Gebräuche der Chinesen findet die Rose keine Stelle. Die Blume, welche in China einigermaßen die Rolle spielt wie bei uns die Rose, ist die Moutane*) oder Mou-cheo-yao („baumartige Päonie"), sie heißt auch: hoa-ouan („Königin der Blumen"), und ihre Ueberreichung an ein Mädchen dient wohl als Liebeserklärung; sie wird auf das Sorgfältigste kultivirt und ihre verschiedenen Spielarten werden oft mit fabelhaften Preisen bezahlt, weshalb sie auch noch den Namen: pé-leankine („hundert Unzen Gold") führt. 4)

Ich habe mehrfach in Zeitschriften gelesen, daß die Rose in China sehr gefeiert sei, daß sie schon von Confucius im Chi-king besungen werde, daß in der Bibliothek des chinesischen Kaisers von 18000 Bänden 1800 sich befinden, die über Blumenzucht handeln, und darunter 600, die nur die Rosen betreffen u. s. w. Was den ersten Punkt betrifft, so darf ich nach eigner Ansicht des Chi-king 5) behaupten, daß die Rose darin auch nicht ein einziges Mal genannt wird. Die zweite Mittheilung stammt aber wohl nur aus der Phantasie der Zeitschriftsliteraten. In den Werken, die ich über China und chinesische Literatur benutzt habe, kommt nichts dergleichen vor, 6) und ich muß jenen die Verantwortung überlassen.

Uebrigens ist es eben dieselbe Ignoranz, wenn jene Herren hinzu-

---

*) Paeonia moutan Sims.

fügen, daß die Chinesen nur zwei Rosenarten kennen; die weiße und die Moosrose. Grossier[7]) zählt die in China wachsenden Rosen auf, acht an der Zahl, darunter fünf mit chinesischen Namen: R. cinnamonea L., die Zimmetrose, moui-hoa, angeblich in China geruchlos; R. centifolia L., ta-moui-hoa; R. indica L., Theerose, tsian-hoa; R. alba L., weiße Rose, kine-yn; R. nankinensis Lour., Nankinrose, tsiao-moui-hoa; dazu erwähnt er die R. chinensis Edw., Chinarose, als eine sehr viel in chinesischen Gärten kultivirte. Nach Bunge, *) der selbst in Peking war, werden in den dortigen Gärten viele Rosen: R. multiflora Thumb., Rosa rugosa Thumb., Rosa indica L. und Rosa pimpinellifolia L., in zahlreichen Varietäten kultivirt. Nach demselben ist die allgemeine Bezeichnung für Rose »Mei-gui-chua« (dabei bedeutet chua „Blume"). Als Arten erwähnt Bunge noch: To-zsian-bai, Zy-wei-chua, Litang-chua, Bai-tsiaw-wei, Jang-jue-zsi, Jue-zsi-chua und Schi-di-wei, sämmtlich kultivirte Formen mit gefüllten Blumen, deren nähere Bestimmung aber nicht thunlich war.

Das Resultat von dem allen ist, daß es in China viele Rosen giebt, daß viele kultivirt werden, daß dieselben aber in den Augen der Chinesen keine besondere Bedeutung haben und höchstens als Material für die Gewinnung von Rosenöl geschätzt werden. Von Rosenöl und Rosenwasser werde ich aber später noch ausführlicher sprechen müssen.

Von den Chinesen wende ich mich zu den Indern und berühre nur noch im Vorbeigehen die Malayen, bei denen, erinnernd an das griechische Wort Nymphe, das zugleich Braut und Knospe bedeutet, auch ein und dasselbe Wort für Frau und Blume gilt.") Chamisso hat die Uebersetzung eines anmuthigen malayischen Liedes mitgetheilt:

„In würziger Blumen Reih'n
„Bist, Rose, die Herrlichste du;
„Begehr' ich nach stärkendem Wein,
„Wer trinket den Becher mir zu?

„Bist, Rose, die Herrlichste du,
„Die Sonne der Sterne fürwahr!
„Wer trinket den Becher mir zu
„Aus rosiger Mädchen Schaar?

„Die Sonne der Sterne fürwahr,
„Die Rose entfaltete sich,

„Aus der rosigen Mädchen Schaar
„Umfängt die Lieblichste mich." [10]

Ich weiß freilich nicht, ob hier der Dichter allein oder mit Hülfe des Botanikers übersetzt hat; ich habe Uebersetzungen aus dem Chinesischen gesehen, wo der Uebertragende die Rose willkürlich statt des ihm unverständlichen chinesischen Wortes eingeschoben hatte.

Schon im ersten Abschnitte habe ich erwähnt, daß die Rose wohl schon in den ältesten Zeiten bei den Indern genannt und, wie es scheint, geschätzt wird. Aber wie das ganze Volk bei allen geistigen Anlagen, die ihm die höchste Ausbildung religiöser, philosophischer, wissenschaftlicher und poetischer Werke erlauben, doch nach und nach immer mehr unter dem Geistesdruck der Braminen, den beengenden Schranken des Kastenwesens und der physischen Verkümmerung durch Ausschluß der Fleischnahrung herunterkommt und zu selbstthätigem geistigen Schaffen unfähig wird, hört auch die Schönheit des Lebens bei ihnen auf und damit die Genußfähigkeit und die Freude am Schönen. Ich habe mit aller Mühe, freilich durch den Mangel der Sprachkenntnisse schon ohnehin gehemmt, nur wenige Notizen über die Rose aus dem indischen Leben auffinden können. Ein alter aus dem Sanskrit ins Persische übersetzter Roman: „Die Liebesgeschichte von Camarupa und Camalata" erwähnt mehrfach der Rosen in den Gärten, braucht das Bild, daß die Wangen des Mädchens die Rosen beschämen und vergleicht die Lippen mit einer sich öffnenden Rosenknospe. [11] Noch im Mittelalter war es Gebrauch, daß in Vorderindien die Aermeren ihren Königen Rosen als Tribut darbrachten, mit denen die Schlafzimmer der Fürsten bestreut wurden. Dem König von Bisnagra wurden jährlich in Wohlgerüchen und Blumen Tribute bis zum Werthe von 5000 spanischen Goldmünzen geliefert. [12] In der Plastik konnte ich nur einige rosenähnliche Verzierungen an einem Pfeiler der Pilgerherberge zu Madura, deren Bau aber erst 1623 begonnen wurde, auffinden. [13]

Erst viel später bringt der in Indien eindringende Muhammedanismus auch seine arabische Poesie mit, die ganz den Charakter der späteren persisch-arabischen Dichtung trägt und meist dieselben Gleichnisse und Anschauungen wiederholt. Die meisten dieser Dichtungen reichen nicht über die Mitte des achtzehnten Jahrhunderts zurück, und die Dichter geben sich oft

schon durch ihre Titel und Namen — Mirzâ, Mohammed, — als
Muhammedaner zu erkennen. Sehr häufig sind die Bearbeitungen der
„Liebe von Rose und Fichtenbaum", „Rose und Nachtigall", „Geschichte von
der Kerze, dem Schmetterling, der Rose und der Nachtigall" u. s. w. Als
Buchtitel wird die Rose sehr häufig benutzt, z. B. Guldasta-i-dàstàn
(Rosenbouquet der Geschichte), Gulschan-i-Hind (indischer Rosengarten),
Gulzàr-i-Chin (Chinesisches Rosengebüsch), Guldasta-i-ische (Rosen=
bouquet der Liebe), Gulschan-i-taulùd (Rosengarten der Einheit Gottes),
Gul-i-magfirat (Rose der Gnade) u. s. w. [14])

Als der eigentliche Mittelpunkt des Rosenkultus, als das Vaterland
der Rosen und ihrer Verehrung ist aber Persien anzusehen. Schon im
ersten Abschnitt habe ich darauf hingedeutet; hier wäre nun der Ort, das
weiter auszuführen. Im vierten Abschnitt habe ich auch schon die engere
Verwandtschaft betont, die zwischen Germanen und Persern stattfindet.
Ich habe in jenem ganzen Abschnitt eine engere Verbindung der Germanen
mit den Persern hervorgehoben und kann davon auch noch nicht lassen, ob=
wohl die gegenwärtigen Resultate der Forschungen dem zu widersprechen
scheinen. Man nimmt allerdings an, daß alle indogermanischen Völker
früher als ein einziges Urvolk bestanden haben, aus dem erst nachher die
verschiedenen Zweige, bald früher, bald später, hervorgetreten sind.[15]) Auch
bewahren alle noch Erinnerungen aus dieser Zeit des gemeinsamen Lebens.
Dann aber läßt man jetzt sich die Inder und Perser als eine engver=
bundene Völkermasse unter dem Namen Arier von allen übrigen Indoger=
manen trennen.[16]) Hierbei bleiben freilich noch viele Räthsel ungelöst, und
dahin gehört besonders die Trennung der Inder und Perser, der Völker, die
ihre ältesten Erinnerungen in den Veden und in der Avesta, im Sanskrit
und in der Zendsprache bewahrten.[17]) Es will mir fast scheinen, daß die
zahlreichen Beziehungen, welche sich in deutscher und persischer Archäologie
finden, fast ebenso bedeutend, wo nicht bedeutender sind, als diejenigen
zwischen Indien und Persien, auf welche man die arische Periode als diesen
beiden gemeinsam gestützt hat. Außer den so auffallenden, schon im vorigen
Abschnitt hervorgehobenen Uebereinstimmungen in Religion und Sitte finden
sich auch in den Sagenkreisen so wunderbare Anklänge, daß man ihre innere
Verwandtschaft nicht läugnen kann. So erinnert das deutsche „Hilde=

brandslied" in dem blutigen Kampf zwischen Vater und Sohn ganz auffällig an den Zweikampf zwischen Rostem und Sorab. Daß die Jugendgeschichte des Guschtasp in so vielen charakteristischen Zügen in der deutschen Siegfriedssage und in den vielen weitverbreiteten Erzählungen
von dem Riesenkinde wiederkehrt, hat schon Grimm bemerkt.[18]) Merkwürdig bleibt mir auch die Uebereinstimmung im Nationalcharakter der
Perser und Deutschen im Gegensatz zu den Indern. Während den
letzteren historischer Sinn absolut mangelt, so ist er bei den ersteren höchst
lebendig, was wohl auf dem bei beiden so sehr entwickelten Wahrheitsgefühl beruht.[19]) Wenn wir die Skythen mit den Germanen identificiren und
jene den Turaniern gleichsetzen, wofür Manches sprechen würde, so möchte
daraus eine Verwandtschaft zwischen Deutschen und Persern abgeleitet werden
können. Vieles deutet darauf hin, daß Turanier und Eränier, obwohl
beständig in politischen Grenzkämpfen begriffen, doch in den ältesten Zeiten
(vor Zarathustra) gleiche Religion und gleiche Sprache gehabt haben.[20])
Aber thöricht würde es sein, schon jetzt eine dieser Vermuthungen als einen
festen wissenschaftlichen Erwerb hinstellen zu wollen. Die vorbereitenden
Arbeiten sind vielmehr noch so sehr im Anfang, daß wir wirkliche Resultate
erst von der Zukunft erwarten können und wohl jetzt noch mit Goethe sagen
müssen:

„Ob wir östlich, westlich irren,
„Scheint's mir doch egal gepudelt."

Eine merkwürdige Analogie besteht auch in der Entwicklungsgeschichte
des persischen und deutschen Volkes. Beide leben in ihren einheimischen,
volksthümlichen Anschauungen und Erinnerungen, bis eine ihnen großentheils mit Gewalt aufgezwungene neue Religion sie in diesem ruhigen Bil-
dungsgange stört und die alten nationalen Errungenschaften erdrückt. Dort
ist es der Muhammedanismus, hier das Christenthum (Chlodwig, Karl
d. Gr.). Bei beiden geschieht diese Umwandlung der Weltanschauung fast
gleichzeitig. Aber bei beiden erwacht auch bald wieder die Erinnerung an die
Heiligthümer ihres alten Glaubens, ihre geschichtliche Vergangenheit, und
nun suchen beide, was noch nicht verloren ist, von diesem Schatze zu retten,
indem sie es sammeln und in der Schrift bewahren. Auch dieses ist bei beiden
fast gleichzeitig. Schon im siebenten Jahrhundert wird das alte Königsbuch der

Sassaniden von Ibn Mukaffa ins Arabische übersetzt. Das germanische Hildebrandslied gehört dem achten Jahrhundert an. Um dieselbe Zeit wird die Siegfriedssage bearbeitet. Im zehnten Jahrhundert versuchte Daqiqi die alten Sagen in einer großen Dichtung zu vereinigen. Was sein plötzlicher Tod unterbrach, vollendete im Beginn des elften Jahrhunderts Firdusi in seinem Königsbuch (Schah-nameh). Ebenso entstand am Ende des zwölften Jahrhunderts durch die Arbeit mehrerer Dichter das große deutsche Heldenlied „die Nibelungensage". Dann aber tritt bei beiden Nationen der dichterische Geist wieder ins Volk zurück und ergießt sich in einer unendlichen Fülle von Volksliedern, in denen auch noch viele alte Erinnerungen, die die größeren Sammlungen vernachlässigt hatten, neubelebt und festgehalten werden.

Wenn schon in Tradition, in Sitten und Gebräuchen, wie mehrfach erwähnt, wichtige Uebereinstimmungen zwischen Persern und Deutschen vorhanden sind, so ist doch der Nationalcharakter der Perser ein durchaus eigenthümlicher. Es versteht sich von selbst, daß ich bei dieser Betrachtung von den modernen, durch ihre verworfenen Fürsten moralisch wie materiell vollkommen ruinirten Persern ganz absehe.[21]

Die Hauptzüge, die wir hierbei ins Auge zu fassen haben, sind wohl folgende. Die ersten noch unklaren Ahnungen des Göttlichen, welche die Perser aus den Anschauungen des indogermanischen Urvolkes mitgebracht hatten, gestalteten sie zu der Verehrung eines höchsten Wesens unter dem Symbol des Lichtes.[22] Das helle trockne Klima ihres Landes, warm, aber wasserarm,[23] führte sie zu einer fast religiösen Hochhaltung des Ackerbaues, des Wassers, zum Kampf gegen die Feinde desselben, also des Ungeziefers aller Art.[24] Wahrscheinlich aus semitischem Einfluß gesellte sich dazu die Trennung des göttlichen Wesens in Sonne und Mond, Mithras und Anahit als männlicher und weiblicher Repräsentation. Arbeitstüchtigkeit, Reinlichkeit und Wahrhaftigkeit scheinen sich daraus als Hauptzüge entwickelt zu haben. Diese Charakterzüge sollen sich noch ganz rein bei den Guebern, den zerstreuten Anhängern des ältesten Parsiglaubens erhalten haben.[25] Endlich darf ich auch die große Verehrung des weiblichen Geschlechts bei den alten Persern, als Aehnlichkeit mit den Germanen, nicht unerwähnt lassen.[26] Die Achämeniden führten die ursprüngliche Reinheit und Einfachheit des

Glaubens wieder zurück. Darius aber gab der Mithras- und Anahit-Verehrung wieder Raum. Zur Begabung des Stammes gehörte geistige Lebendigkeit, Freude an Erweiterung der Kenntnisse und Lust an Spielen des Witzes und Scharfsinns und der Phantasie. Was uns aber vorzugsweise hier interessirt, ist die Stellung des Persers zur Natur.

War das Land, an welches sich noch die ältesten Erinnerungen des eränischen Volksstammes knüpften, wie es nach dem ersten Fargard des Vendidad scheint, wirklich im Nordosten von Persien gelegen,[27] so hatten sie früh einem ungünstigen Klima ihre Existenz abkämpfen müssen. Auch ihre späteren Wohnsitze, das dürre Plateau des eigentlichen Persien, gewährte ihnen trotz der wärmeren Sonne wenig Vorschub, da sie in dem flußarmen Gebiete nur durch mühselig anzulegende und zu unterhaltende künstliche Wasserleitungen dem Boden die Feuchtigkeit zuführen konnten, deren derselbe bedurfte, um die dann allerdings reiche Produktionskraft eines heißeren Himmelsstriches zu beweisen. So wurden sie durch die Natur ihres Wohnsitzes nicht nur zu gewissenhafter Arbeit, sondern auch zu aufmerksamer Beobachtung der Natur, um ihre guten Seiten benutzen, ihren schädlichen Einflüssen widerstehen zu können, erzogen. Die wunderbar trockne und daher durchsichtige Atmosphäre ließ sie früh den mächtigen Einfluß des gestirnten Himmels empfinden.[28] Dazu zeigten ihnen die etwas feuchteren Thaleinschnitte besonders in den Gebirgen eine genügend üppige Natur, um auch der Einbildungskraft eine lebendige Anregung zu geben. Daraus entwickelte sich auf der einen Seite die ernsthafte, tieferem Denken, ja selbst mystischem Grübeln zugewandte Natur des Persers, andrerseits die warme poetische Auffassung des in der Außenwelt sich Darbietenden. Das tritt besonders lebendig hervor in den Naturschilderungen, deren die persischen Dichter Meister sind. Der ganze Farbenton in der Darstellung der Tages- und Jahreszeiten, der Gebirgs-, Thal- und Wüstenlandschaften, der unerschöpfliche Reichthum in der Auffassung einzelner Züge und die lebendige Phantasie, welche die Natur so oft, fast immer in dramatischer Thätigkeit darstellt, stehen unübertroffen da. Ich will hier mich auf zwei kleine Beispiele beschränken. Bei Schilderung des Morgens sagt ein Dichter: „Der Athem der Morgenröthe und das Wehen des Zephyrs erlösten die Rosenknospe aus ihren Banden." Und ein anderer Dichter, Messihi, singt bei einer ähnlichen Schilderung:

„Sieh', wie sie schlummern, die Blümchen, die Augen der Au;
„Um sie zu wecken, besprengt sie der Morgen mit Thau."

Hier tritt die Natur, selbst eine reizende Idylle, uns in der anmuthigsten Weise handelnd entgegen.[29] Beides, wie es scheint, vereinigte sich in ihrer Naturanschauung, durch die sie sich ebenso sehr von den Griechen als den Deutschen unterscheiden. Wie den beiden ebengenannten Völkern ist auch dem Perser die organische Natur geistig belebt; aber so wenig er mit den Griechen diese Belebtheit der Natur in bestimmten höheren Wesen hypostasirt, so wenig auch ist ihm wie dem Deutschen die Natur ein unmittelbar Verwandtes. Ihm lebt die Natur, aber als eine von ihm getrennte Erscheinung, mit der er persönlich nicht verkehrt und verkehren kann, in deren Thun und Treiben er aber doch eine Analogie mit dem eignen Leben wiederfindet, so daß ihm das Naturleben als Gleichniß, ja als Symbol des Menschenlebens erscheint und auch so von ihm benutzt und verwerthet wird. Es ist das recht eigentlich der Standpunkt der Fabeldichtung, und wenn diese auch nicht bei den Persern erfunden ist, — es scheint, daß sie mit derselben zuerst durch die Uebersetzung des indischen Fabeldichters Bidpai bekannt wurden, — so wurde diese Form, Lehren der Weisheit in kurze Erzählungen einzukleiden und zu verbreiten, doch bald sehr beliebt und eifrig nachgeahmt, während sie sich der umfangreichen, tiefsinnigen und gründlichen Werke über Philosophie und Theologie, wie sie von den Indern geschaffen wurden, enthielten. Desto reicher ist die Dichtung der Perser, die besonders in sentenziöser Lyrik einen unerschöpflichen Reichthum zeigt, welcher Eigenthum der ganzen Nation geworden ist. Der Perser liebt es, das Gespräch mit Anführungen aus seinen bedeutenden Schriftstellern zu würzen, und selbst das niedere Volk, das nicht lesen und schreiben kann, weiß die schlagendsten Sprüche seiner Hafis', Dschami's und Saadi's auswendig.

So finden wir denn in wenig Zeilen, in ein naheliegendes Gleichniß gekleidet, oft die tiefsten Gedanken mit geistreicher Schärfe behandelt und abgethan, über die der Inder ein dickes Buch schreiben würde. So singt Dschelal-eddin-Rumi:

„Unglauben ist die Nacht, die Nachtlamp' ist der Glauben,
„O laß in deiner Nacht dir nicht die Lampe rauben!
„Wir hoffen auf das Licht, von dem die Lampe zeuget,

„Das Licht, das sie gezeugt, will ihr den Dienst erlauben.
„Doch wenn die Sonn' erwacht, erlöschen Nacht und Lampe,
„Und auf in einem Schau'n gehn Glauben und Unglauben."³⁰⁾

Ferid-eddin-Attar sagt im Pendnaméh:

„Bei wem sich Rath und That entsprechend finden,
„An dessen Rath wird sich ein Andrer binden.
„Doch hält er selbst auf das nicht, was er spricht,
„Gehorchen Andre seinen Worten nicht."³¹⁾

Aber das dogmatische Pfaffenthum wird auch überall von den Weisen verurtheilt oder verspottet, worin besonders Hafis sich auszeichnet. So singt er heiter:

„Wahr ist, wiewohl das Wort der Priester niemals loben wird,
„Daß durch die Heuchelei er nie zum Engel droben wird.
„Trink' immerhin, sei wahrhaft nur und gut, da doch ein Thier,
„Weil's keinen Wein berührt, zum Menschen nie erhoben wird.
„Die Gnade Gottes wirkt schon durch sich selbst dein Heil, mein Herz,
„Da nie aus Gleißnerei ein Salomon gewoben wird.
„Sei froh, Hafis, und trinke glaubensfroh, daß Allah einst
„Dein fröhlich Thun auf Erden auch im Himmel loben wird."³²⁾

Und den Kernpunkt aller Religion aussprechend, singt Dschelal-eddin-Rumi:

„Wohl endet Tod des Lebens Noth,
„Doch schauert Leben vor dem Tod.
„Das Leben sieht die dunkle Hand,
„Den hellen Kelch nicht, den sie bot.
„So schauert vor der Lieb' ein Herz,
„Als wie vom Untergang bedroht,
„Denn wo die Lieb' erwacht, stirbt
„Das Ich, der dunkele Despot.
„Du laß ihn sterben in der Nacht
„Und athme frei im Morgenroth."³³⁾

Demselben Geist, den diese wenigen hier mitgetheilten Beispiele bekunden, werden wir auch wieder begegnen, wenn wir uns ausschließlich der Rose zuwenden.

Da die Rose recht eigentlich die Lieblingsblume von Persien ist, brauche ich kaum zu erwähnen, daß die gewöhnliche Anwendung derselben im Gleichniß fast allen Dichtern aller Zeiten geläufig ist. Die Ausdrücke: „Mädchen, schön wie die Rose"; „Wangen voll Rosen"; „rosige Finger"; „zarte Rose ihrer Wangen"; die Farbe der Wangen, die Wange als „Rosenstreuerin", als „Rosenbusch", als „Rosenfeuer"; „die Rose oder das Rosenbeet der Schönheit"; „Rose der Stirne"; Lippen als „Rosenzucker", „Rosenwasser", „lachende Rose", „Rosenblätter", „Rosenknospen"; die Geliebte als „Rosenblatt", „Schönheitsrose"; „wie Edens Rosenblüthen ihre Wangen"; „ihr Wuchs ein langer Frühlingsathem von Rosenfluren und von Nelkensaaten"; „dein Gesicht, es brennt, wie die Purpurrose im Frühroth"; „mit Rosenantlitz und mit Ros' im Haar"; „wie Rosensträuch' am Morgen aufblühn" u. s. w. kommen so häufig vor, daß es pedantisch wäre, alle die einzelnen Stellen bei den Dichtern aufzuzählen. Eine häufig bei den Orientalen vorkommende Eigenheit kehrt das Gleichniß um und gebraucht den Menschen als Gleichniß für die unbelebte Natur. So heißt es bei Enweri Soheili: „Die Rosenknospe, halbgeöffnet vom Zephyr, glich einer jungen Schönen, die mit halbgeöffneten Lippen ihrem Geliebten zulächelt." Auch bei Camoëns kommt dergleichen zuweilen vor, z. B. in der Lusiade IX, 61:

» . . . . . rosa bella
»Qual reluze nas faces da donzella.« [34]

Liegt doch die Rose überhaupt dem Vorstellungskreise des Persers am nächsten und drängt sich überall auf, so daß die ganze übrige Pflanzenwelt, etwa Cypresse, Lilie, Narcisse, Tulpe und Veilchen ausgenommen, von ihm fast gänzlich ignorirt wird. Schon früher habe ich mehrfach darauf hingedeutet, welch scharfer Unterschied zwischen Indern und Persern in ihrem Verhältniß zur Rose besteht. Jene gehen gleichgültig an derselben vorüber, bei diesen gipfelt alle Poesie, alles Entzücken in der Verehrung der Rose. In der persischen Lyrik, in den persischen Romanen tritt uns die Rose fast auf jeder Seite entgegen; das große Epos selbst des Firdusi ist von Rosen durchrankt, sogar in der religiösen und philosophischen Lyrik können wir nicht viele Gaselen und Cassiden lesen, ohne auf die Rose zu stoßen. Dagegen kommt selbst in dem der indischen Heldensage entnommenen Liebesroman „Nalas und Damajanti" oder in dem zärtlichen Drama „Sakontola" die Rose nicht ein einziges Mal vor, und unter den 502 von Böthlingk übersetzten indischen Sprüchen nennt nicht einer die Rose. [35]

Man kann in der persischen Poesie [36] bis auf den letzten großen Dichter Dschami etwa fünf Perioden unterscheiden, deren erste als episches

Zeitalter mit dem Jahre 1106 endet. In dieser Periode wird die Rose als Schmuck, als Botin des Frühlings vorzugsweise besungen. So Ammar, einer der ältesten persischen Dichter:

"Mit Silber war die Welt bis jetzt bedeckt vom Schnee,
"Da kam Smaragd und nahm des Silbers Stelle ein.
"Es haben nun die Weberstühle von Kaſmir
"Entfaltet auf der Flur der Schable Farbenschein."

Hier ist schon der Goethe'sche Gedanke ausgesprochen:

"Aber an Blumen fehlt's im Revier,
"Sie (Natur) nimmt geputzte Menschen dafür."

Und Farruchi, der Schüler Anszari's, singt:

"Die weiße Rose trägt im Halsband Perlen,
"Rubinen sind Syringenohrgehänge,
"Der Ahorn streckt fünf Finger*) aus, wie Menschen,
"Der Rosen rothes Weinglas zu ergreifen."

Der Dichter aber, der dieser Periode den höchsten Glanz verleiht, ist Firdusi aus Tus. Ueber ihn sagt ein persischer Vers:

"Unsterblichkeit ist dreien Dichtern unbenommen,
"Nach denen keine anderen Propheten kommen.**)
"Im Heldensang, im Lied und in der Elegie
"Die Herrscher sind: Saadi, Firdusi, Enweri."

Sein Hauptwerk ist der Schahnaméh, das Königsbuch, fast gleichzeitig mit den Nibelungen gedichtet. Hammer ertheilt jenem den Vorzug. "Unendliche Fülle der Kraft, schwelgender Reichthum der Farben, der Sonnenglanz persischer Weltherrschaft in Wort und That, die Blüthe der höchsten Kultur des alten Vorderasiens, die Reinheit des Parsenkultus in Gedanken und Sitten, eine heitere Lebensphilosophie, die sich mit den Nachtigallen in Rosenhainen am Morgen auf Altpersisch bespricht,[37]) und durchaus hohe Religiosität". Das ist's, was Hammer vom Königsbuch rühmt. Er hebt dann hervor, wie die Kritik die Einheit der Urheberschaft bei Homer, den Nibelungen, dem Ossian aufgehoben habe, während Firdusi un-

---

*) Anspielung auf das fünflappige Blatt des Ahorns.
**) Mit Anspielung auf Muhammed's Worte im Koran: »La nebi baadi« — "es ist kein Prophet nach mir". Der obige Ausspruch ist allerdings nur in Bezug auf Firdusi richtig.

antaftbar als alleiniger Urheber der ganzen großen Dichtung dasteht, in die er nur die 2000 Verse seines Vorgängers Daqiqi aus Pietät aufgenommen hat. Auch Firdusi bezeichnet den Lenz durch die Rose:

„Es war ein gar herrlicher Frühlingsabend,
„So Herz als Welt mit Rosengluth labend."

Noch reicher ist das folgende Bruchstück:

„Die Gärten glüh'n von Rosentinten,
„Die Berge voll Tulpen und Hyacinthen.
„Im Haine klagt die Nachtigall,
„Die Rose seufzt von ihrem Widerhall.
„Aus Wolken seh' ich Thau und Regen fließen.
„Ich weiß nicht, was verwirrt macht die Narcissen.
„Die Nachtigall giebt lachend Freudenkunde,
„Wie auf der Rose sie sitzt mit offnem Munde.
„Ich weiß nicht, ob Liebende der Rose stiegen vom Himmel,
„Indem ich seh' in der Luft der Wolken Gewimmel.
„Sie (die Rose) hat zerrissen das Knospenkleid,
„Verkauft um Gluth und blut'ges Herzeleid.
„Die Erde dient der Liebe zur Lust, zum Zeugen,
„Deshalb will sie sich gegen die Sonne neigen.
„Wer weiß, was stets die Nachtigallen kosen?
„Was stets sie suchen unter den Rosen?
„Steh' auf am Morgen, blick' auf und dicht',
„Du hörst, wie die Nachtigall altpersisch spricht.
„Dem Tod Isfendiars will sie Klagen schenken,
„In Klagen besteht ihr Angedenken."

Selbst die Zeitrechnung bestimmt Firdusi nach Rose und Nachtigall:

„Siebzehnmal die Rose blühte,
„Siebzehnmal ist sie verwelket
„Und die Nachtigall besang sie
„Und verstummte siebzehnmal."[38]

Zum Kaikawus kommt ein Sänger und spricht:

„Gepriesen sei mein Land Massenderan!
„Glück lache seine Au'n und Länder an,
„Wo in den Gärten stets die Rose blüht....
„Wo Rosenwasser in den Strömen fließt
„Und Wohlgerüche in die Seele gießt...."[39]

In einem Briefe, wodurch Kaikawus den Rostem zur Eile auffordert, heißt es:

„Wenn dieses Schreiben deine Hand empfängt,
„So sprich das Wort nicht, das am Mund dir hängt.

> „Und haſt du Roſen in der Hand, ſo riech'
> „Sie nicht — ſteh' auf und uns zu Hilfe flieg." ³⁹⁾

Daß übrigens der ganze Schahnaméh gleichſam von Roſenduft durchhaucht iſt, wurde ſchon erwähnt.

In dieſe Periode endlich kann man auch noch die poetiſche Erzählung „Wamik und Aſra oder der Glühende und die Blühende" einfügen, da dieſelbe ſchon unter den letzten altperſiſchen Königen entſtanden, aber von Anszari, dem älteſten Dichter unſerer Periode, nachgedichtet wurde. Zuletzt iſt es von einem der größten türkiſchen Dichter Lami neubearbeitet und dann von Hammer auszugsweiſe ins Deutſche übertragen worden. ⁴⁰⁾ Hierin ſpricht Wamik:

> „Die Flamme brennt als Roſe,
> „Und leuchtet nicht die Roſe auf als Gluth —
> „Die Flor, die Gluth ſind eins und nicht zu trennen."

und Aſra ſagt:

> „Ich ſah zum erſten Male,
> „Warum die Kerze manchmal Roſen ſprüht,
> „Und wie von einem einz'gen Sonnenſtrable
> „Der Frühling blühet und der Sommer glüht,
> „Die Kerze hat ein ſinniges Gemüth,
> „Beim Nah'n des Freundes ſtreut ſie friſche Roſen,
> „Der Freundin ihn zu künden ſo bemüht;
> „Sie weiß, daß, wenn auch draußen Stürme toſen,
> „Sie bald dem Seelenfreunde wird liebkoſen."*⁾

Offenbar in buddhiſtiſchem Sinne ſagt auch noch der dieſer Periode angehörige Omar Chiam:

> „Wird mir die Roſe nicht, ſind Dornen da.
> „Wird mir der Lichtſtrahl nicht, ſind Gluthen da.
> „Iſt Kloſter, Kutte, Scheich nicht bei der Hand,
> „Iſt Chriſtenkirch' und Glock' und Gürtel da."

Ich gehe nun zur zweiten Periode über. Sie umfaßt das ganze zwölfte Jahrhundert. Die Araber, die ſich allmälig in ihrer Eroberung einheimiſch

---

*) Wenn eine Kerze Funken ſprüht, nennen es die Perſer das Roſenſprühen der Kerze, und es bedeutet ihnen, wie auch bei uns an vielen Orten, die nahe Ankunft eines Freundes. So ſagt auch Mir Choſrew:
> „Wenn Zweige Roſen ſtreu'n, wird fern der Herbſt nicht ſein,
> „Es kommt der Gaſt herein, wenn Lampen Roſen ſtreu'n."

gemacht hatten, nahmen unvermerkt die persische Bildung in sich auf, während bei den größtentheils mit Gewalt zum Islam bekehrten Persern die religiösen Formen desselben auch in ihre Poesie übergingen. Es ist die Zeit der panegyrischen und romantischen Poesie. Enweri und Nisami sind die glänzendsten Sterne dieses Zeitraumes.

Gleich im Beginn begegnet uns unter den Panegyrikern Amik aus Buchara, der bei dem im Frühling erfolgten Tode der schönen Tochter des Sultan Sandschar improvisirte:

„Zur Zeit, wo Rosen blühen auf dem Feld,
„In Staub die neuentblühte Rose fällt;
„Zur Zeit, wo Blumen feuchtet Morgenthau,
„Vertrocknet die Narcisse auf der Au."

Echt persisch in Form und Inhalt singt Katran Emir ben Manssur:

„Die Welt ist nun bedeckt mit Ros' auf Rosen,
„Nachtvögel jetzt in Vers und Prose kosen.
„Die Rose zeiget sich am Fluß, am Fluß,
„Ruft Liebende zu dem Genuß, Genuß.
„In Wüsten ist jetzt Rosenhauch Gebrauch,
„Der Schönen Lockenhauch ist Moschushauch".

Hochgepriesen von den Persern ist Ewhabeddin Enweri: „Beim Untergang der Sonne", sagt er, „bietet der Himmel, gefärbt vom purpurnen Widerschein von Millionen Rosen, den Anblick eines entzückenden Blumenbeetes dar", [41] und in einem Frühlingsliede hat er den wunderlichen Gedanken:

„Den Dornen leuchtet Rosenblitz entgegen,
„Daß sie nicht zanken sich im Hinterhalt."

Einer Schilderung des Frühlings von Nisami aus Gentseh entlehne ich folgende Wendungen:

„Gärtner, komm, erneu' die Freude,
„Oeff'ne für die Ros' den Garten .....
„Rosenlippen, milchgewürzet,
„Sind von Ambra durchgeduftet .....
„Und die Nachtigall erzählet
„Von der Schenke Rosenwiegen .....
„Färbe mit Safran Jasminen,
„Leit' in's Rosenbeet das Wasser .....
„Bäume blühen in dem Haine,
„Rosen glühen wie die Lampen."

Und im Herbste läßt derselbe „die Rosen Trauerbriefe schreiben". Von Sahir Farjabi erwähne ich noch das Distichon:

„Eine Rose hat sich aus Hunderten lieblich entknospet,
„Rosenstrauch des Glücks wird nun auf einmal erblüh'n."

Der dritte Zeitraum umfaßt das dreizehnte Jahrhundert. Es ist das Zeitalter tiefsinniger Mystik und moralisirender Lebensphilosophie. Als Hauptpersönlichkeiten treten uns darin Dschelal-eddin-Rumi und Saadi entgegen. Ferid-eddin-Attar von Nischabur steht auf der Scheide beider Jahrhunderte und vermittelt so den Uebergang. In einer Hymne auf Gott heißt es:

„Er wandelt Gluth in Rosenbüsche
„Und überbrückt das Meer mit Eis.....
„Die Dornen färben sonst mit Blut,
„Die Rosenknospe färbt die Dornen."

Die erste Zeile bezieht sich auf eine alte muhammedanische Legende, die auch in der christlichen Legende in verschiedener Gestaltung wiederkehrt. „Abraham weigerte sich das Feuer anzubeten und ward von Nimrod in einen ungeheuren Holzstoß geworfen, aber mitten im Feuer erblühten Rosen, Quellen rieselten und Abraham pries Allah mit lauter Stimme." Eine sehr große Dichtung von ihm heißt „der Reichstag der Vögel", wobei auch Bülbül auftritt:

„Da kam die Nachtigall, betrunken
„Und außer sich vor Schönheitsliebe.
„In jedem Tone liegt ein Sinn,
„In jedem Sinne eine Welt...."

In ihrer Rede sagt sie auch:

„Wenn keine Bien' um Rosen summt,
„Die Nachtigall zugleich verstummt;
„Drum bin ich nicht gekannt von Allen,
„Nur Rosen kennen Nachtigallen."

Worte, die man immer auf den Dichter selbst bezogen hat. Ich führe aus derselben Dichtung noch die Stelle an:

„Wer mit der Sonne sich bespricht,
„Den kümmern Sonnenstäubchen nicht.
„Wer Rosen hat, nicht Gräser flicht,
„Die Seele braucht die Glieder nicht.

> „Bist du ein Mann, halt dich ans Ganze,
> „Das Ganze such', erwähl' das Ganze."

Auch noch den Satz möchte ich nicht übergehen:

> „Im Rosenbette strahlt Geheimniß,
> „Und in den Rosen liegt's verborgen."

worin eben auf die mystische Deutung, die man allen Erscheinungen unterzulegen suchte, hingedeutet wird. Aus seinem berühmten Buche Pendnaméh (Buch des Rathes) [42] theile ich noch einen Sittenspruch mit:

> „Was du dem Feinde willst verhehlen,
> „Mußt du dem Freunde nicht erzählen."

Ich übergehe hier die meisten Dichter und von den erwähnten Dichtern die meisten Stellen, in denen der Rose gedacht wird, dieser Abschnitt würde sonst für sich schon ein Buch werden und noch dazu ein langweiliges, wegen der öfteren Wiederholung derselben oder nur wenig veränderter Gedanken. Von den vielen minder bedeutenden Dichtern dieser Periode erwähne ich daher nur noch das Said aus Kerah, um einen Vers anzuführen, der die den Persern überall geläufige Gleichstellung des Dichters und der Nachtigall ganz bestimmt ausspricht:

> „Da ich der Wangen Rosen stets umflatt're,
> „Nenn' mich nicht Rose, nenn' mich Nachtigall."

Um so ausführlicher aber muß ich mich mit den beiden letzten und bedeutendsten Dichtern dieser Periode beschäftigen, deren erster das mystische Element dieser Periode vorzugsweise vertritt, während der zweite der moralischen Seite sich widmet. Beide sind mindestens dem Namen nach allen Gebildeten bekannt.

Der erste ist der schon erwähnte Dschelal-eddin-Rumi, den der persische Dichter Dewletschah so charakterisirt:

> „Wenn das schäumende Meer hoch aufsteigt, Wogen an Wogen,
> „Wirft es ans Gestad' Perlen an Perlen heraus!"

Hier einige Beispiele von seiner Benutzung der Rose:

> „Wie ohne Anstrich hat die Rose die Farbe gefunden,
> „Womit sie bedeckt unter dem Schleier erglänzt?"

(Der Herbst:)
„Veilchen tragen Trauerkleider,
„Weil von Rosen sie getrennt;
„Lotosblumen sind erblasset,
„Weil den Rosen Dornen nah'n."

„Heut' ist der Tag der Lust, das Jahr der Rose,
„Es geb' uns wohl, und wohl ergeb's der Rose."

„Die Welt umfasset nicht das Bild der Rose,
„Die Phantasie umfasset nicht die Rose,
„Die Rose ist ein Bot' vom Seelengarten,
„Und ein Diplom der Schönheit ist die Rose.
„Prophetenschweiß steht auf der Ros' in Perlen, *)
„Aus Neumonden**) ein Vollmond ist die Rose.
„Ein neues Leben wird den Geist beschwingen,
„So oft er riecht den süßen Duft der Rose.
„Wie Abraham durch Hauch belebte Vögel,
„Erstehet auf des Frühlings Hauch die Rose.
„Sei still und schließ' den Mund mit Rosenknospen,
„Verstohlnes Lächeln streue, wie die Rose."

„Die Lieb' ist wach in Erd' und Himmel,
„Im Grünen Rose, Sonn' im Blauen.
„O Nachtigall, sieh' deine Rose,
„Du, Adler, sollst zur Sonne schauen."[43]

„Ich sage dir, warum die Morgenwinde blasen, —
„Frisch aufzublättern stets den Rosenhain der Liebe!
„Ich sage dir, warum die Nacht den Schleier umhängt; —
„Die Welt zu einem Brautbett einzuweihn der Liebe.
„Ich kann die Räthsel alle dir der Schöpfung sagen; —
„Denn aller Räthsel Lösungswort ist mein: die Liebe."[44]

Vielleicht ist der Name Saadi nächst dem des Hafis am bekanntesten bei den Gebildeten, wenn ich auch nicht glaube, daß gar viele seine Werke kennen. Daß seine beiden berühmtesten Arbeiten: der Gulistan (Rosengarten) und Bostan (Fruchtgarten) sich mit nichts weniger als mit Blumen und Früchten beschäftigen, sondern mit sittlichen und religiösen Aussprüchen, wird vielleicht Manchen überraschen. Am besten spricht sich der Charakter beider in den Versen des Bostan aus:

---

*) Die muhammedanische Sage läßt die Rose aus dem Schweiße des Propheten entstehen.

**) Die einzelnen Blätter gleichen einigermaßen dem Halbmond.

„Wenn dich die dunkle Nacht erfüllt mit Beben,
„Sei weise, wag' es nur, zum Licht zu streben.
„Soll Grabesnacht dir sein wie Tag so licht,
„Das wirkt allein das treue Thun der Pflicht.
„Der Pöbel glaubt, daß goldne Ernte steht,
„Wo Niemand hat den Samen ausgesät.
„Doch Saadi weiß, es folgt die Frucht der Saat
„Des Mannes nur, der selbst gesäet hat."

Den Namen Gulistan (Rosengarten) erklärt Saadi selbst in der Vorrede folgendermaßen: „Einst begegnete mir ein Freund, der eine große Menge Rosen gepflückt hatte, die er sich nach Hause tragen wollte. Da sagte ich ihm: Du weißt, die Rosen in den Gärten sind nicht von Dauer, die Gärten selbst sind vergänglich, und die Weisen sagen, es sei nicht recht, Vergängliches zu lieben. Ich will aber ein Buch schreiben zum Vergnügen der studirenden Jugend und zur Erziehung der Gelehrten in Form eines Rosengartens, an welchen der rauhe Winter keine gewaltsame Hand anlegen kann, und der in ewigem Frühlinge blühen wird. Wozu nutzen die Rosen aus deinem Garten? Es ist besser, ein Blatt aus meinem Rosengarten zu nehmen. Eine Rose aus deinem Garten bleibt fünf oder sechs Tage frisch; allein die Rosen aus meinem Rosenthale werden nie verwelken. Als ich dies gesagt, warf er die Rosen fort, ergriff mich am Kleide und sagte: Ein ehrlicher Mann hält, was er verspricht."[45]

Außer jenen beiden Hauptwerken hinterließ Saadi auch noch eine Sammlung prosaischer Aufsätze und Erzählungen, woraus ich eine seit Lafontaine vielfach bearbeitete Fabel mittheilen will. Schwerlich wird einer finden, daß dieselbe durch ihre Modernisirung gewonnen habe, da schon bei der Ersetzung der Nachtigall durch die Grille die Dichtung herabgezogen ist, der Schluß aber ist in den modernen Bearbeitungen trivial, in dem Original erhaben; man urtheile:

„Eine Nachtigall hatte auf einem Aste ihr Nest gemacht, worunter eine schwache Ameise auf wenige Tage ihr Lager aufschlug. Die Nachtigall umflog Tag und Nacht das Rosenbeet und ergoß ihr Lied in herzraubenden Melodien. Die Ameise war Tag und Nacht geschäftig, und die Nachtigall freute sich in Fluren und Gärten ihrer eignen Töne. Sie koste mit der Rose von ihren Geheimnissen und machte den Ostwind zu ihrem Vertrauten. Die schwache Ameise, als sie die Schmeicheleien der Rose und das Flehen der

Nachtigall sah, sprach zu sich selbst: Was wird aus diesem Geschwätze zu anderer Zeit wohl herauskommen? Als nun die schöne Jahreszeit verflossen war, und der Herbstwind daher fuhr, traten Dornen an die Stelle der Rosen, und Raben nahmen den Sitz der Nachtigallen ein. Es stürmten die Herbstorkane und beraubten die Bäume ihres Schmuckes, die Blätter wurden gelb und die Luft kalt. Aus den Wolken fielen Perlen, und in der Luft flog der Kampher des Schnees. Da kam die Nachtigall auf einmal in den Garten, in dem nicht mehr Farbe der Rosen und Geruch der Jasminen war. Ihre tausend-Sagen-kundige Zunge verstummte. Da war keine Rose, deren Bild sie anschauen, kein Grün, dessen Schönheit sie betrachten konnte. Im entblätterten Haine entsank ihr der Muth, und in der allgemeinen Stille erstarb ihr der Ton in der Kehle. Sie erinnerte sich, daß in vorigen Tagen eine Ameise an diesem Baume gewohnt und viele Körner gesammelt habe. Ich will heute zu ihr gehen, dachte sie sich, und um guter Nachbarschaft willen etwas von ihr erbitten. So ging nun die Nachtigall nackt und hungrig zur Thüre der Ameise hin und sprach: Die Freigebigkeit ist ein Wahrzeichen deines Geistes und das Kapital meines Wohlstandes. Ich habe das kostbare Leben fahrlässig durchgebracht, du aber bist fleißig gewesen und hast Proviant gesammelt. Was wird es denn auch sein, wenn du mich heute von diesem Unglücke großmüthig rettest. Die Ameise sprach: Du brachtest die Nacht zu mit verliebtem Rath und ich mit emsiger That. Du warst bald mit der Blüthe der Rose beschäftigt und bald stolz auf den Anblick des Frühlings. Wußtest du denn nicht, daß auf den Frühling der Herbst folgt und daß jede Straße durch Wüsten führt?

„Freunde, wendet die Erzählung von der Nachtigall auf euren eignen Zustand an und wisset, daß auf alles Leben Tod folget und auf jeden Genuß Trennung. Der Trank des Lebens ist nicht ohne Hefen, und der Atlas des Daseins hat Streifen."

Endlich besitzen wir von Saadi auch noch eine Sammlung von kleineren lyrischen Gedichten, die wie seine anderen Sachen viel geplündert, aber wenig bekannt sind. In einem derselben empfiehlt er das Reisen und beginnt mit den Worten:

„Kein Land, kein Freund sei deinem Sinn gesetzt als Ziel,
„Denn Meer und Land ist weit, und Menschen giebt es viel.

„Dem Hunde in der Stadt ist Lust und Ruh' versaget,
„Weil er nicht wie der Hund des Felds nach Beute jaget.
„Nicht eine Rose giebt's, nicht einen grünen Baum,
„Die Bäum' sind alle grün, voll Rosen ist der Raum.
„Bist du verdammt am Thor wie's Huhn zum Köhlerglauben?
„Warum schwingst du dich nicht zum Himmel auf wie Tauben?"

und eben darin heißt es später:

„Man kann nicht leben, ohne daß die Leute sprechen,
„Nicht Rosen sammeln, ohne daß die Dornen stechen."

Die unerschöpfliche Triebkraft der Natur feiert er einmal mit den Worten:

„Jeden Morgen zerrüttet der Wind die Blüthe der Rosen,
„Von der Verheerung schwimmt über den Wassern das Blatt.
„Aber neu bricht Lenz aus dem Dornenmantel der Rosen,
„Moschusweide wirft alternde Blüthen nur ab."

In einem sehr kurzen Spruche scheint er der sich beschränkenden Hingebung an den Glauben das Wort reden zu wollen, wenn er sagt:

„Die Lüge, so die Ruh' dir giebt, ist mehr werth,
„Als Wahrheit, welche deine Ruhe stört."

Aber er meint doch, daß auch die Frommen der Schönheit des Daseins sich nicht entziehen können, und singt in einem Frühlingslied:

„Fromme, die zur Zeit der Fasten
„Ihre Laute ganz zerbrochen,
„Hören nun vom Duft der Rosen,
„Und sie brechen ihre Buße."

und später lesen wir in einem ähnlichen Liede:

„Auf, der Ost, der linde weht,
„Macht die Flur zum Rosenbeet.
„Schweigen muß den Nachtigallen
„Schwer zur Zeit der Rosen fallen.
„Wer verbirgt das Trommelschlagen?
„Und Verliebter süße Klagen?
„Rosenduft und Morgenschall!
„Süßen Laut der Nachtigall!"

Scheich Saadi aus Schiras verwendete 30 Jahre zum Lernen, 30 Jahre zum Reisen und 30 Jahre, um die gesammelten Geistesschätze in beschaulichem Leben zu verarbeiten, erst in den letzten 12 Jahren seines langen Lebens legte er die gewonnenen Früchte seines Lebens in seinen Büchern nieder. Dewlet=

ich, sagt über ihn: „O des herrlichen Lebens, das, auf solche Weise verwendet und vom Himmel begünstigt, Saaten des Ruhmes zur Unsterblichkeit reift! Drei Menschengeschlechter durchlebte er lernend, — thätig, — betrachtend, ehe er im vierten lehrend auftrat mit lebendigen Worten des Sinnes und des Gemüthes, die in dem Munde aller kommenden Geschechter in ewiger Jugend leben". Saadi schrieb auf sich selbst eine Grabschrift,[45]) die mit folgenden Worten endigt: „So lange der Garten der Wissenschaft blüht, hat keine Nachtigall so süß darin geschlagen. Es würde sonderbar sein, daß eine solche Nachtigall stürbe und nicht eine Rose auf ihrem Grabe wüchse".

Ich wende mich jetzt zum vierzehnten Jahrhundert, welches die vierte Periode der persischen Dichtung umfaßt. Es ist die Zeit der höchsten Blüthe der Lyrik und Rethorik. Darf man doch nur den Namen Hafis[46]) nennen, der diesem Zeitraum angehört. Mohammed Schemseddin Hafis ist der persische Anakreon, der Sänger der Rosen, der Liebe und des Weines, der ewig jugendlich heitere Alte. Mit ihm werde ich mich am meisten beschäftigen müssen, aber es sei mir erlaubt, erst aus den Werken seiner minder bedeutenden Zeitgenossen einige Rosenblätter auf den Pfad zu streuen, auf welchem er naht.

Der echten Frömmigkeit war die Zeit nicht fremd, das beweist der allgemein bekannte Vers des Emir Chosrew aus Delhi:

„Seht, keinen Tropfen Wasser schluckt das Huhn,
„Ohn' daß zum Himmel es das Aug' erhebt."

Emir Mahmud ben Jemin Fergumend hat mehr die Weltklugheit im Auge, wenn er sagt:

„Der freie Mann soll nie begehren nach zwei Dingen,
„Wenn er in Sicherheit das Leben will verbringen:
„Kein Weib, und wenn es auch die Kaiserin mag sein,
„Und nichts geborgt, spräch' auch vom jüngsten Tag der Schein."

oder wenn er warnt:

„Behüt' ein jedes Wort, das dir mag Schaden tragen,
„Vor Freund und Feinden wohl, wie deiner Seele Schatz.
„Was du noch nicht gesagt, kannst du noch immer sagen,
„Was du gesagt, kehrt nie zurück an seinen Platz."

Aber das bedingt nicht den Charakter der Zeit, der frischen freien Lebensgenuß sucht und bewahren will. Dschelal=eddin=Abhad spricht das Kommen des Frühlings in blühender Sprache aus:

> „Violen*) mit gesenktem Haupte weinen,
> „Daß auf der Flur die Rose mög' erscheinen..."

und

> „Der Wiesengrund, die Au'n, des Flusses Ufer
> „Sind grün in grün, und Ros' in rosenroth."

Ich komme zum Hafis, in dem die ganze Jugendlust des schönsten Griechenthums wieder auflebt. Er selbst nennt in einem Gasel seine Aufgaben:

> „Rosen am Busen, Wein in der Hand,
> „Die Liebste nach Willen."

Wer das deutsche Lied mitsang: „Rosen im Haare, den Becher zur Hand, Feinsliebchen im Herzen", hat wohl nicht daran gedacht, daß die Worte schon vor 600 Jahren von einem Perser gesungen wurden. Hafis lebt im heiteren Spiel geistigen Selbstgenügens und läßt sich darin von finsteren Asketikern nicht stören, aber er bedauert diese Armen mehr, als er sie haßt:

> „Wollen mit Tadel uns die Frömmler auch kränken
> „Und uns den Lebenspfad mit Dornen beschränken,
> „Wollen wir Fröhlichen doch für solches Betragen
> „Jene finsteren Männer mit Rosen beschenken."

und dann lädt er ein:

> „Frommer, komm und pflücke Rosen,
> „Häng' die Kutte an die Dornen;
> „Tausch' das bittere Ordensleben
> „Gegen lieblich süße Weine."

und verweist auf das verlockendste Beispiel:

> „Nimm dir ein Exempel an den Rosen.
> „Auf der Sonne klares Angesicht,
> „Morgenthau und süßer Oste Kosen
> „Thun sie nun und nimmermehr Verzicht.
> „Siehe, wie sie lachen, diese losen!
> „Ja so lang sie leben, hell und licht,
> „Fragen sie, die freudigen, nach Mosen,
> „Fragen sie nach den Propheten nicht."

Und die Zeit des Frühlings ist die Zeit der Lust:

---

*) Wer je Veilchen gepflückt, weiß, wie treffend der Ausdruck ist.

> „Jetzt, da auf den Wiesen Rosen
> „Aus dem Nichts ins Dasein treten,
> „Und die Veilchen sich vor ihnen
> „Niederwerfen, anzubeten."

Zwar ist es nicht die Rose, sondern die Geliebte, an die der Dichter denkt, denn

> „Was hat die Rose durch den Duft gewonnen,
> „Verblichen ist das Kleid, das ihr gesponnen;
> „Wie kann die Rose sich mit dir vergleichen,
> „Glanz, den die Sonn' ihr giebt, giebst du den Sonnen."

und

> „Es bleibt des Rosenbeetes Schönheit
> „Beschämt von diesen Wangen."

oder

> „Rein bist du wie Tropfen Thau's,
> „Die auf Rosenblättern hangen."

Die von der Nachtigall besungene Rose ist aber doch das Gleichniß für die Geliebte:

> „Vom Duft des Rosenbeets gelockt,
> „Ging früh ich heut' zum Garten,
> „Um, Nachtigallen gleich,
> „Mein trunknes Hirn zu heilen.
> „Ich sah mit unverwandtem Blick
> „Der Rose in die Augen,
> „Die in der Dämmerung
> „Wie eine Lampe flammte.
> „Sie war auf ihre Schönheit stolz,
> „Und stolz auf ihre Jugend,
> „Weil sich das Herz Bülbüls
> „Ihr ganz ergeben hatte."

Und wenn die Schöne spröde thut, singt der Dichter:

> „Wisse, Rose, dir geziemt es
> „Nicht, so stolz zu sein auf Schönheit,
> „Daß aus Stolz du nach der irren
> „Nachtigall nicht einmal fragest."

Aber darf man der Beständigkeit der Geliebten auch immer trauen:

> „Wenn dir die Rose lieblich lächelt,
> „O Nachtigall, so prahle nicht;
> „Denn keiner darf auf Rosen trauen,
> „Wenn sie auch Himmelsschönheit hat."

Wenn der Dichter die Rose anruft:

„Komm und für die Nachtigall
„Eine Rose sei."

so sagt er auch wohl deutlich, wer die Nachtigall ist:

„Welchem Vertrauen erzählst du, Hafis,
„Dieses erstaunliche Wunder:
„Daß du wahrhaftig die Nachtigall bist,
„Schweigend in Tagen der Rosen."

Rosen aber verblühen und die Geliebte wird untreu:

„Weder Dauer noch Treu' bezeichnet das Lächeln der Rose."

Aber der Weise findet sich in das, was allgemeines Gesetz der Natur ist:

„Lilien und Rosen machen
„Aus der Welt ein ew'ges Leben.
„Doch, was nützt es uns, die dennoch
„Hier nicht ewig bleiben können.
„Weil, wie Salomon, die Rose
„Auf des Ostwinds Rücken reitet,
„Und die Nachtigall des Morgens,
„Wie einst David, Psalmen singt."

Der Weise spricht:

„Dem Herbstwind zürne nicht,
„Vernünftig sollst du denken,
„Hafis, wo ist der Rosenstrauch,
„Der keine Dornen hätte?
„Wo ist er? . . ."

Am Grabe der Geliebten singt dann noch hoffnungsvoll der Liebende:

„Der Frühling naht, und Tulpen, Veilchen, Rosenlaub,
„Entsprossen nun dem Staub, du aber liegst im Staub.
„Am Staube will ich weinen, wie die Frühlingswolke auf die Flur,
„Bis wie die Blume du hervorgehst aus dem Staub."

Diese kleine Perlenschnur aus dem rosenreichsten Dichter mag hier genügen. Ich zählte einmal 182 Gaselen des Hafis durch, in denen 261 mal die Rose erwähnt war. Hafis, der noch jetzt in dem Munde jedes Persers lebt, ruht in der Nähe von Schiras an den Ufern des Rokn-abab, beschattet von Cypressen, die er selbst gepflanzt haben soll. [47])

Es folgt nun der fünfte Zeitraum der persischen Poesie, das fünfzehnte Jahrhundert begreifend. Der große Strom originellen dichterischen Schaffens versiegt. Der letzte große Dichter Dschami ist es allein, der diesem Zeit=

alter noch Glanz verleiht. Die früher von der Natur belebte Phantasie verliert sich in Allegorien und künstlichen Spielereien mit oft gezwungenen Gleichnissen. Die Rose wird fast noch mehr gefeiert als früher, aber in den ihr gewidmeten Dichtungen ist nicht mehr das frühere warme Naturgefühl. Einige Bruchstücke aus den Dichtern dieser Periode werden am besten diesen Charakter darthun. So singt Ihzmet aus Buchara:

"Das Lächeln hat vom Mundspinell, *)
"Der Zucker streut, die Ros' gelernt.
"Von dem verwirrten Lockenhaar
"Hat Hyacinth die Kraus' gelernt.
"Der Rosenmarkt hat seinen Schmuck
"Von deinem süßen Lächeln nur
"Und allen Liebreiz, allen Flor
"Dem Knospenmunde abgelernt u. s. w."

Ein sehr langes Gedicht auf diese Rose ist in der damals modern werdenden Verskünstelei von Kiatibi verfaßt worden; hier sind einige Proben daraus:

"Es kommen auf die Flur zurück die Rosen.
"Der Hochgesinnten Augenlust sind Rosen.
"Des Himmels Flasche gießt das Rosenwasser
"Des Thau's als Schweiß auf's Angesicht der Rosen.
"Den Winter abzusetzen hat der Frühling
"Das Machtdiplom gesiegelt mit den Rosen.

"Auf der Cypresse sang Bülbül noch gestern
"Dies Lied, indem im Thau sich wuschen Rosen:
"Du mit dem Knospenmund und Rosenwangen,
"Narcissen sind dir freund und hold die Rosen.
"So lang' du bleibst, hab' keine Flügel ich,
"Gefesselt ist Bülbül durch's Band der Rosen."

"Des Glaubens Kaaba du, Schah Ibrahim!
"Auf dessen Hauch die Disteln Rosen tragen,
"Ein Dreiblatt deiner Macht sind die drei Reiche,
"Dir blüh'n die Elemente als vier Rosen.
"Ein Zauberspruch aus deinem Munde macht
"Aus Rosen Schlangen und aus Schlangen Rosen...

"Wie Rosenstrauch trägt meine Feder Rosen,
"Ja mehr als Rosensträuche trägt sie Rosen,
"Wenn sie die farb'gen Worte reiht zum Lied,
"Ist's eine Nachtigall, im Schnabel Rosen u. s. w."

---
*) Spinell ist ein edler Rubin.

Diese Cassive hat im Ganzen 66 Zeilen. Einem Gasel des Sait-Kassin-el-en war entlehne ich die Zeilen:

„Die Frühlinge sind grün und schön,
„Doch kommt der Herbst, ist Alles — Nichts.
„Wenn Wind der Rosen Blätter streut
„Und Fliederblüthen, so ist's — Nichts."

In Beziehung auf seinen Zeitgenossen Emir Schahi sagt Dewletschah:

„Ein Rosenbusch, des Geistes Arznei,
„Ist mehr werth als gar viele Fuder Heu."

Wie schon gesagt, ist Dschami der bedeutendste Dichter dieser Periode, der besonders längere poetische Erzählungen und Allegorien liebt. Als ein Beispiel mag folgende kleine freundliche Legende dienen:

„Ein altes Weib sprach zum Propheten:
„Sei mir gesegnet mit Gebeten!
„Am jüngsten Tage, wo das Paradies
„Geschmücket wird mit goldnem Kies
„Zum Freudensitze, hoch und rein,
„Geh'n alte Weiber, wie ich, ein?"

„Behüte Gott, daß Edens Garten,
„Der alten Weiber sollte warten!
„Nur junge Schönen blühen drin
„Mit Knospenmund und Silberkinn."

„Als dies das alte Weib vernahm,
„Der Schmerz die Sprache ihr benahm.
„Dann fing sie an ein lautes Stöhnen
„In wehmuthsvollen Klagetönen,
„Und fröhlich sagt ihr der Prophet:

„Vor Gott kein altes Weib besteht,
„Sie werden alle wieder jung
„Durch Paradiesesreinigung,
„Und mit der Jugend kehrt zurück
„Der Hoffnung und der Liebe Glück."

Ein paar Wendungen, in denen Dschami die Rose benutzt, will ich noch anführen. Beim Preis der Tugend Suleika's heißt es:

„Verächtlich weichet sie der Rose aus,
„Die sich das Hemde guten Rufs zerreißt."*)

---

*) Die grüne Knospenhülle wird bei den Dichtern als Hemd oder Kleid der Rose, das Aufblühen als Zerreißen desselben bezeichnet.

ferner:
"Frisch blüht die Rose ihrer Seligkeit."
und
"Ich pflückte ein Röschen von der Hoffnung Rosenbaum."

Von den größeren Dichtungen Dschami's sind zwei allgemein bekannt. Die eine behandelt die im Muhammedanismus vielfach verarbeitete Sage von Jussuff (Joseph), dem morgenländischen Ideal männlicher Schönheit, und Suleika (Potiphar's Frau), dem Ideal der feurigsten Liebe, in der aber durch eine der biblischen Anekdote vorhergehende Einleitung und eine über dieselbe weit hinausgreifende Fortsetzung dem Liebesverhältniß beider eine tiefere religiöse Bedeutung verliehen wird. Durch echte Liebe wird Suleika vom ägyptischen Götzendienst schließlich zum wahren Glauben bekehrt und Jussuff's Gattin. Die andere Dichtung heißt Mejnoun und Leïla.[48]) Es ist die Geschichte der unglücklichen Liebe, die den Mejnoun ("der Wahnsinnige") zum Wahnsinn führt. In manchen Zügen erscheint er als Vorbild des Orlando furioso. Einige wenige Proben aus diesem Liebesroman sind hier mitzutheilen.

"Der Morgenzephyr hörte die Nachtigall die Reize der aus ihrer Knospe ungeduldig sich drängenden Rose besingen, zerriß den Schleier, der ihren jungfräulichen Busen beschirmte, und der Treulose übergab sie der grausamsten Verlassenheit." So schildert der Dichter das Schicksal eines verrathenen Mädchens. Von einer Kranken heißt es: "Die zarte Farbe ihrer Wangen schwand wie die liebliche Rose, die ein grausames Kind entblättert." Als Beweis, daß Dschami auch sehr prosaisch verständig sein kann, mag noch folgender Spruch aus seinem Beharistan (Fruchtgarten) dastehen:

"Das Beste, zu entgeh'n den Leiden
"Und alle Aerzte zu vermeiden:
"Mit leerem Magen nur setz' dich zu Tisch,
"Und eh' du ihn gefüllt, erheb' dich frisch."

Von nun an sinkt die persische Dichtung nach und nach bis zur völligen Unbedeutendheit. Ich gebe nur noch einige Auszüge, die sich auf die Rose beziehen: Halifi's Hymnus auf Allah:

"Im Hain hat er den Nachtigallen
"Die Rosensitze aufgepolstert,
"Er gab den Rosen schöne Farbe,
"Dem Knospenmunde süßen Duft."

Hilali im Gedichte, „der Herbst":

> „Die Rosen sind verschwunden, Dornen blieben."

Mewlana Nasiri:

> „Mangeln Rosen, so genügt Wasser auch und Korn dem Sprosser."⁴⁹⁾

Ehli aus Chorassan:

> „Als die Rose sich vermessen,
> „Gegen dein Gesicht zu prahlen,
> „Warf das Loos zur Straf' auf selbe
> „Statt der Steine Thaueskörner.
> „Können wohl die Nachtigallen
> „Von der Rose Lippen naschen,
> „Wenn von ewig her der Bissen
> „Eingetauchet ist in Blut."

Mirza Kassim:

> „Die Rosenknospe, feucht vom Morgenthau,
> „Lacht wie der Mund Schirin's, der schönen Frau.⁵⁰⁾
> „Von halbverdeckter Schmeicheleien Rosen
> „Erröthen tausend halbentknospte Rosen."

> „Als nun der Herbst die Flur verschneite,
> „Der Wind der Rosen Licht ausblies,
> „Erloschen all' die Rosenfeuer."

Der Dichter nennt sich hier auch einmal ganz gegen die hergebrachte Symbolik selbst als Rose:

> „Aus Tausenden blüh' ich als Rose,
> „Ich bin der Zweig, der Früchte bringt."

Molla Wahschi, an den Herbst:

> „Es schaut die Nachtigall die Rose
> „Gefallen von dem Thron der Herrschaft,
> „Aus Schnee trägt sie ein Leichentuch
> „Und heißt nicht mehr des Lebens Sänger."

an den Frühling:

> „O Frühlingsrose hinterm Schleier,
> „Es harret dein der Fluren Sänger,
> „Und zwischen Aesten singet er
> „Die Frühlingsmelodien so:
> „O Frühlingsglanz, o Welterleuchter!
> „Ein jeder Tag sei dir ein Fest!"

Saib:

„Leg' krankem Herz die Last der Welt nicht auf;
„Auf Rosenzweigen bau' dein Nest....
„Es geben frische Rosen dir den Rath:
„Aus Herbst und Frühling mach' nur einen Becher."

Ich habe versucht, aus etwa 200 persischen Dichtern die charakteristischsten Stellen auszulesen, und ich glaube, das wird genügen, um dem Leser zu zeigen, wie die Vorstellungen der Perser von der Rose durchwoben sind, wie diese Blume ihre Phantasie erfüllt, zumal wenn ich noch hinzufüge, daß ich nach meiner festen Ueberzeugung auch noch lange nicht den zehnten Theil der mit der Rose geschmückten Dichtung vorgeführt habe. Um aber vollständig zu sein, muß ich hier noch die Poesie von zwei anderen Nationalitäten anschließen, deren Verwandtschaft gerade auch auf der Benutzung der Rose beruht.

Zuerst nenne ich die **Araber**. Als dieselben etwa im neunten Jahrhundert sich in dem von ihnen eroberten Persien vollkommen heimisch gemacht hatten, mußten sie dem allgemeinen Schicksal verfallen. Zwar hatten sie ihre Herrschaft, ihre Religion den Persern aufgebrängt, aber dafür unterlagen sie der überlegenen Bildung des von ihnen unterworfenen Volkes. Die Araber waren ein geistig wohlbegabtes Volk, und auch ihre poetischen Leistungen zeigen Form und Gehalt. Als Beispiel will ich nur einen Spruch aus der **Sunna**, d. i. Sammlung von Gesprächen, Vorschriften u. s. w. **Muhammeds**, anführen:

„Die Wissenschaft, ihr sollt sie ehren,
„All' dünkelhaftem Wahne fern.
„Denn Gottes sind die, so sie lehren,
„Und Gottes sind, die sie begehren,
„Und wer sie preist, der preist den Herrn."[51]

Aber den eigentlichen dichterischen Schwung für Form und Inhalt empfingen die **Araber** doch erst von den **Persern**, und damit ging auch die Verehrung der Rose auf sie über, zu der sie freilich in **Arabien** selbst nicht wohl hatten kommen können. Unter den mir bekannt gewordenen Dichtungen finde ich die Rose zuerst bei **Asmai**, der von 738 — 824 lebte, erwähnt. Ein Gedicht eines Unbekannten besingt die bekannte einfache Rose, deren Blumenblätter außen roth, inwendig gelb sind:

„Es ist im Garten die kobabische Rose,
„Geschmückt mit Doppelschöne wunderhold:

> „Ihr Aeußeres ist die Rubinenschale,
> „Ihr Inneres gefüllt mit lichtem Gold."⁵²⁾

Gleich den **Arabern** ging es den **Osmanen**, als sie die Herrschaft Persiens antraten. Freilich kommen sie erst vom sechszehnten Jahrhundert an in Betracht. Ueber Faßli muß ich später noch sprechen. Aber gleich tritt uns der als Herrscher und Dichter berühmte **Suleiman I.** unter dem Dichternamen **Muhibbi** entgegen, er singt:

> „Ich pflege jede Nacht im Dorngebüsch
> „Des Rosenhains, den Huld und Schönheit zieren,
> „Mit Nachtigallen bis zur Morgenzeit
> „Von ihm, dem Seelenfreund, zu disputiren."⁵³⁾

Als derselbe wider die **Ungarn** zu Felde zog, kam er an eine wunderschöne Brücke, die der Bezier Mustafa Pascha gebaut und die noch heute dessen Namen trägt. Suleiman, den Erbauer beneidend, forderte von ihm, derselbe solle ihm die Ehre der Namengebung abtreten. Als aber seine Bitte abgeschlagen wurde, setzte er mit seinem Pferde durch den Strom, und zurückrufend improvisirte er die Verse:

> „Wenn dich die Rose fliehet, sieh'
> „Die Lilien, welche lieblich winken;
> „Die Brücke des Unedlen flieh',
> „Und sollt'st im Wasser du ertrinken."⁵⁴⁾

Von **Ahmed-bey II.**, berühmt unter dem Namen **Karabscha Pascha**, erwähne ich die Zeilen:

> „Wenn man von deinen Wangen spricht,
> „So trauet sich die Rose nicht,
> „Ihr Angesicht zu zeigen.
> „Wenn man von deinen Lippen spricht,
> „Ist es der Rosenknospen Pflicht
> „Geschloßnen Munds zu schweigen."

Als Beispiel für eine gewisse Form des Wortspiels führe ich die Zweizeile von **Hajati II.** vor:

> „Zeigt sie ihre Wangen Rosenhainen (Gülsar),
> „Springen Knospen auf und Rosen weinen (sar)."

Mystisch sagt **Schemsi IX.**, gewöhnlich **Karaschemi** genannt:

> „Die Nachtigall liest von dem ros'gen Blatt
> „Der Wangen Hymnen, wie Derwische, ab."

Garibi III. sagt zur Geliebten:

> „Durch den Ostwind deiner Huld
> „Mache mich als Rose blühend,
> „Oder durch der Trennung Dorn
> „Tödte mich als Nachtigall."

Den oben schon mitgetheilten Gedanken wiederholt in anderer Form Kjewseri:

> „Die Rose wollte aus der Knospe brechen,
> „Zu schau'n dein holdes Angesicht,
> „Da sah sie deiner Lippen Licht
> „Und traute sich nicht mehr ein Wort zu sprechen."

Von Messihi haben wir ein langes Gedicht „die Frühlingsfeier". Nur zwei von den elf Strophen mögen hier stehen:

> „Horcht dem Sang der Nachtigallen,
> „Schaut den Frühling niederwallen,
> „Auf den Fluren rund umher
> „Bauet er sich Rosenhütten;
> „Mandeln streuen Silberblüthen
> „Auf dem Pfade vor ihm her.
> „Genießet, genießet, was Liebe beut,
> „Sie fliehet, sie fliehet, die Rosenzeit.
>
> „Was sind Rosen? sie sind Mädchen,
> „Sehet, wie vom Ohr am Fädchen
> „Silberthau in Perlen hängt.
> „Werden Rosen ewig glühen?
> „Nicht wie Mädchen schnell verblühen?
> „Nicht durch jüngere verdrängt?
> „Genießet, genießet ꝛc... u. s. w."

Noch ein Vers mag diesen Dichter charakterisiren:

> „Nachtigallen wirbeln wieder
> „Flötend, schmetternd, süße Lieder,
> „Halb in Vers und halb in Prose,
> „Weil heraufgeblüht die Rose.
> „Frömmler mag zur Kirche wandern,
> „In die Schenke gehn wir Andern.
> „Sprichwort dient uns zum Belege:
> „Jedes Ding geht seine Wege."

Orientalisch übertrieben klingt das Wort von Saabik IV:

> „Ist's Rosenfeuer? Ist Brand ins Rosenbeet gefallen?
> „Es rufen „Feuer!" von Rosenthürmen aus die Nachtigallen."

Und mystisch-symbolisch singt Schukri III.:

"Die Seelen zieh'n zu Gott dem Herrn hinan,
"Es ist ihr Lenz, sie zieh'n zum Gulistan (Rosengarten)."

Das mag von den osmanischen Dichtern als Probe genügen. Fast bei jedem der 2200 Dichter, von denen J. von Hammer Proben mittheilt, kommen die Rosen irgendwie als Gleichniß vor. [55]

Nur kurz will ich noch erwähnen, daß bei dem Syrer Abul farabsch (Gregorius Barhebräus) sich ein langes moralisches Gedicht auf die Rose findet und daß die Benutzung der Rose auch bei Armeniern und kaukasisch-türkischen Dichtern vorkommt. [56]

Ehe ich aber die persische Dichtung verlasse, muß ich noch ein Thema berühren und etwas eingehender darstellen, das wie ein rother Faden die ganze persische Poesie durchzieht und recht eigentlich als solche charakterisirt. Es ist das Verhältniß von Nachtigall und Rose, das, anfänglich ganz einfach als ein kleines Stück Naturleben, als ein Idyll aufgefaßt, dann einen ganz bestimmten Kreis der Symbolik durchläuft, um endlich bei dem Höchsten anzulangen. Zugleich kann es als ein ausgeführtes Beispiel dessen dienen, was ich oben über die Naturauffassung der Perser gesagt habe. Wie Persien reich ist an Rosen, ist es auch reich an Nachtigallen; wie der Perser nicht blind war für die Schönheit der Rose, so konnte er auch für den Schmelz des Nachtigallenschlages nicht taub sein. Da nun von Natur der Nachtigallenschlag mit der Blüthezeit der Rose beginnt und aufhört, [57] so lag es nahe, diese beiden Lieblinge der Natur in nähere Beziehung zu bringen, und so entstand die Auffassung des Verhältnisses beider zu einander als das einer Liebesgeschichte. "Die Dichtung der Liebe der Nachtigall zur Rose", sagt J. v. Hammer, [55] "ist eine der ältesten und zartesten Mythen der persischen Poesie, so alt und zart wie die Rosenhaine von Persis, wo die Nachtigall schon vor Firdusi altpersisch sprach. Die Rose, die hundertblättrige (Gul sad berg), ist die Königin der Schönen, die Nachtigall, die tausendstimmige (Hepar das istan), der König der Sänger, beide die Gefährten des Frühlings, der schönsten Zeit der Jugend und der Lust. Immer prangt hellglänzend und lacht frohlockend die Rose, während die Nachtigall flehend und wimmernd die Schmerzen ihrer Liebe der Nacht klagt, daher sie auch der "Sänger der Nacht" heißt. Wo Rosen erblühen, kosen auch Nachtigallen, welche nie aufhören, unter tausend wechselnden Formen des Wohllauts der Rose ihre Liebe zu erklären, während diese, darüber unbekümmert, sich nur des Lebens freut, ohne sich die melancholischen Klagen der Nachtigall sehr zu Herzen zu nehmen. Unablässig singt jene von Liebe und, wiewohl nicht immer beglückt durch Gegenliebe, erscheint sie doch dem Wanderer als Ideal der Leidenschaft und Treue." Daher sagt Saadi:

„Weißt nicht, was Nachtigall singt auf grünem Reis?
„Was für ein Mensch bist du, der nichts von Liebe weiß!"

Treffend bemerkt Goethe im westöstlichen Divan, daß Nachtigall und Rose den Persern die ihnen fehlende Mythologie ersetzen.

Verfolgen wir nun in einem kurzen Ueberblick das Verhältniß von Rose und Nachtigall durch die sich folgenden Dichter bis zur höchsten Ausbildung. Schon Firdusi läßt, wie wir oben sahen, die Nachtigall die Rose besingen, und Anszari, dem Dichter von Wamik und Asra, ist dieser Gedanke der Liebe zwischen Rose und Nachtigall schon so geläufig, daß er ihn als Gleichniß gebraucht:

„So pflegten diese Liebenden zu kosen,
„Wie in dem Rosenhain zur Rosenzeit
„Die Nachtigallen sprechen zu den Rosen
„In ungetrübter Ruh' und Heiterkeit."

Bei Ferrid-eddin-Attar*) ist der Gedanke der Liebe von Nachtigall und Rose schon vollständig ausgesponnen. Die Nachtigall ist schönheitstrunken; wenn die Rose verblüht, verstummt auch die Nachtigall, denn:

„In ihre Liebe ganz versenket,
„Gedenkt sie ihres Daseins nicht,
„Sie denkt nur an der Rose Liebe,
„Begehrt für sich nichts als die Rose.
„Die Nachtigall genügt der Rose,
„Sie blühet hundertblättrig ihr,
„Wie soll das Leben ihr nicht blüh'n?
„Die Rose blüht ihr nach Verlangen
„Und lächelt ihr mit süßer Lust.
„Wenn sie ihr unterm Flore lacht,
„Die Lust auf ihrer Stirn erwacht.
„Was wäre eine einz'ge Nacht,
„Von der Geliebten fern durchwacht!"

---

*) Siehe oben S. 241.

Daß Nachtigall und Rose zum Symbol des Dichters und seiner Geliebten werden, finden wir dann bestimmt ausgesprochen bei Said:

> „Da ich der Wangen Rose stets umflattre,
> „Nenn' mich nicht Rose, nenn' mich Nachtigall."

Dann singt Neffi=eddin=Lobnani:

> „Hör', wie Bülbül*) zum Lob der Rose singt,
> „Wenn Kron' und Thron im Frühling ihr gekommen."

Und dann heißt es wieder bei Dschelal=eddin=Rumi:

> „Weinschenkende, Schenkende! den Wein von mir wendet weg,
> „Weil ich wie Nachtigall verliebt in Rose bin."

und in einem andern Gedicht:

> „Der Lilie Zunge sagt ins Ohr Cypressen
> „Geheimnisse der Nachtigall und Rose."

Hafis schilt die Rose:

> „Wisse, Rose, dir geziemt es
> „Nicht, so stolz zu sein auf deine Schönheit,
> „Daß aus Stolz du nach der irren
> „Nachtigall nicht einmal fragest."

Im ganzen Hafis ist die Rose (Gül) die Geliebte und die Nachtigall der Dichter selbst, z. B.

> „Komm und für die Nachtigall
> „Eine Rose sei."

oder:

> „Es sinnt die Nachtigall, wie sie
> „Die Rose sich zur Freundin mache.
> „Die Rose aber sinnt darauf,
> „Wie sie die Nachtigall tränke."

Aber erst von den osmanischen Dichtern wird die Liebe von Nachtigall und Rose vollständig als Naturroman ausgeführt und dann auch derselben eine tiefere religiöse Bedeutung untergelegt. Hier tritt denn zunächst im sechszehnten Jahrhundert Faßli mit seinem bekannten Gedicht „Gül und Bülbül" auf, durch welches sein Name allgemein bekannt und berühmt geworden ist. [59] Eine kurze Uebersicht des Inhalts wird hier am Platze sein. J. v.

---

*) Die Nachtigall.

Hammer stellt als Leitwort den Vers Dschelal-eddin-Rumi's seiner Uebersetzung voran:

    „Hört, o hört das Geheimniß der Rosen,
    „Wie, statt mit Worten, durch Düfte sie kosen;
    „Aber die Nachtigall spricht es in lauten,
    „Liebenden Herzen verständlichen Lauten."

Nach einem Hymnus auf Allah und einem Loblied auf den Schah beginnt die Erzählung mit einer Schilderung der Schönheit der Rose. Der Schah des Frühlings führt ihr einen Meister zu, um sie in den Wissenschaften zu unterrichten. Es folgt eine Schilderung des Morgens und Abends, sowie des Rosenhaines, welcher der Rose als Statthalterschaft angewiesen wird. Ihre Gesellschafter und Hofbeamten werden aufgeführt. Sie wird stolz auf ihre Schönheit, als der Morgen, ihr Spiegelhalter, ihr den Spiegel reicht. Derweile erzählt der Ostwind, der Botschafter am Hofe, dem Sprosser von der Schönheit der Rose, warnt ihn aber auch, sich einer hoffnungslosen Liebe hinzugeben. Vergebens! der Sprosser zieht nach Rosenhain, befreundet sich hier mit dem Thürhüter am Palast der Rose, der schwankenden Cypresse, auf deren Schultern er sich setzt. Hier klagt er der Nacht, dem Monde, dem Morgen und der Sonne sein Leid. Die Rose hört die Klage, fühlt sich innerlich geschmeichelt. Der Ostwind wird Liebesbote zwischen beiden. Narcisse, der Hofpfaffe, und der Dorn schwärzen den Sprosser beim Schah an. Der Sprosser wird gefangen und in einen Käfig gesperrt. Da erscheint Schah August im Osten, sendet den Samiel (Gluthwind) nach Rosenhain, um denselben zu zerstören. Schah Frühling, unfähig sich zu halten, flieht ins Gebirge. Da kommt der Schah Herbst von Norden her und will Rosenhain als Statthalter verwalten. Aber nun zieht von Osten wieder Schah Winter heran und unterwirft durch seinen Feldherrn Schnee Rosenhain seiner Gewalt. Darauf begiebt sich Schah Frühling nach Süden zum Schah Newrus (Tag- und Nachtgleiche), ruft dessen Beistand an, der ihm auch gewährt wird. Der Winter wird besiegt und vertrieben, Schah Frühling besteigt aufs Neue seinen Thron. Da erinnert sich die Rose wieder des geliebten Sprossers. Der Ostwind macht abermals den Liebesboten. Der Sprosser wird befreit. Die Rose giebt ein großes

Morgenfest, wozu der Sprosser eingeladen wird, dem sie sich in reiner
Liebe ergiebt. Nun folgt die Erklärung des mystischen Sinnes der Geschichte:
Der Frühling ist die Vernunft, die Rose der von der Vernunft erzeugte Geist,
der Rosenhain ist der Leib, der Sprosser ist das Herz, der nach Geist sich
sehnt, denn durch Geist erst vollendet sich das Herz:

> „Denn Geist und Herz, vereint im Kuß,
> „Sind Ros' und Sprosser im Genuß."

Diese Liebesgeschichte von **Gül und Bülbül** bleibt aber auch noch
den späteren Dichtern geläufig. Ein zweites ähnliches Gedicht schrieb
Muidi: **Gül und Newrus**. Es beginnt, wie gewöhnlich, mit Anru‍fung Allah's, des Propheten und der Muse. Dann folgt die Erzählung
vom Schah Ferruch (dem fröhlichen Schah), dessen Sohn Newrus sich
in die im Traum gesehene Rose verliebt. Hier wird dann Bülbül zum
Liebesboten, der Briefe der Geliebten zuträgt. Die Liebenden kommen zu‍sammen, werden wieder getrennt, bestehen viele Leiden und werden endlich
glücklich.

Nach **Abul Maani** wird die Rose röther und frischer, wenn die
Nachtigall von Liebe singt. **Feridi III.** singt:

> „Würde Nachtigall so klagen,
> „Wenn's nicht ob der Rose wäre;
> „Würde Rose so liebreizen,
> „Wenn's ob Nachtigall nicht wäre."

Eine später geläufig werdende Deutung, die einfacher ist als jene bei Faßli,
nimmt die Nachtigall als Bild der menschlichen Seele und die Rose als Sym‍bol Allah's. So geht denn diese Symbolik mit in die muhammedanisch=
indische Poesie über, und in dem oben (S. 230) erwähnten Gedicht „Kerze,
Schmetterling, Rose und Nachtigall" sind Kerze und Rose Sinnbilder Got‍tes, Schmetterling und Nachtigall aber des Menschen.[60]

Ich schließe hier noch eine Sage der Kurden, eines persischen Volks‍stammes an, weil dieselbe, ihren Ursprung im Anfang des vierzehnten Jahr‍hunderts vorausgesetzt, wieder eine merkwürdige Verwandtschaft der **Ger‍manen und Perser** in alter Zeit bekunden würde. Es heißt: Zein=eddin,
der Herscher des Stammes Khaled, hatte zwei schöne Schwestern: Siti
und Zin. Gleichzeitig lebte in Jazirah ein Pehlewan, Namens Iskan‍ter, mit drei durch Schönheit und Stärke ausgezeichneten Söhnen, von

denen der älteste, Tajin, bei Zein-eddin in großer Gunst stand. Bei einer feierlichen Procession, bei der es auch dem weiblichen Geschlecht erlaubt war, unverschleiert öffentlich zu erscheinen, erblickten Tajin und sein Freund Mem zuerst die Töchter Zein-eddin's, verliebten sich sogleich in sie und erhielten das Bekenntniß der Gegenliebe. Tajin, einer vornehmen Familie angehörig, konnte sich um die Hand seiner geliebten Siti bewerben und erhielt dieselbe. Mem, von geringer Herkunft, mußte seine Liebe in den Schleier des Geheimnisses hüllen. Der Thürsteher Zein-eddin's, Beckir, verrieth aber die Liebenden. Nach manchen Fährlichkeiten, aus denen Tajin und seine Brüder Mem retteten, wurde derselbe endlich in den Kerker geworfen, wo er dem Tode entgegenschmachtete. Da fürchtete Beckir die Rache Tajin's und rieth, den Mem zu befreien und mit Zin zu vereinigen. Das geschah, aber Mem, schon dem Tode nahe, starb vor Freude beim Anblicke Zin's. Beckir entging seiner Strafe nicht. Tajin und seine Brüder tödteten ihn bei der Bestattung Mem's. Zin starb bald darauf vor Gram und wurde nach ihrem Wunsch mit den Worten Zein-eddin's: „Mit völliger Bewilligung gebe ich meine Schwester Zin dem Mem zur Gattin" an der Seite Mem's beerdigt. Aus jedem der Gräber wuchs ein Rosenbaum auf, dessen Zweige sich unlösbar mit einander verflochten. Noch im sechszehnten Jahrhundert waren die Gräber ein Wallfahrtsort.[61] Es ist besonders dieser Schluß, der im Original ausführlich und gar anmuthig erzählten Liebesgeschichte, welcher so auffallend an die ähnlichen Sagen der Germanen erinnert.*)

Wo eine Dichtung so nach Rosen duftet, wie die persische, versteht es sich von selbst, daß den Dichter auch Rosen in der Wirklichkeit blühend und duftend umgeben. In der That hat die Rose in Persien ihre eigentliche Heimat, ihre sorgfältigste Pflege, wie ihre eifrigsten Verehrer gefunden. Kashmir's Rosenreichthum ist von den ältesten Zeiten her berühmt, und den Rosenreichthum von Peschawer bewunderte schon Babur, der Urenkel Timur's. Steigen wir von da nach Westen hinab, so begleitet uns in den nördlichen Pässen von Bamiyan die süßduftende, auch hier wie bei uns wildwachsende Weinrose. Die Hochebene von Iran bietet allerdings dem

---

* Vergl. den vierten Abschnitt S. 161 f.

Botaniker keine großen Freuden dar, und so fehlt auf dem dürren, sonnendurchglühten Boden auch die Rose, desto reicher sind die feuchteren Thäler im Gebirgsland des Südwestens, Westens und Nordwestens. Wenden wir von der Grenze der Hochebene von Kirman unsere Schritte gerade auf Schiras, so durchschneiden wir gleich die Kulturebene von Schuri-Babeck bis Robat, die durch ihre Rosenzucht berühmt ist. Bei Schiras unfern der Ruinen des alten Persepolis tritt uns die Fülle der Rosen in nicht zu beschreibendem Ueberflusse entgegen. In Kefferi Defft, zwei Parasangen*) nordwestlich von Persepolis, gedeihen die Rosen wie nirgend sonst auf der Erde, und doch sind sie hier wegen des großen Verbrauchs so theuer, daß eine Rose im Anfange des vorigen Jahrhunderts noch mit 1, ja selbst 2 Mahmudi**) bezahlt wurde. Schiras heißt „der Rosengarten von Farsistan", und Hafis nennt die Stadt „das Schönpfläfterchen auf der Wange der Welt". Unter ihren Rosengebüschen sang er seine Lieder, und mit Bezug darauf sagt er:

„Das Land von Schiras wird nie aufhören, Rosen zu tragen, und nie wird die Nachtigall von ihm weichen."

Um die Mitte des Mai ist die ganze Landschaft in ein rothes Blüthenmeer getaucht. Von Schiras gehen wir nördlich nach Teheran. Zuerst fesselt uns Ispahan mit seiner reichen Rosenkultur. Hier wird die Bisamrose, die man daselbst chinesische Rose nennt, mit zahlreichen, weißen, gefüllten Blumen zu fünfzehn bis dreißig Fuß hohen Bäumen gezogen. Weiterhin liegt die heilige Stadt Kom in Rosenbüschen wie begraben an unserem Wege. Aber Teheran selbst tritt als eine ebenbürtige Nebenbuhlerin von Schiras uns entgegen. Die Kultur der Rosen hier versetzt in Zaubergärten. In dem Nigaristan (Bildergalerie), dem Lustgarten des Schah, ist das Sommerbad von Rosenbüschen umgeben. „Bei meinem Eintritt in diese Feenlaube", sagt Ker Porter, „erstaunte ich über den Anblick zweier Rosenbäume, volle 14 Fuß hoch, mit tausenden von Blüthen belastet, in jedem Grade der Entwicklung und von einer Zartheit des Duftes, daß die ganze Atmosphäre mit den ausgesuchtesten Wohlgerüchen gewürzt war. Das Bad

---

*) 6⅓ engl. Meile.
**) 7—12 Silbergroschen.

in diesem Garten ist mit dem hellsten Wasser angefüllt, das in der Sonne glänzt, denn seine einzige Decke ist das Gewölbe des Himmels, allein Rosenbäume wachsen in seiner Nähe, und bisweilen werfen ihre schwankenden Zweige einen schönen zitternden Schatten auf den außerordentlichen Glanz des Wassers." Von Teheran nach Hamadan begleitet uns fast auf dem ganzen Wege die für das centrale Asien ganz charakteristische kleine Rose, *) die gelbe zierliche Blumen und nur einfache Blätter hat (ähnlich dem Sauerborn). Sie wurde zuerst von Olivier bei Hamadan entdeckt, zieht sich aber bis hinauf an den Altai und die Quellengebiete des Irtysch. In der Ebene von Hamadan bedeckt sie fast alle Felder. Aber noch weiter nach Westen erstreckt sich die Kraft des Bodens in Hervorbringung der schönsten Pflanzengebilde. Rich fand überall in Kurdistan die herrlichsten Rosen wildwachsend und zu fast gigantischen Formen entwickelt. Ker Porter sagt bei seinem Aufenthalt in Aserbeidschan: „In den Bädern von Tabris bedeckten abgepflückte Rosen den Boden in allen Richtungen. Eine solche Verschwendung dieser lieblichen Blume in den Häusern und außerhalb derselben in Persien muß den Fremden bei jedem Schritte daran erinnern, daß er in dem Lande des Hafis, der Nachtigallen und der Rosen ist." Endlich brauche ich nicht noch einmal zu wiederholen, was schon über die Fülle der Rosen in Massenderan und die Verehrung, welche man ihr dort gezollt, gesagt ist. Was hier zur Genüge erwiesen, ist, daß die Rose bei den Persern nicht nur in der Dichtung lebt, sondern auch das wirkliche Leben mit der Poesie ihrer Schönheit und ihres Duftes veredelt. Nur kurz will ich hier noch der persischen Gärten erwähnen, die von den ältesten Zeiten her berühmt waren. Die Gärten der Könige und Fürsten scheinen immer aus zwei Theilen bestanden zu haben, dem eigentlichen Lustgarten, dem Rosengarten, und dem sich daran schließenden Wildpark. Nach dem letzteren Theil wurden sie Paradiese (Firdews) genannt, was „Thiergarten" bedeutet. Der Lustgarten bestand, wie es scheint, wesentlich aus einer großen schattigen Allee, in deren Mitte fließendes und springendes Wasser sich hinzog, und die mit blühenden Sträuchern, vorzüglich Rosen und anderen Blumen geschmückt war. Ein Beispiel dafür ist der öffentliche Garten bei Ispahan

---

*. Rosa berberifolia Oliv.

»Tschar-Bag«, eine Allee, 3200 Schritte lang und 110 Schritte breit, aus vier Reihen dicker alter Platanen gebildet. Auch die Haremsgärten werden von allen Reisenden gepriesen. Eine bekannte Oertlichkeit in der Nähe von Serai, der Hauptstadt der goldenen Horde, wahrscheinlich ein ehemaliges Lustschloß des Khan's, heißt noch jetzt Gulistan (der Rosengarten) und wird schon im Jahre 1347 unter diesem Namen erwähnt. Noch berühmter ist der Rosengarten bei Teheran unter dem Namen Nigaristan.[62] Habe ich schon früher auf eine alte enge Verbindung von Persien mit den Ländern semitischer Zunge hingewiesen, so kann es auch nicht Wunder nehmen, daß der Rosenkultus, die Rosenkultur und die Benutzung der Rose sich auch weiterhin durch das ganze südwestliche Asien fortsetzt, wozu der Kaukasus mit seiner Centifolie schon genügenden Anhalt bietet. Von den verschiedensten Reisenden wird der Rosenreichthum in Mesopotamien in den Thälern des Taurus, bei Nisibin, bei Kifri und Basra, in Palästina und Syrien am Tabor, bei Jericho, in der Ebene von Saron und bei Nablus, bei Dschehbail und Aleppo hervorgehoben.[63]

Man könnte nun auch nach der Erscheinung der Rose in der Kunst bei den Persern fragen, aber darauf kann die Antwort nur eine negative sein. Von Malerei ist im ganzen Morgenland in der weitesten Bedeutung des Wortes nie die Rede gewesen. Die kindlichen Pinseleien der Chinesen wird Niemand zur Kunst rechnen. In der Plastik bieten uns die persischen Denkmäler auch keine Verwendung der Rose dar. So zum Beispiel findet sich unter den reichen Pflanzenarabesken auf den Reliefverzierungen der Denkmäler bei Tak-i-Bostan nichts, was sich bestimmt als Rose aussprechen ließe.[64] Mir ist bei meinen Nachforschungen auch sonst kein Beispiel einer Rosenverzierung vorgekommen.

Endlich mag auch noch der Rose im Aberglauben hier ein Plätzchen gegönnt sein. Enweri sagt:

„Kothkäfer tödtet der Geruch der Rosen."

Denselben Aberglauben fanden wir bei Griechen, Römern und Deutschen. Die Muhammedaner in Indien feiern sehr hoch das Neujahrsfest. Weiß man, daß das neue Jahr am hellen Tage beginnen wird, so schneiden die Frauen eine Rose ab und tauchen dieselbe, die Blume nach unten, in ein mit Wasser gefülltes Gefäß. Sie behaupten, daß sie sich dann von selbst umwende in dem

Augenblick, wann die Sonne in das bestimmte Zeichen des Thierkreises tritt. 65

Aber ich muß hier insbesondere noch eine Anwendung der Rose etwas genauer ins Auge fassen, die dem ganzen Orient gemeinsam ist und von dort sich auch ins Abendland verbreitet hat. Sie sichert einerseits dem Perser den Genuß der Rose theilweise über die Blüthezeit hinaus und hat sich daher in sein ganzes Thun und Treiben verschlungen, andrerseits bedingt sie den Anbau der Rose im Großen und ist ein nicht unbedeutender Factor zur Belebung des Handels. Ich meine die Bereitung des Rosenwassers und der Rosenessenz.

Bei der Rose wie bei allen wohlriechenden Blumen hängt der Duft von der Entwicklung eines ätherischen Oels in den Blumenblättern ab. Unter ätherischem Oel versteht man eine solche Substanz, die zwar, auf das Papier getropft, dasselbe durchsichtig — wie man sagt, einen Fettfleck — macht, die aber so flüchtig ist, daß der Fleck in ganz kurzer Zeit von selbst wieder verschwindet. Von dem echten und ganz reinen Rosenöl hat man behauptet, man könne es nicht auf die Erde schütten, weil jeder Tropfen sich in der Luft verflüchtigt, ehe er den Boden erreicht. Eben wegen dieser Flüchtigkeit riechen die Blumen oft auf weite Entfernung. Die Bildung dieser Oele scheint nicht zu allen Tageszeiten gleich stark zu sein. Viele Blumen duften nur bei Abend oder in der Nacht, am Tage wenigstens so schwach, daß man den Geruch kaum wahrnimmt; dasselbe gilt auch besonders für die Rose, weshalb man zur Gewinnung des Rosenöls in Persien die früh noch thaunassen Rosen vorzieht. Daher auch das Wort des Mirza Taher aus Wahid:

"Rosenwasser entquillt besser den Rosen, die frisch"

sprichwörtlich geworden ist. Auch Boden und Klima scheinen auf die Hervorbringung einen großen Einfluß zu üben, deshalb ist dieselbe Pflanze nicht überall gleich reich an diesem Stoffe. Im Allgemeinen kann man sagen, daß die Bildung des ätherischen Oeles in heißen Gegenden leichter und reichlicher stattfindet als in den kälteren Klimaten. Wegen der Flüchtigkeit hat das ätherische Oel auch eine augenblickliche aufregende und belebende, aber schnell vorübergehende und dann zuweilen Abspannung hinterlassende Einwirkung auf das Nervensystem; die wohlthuendste und am wenigsten erschöpfende Einwirkung scheint nun gerade das Rosenöl zu gewähren.

Wie alle ätherischen Oele ist das Rosenöl in sehr geringer Menge in Wasser auflöslich und theilt demselben seinen Geruch mit, — Rosenwasser. In absolutem Alkohol löst es sich in größerer Menge auf, z. B. in Cöln'schem Wasser, scheidet sich aber beim Zusatz von Wasser größtentheils wieder aus, wodurch die Auflösung milchig wird, wie jede Dame bei der Eau de Cologne und ähnlichen Essenzen erfahren hat. Wenn man das Wasser, das möglichst mit Rosenöl gesättigt ist, in flachen Gefäßen sehr kühl stellt, so sondert sich auf der Oberfläche das Oel in kleinen Tröpfchen aus, die man abnehmen kann, und so erhält man das Rosenöl, oft in Gestalt kleiner Blättchen, da das Rosenöl einen festeren Bestandtheil (man nennt ihn Rosenkampher) enthält, der schon bei niedrigen Wärmegraden auskrystallisirt, weshalb auch das echteste Rosenöl in seinem kleinen Fläschchen meistens fest erscheint. Gerade auf die angegebene Weise wird auch das Rosenöl gewonnen, allerdings mit mannigfachen Verschiedenheiten des Verfahrens, deren ausführliche Auseinandersetzung aber nicht hierher, sondern in ein Handbuch der Technologie gehört.[66] Es ist nur zu bemerken, daß auch noch jetzt viel Rosenöl in der Weise, wie es schon bei den Griechen (S. 54) gebräuchlich war, gewonnen wird, d. h. ein Gemisch von fettem Oel mit dem ätherischen Oel, welches jenes aus den Blumenblättern aufnimmt. Aber von da bis zur Entdeckung des wirklichen Rosenöls ist noch ein großer Schritt, der, wie es scheint, erst sehr spät gemacht ist. Die persische Sage verlegt die Entdeckung in den Anfang des siebenzehnten Jahrhunderts.

Die Prinzessin Nour-Djihan[*] verheirathete sich mit dem Prinzen Djihanguye, zu dem sie eine so heftige Liebe gefaßt hatte, daß sie ihren ersten Gemahl umbringen ließ. Am Hochzeitstage gab sie ihrem Geliebten ein Fest und ließ zur Feier die Kanäle in ihrem Garten mit Rosenwasser füllen. Während das Liebespaar an den Ufern spazieren ging, bemerkte man auf dem Wasser eine Art von Schaum. Man nahm ihn herunter und erkannte in ihm eine ölartige Substanz von dem köstlichsten Wohlgeruch. Was der Zufall entdeckt, versuchte man dann fernerhin künstlich zu erhalten. Die Prinzessin nannte dieses flüchtige Oel Attar Djihanguyry; später wurde es einfach Attar-gul (Rosenessenz) genannt. Bis zur Regierung Aureng-

---

[*] Die bekannte, auch in Opern gefeierte Nurmahal.

Zeb's (er starb 1707) war diese Essenz so selten, daß das Tolah 80 Rupien kostete*). Lassen wir die Sage dahingestellt sein, so ist doch gewiß, daß weder in den Schriften der Orientalen, wie sie Gelegenheit dazu gehabt hätten, noch in den Werken europäischer Reisender, z. B. Hackluit, Purchas, Thevenot, Bergeron u. s. w. vor dem siebenzehnten Jahrhundert das Rosenöl erwähnt wird. 67) Allerdings wird schon im Königsbuch des Firdusi das Rosenöl mehrfach genannt, aber ich weiß nicht, ob hier v. Schack philologisch treu übersetzt hat und ob nicht mit dem betreffenden Wort nur das freilich viel länger bekannte, mit Rosenblättern parfümirte fette Oel bezeichnet werden soll. 68)

Das Rosenwasser, dessen Bereitung ja der Gewinnung von Rosenöl immer vorhergehen muß, ist dagegen schon länger bekannt, im Morgenlande vielleicht schon seit alten Zeiten, denn es wird im Königsbuche des Firdusi als etwas ganz Bekanntes und allgemein Verbreitetes angesehen; schöne Gegenden werden als solche bezeichnet, in deren Bächen Rosenwasser fließt u. s. w. 69) Die älteste europäische Nachricht findet sich in einer Schrift des Constantinus III. (Porphyrogenneta), wo bei der Beschreibung eines Hoffestes (946 n. Chr.) das Rosenwasser als Waschwasser genannt wird. 70)

Die für die Bereitung des Rosenwassers und Rosenöls berühmtesten Orte sind: in Ostindien Ghazipur am Ganges, wo man nach Royle die Damascenerrose benutzt, nach Colonel Polier liefern hier 4366 Pfd. Rosen (der Ertrag von 17½ preuß. Morgen) nur ½ Pfd. Rosenöl; nach einer andern Angabe gewinnt man aber von 100,000 Stück Rosen nur etwas über ein Gramm Rosenöl. Als das vorzüglichste Rosenöl gilt im ganzen Orient das von Kaschmir. In Persien ist es vor Allen Schiras, das wegen seines Produktes berühmt ist, man benutzt hier eine weiße Rose (welche, finde ist nicht angegeben, vielleicht die Moschusrose); nächst Schiras sind noch Kirman, weiter nach Westen Nisibin, Basra, dann Damask und Aleppo wegen ihres schönen Rosenwassers und Rosenöls viel genannt. Es folgt in der Türkei die Insel Skio, und vor Allen die Umgegend von Adrianopel, wo Kasanlik am Südabhang des Balkan

---

*) d. h. etwa 1 Gramm 120 Thlr.

wegen seiner vielen Rosen „das europäische Paradies" genannt wird. In der Türkei benutzt man eine Rose, die dort Oka Gül „die schwere Rose" heißt. In Aegypten ist Fayum und am Nordrande Afrika's Algier noch wegen seiner Rosenwohlgerüche in Ansehn, hier wird die Moschusrose für diesen Zweck kultivirt. Spanien bereitet Rosenwasser aus Knospen, das man unter dem Namen Agua de Cabezuelas kennt. Frankreich destillirt viel Rosenwasser aus seiner Provinsrose, und selbst England bereitet ein freilich schlechtes Rosenöl aus der Centifolie und bringt es als English Attar of Roses in den Handel. [71])

Besonders das Rosenwasser (pers. Gulaul, türk. Gülab) spielt im Morgenlande eine große Rolle. Schon im Königsbuch des Firdusi kommt es häufig vor. Bei Geschenken fehlt nicht der Becher mit Rosenwasser. Den Schönen werden die Füße mit Rosenwasser gewaschen, auf die Gäste fällt bei Festen ein Regen von Rosenwasser herab, und die Leichen der Helden werden mit Rosenwasser begossen. Vom Rosenwasser nehmen die Dichter moralische Gleichnisse her. So singt Hafis:

„Sehr ist verschieden das Loos des Rosenwassers, der Rose,
„Jenes sitzet zu Markt, dieses im Laube versteckt."

Daß man Länder damit preist, wenn man sagt, ihre Bäche führten Rosenwasser, ist schon erwähnt; als schön bekannte Orte, z. B. ein Dörfchen im Distrikt von Chumin, führen auch selbst den Namen Gulaul. Dem Rosenwasser schreibt man besonders eine reinigende, selbst heiligende Kraft zu. Noch jetzt wird dem Gaste in Indien bei den Festen einheimischer Fürsten Rosenwasser zum Waschen des Hauptes und Bartes dargeboten, und bei der Mahlzeit zwischen den Gängen wird Kaffee, Thee und heißes Rosenwasser herumgegeben. [72]) Nachdem der Kalif Omar Jerusalem erobert hatte, ließ er den ganzen Felsen, worauf der alte Tempel Salomons gestanden hatte, reinigen und dann mit Rosenwasser abwaschen, ehe er die Allah geweihte Moschee darauf errichtete. Als Saladin die indessen von den Christen in eine Kirche verwandelte Moschee nach der Eroberung Jerusalems 1188 wieder betreten wollte, ließ er erst die sämmtlichen Mauern mit Rosenwasser abwaschen. Sanuto erzählt, daß 500 Kamele das Rosenwasser dazu herbeigetragen hätten. [73]) Auch die Christen haben im Morgenland diesen Gebrauch angenommen, und in der heiligen Grabeskirche zu Jerusalem wird der Stein, auf dem angeblich die Leiche Jesu vor ihrem Begräbniß gelegen hatte, oft mit Rosenwasser begossen. 74) Selbst in der Medicin genießt das Rosenwasser im Orient ein großes Ansehen. Bei den Muhammedanern in Indien heißt die Cholera Hyza (das Uebel). Als Heilmittel dienen zunächst einige Körner eines Geheimmittels Zahur-mora (das Gegengift), in Rosenwasser gelöst, wenn nöthig, in kurzen Zwischenräumen wiederholt. Der Kranke erhält nur Rosenwasser zu trinken, das man als das beste Heilmittel der Cholera betrachtet. 75)

Zum Schluß möchte ich hier noch ein paar Bemerkungen anhängen, für die ich anderweitig keinen Raum gefunden habe. Oft ist es mir begegnet, daß das Wort „Selam" so gebraucht wurde, als ob es „Blumensprache" bedeute, oder doch wenigstens „Blumenstrauß", und in Persien seine Heimat habe. 76) Das ist ein gründlicher, angeblich durch Lady Montague verursachter Irrthum. 77) Selam ist türkisch und bedeutet „Gruß", „Begrüßung". „Ich sende dir einen Selam" heißt einfach: „ich sende dir einen Gruß". Das kann auch symbolisch durch Blumen oder irgend beliebige andere Gegenstände geschehen. Die Bedeutung wird darin so erkannt, daß man passende Reime auf die Namen der gesendeten Gegenstände aussucht. Eine Blumensprache, auf eine natürliche oder conventionelle Bedeutung der Blumen gegründet, wie unsere jungen Mädchen träumen, kennt der Orient gar nicht. 78)

Eine andere kleine Bemerkung betrifft die Gräber der Türken. Lady Montague erzählt nämlich von ihnen, daß die Gräber junger Mädchen immer mit Rosen geschmückt würden. 79)

Mancher vielleicht wird meinen, ich sei in diesem Abschnitt zu ausführlich gewesen, ein Anderer vielleicht wird hier und da weitere Ausführung vermissen. Beide mögen in ihrer Weise Recht haben. Die Schwierigkeit des Genügens liegt darin, daß ich die persische Sprache nicht verstehe, ein Mangel, den wohl die meisten meiner Leser mit mir theilen werden, und daß ich daher genöthigt war, fast ausschließlich aus zweiter Hand zu nehmen. Eins nur wünsche ich erreicht zu haben, daß meine Leser mit mir eingesehen haben, wie sich Fühlen, Denken, Dichten bei den Persern um die Rose dreht und wie verwandt dieselben in dieser Beziehung den Germanen sind, mit denen sie ja ohnehin so viele Beziehungen verknüpfen. Wie sehr dem

Perser die Natur am Herzen liegt, zeigen nicht nur seine Gulistane (Rosengärten), sondern, daß ihm überhaupt sein ganzes Land eigentlich aus Gärten: Farsistan, Luristan, Kurdistan, u. s. w. zusammengesetzt ist. Allerdings sind uns die Gulistane das Wichtigste, weil wir mit ihnen unmittelbar an die Rosengärten der Germanen anknüpfen können, die sonst isolirt, ein unerklärbares Räthsel, in unserer Geschichte dastehen würden. Und auch das hoffe ich erreicht zu haben, meinen Lesern einen Einblick in das geistige Leben der Perser zu eröffnen, so daß sie erkennen, daß das Volk, wenn auch gegenwärtig durch die verächtlichste Mißregierung tief gesunken, doch in seinen Anlagen ein hochbegabtes und edles Volk war, dessen näherer Verwandtschaft wir Germanen uns keineswegs zu schämen haben.

Anmerkungen zum fünften Abschnitt.

1) Dr. H. Steinthal, Charakteristik der hauptsächlichsten Typen des Sprachbaues, Berlin, 1860, S. 107—148.

2) Man vergl. die betreffenden Kapitel in L'abbé Grossier, De la Chine, Paris, 1818 ff.; J. Fr. Davis, The Chinese, London, 1849; S. Wells Williams, The middle kingdom, III. Edit., New York, 1853.

3) L'abbé Grossier, De la Chine, Vol. VI, p. 321. Was Roscher, Ansichten der Volkswirthschaft aus dem geschichtlichen Standpunkte, 2. Abdr., Leipzig, 1861, S. 463 über die chinesischen Gärten sagt, trifft wohl nicht allgemein zu. Schon die Beschreibungen, die Grossier und Williams a. a. O., George Staunton: An anthentic account of an ambassy from the king of great Britain to the emperor of Chine, London, 1797, im 2. Bande, Père Duhalde: Description de la Chine, W. Chambers: Dissertat. on oriental. Gardening, London, 1773 (II. Edit.), von den öffentlichen, besonders kaiserlichen Gärten geben, widersprechen dem, noch mehr aber das, was ich einstimmig aus dem Munde von Männern vernommen habe, die längere Zeit in China, namentlich in Peking als Glieder der russischen Gesandtschaft gelebt hatten und von der Schönheit der Gärten entzückt waren.

4) L'abbé Grossier, De la Chine etc., Bd. 3, S. 87 ff.

5) Confucius, Chi-king, ed. J. Mohl, 1830.

6) Die genannten Lohnschreiber sprechen von den 18000 Bänden der kaiserlichen Bibliothek, wovon 1800 (also $^1/_{10}$) von Blumenzucht handeln sollen. Die Zahlen schon verrathen die bodenlose Ignoranz der Schreiber. Man nehme, welches Werk über China man will, so erfährt man, daß die kaiserliche Bibliothek in Peking über 400,000 Bände enthält. Selbst die erbärmlichste Literaturarmuth kann doch wenigstens ein Conversationslexikon benutzen.

7) A. a. O., Bd. 3, S. 87 ff.

8) Nach brieflichen Mittheilungen.

9) Thomas Moore, Lallah Rookh, London, 1817, p. 303.

10) Dr. H. Jolowicz, Der poetische Orient, Leipzig, 1853, Malaische Lieder.

11) The loves of Camarúpa and Cámalata, an ancient indian tale. Translated by Will. Franklin, London, 1793, SS. 9, 53, 139, 225.

12) Johannes Metellus Antonio Augustino episcopo d. d. 22. März 1574, angeführt bei Stengel, Hortorum, florum et arborum historia, ed. II., Augsburg, 1650, cap. XXX, VIII, lib. 1, pag. 182.

13) Denkmäler der Kunst von Gubl und Kaspar, Bd. 1, Taf. X, erster Abschn., Fig. 7.

14) Man vergl. hierzu hauptsächlich: Histoire de la Littérature Hindoui et Hindustani par Mr. Garcin de Tassy, Tom. II, Extraits et Analyses.

15) A. Kuhn in Weber, Indische Studien, Bd. 1, S. 321 ff. Pictet, Les origines indoeuropéennes ou les Aryas primitifs, Paris, 1859—63, 2 Bde.

16) Fr. Spiegel, Eränische Alterthumskunde, Bd. 1, Leipzig, 1871, S. 424 ff., S. 438 ff. Auch Spiegel, Erân, Berlin, 1863, S. 336 ff. und Spiegel, Avesta, Bd. 1 (Vendidad), S. 5 ff.

17) Fr. Spiegel, Erânische Alterthumskunde, Bd. 1, S. 445.

18) Gebr. Grimm, Kinder- und Hausmärchen, Nr. 90 und die ausführliche Anmerkung dazu.

19) Fr. Spiegel, Erânische Alterthumsk., Bd. 1, S. 485. Den Haß der Erânier gegen die Unwahrheit hebt schon Herodot hervor, I, 138.

20) Fr. Spiegel, Erânische Alterthumsk., Bd. 1, S. 663.

21) Alle denkenden und gründlichen Schriftsteller über Persien, alle die die modernen Zustände des Landes aus eigner Anschauung geschildert haben, sind einstimmig darüber, daß der tiefe sittliche und ökonomische*) Verfall nur dem verruchten Einfluß völlig entsittlichter und bis zu Raub und Diebstahl habsüchtiger und dabei geistig völlig unfähiger Despoten aus den letzten muhammedanischen Dynastien zuzuschreiben ist: John Malcolm, The history of Persia, London, 1815, 2 Bde. 4⁰; G. Melgunof, Das südliche Ufer des Kaspischen Meeres u. s. w., Leipzig, 1863; Narcisse Perrin, La Perse etc., Paris, 1823, 7 Theile, 12⁰ und viele andere. Chardin, dessen Reise in die Jahre 1671 und folgende fällt, zählte im Umkreis von sechs Meilen um Ispahan noch 1500 Dörfer mit Palästen, Landhäusern u. s. w. „Jetzt (1810) findet man daselbst nur einige elende, auf Trümmern erbaute Hütten" (Reichard, Neuestes Gemälde von Persien, Wien, 1810, S. 334).

22) Die Heilighaltung des (zuerst?) durch den Blitz vom Himmel herabgekommenen Feuers war allen indogermanischen Völkern schon vor ihrer Trennung gemeinsam (Ad. Kuhn, Die Herabkunft des Feuers und des Göttertrankes, Berlin, 1859). Auch die alten Perser trugen sich mit der Sage, daß ihr heiliges Feuer ursprünglich durch einen Blitz entzündet und von da an ununterbrochen erhalten sei. (Ammianus l. XXIII, c. 6, § 34; Cedrenus, Histor. Compend. ed. J. Becker, T. I, p. 41, Zeile 15 ff. Tzetzes, Chiliad. III, c. 66, ed. Kiessling, S. 81 f.)

23) John Malcolm, The history of Persia, Bd. 2, S. 512; Karl Reichard, Neuestes Gemälde von Persien, Wien, 1810, S. 83 f., 90, 274 ff.

24) Das ist durchweg der Geist der ganzen Avesta. Vergl. die Uebersetzungen von Spiegel.

25) Am. Jourdain, La Perse, Paris, 1814, Tom. V, p. 9 ff.

26) Das ergiebt sich schon aus dem Benehmen des die Sitten des Landes immer sorgfältig schonenden Alexander gegen die Sisygambis und die sämmtlichen Frauen und Mädchen, die mit dem Zelte des Darius in seine Gewalt gekommen waren. (Q. Curtius, Histor, l. III, c. 11—13.)

27) Vergl. Spiegel, Avesta, Bd. 1, S. 59 f. Ich gestehe, daß spätere Ein-

---

*) Man erinnere sich nur der furchtbaren Geißel der Hungersnoth, von der Persien in den letzten hundert Jahren so oft heimgesucht worden ist.

wendungen gegen diese Auffassung mich noch nicht von ihrer Unrichtigkeit überzeugt haben. Hierüber ist die gründliche und überzeugende Erörterung von H. Kiepert, der als Geograph und Linguist zugleich hier wohl die erste Stimme hat, zu vergleichen: Ueber die geographische Anordnung der Namen arischer Landschaften im ersten Fargard des Vendidad (Sitzungsberichte der Berlin. Akad., phil.-hist. Klasse, v. 15. Dec. 1856, S. 622 ff.).

28) Ueber das Klima von Persien im Allgemeinen siehe: A. Grisebach, Die Vegetation der Erde nach ihrer klimatischen Anordnung, Leipzig, 1872, Bd. 1, S. 423 ff.; Rudolph, Die Pflanzendecke der Erde, Berlin, 1853, S. 248 ff. Man kann im Sommer blankes Eisen monatelang in freier Luft liegen lassen, ohne daß eine Spur des Rostes sich zeigt. Vom 1. Juni bis 1. Dec. regnet es nie. Die Nacht ist so hell, daß man bei bloßem Sternenlicht grobe Schrift lesen kann. (Karl Reichard, Neuestes Gemälde von Persien, S. 83 ff.; John Malcolm, The history of Persia, Bd. 2, S. 512.)

29) Siehe Mejnoun und Leïla, persischer Liebesroman von Dschami, deutsch von A. T. Hartmann, Amsterdam, 1808, Bd. 2 (Anmerkungen des Uebersetzers), S. 132, 156.

30) Dr. H. Jolowicz, Der poetische Orient, Leipzig, 1853, S. 528, Uebersetzg. v. Rückert.

31) Jolowicz, Der poetische Orient, S. 511.

32) Der Divan des Mohammed Schems-eddin Hafis, a. d. Pers. übers. von J. v. Hammer, Stuttg. und Tübingen, 1812.

33) Rückert's Gedichte, Frankfurt, 1838, Bd. 2, S. 85.

34) Azz-eddin Elmocadessi (der Redner von Jerusalem), Les oiseaux et les fleurs. A. d. Arabischen von Garcin de Tassy, Paris, 1821, S. 12 ff., Alleg. 2: La rose. Dazu die Anmerkungen S. 12.

35) Nalas und Damajanti, a. d. Sanskrit übers. v. Fr. Bopp, Berlin, 1838; Sakontala oder der entscheidende Ring, von Kalidasa, deutsch von G. Forster, 2. Aufl., Frankfurt a. M., 1803; Indische Sprüche, übers. v. Otto Böthlingk, herausg. von seiner Schwester, Leipzig, 1868.

36) Ich folge hier und in Folgendem, wo nicht Anderes bemerkt ist, vorzüglich Joseph von Hammer, Geschichte der schönen Redekünste Persiens, Wien, 1818. Seine Uebersetzungen muß ich für treu halten. In poetischer Hinsicht sind sie schwach, zum Theil sogar erbärmlich. Es gehört schon ein hoher Grad von Geschmacklosigkeit dazu, orientalische Versmaße in griechische Distichen zu übertragen. Aber ich mußte mich meist mit ihm begnügen, weil mir andere und bessere Uebersetzungen nicht zu Gebote standen.

37) Firdusi legt der Nachtigall das Verständniß der alten persischen (Zend-) Sprache bei. Außer von Hammer habe ich noch zwei Bearbeitungen des Schahnameh benutzt: Das Heldenbuch von Iran aus dem Schahnameh des Firdusi, von J. Görres, 2 Bde., Berlin, 1828; Heldensagen von Firdusi, metrisch übersetzt von A. F. von Schack, Berlin, 1851. Die Rückert'sche Bearbeitung der Episode von Rostem und Surab setze ich als allgemein bekannt voraus.

38) Dr. H. Jolowicz, Der poet. Orient, Leipzig, 1853, S. 440. Der Uebersetzer ist Heine.

39) Heldensagen von Firdusi, übertragen von A. F. Schack, Berlin, 1851, S. 208 und S. 320.

40) Wamik und Asra, d. i. der Glühende und die Blühende, von Jos. v. Hammer, Wien, 1853.

41) Am. Jourdain, La Perse, Paris, 1814, Tom. V, p. 145.

42) H. Jolowicz, Der poet. Orient, S. 510 f.

43) Ebenda, S. 522 u. S. 521.

44) Scheich Saadi, Persisches Rosenthal (Gulistan), Wittenberg und Zerbst, 1775.

45) K. Reichard, Neuestes Gemälde von Persien, S. 342.

46) Der Divan von Mohammed Schems-eddin Hafis, a. d. Pers. übers. v. Jos. v. Hammer, 2 Bde., Stuttgart u. Tübingen, 1812.

47) Die Gedichte des Hafis habe ich von Hammer's Gesch. d. schönen Redekünste Persiens, von Hammer, Divan des Hafis, und Jolowicz, Der poetische Orient, entlehnt. Das Grab des Hafis ist beschrieben in Am. Jourdain, La Perse, T. I, p. 16 ff.

48) Mejnoun und Leïla, ein persischer Liebesroman von Dschami. Aus d. franz. Uebersetzung des A. L. Chezy ins Deutsche übertragen von A. Th. Hartmann, Amsterdam, 1808, 2 Bde.

49) Der Sprosser ist streng genommen nicht unsere und die in Mittelasien einheimische Nachtigall (Curruca luscinia Cuv.), sondern die sogenannte polnische oder große Nachtigall (Curruca luscinia major, Sylvia philomela Bechstein), die stärker, aber weniger fein anschlägt. Da die Nachtigall aber bei den Persern immer als männlich gedacht wird (in der That schlägt ja auch nur das Männchen), so würde der Sprosser besser passen. In der angeführten Stelle duldete das Versmaß nicht das Wort Nachtigall.

50) Schirin ist das Ideal weiblichen Liebreizes bei den Persern und die glückliche Liebe Chosru's und Schirin's eine alte historische Sage) ein Lieblingsgegenstand der Dichter. Die erste Bearbeitung ist von dem oben S. 240 erwähnten Nisami aus Gentsch.

51) Jollowicz, Der poetische Orient, S. 374.

52) Ebenda.

53) Hammer-Purgstall, Geschichte der osmanischen Dichtkunst, Pesth, 1837, Bd. 2, S. 7.

54) J. v. Hammer, Des osmanischen Reiches Staatsverfassung und Staatsverwaltung, Wien, 1815, Bd. II, S. 52 f.

55) Für die osmanischen Dichter beziehe ich mich auf die schon angeführte Geschichte v. J. v. Hammer-Purgstall, Bd. 2, S. 7, 379, 410, 419, 485, 516, 527; Bd. 3, S. 319, 485. — Wer die von mir gegebene Blumenlese noch zu vergrößern wünscht, den verweise ich außer auf die schon angeführten Werke noch auf Will. Jones, Poëseos Asiat. Comment. libr. VI, Recudi curavit J. G. Eichhorn, Lips., 1777; Nouveaux melanges de Litérature orientale par M. Cardonne, Paris, an V; den persischen Roman Babar Danusch von Inojut-Ullah, übers. v. A. Th. Hartmann, Leipz., 1802; Latifi, Biographische Nachrichten von vorzügl. türk. Dichtern, nebst zwei Proben aus ihren Werken xc., übers. v. Th. Chabert, Zürich, 1808; Rosenöl, od. Sagen und Kunden des Morgenlandes aus arab., pers. und türk. Quellen, Stuttgart und Tübingen, 1813, 2 Bde.

56) Vergl. Jolowicz, Der poet. Orient; die Syrer, die Armenier S. 617, und die kaukasisch-türkische Poesie S. 607.

57) Vergl. Will. Ouseley, Persian Miscellanies etc., London, 1795, angeführt bei d'Israeli, Mejnoun und Leïla, S. 75.

58) J. v. Hammer, Gesch. d. schönen Redekünste Persiens, S. 25.

59) Fazli's Gül und Bülbül, ein romantisches Gedicht, türk. herausg. und

deutsch übers. v. J. v. Hammer, Pesth, 1834. Faßli, auch Mohammed Faßli, oder Kara Faßli (der schwarze Faßli), war Derwisch und Schreiber. Das Gedicht hat 60 Gesänge und 2500 Verse, es war Faßli's Schwanengesang, da er 1563 starb.

60) Wer an mystisch-pietistischem Gesumme seine Freude findet, mag zu dem Gesagten noch: Rose und Nachtigall, von Paulus Cassel, Berlin, 1860, vergleichen.

61) Sketcht of the tribes of Northern Kurdistan by William Spottiswoode, in Transactions of the Ethnological Society, Vol. II, p. 244—48.

62) Ueber die persischen Gärten siehe Buch Esther VII, 7—8; Xenophon, Diodor, Plutarch u. s. w.; Reichard, Neuestes Gemälde von Persien, Wien, 1810, S. 327 f.; Narc. Perrin, La Perse, Paris, 1823, Tom. V, p. 137; Erman, Archiv für wissenschaftl. Kunde von Rußland, Bd. 5 (1847), S. 33 ff.; Ker Porter, Reise, Thl. 1, S. 405; Loudon, Encyclopaedia of Gardening, p. 6 f.; Barnab. Brissonius, De regio Persarum principatu, lib. III, ex typogr. Commelin. 1595, lib. I, p. 52 ff.

63) Für die vorstehende Uebersicht verweise ich noch auf Ritter's Geographie von Asien, die Reisen von Ker Porter, Rich, Schubert, auf Jourdain, La Perse, u. s. w.

64) Voyage en Perse par Eugen Flandin et Pasc. Coste (Relation du Voyage, Paris, 1861, 2 Vol. 8º), Planches, Tome I, folio. Perse ancienne, Pl. 5 et 6. Alle Rosetten, die hier (häufig) und bei Bi-sutun (Pl. 17, 18) vorkommen, sind 4-, 8-, 16- u. s. w. theilig. Ebenso an den Capitälen aus der Sassanidenzeit bei Ispahan. Pl. 27 et 27 bis.

65) Bibliothek d. neuesten Weltkunde, von Malten. Neue Folge, Bd. 3, Thl. 7 (Aarau, 1832), S. 69.

66) Ueber die verschiedenen Bereitungsweisen des Rosenwassers und Rosenöls siehe Dr. Th. W. Chr. Martius, Grundriß der Pharmakognosie, Erlangen, 1832, S. 415; K. Karmarsch und Dr. Fr. Heeren, Technisches Wörterbuch, Bd. 2, Prag, 1843, p. 522 f.; W. C. Blumenbach, Handb. d. technischen Materialwaarenkunde, Pesth, 1846, S. 410 f.; Dr. Ed. Martinij, Encyklopädie der Rohwaarenkunde, Leipzig, 1854, Bd. 2, S. 388 f.

67) Langlès, Recherches sur la découverte de l'Essence de Rose, Paris, 1854.

68) Die Heldensagen des Firdusi, übertragen von F. A. von Schack, Berlin, 1851, S. 198, 401, 425, 443, 536.

69) Ebenda, S. 208, 266, 437, 442, 518, 535.

70) Kurt Sprengel, Versuch einer pragmatischen Geschichte der Arzneikunde, Bd. 2, Halle, 1800, S. 304.

71) Für die hier gegebenen Notizen verweise ich auf die in Anmerkung 63 und 66 angeführten Werke.

72) Forbes, Oriental. Memoirs, 3, 181.

73) Malten's Bibliothek d. Weltkunde, Jahrg. 1832, nach Döring, Die Königin der Blumen, S. 526. Ich habe in diesem Jahrgang nichts von Omar und seiner Abwaschung des Tempelfelsens finden können. Ueber Soliman. F. A. v. Chateaubriand, Itinéraire de Paris à Jerusalem etc., Paris, 1811, Tom. II, p. 297.

74) T. R. Joliffs, Reise in Palästina, Syrien und Aegypten, übers. v. E. F. A. Rosenmüller, Leipzig, 1821, S. 38, nach Döring, a. a. O., S. 528.

75) Bibliothek d. neuest. Weltk., von Malten. Neue Folge, Bd. 3, Thl. 7, Aarau, 1832, S. 78.

76) So sagt z. B. Volz, Beiträge z. Kulturgeschichte, S. 496.

77) So sagt J. v. Hammer, Gesch. d. schön. Redekünste Persiens, S. 375, Anm. 1. In den Lettres of the B. H. Lady M—y W—y M—e (Montague) written during her travels in Europe, Asia and Africa, Berlin, 1781, konnte ich nichts dergleichen finden.

78) J. v. Hammer, Gesch. d. schön. Redekünste Persiens, S. 375, Anm. 1; Goethe, Westöstlicher Divan, Noten dazu: Blumen= und Zeichenwechsel.

79) Ich fand diese Notiz in irgend einem Buche, aber ohne genauere Nachweisung des Wo, in den obenerwähnten Briefen finde ich nichts davon.

Sechster Abschnitt.

Die Neuzeit.

Fünf Bilder habe ich vor meinen Lesern entrollt, die, obwohl sie denselben Gegenstand behandeln, doch in Auffassung, Composition und Farbengebung sich wesentlich unterscheiden. Ich muß jetzt zum Schluß ein sechstes daneben stellen, welches denselben Gegenstand in der Neuzeit behandelt. Es ist die Zeit einer durchaus anderen Weltanschauung, die sich allmälig entwickelt und noch keineswegs vollständig sich dargelebt hat und daher schwer zu erfassen und zu verstehen ist, von der wir aber doch sagen können, daß ihr die nächste Zukunft, d. h. die nächsten Jahrhunderte gehören werden. Wenn Frankreich damit zu prahlen liebt, daß es an der Spitze der Civilisation stehe, so können wir ihm das ruhig gönnen. Die Civilisation, die sie meinen, ist die durch den großen Schauspieler Ludwig XIV. begründete, die die spirituelle Phrase an die Stelle wissenschaftlichen Ernstes, den Firniß socialer Formen an die Stelle sittlicher Gediegenheit, die komödiantenhafte Eitelkeit an die Stelle ehrenhaften Männerstolzes setzte. Wir dürfen es als Schmeichelei aufnehmen, wenn sie uns diese Civilisation absprechen. Die Germanen mußten sich erst aneignen, was die Alten in treuer Geistesarbeit erworben hatten, dann mußten sie in harten Kämpfen ihre durch romanische Intriguen herbeigeführte und unterhaltene Zersplitterung überwinden. Es ist geschehen, und wie es scheint, wird die geeinigte Kraft auch die Geister von dem Druck des blöden romanischen Autoritätsglaubens befreien.

Es hat Vieles zusammengewirkt, um diese neue Zeit heraufzuführen. Die Wiedergewinnung der griechisch-römischen Erbschaft verdanken wir der Arbeit und dem Druck der Muhammedaner in Spanien und im Orient. Die Erweiterung unserer Anschauung auf der Erde wurde die nicht beabsichtigte Frucht der romanischen, von Goldgier und blödsinnigem

Fanatismus geführten Raubzüge nach der neuen Welt. Für beides brauchen wir nicht zu danken, weil man den wahren Gewinn daraus nicht kannte und nicht geben wollte. Alles andre sonst wahrhaft Fördernde ist die eigene bewußte That der Germanen. Zuerst die Grundlegung der exacten Naturwissenschaften in der Astronomie durch Kopernikus, Kepler und Newton. Dann die Ermöglichung allgemeiner Geistesbildung durch Erfindung der Buchdruckerkunst und die Aufhebung der blos physischen Ueberlegenheit durch Entdeckung des Schießpulvers. Die Reformation, mag man nun den daraus hervorgegangenen religiösen Gewinn hoch oder niedrig anschlagen, brach doch jedenfalls die Fesseln, in welche romanische Geistesdespotie die Geister geschlagen hatte. Shakespeare, Goethe und Schiller erlösten uns aus der Rohheit und Geschmacklosigkeit des Mittelalters und gaben unsrer ästhetischen Bildung neue Grundlagen. Und endlich wiesen Hume, Leibnitz und Kant den befreiten Geistern die Bahn zur richtigen Selbsterbauung. Das sind die wesentlichen Momente, durch welche eine ganz neue Weltanschauung vorbereitet und herbeigeführt wurde, die sich nach und nach die ganze gebildete Menschheit unterwerfen wird, und das Alles ist nur durch die germanischen Völker geleistet worden, ohne daß sie dabei die Gediegenheit ihres Charakters aufgeopfert hätten.

Jene einzelnen Momente sind aber keineswegs gleichzeitig eingetreten, haben nicht gleichzeitig gewirkt, jeder einzelne trat für sich auf, ging vor und verirrte sich auch wohl, von anderen Kräften ungehindert und unbeschränkt, in Einseitigkeit. Solche Einseitigkeiten finden sich noch jetzt. Daher ist die Entwicklung nur eine langsame und immer oscillirende gewesen. Fast 400 Jahre dürfen wir diesem ganzen Umbildungsprocesse vindiciren. Einzelne Bewegungen reichen weiter zurück, andere beginnen erst viel später in die Erscheinung zu treten. Für Vieles konnte man, als es zuerst sich geltend machen wollte, noch kein Verständniß haben, und erst von unserm gegenwärtigen Standpunkt aus, wo sich alle die einzelnen Fäden zum Kleide der Zukunft zu verweben beginnen, können wir auch manche selbst unscheinbare Anfänge würdigen.

Das Charakteristische für die Neuzeit ist einerseits, daß das Auge des Menschen rund um die ganze Erde geführt wird, daß die Menschen der alten Welt mit Völkern in nähere Berührung kommen, von deren Existenz sie früher nicht einmal eine Ahnung hatten, und andrerseits, daß die strengen Schranken, welche früher die einzelnen Nationen meist feindlich von einander trennten, nach und nach, wie die chinesische Mauer, fallen und zerbröckeln, daß sie in engeren friedlichen Verkehr mit einander treten, ja selbst zu großen gemeinsamen friedlichen Unternehmungen sich verbünden. Und dieser lebendigere Verkehr bringt auch die Geister einander näher zum lebendigen Austausch der in der Stille erarbeiteten Gedanken. Indem man aber sieht, wie auch unter ganz anderen Formen als die eignen durch schroffe Abschließung früher geschützten, Menschen auf dem Wege zu den höchsten Zielen der Menschheit ihren Fortschritt verfolgen können, fällt im Geben und Empfangen gar manche alte Verkehrtheit, die man früher als wesentlich festhielt, jetzt aber als mehr oder weniger gleichgültige Nebensache auffassen lernt, mancher Irrweg wird verlassen, den man früher für eine Hauptstraße ansah. Aberglaube und Mystik schwinden mehr und mehr vor dem immer allgemeiner sich verbreitenden Lichte der Aufklärung.

Aber bei alledem bleibt die Rose Symbol der Schönheit für alle Kulturvölker, ja sie nimmt sogar eine immer mehr dominirende Stellung ein. Die genauere Durchforschung der schon früher bekannten Länder, die neuen Entdeckungen in den früher der alten Welt verborgen gebliebenen Erdtheilen führt uns eine fast unabsehbare Menge neuer Erwerbungen auch aus dem Pflanzenreich zu; darunter sind viele durch Form, Farbe und Duft sich auszeichnende Blumen, aber keine vermag die Rose zu verdrängen, sie nehmen höchstens eine bescheidene Stellung neben ihr ein. Noch heute gilt der Spruch des alten Pflanzenfreundes: „Es ist kein Gärtchen so klein, daß nicht eine Rose darin zu finden sei", und die größeren Parkanlagen schmücken sich mit immer bewunderungswürdigerem Reichthum von Rosen in allen Farben und Formen und der verschiedensten Art der Anordnung. Wo wäre ein Dichter zu finden, der ihrer nicht gedächte, wo ein Fest, in dessen Kränze sie nicht als die schönste Perle eingeflochten würde? Aber die Rose selbst ist auch durch die Neuzeit eine andere geworden, durch die Kultur auf eine höhere Stufe der Erscheinung gehoben. Neue, früher unbekannte Arten sind aus fernen Ländern zusammengekommen, und die Kreuzung hat wunderbare ganz unerwartete, durch Bau, Farbe oder Geruch sich auszeichnende Arten entstehen lassen. Wenn auch die reine und vollkommene Centifolie noch immer unübertroffen bleibt, so haben sich doch ebenbürtige Schwestern ihr an die Seite gestellt, und unsere Remontanten, unsere Monatsrosen leisten mehr als die früher so gepriesenen zweimal blühenden Rosen von Pästum. Hoffnung auf Gewinn und Lust am Schönen haben ihre Kraft aufgeboten, um der Natur immer neue und herrlichere Gaben abzulocken.

In Bezug auf die Rose wird für die Neuzeit ein Verhältniß entscheidend, welches dem Alterthum unbekannt war und sich allmälig seit Ende des Mittelalters entwickelte, jetzt aber zu einem außerordentlichen Umfang und zu bedeutender Wichtigkeit gediehen ist. Ich knüpfe dafür an eine im vierten Abschnitt schon begonnene Mittheilung an, nämlich an die Geschichte der Gärten. Dabei muß ich nur gleich bemerken, daß alle Bücher über die Geschichte des Gartenbaues, die mir zu Gesicht gekommen, höchst mangelhaft sind. Ueber die Hauptstile des Gartenbaues findet man wohl Andeutungen, aber ohne Ausführungen.¹) So läßt sich wohl nachweisen, daß der französische Stil von den Römern stammt, was nicht ohne ethnologische Bedeutung ist. Die Römer erweiterten auf dem Lande ihr Haus, und die Einrichtung des Hauses war Vorbild für den Garten. Wir haben eigentlich nur in den Briefen des jüngeren Plinius eingehendere Nachrichten über den Plan solcher Gärten.²) Hier kommen Gänge von geschorenen Bäumen, Buchsbaumhecken, die Thiergestalten, den Namenszug des Eigenthümers u. dergl. bilden, vor. Am auffallendsten in dem gegebenen Klima ist, daß Plinius in der Beschreibung seiner Gärten mit der größten Befriedigung gerade die Partien rühmt, die Sonnenlicht und Sonnenwärme gewähren. Als zur Zeit der Renaissance eine unverstandene Verehrung der Alten zur oft sklavischen Nachahmung derselben in Italien führte, legten die „Principe's" ihre Gärten auch nach der (übertriebenen) Auffassung des Plinius an. Diese Vorbilder wurden von den Franzosen nachgeahmt und von Le Notre endlich auf die geistloseste Spitze getrieben, welche nur in dem Widerspruch gegen die Natur die Kunstleistung erkennen wollte. Dagegen machte sich denn später der englische Stil geltend. Schon im Beginn des sechszehnten Jahrhunderts hatte sich durch die Berichte von Reisenden und Missionären die Kenntniß der chinesischen Gärten in Europa verbreitet. Diese, die die Natur oft mit einiger Karikatur, wenigstens Kleinlichkeit nachahmten, schlossen sich doch an die Natur an und bei den Vornehmeren auch die Natur in den Garten ein. Der größte Park, von dem die Geschichte (oder Sage?) zu erzählen weiß, war der des Kaisers Uti (197 vor Chr.), des Stifters der Dynastie Han; derselbe hatte einen Umfang von 50 Stunden.³) Diese Anschauungen wirkten nun auf den Geschmack der Engländer.*) Zuerst war es der Kanzler Francis Bacon, der in seinem Novum Organon und in seinen ethischen und politischen Abhandlungen (1644) der bis dahin auch in England herrschenden Geschmacklosigkeit des französischen Gartenstils entgegentrat. Aber erst Addison und Pope drangen mit ihren theils ernsten theils satirischen Abhandlungen,⁴) sowie mit ihrem Beispiel, indem sie ihre eignen Gärten nach edlerem Geschmack anlegten, durch. Ihnen folgten die Gärtner Bridgemann und Kent.

Neben diesen, vorzugsweise die Gärten einiger Reichen berührenden Entwicklungen geht ein anderes Verhältniß her, welches tief in die Gewerbsverhältnisse eingreift und von keinem der Gartenschriftsteller auch nur erwähnt wird, nämlich die Entstehung der Handelsgärten.

Der Mensch ist von der Natur wenigstens theilweise auf vegetabilische Nahrung angewiesen. Diese wird er sich anfänglich sammeln, dann selbst erziehen. Wenn sich auf gegebenem Areal die Zahl der Menschen vergrößert, so tritt unvermeidlich das Gesetz der Arbeitstheilung in sein Recht ein, und eine bestimmte Menschengruppe wird sich vorzugsweise der Produktion der für den menschlichen Haushalt wünschenswerthen Vegetabilien und vegetabilischen Stoffe widmen. Das trifft zuerst die nothwendigen, der Nahrung und Kleidung dienenden Produkte. Dann aber kommt auch der Wunsch, das Leben zu schmücken, zur Geltung, und man fängt an, Blumen zu ziehen, um sie zu Sträußen und Kränzen in den Verkehr zu bringen. Dieses Verhältniß finden wir schon früh bei den Griechen, wo es schon im fünften Jahrhundert vor Chr. eine Zunft von Kranzhändlerinnen und Kranzflechterinnen gab. Das ist zwar der Keim zu weiteren Entwicklungen, aber von dem, was wir jetzt Handelsgärten nennen, doch noch weit entfernt. Der wesentliche Unterschied besteht darin, daß jene nur den Ernteertrag an den Markt bringen, diese aber die Ertrag liefernden Pflanzen selbst. Noch im Anfang unseres Jahrhunderts kamen Beispiele vor, daß man seltene, schöne,

---

*) Also auch hier wieder Unnatur bei den Romanen, Gefühl für das Schöne, Geschmack an der Natur bei den Germanen.

mit Eifersucht von Privatbesitzern gehütete Pflanzen sich durch Bestechung von Gartenarbeitern verschaffte, weil sie nicht auf anderem Wege zu erhalten waren. Jetzt ist dieser Schleichweg überflüssig. Als der Gartenbau in Europa aufkam, war es anfänglich Gebrauch, den Gärten, deren Besitzer man kannte, die Pflanzen, die sie wünschten, unentgeltlich mitzutheilen, wie noch jetzt die botanischen Gärten die gewünschten Sämereien unentgeltlich gegenseitig sich zusenden. Allmälig benutzten Fürsten ihre Gesandten und reiche Leute auf ihre Kosten reisende Gärtner, um aus anderen Ländern sich neue Pflanzen kommen zu lassen. Endlich, bei immer mehr steigendem Wohlgefallen an Ziergärten, fingen auch einzelne Gartenbesitzer oder Gärtner in fürstlichen Gärten an, mit ihrem Ueberfluß Handel zu treiben. Die ersten Gärtner, die ich als solche genannt gefunden habe, kommen erst im siebenzehnten Jahrhundert vor, scheinen aber damals schon häufig gewesen zu sein. So erscheinen die beiden Gärtner Heinrichs IV. von Frankreich: Jean und Vespasian Robin auch als Kaufleute, die mit Blumen und Samen einen ausgebreiteten Handel treiben. Dasselbe gilt von Emanuel Sweert, dem Gärtner des Kaisers Rudolph II. Schon im Jahr 1561 findet sich ein italienischer Gemüsegärtner in Augsburg genannt. Im Jahr 1660 gab ein Handelsgärtner bereits ein Preisverzeichniß seiner Waaren heraus, worin er Tulpenzwiebeln zu 15 fl., Hyacinthen und Narcissen zu 4 fl. ausbot.⁵) Schon diese Männer benutzten die Verbindungen, die die Stellung ihrer Herren ihnen gewährte, um aus allen Gegenden der Erde Pflanzen kommen zu lassen, wenn ihr Anbau irgend einen Erfolg versprach. So wie die Bedürfnisse wachsen, vermehren sich aber auch nach einem natürlichen Gesetz der Nationalökonomie die Mittel zu ihrer Befriedigung. Wie sich der allgemeine Wohlstand vergrößerte, wie sich der schöne Luxus der Lust- und Blumengärten von den Fürsten zu den Reichen und Wohlhabenden ausdehnte, vermehrten sich auch die Handelsgärtner, die ihren Beruf darin fanden, Bäume, Blumen und Sämereien in großem Maßstabe zu kultiviren und an die Gartenliebhaber zu verkaufen. Das Geschäft wurde nach und nach ein glänzendes, und zur Verbreitung und oft auch zur Entdeckung ausländischer Gewächse haben die großen Handelsgärtner durch ihre Reisenden gewiß eben so viel, wenn nicht mehr, beigetragen, als die wissenschaftlichen Expeditionen. Man erinnere sich nur an die großen Gartenetablissements von Lawson & son in Edinburg, von Loddiges in Hakney bei London, von van Houtte in Gent, von John Booth in Flottbeck bei Hamburg und ähnlicher mehr. Die gesteigerte Kultur in gut vorbereitetem Boden, die auch unbeabsichtigt durch Insekten bei nahe beisammenstehenden Pflanzen herbeigeführten Kreuzungen, führten aber auch ganz von selbst Form- und Farbenveränderungen an den Gewächsen herbei, an denen die Liebhaberei Gefallen fand und deren Erzeugung dann Aufgabe der Gärtnerei wurde. Freilich muß man gestehen, daß bei der gänzlichen Unwissenschaftlichkeit der Gärtner, die wenig mehr verstanden als Graben, Säen und Gäten, [6] die Hervorrufung neuer Spielarten lange Zeit nur vom Zufall abhing und auch jetzt noch zum Theil auf unverstandenem Umhertappen beruht.

Alles dieses kam natürlich auch den Rosen zu Gute, und wenn wir selbst noch gegen Ende des Mittelalters sogar in großen Gärten kaum ein halbes Dutzend Rosenarten genannt finden, werden uns jetzt Preisverzeichnisse von Handelsgärten zugesendet, die Tausende verschiedener Rosenarten aufzählen. [7]

Dieses Verhältniß fordert nun eine ausführlichere Auseinandersetzung zu seinem Verständniß. Daß die Kenntniß fremder Welttheile, die genauere Durchforschung schon länger bekannter Theile der alten Welt uns viele neue Formen der Rose zugeführt hat, ist gewiß, aber die Zahl der von der Natur freiwillig hervorgebrachten Rosenarten ist doch ganz unverhältnißmäßig klein gegen die fast unerschöpfliche Mannigfaltigkeit der Gestalten, die uns in den Rosengärten entgegentreten. Hier wäre es nun sehr wünschenswerth, zunächst einmal die unabhängig vom Kultureinfluß auf der Erde vorhandenen Rosenarten kennen zu lernen. Es umfaßt das zwei Aufgaben, die beide gegenwärtig nicht zu lösen sind. Das eine ist die systematische Anordnung und Charakterisirung der Rosen, das andere die geographische Vertheilung derselben.

Was zunächst die Systematik der Rosen betrifft, so wollen wir nur gleich an Darwin erinnern, seit dessen einflußreichen Arbeiten der Artbegriff in der Natur eine so ganz andere Bedeutung erhalten hat. Wir sehen jetzt ein, daß die Arten nichts Feststehendes, Gegebenes, sondern etwas Fließendes sind, stetige Reihen sich aus einander in der Zeit hervorbildender

Formen, die man nur für einen gegebenen Zeitpunkt als fixirt annehmen und nach Zweckmäßigkeitsregeln anordnen kann. Hier ist es denn zunächst rein zufällig, wie viele und welche Formen sich aus der ganzen stetigen Reihe für den gegebenen Zeitpunkt erhalten haben. Wir müßten erst durch sehr umfassende Kenntniß für die gerade in Frage kommende Gruppe von Organismen, also hier für die Rose, das Gesetz der Entwicklung gefunden haben, um jeder einzelnen Form ihre richtige Stellung im Verhältniß zu den andern anweisen zu können. Man denke sich nur alle gleichzeitig vorhandenen und unterscheidbaren Formen als Glieder einer großen Familie. In einem Zweige sind alle Enkel aller Kinder vorhanden, in einem anderen nur die Kinder zweier Enkel, während schon einige Väter kinderlos gestorben waren; in einem dritten Zweige haben wir die Enkel eines Bruders des Großvaters, in einem vierten die Enkel eines Vetters des Großvaters; dazu kommen denn endlich auch einige noch lebende Väter, Oheime und Großeltern; daß alle diese Individuen nicht als gleichberechtigt und gleich nahe Verwandte neben einander gestellt werden dürfen, versteht sich von selbst. Das aber thun wir, wenn wir nach alter Weise viele Pflanzenarten neben einander stellen, als ob sie alle zu derselben Generation gehörten und in gleichem Grade verwandt seien. Allerdings nähern wir uns der Wahrheit, wenn wir nach der größeren oder geringeren Familienähnlichkeit die Arten in bestimmte Gruppen theilen und diese wieder unter einander nach der Familienphysiognomie zusammenordnen. Es bedarf wohl auch keiner langen Auseinandersetzung, um begreiflich zu machen, daß zu einer möglichsten Vollkommenheit einer solchen Anordnung die Kenntniß aller oder doch möglichst vieler solcher Formen gehört. Wir können sonst in den Fall kommen, zwei Formen als weit und scharf geschieden anzusehen, nur weil uns die verbindenden Mittelglieder und Uebergänge unbekannt geblieben sind. Die vollständige Kenntniß aller Formen ist nun zur Zeit wegen der unzulänglichen und ungleichförmigen Erforschung unserer Erde eine Unmöglichkeit, aber eine Kenntniß aller der bereits aufgefundenen Formen müssen wir von dem verlangen, der es unternimmt, die Rosen systematisch anzuordnen. So verlangte schon Linné, daß man alle bekannten Arten einer Gattung kennen müsse, ehe man eine neue aufstelle, und die Vernachlässigung dieser Regel hat eine unsägliche Verwirrung in die systematische Botanik gebracht;

die Befriedigung der elenden Eitelkeit, eine neue Pflanze entdeckt zu haben, hat viele Botaniker verführt, neue Arten in den Tag hinein aufzustellen, wodurch dem nachfolgenden gewissenhafteren Arbeiter nur die Mühe erwächst, sie aus dem System wieder auszumerzen. So hat man z. B. aus den fünf in Deutschland vorhandenen Eisenhutarten (Aconitum) 70 gemacht. Und so wird der Botaniker verurtheilt, wenn er orientirt sein will, tausende völlig nichtssagende Namen mit sich herumzuschleppen. Die Synonymik ist das Krebsgeschwür der Wissenschaft, an dem sie zu Grunde geht, wenn es nicht gelingt, dasselbe radical auszuschneiden.

Das Gesagte findet nun auch seine Anwendung auf die Rose und auf diese mehr, als auf viele andere Pflanzen. Schon Linné mit seinem scharfen Blick und eminenten Naturtakt sagte von der Rose: „Die Arten der Rose sind sehr schwer zu unterscheiden und zu charakterisiren. Es scheint mir fast, daß die Natur hier mehrere Arten mit einander vermischt habe, oder spielend **aus einer Art mehrere gemacht habe**; daher kommt es, daß der, welcher nur wenige gesehen hat, dieselben leichter unterscheidet als der, welcher viele gesehen hat."[8] Hier spricht Linné schon eine Ahnung des Darwin'schen Gesetzes aus, und in der That scheint die Rose vor allem dazu geeignet, ein Beispiel für dasselbe zu werden. Wir kennen kaum eine Pflanze, bei der die Veränderlichkeit einen solchen Grad erreicht. Das beweisen uns die zahlreichen nur von der Kultur hervorgebrachten Spielarten, das beweisen die so zahlreichen Formen der in Deutschland wild wachsenden Rosen, wodurch die Vertheilung derselben in bestimmte Arten im höchsten Grade unsicher wird;[9] das beweisen endlich die bestimmten Versicherungen großer und gewissenhafter Kultivateurs, daß sie aus dem Samen einer Pflanze ganz verschiedene Arten erzogen haben.[10] Wenn wir sehen, daß die größten Botaniker ohne Ausnahme in der Zahl der von ihnen angenommenen Arten abweichen und denselben immer eine ganz verschiedene Zahl verschiedener Synonyme[11] unterordnen, so wird es uns trotz aller Protestationen der überlebten Linné'schen Botanik klar, daß in diesen Arbeiten keine Wissenschaft, sondern eine eitle Spielerei mit subjektiven Liebhabereien sich darstellt und daß wir wahre Wissenschaft in dieser Beziehung erst von der Zukunft zu erwarten haben.[12]

Nehmen wir eine einzige, längst bekannte Art aus der Menge der Rosen vor, z. B. die Centifolie, so finden wir, daß Linné 1753 und 1762, Schkuhr 1796 und Willdenow 1797 keine Synonyme für die Pflanze kennen. Aber Lindley 1820 führt schon 10 Synonyme auf, Decandolle 1825: 22; Wallroth 1828 macht aus der Essigrose, Provinsrose und Centifolie eine einzige Art, die er Zwergrose (R. chamaerrhodon) nennt; Sprengel 1828 hat 5 Synonyme; Link 1831 nur 2; Steudel 1841 wieder 20, Will. Paul und W. Döll 1855: 9. Was folgt daraus? Daß die Botaniker nach hundertjährigem Forschen noch nicht wissen, was eine Centifolie ist und welche Pflanze sie mit dem Namen bezeichnen sollen.[13] Der Gewinn, den auf diese Weise die Rose von der Wissenschaft gezogen hat, ist wahrlich nicht groß.

Diese kritischen Bemerkungen konnte ich nicht umgehen, weil sie allein mich rechtfertigen, wenn ich in gewisser Beziehung nicht über Lindley hinausgehe. Außer Wallroth[14] ist Lindley der letzte, welcher die Gattung Rosa vollständig und aus einem Gusse bearbeitet hat, und das ist durchaus nothwendig, wenn eine solche Arbeit allgemeineren Anschauungen zu Grunde gelegt werden soll. Die Arten, wie sie von Späteren angenommen werden, sind nämlich nicht gleichartig, nicht nach einem und demselben Princip aufgestellt, können daher als gleichwerthige Glieder nicht benutzt werden. Das giebt sich gleich zu erkennen, wenn wir einen näheren Blick auf die geographische Vertheilung der Rosen werfen. Lindley erkennt in seiner Arbeit 78 Rosenarten an, denen er noch 24 zweifelhafte Arten beifügt. Sie finden sich alle auf der nördlichen Halbkugel und zwar zwischen dem 20^0 und 70^0 N. Br. Von dieser Regel giebt es nur drei Ausnahmen, nämlich die Montezuma-Rose Humboldt's in Mexico, die Hundsrose und Zimmetrose in Finnmarken und die abessinische Rose von Rob. Brown. Die erste Ausnahme ist nur scheinbar, denn die Rose wächst zwar unter dem 19^0 N. Br., aber in einer Höhe von 1460 Toisen (am Cerro ventoso), was hinsichtlich der klimatischen Verhältnisse einer Breite von 29^0 N. Br. entspricht. Die Angabe der einfachen Breite ist eigentlich bei pflanzengeographischen Bestimmungen ohne Bedeutung, und bei weitem richtiger wäre es, die Isothermen anzugeben, zwischen denen oder auf denen eine gewisse Pflanze vorkommt. So würden wir statt der oben angegebenen Breite für die Rose die Mai-Isothermen von 0^0-24^0 N. Br. als die der wirklichen

Verbreitung am nächsten kommenden Grenzen annehmen können. Dadurch wird denn auch die zweite Ausnahme aufgehoben, da die Isotherme gerade im nördlichen Skandinavien in einer auffallenden Biegung gegen den Pol zu aufsteigt und so Finnmarken einschließt. Es bleibt also nur noch die abessinische Rose als Ausnahme übrig, die angeblich unter 9° N. Br. wachsen soll, von der wir aber sonst zu wenig wissen, um die Anomalie aufzuklären. Die nördlichste Grenze der Rosen wird durch die folgenden Vorkommnisse bezeichnet. Daß die Hunds- und Zimmetrosen in Finnmarken bis über 70° N. Br. vorkommen, ist schon erwähnt. Die Zimmetrose findet sich auch auf der Halbinsel Kola; die Gmelin'sche Rose (R. acicularis Lindl.) wurde im nördlichen Ural am Jenisei und an der Lena in der Boganida gefunden. In Amerika geht die Rosa blanda Ait. am weitesten nach Norden, ihre Polargrenze ist nach Richardson am Bärensee zwischen dem 67° und 68° N. Br.*) Die zweite der in Nordamerika hoch hinaufgehenden Rosen, die carolinische, ist nicht nördlicher als aus Canada bekannt.[15)]

Die Rosenarten vertheilen sich nach Lindley in folgender Weise auf die vier Welttheile, in denen sie vorkommen. In Asien kommen 39 Arten vor, darunter 5, die es mit Europa gemein hat. Die 15 chinesischen und 4 indischen Arten weichen von den übrigen, mit denen zwei Arten den Uebergang vermitteln, in ihrer Erscheinung ab. Europa besitzt 25 Arten, von denen 5/6 zwischen dem 40° und 50° N. Br. einheimisch sind. England hat 10, Dänemark 7, Holland 13, das ganze Südeuropa aber nur 4 Arten. Ebensoviele besitzt auch Afrika und darunter 2, die demselben eigenthümlich sind. Amerika endlich bringt 14 Rosen hervor, von denen zwei den europäischen Arten gleichen, während eine dritte von einer der chinesischen Rosen kaum zu unterscheiden ist. Die größte Verbreitung von Norden nach Süden hat die dornige Rose (R. spinosissima L.), die ebenso in den Eiswüsten Islands wie an den glühenden Küsten des Mittelmeers gedeiht; die größte Verbreitung von Osten nach Westen zeigt die Weinrose, die in Hochasien und durch ganz Europa gefun-

---

*) Wenn Herr von Biedenfeld seinen Lesern erzählt, daß diese Rose ausschließlich zwischen dem 70° und 75° N. Br. vorkomme, so faselt er, wie ein unwissender Schulbube.

ten wird und nach ihrer Einführung in Nordamerika sich auch dort sehr schnell einheimisch gemacht hat. Die weiteste Verbreitung überhaupt hat die Hundsrose, sie findet sich in Europa, im nördlichen Asien allgemein und dann in Aegypten und Teneriffa. Nach Decandolle und Walpers[16] waren bis zur Mitte des neunzehnten Jahrhunderts 115 genügend bekannte, 55 ungenügend bekannte Arten beschrieben. Nach den dabei gemachten, freilich sehr ungenügenden Angaben kamen 55 Arten auf Europa, 55 Arten auf Asien, 3 auf Afrika und 35 auf Amerika. So etwas verurtheilt sich von selbst. In dem schon früher so genau durchforschten Europa können seit Lindley keine 30 neue Arten entdeckt sein. Für das neue früher weniger bekannte Asien wäre der Zuwachs schon möglich. Aus Afrika ist seit Lindley keine Art verschwunden, und die Vermehrung der amerikanischen Arten in der angegebenen Weise ist wenigstens im höchsten Grade zweifelhaft. Weder Decandolle noch Walpers haben die Rosen einer neuen, vollständigen Bearbeitung unterzogen und nur oft ziemlich unkritisch von Anderen das aufgenommen, was als neue Art beschrieben war. Unter den amerikanischen Arten sind 14 von Rofinesque aufgestellte, der als leichtfertiger Artenmacher bekannt ist. Wir werden daher wohl annehmen dürfen, daß bei einer neuen Bearbeitung der Rosengattung sich die Verhältnisse der Lindley'schen Zahlen wenig, am meisten vielleicht zu Gunsten Asiens und etwas zu Gunsten Amerika's ändern werden.

Eine neue Bearbeitung der Rose wird aber mit jedem Jahre schwieriger, weil die ursprünglichen, von der Kultur nicht abgeänderten Arten mehr und mehr aus unseren Gärten verschwinden, so daß es immer schwieriger wird, ohne bedeutende Reisen eine größere Anzahl von Rosen lebend zu beobachten. Die Neuzeit hat sich aus den Erzeugnissen fremder Länder zwar das Beste angeeignet und in die Gärten verpflanzt, hier aber auch gleich benutzt, um neue Formen und Farben zu erzielen. Leider sind jene Erwerbnisse nur sehr unvollständig aufgezeichnet.[17] Zunächst gebe ich eine Uebersicht der Einführung fremder Rosen, soweit es bei den unzulänglichen Akten thunlich ist. Eine der ältesten Erwerbungen ist die Damascenerrose. Nach Monardes ist diese Rose etwa 1535 von Damascus, wo sie kultivirt vorkomme, nach Spanien gebracht. Dietrich erzählt, sie sei 1100 durch die Kreuzzüge nach Europa gekommen, vergißt aber anzugeben, woher er das weiß; 1573 wurde die Rose in England eingeführt, wie Einige behaupten aus Syrien, nach Linacre aus Italien.[18] Im Jahre 1596 wurde die im südlichen Deutschland und Frankreich einheimische gelbe (Capuziner-) Rose (R. lutea Willd.) nach England eingeführt und in Kultur genommen. In demselben Jahre verbreitete sich die im nördlichen Afrika und im südlichsten Europa einheimische Moschusrose (R. moschata Mill) nach Norden und besonders nach England.[19] Im Jahr 1622 sendete Sir Henry Wotton eine gefüllte gelbe Rose von ungewöhnlicher Art, die von Mai bis Weihnachten blühen sollte, von Venedig aus an den Grafen von Holderneß. Es ist die schöne, aber nur selten zur Vollkommenheit gelangende Rosa sulphurea Ait. Andere nehmen an, daß sie aus Persien stamme und zuerst aus Konstantinopel gekommen sei, wie Clusius angiebt. Gewiß ist, daß ihr Vaterland zur Zeit noch unbekannt, daß sie nur gefüllt vorkommt und durchaus keine Neigung hat, Spielarten zu erzeugen. Das Exemplar, nach dem Sydenham Edwards seine Abbildung für das Botanical Register anfertigte, kam aus Oxfordshire und war so vollkommen entwickelt, daß eine Knospe davon, welche eine Dame mit ins Theater nahm, während der Vorstellung an ihrer Brust aufblühte.[20] 1735 wurde von einem Gärtner in einem Gebirgswald bei Dijon eine unbekannte Rose gefunden, die sich bald verbreitete und allgemein beliebt wurde. Es ist das Pompon-, Burgunder- oder Dijonröschen*) angeblich eine Abart der Centifolie.[21] 1795 wurde die Rosa bracteata Wendl. von Lord Macartney aus China herübergesendet. Das Jahr 1789 war sehr wichtig für die Rosenkultur, denn unter dem Namen bengalische Rose kamen zwei interessante Rosen, die hochrothe Chineser-Rose (Rosa semperflorens Curt.) und die blaßrothe Chineser- oder gemeine Monatsrose (R. indica L.) von China aus in die europäischen Gärten. Nach Andern kam die erste Chineser-Rose 1780 durch Ker aus Kanton nach Kew, wurde aber wenig beachtet und kam 1800 nach Paris, wo sie zuerst Gegenstand eingehender Kultur wurde. 1802 soll die R. semperflorens aus Indien nach Paris gekommen sein. 1804 wurde die schöne R.

---

*) Ich glaube, es ist diese Rose, die in Freiburg auf dem Markt den Namen „Rotteckerle" führt, weil Rotteck sie zuerst in Freiburg eingeführt haben soll.

multiflora Thunb. aus China durch Sir George Stanton in England eingeführt. Im Jahre 1807 wurde die reizende Banksrose (Rosa Banksiae R. Brown), und zwar die weiße, aus Indien nach Europa gebracht, der ihre gelbe Schwester erst 1827 folgte. Im Jahre 1810 kam eine äußerst kleine zierliche Rose aus Mauritius nach England, die von Miß Lawrance zuerst abgebildet und von Sweet, der sie eingeführt, der Dame zu Ehren R. Lawranceana genannt wurde; ihr wahrscheinliches Vaterland ist China. Noch wichtiger als das Jahr 1789, dessen Bedeutung ohnehin zweifelhaft ist, wurde für unsern Gartenschmuck das Jahr 1810, denn in diesem Jahr kam auch noch die Theerose (eine Spielart der R. indica) aus China nach England,[22] der 1824[23] noch von Calcutta aus die gelbe Theerose folgte. 1817 wurde auf Bourbon eine neue Spielart der R. indica von einem Herren Breon entdeckt, der 1819 Samen davon nach Paris sendete.[24] Endlich wurde noch 1830 die brombeerblätterige Rose (R. rubifolia Brown) aus Nordamerika und 1835 die kleinblätterige Rose (R. microphylla Roxb.) aus dem Himalaja unseren Gärten einverleibt.[25]

Das auf diese Weise zusammengebrachte Material fiel aber nicht in müßige Hände. Es waren die großen fürstlichen Lustgärten, die aus Eitelkeit, und besonders die Handelsgärten, die aus Gewinnsucht Alles aufboten, um die erhaltenen fremdländischen Gewächse zu vermehren und durch den Einfluß der Kultur in neue Formen überzuführen. Eine große Anzahl dieser Gärten ist allein durch die Rosenzucht berühmt geworden. Von der Entwicklung der Gärten bis zum Beginn unseres Jahrhunderts sind uns nicht gar zu viele Nachrichten aufbehalten. Von solchen insbesondere, die sich durch Rosenzucht berühmt gemacht hätten, muß ich schweigen, weil ich nichts darüber gefunden habe. Die glänzende Periode der Rosenzucht beginnt erst in der neusten Zeit, und es ist Frankreich und seine Kaiserin Josephine, die hier den Reigen führen. Dieselbe war eine leidenschaftliche Verehrerin von Rosen und pflegte sie in ihrem Park zu Malmaison unter der einsichtigen Leitung von Dupont. Auf dem Parterre von Malmaison ließ sie die Buchstaben ihres Namens in einer Sammlung der seltensten Rosen darstellen. Ueberall ließ sie ihre Lieblinge sammeln. Ungeachtet des Kriegs mit England erhielt ihr Bevollmächtigter Kennedy einen Freipaß, der ihm erlaubte, immer frei hin und her zu reisen und in England das Schönste und Neuste für seine Herrin zu erwerben. Eben jener Dupont begründete dann auch die später besonders unter Hardy so berühmt gewordene Rosenschule im Garten des Hôtel Luxemburg, welche nie verkauft, sondern nur getauscht hat. Endlich erwarb sich auch noch der 1812 unter dem Grafen Lelieur in St. Cloud angelegte Rosengarten einen bedeutenden Ruf. Das Beispiel der Kaiserin rief natürlich allgemeine Nacheiferung hervor. Descemet legte seine Rosenschule zu St. Denis, Vibert 1815 in der Nähe von Paris an; einige Jahre darauf verlegte der letztere sein Etablissement nach Angers. Vorzugsweise widmete er sich der Anzucht von Sorten der französischen Rose, der Centifolie und besonders der Moosrose. 1850 übergab er den eigentlichen Handelsgarten seinem Gehülfen Robert. Als Privatgarten hat sich besonders der des Herrn Desprez in Yebles einen guten Namen für Rosenzucht erworben. In England waren es nur Privatmänner, die sich durch Rosenkultur berühmt machten. Hauptsächlich ist es die Grafschaft Hertford, die darin alle anderen Gegenden übertrifft. Der älteste Garten daselbst ist wohl der von Mr. Sabine zu North-Mims, dann folgt der Landsitz von Charles S. Chauncey Esq. in Dane-end bei Munden unter der Leitung des Gärtners Milne. Etwa 1830 machte sich Mistreß Gaußen zu Brookmans durch ihr Rosarium bekannt. Endlich hat Broxbournebury, der Landsitz des George J. Bosanquet Esq. den Ruf der vorzüglichsten Privatrosensammlung in England. Jedem Rosenliebhaber wird das große Etablissement in Cheshunt unter der Direktion des Herrn William Paul längst bekannt sein. Auch die Rosensammlungen der großen Gärtner Lee in Hammersmith und Loddiges in Hakney bei London dürfen nicht unerwähnt bleiben.

In Deutschland erwarb sich früh schon die Rosensammlung des kurfürstlichen Gartens in Kassel die Aufmerksamkeit der Liebhaber. Bekannt ist die Rosenau bei Coburg, und 1820 wurde unter Friedrich Wilhelm III. durch Fintelmann das Rosarium auf der Pfaueninsel bei Potsdam angelegt. Als Handelsgärten haben sich viele in Rosen ausgezeichnet. Ich nenne hier beispielsweise die Gärten der Gebrüder Baumann in Bollweiler (Elsaß), die von Arnz und von van

Bärle in Düsseldorf, von Deppe in Witzleben bei Charlottenburg, von Herger in Köstritz bei Gera und von Ruschpler in Dresden.

Auch in Italien wurde der Garten zu Monza unter der Leitung von L. Villaresi gepriesen, und in Rußland zieht der Graf Bobrinsky etwa 2000 Rosenbäumchen in seinen Treibhäusern. [26]

Wer die wilden einfachen Formen der Rosen gesehen hat und sie dann mit den Produkten der neueren Kultur vergleicht, wer die einfache Damascener-Rose in die „Madame Hardy", die Centifolie in die „Unica" und „Alice Leroy", die gemeine Essigrose in den „Général Jaqueminot", die wilde weiße Rose in die „Königin von Dänemark", die alte Bourbonrose in das „Souvenir de la Malmaison", die gewöhnliche chinesische (oder Moschus=?) Rose in die „Chromatella", oder die gemeine Capuzinerrose in die „Persian Yellow" umgewandelt erblickt, wird über den wunderbaren Einfluß, den der Mensch über die Natur ausübt, erstaunen. Und doch ist die Sache nicht so wunderbar, wie sie aussieht. Der Mensch greift ziemlich täppisch in das Getriebe der pflanzlichen Entwicklung ein, aber ohne zu wissen, ob er vernichtet, stört oder schönere Entwicklungen fördert. Die Thätigkeit des Menschen bei Hervorbringung neuer Formen kann nach den bis jetzt gewonnenen Erfahrungen vier verschiedene Wege einschlagen.

1. Das Propfen, Oculiren u. s. w. Einige Gärtner wollen beobachtet haben, daß durch den Einfluß des Subjekts (des Stammes, auf den gepropft wird) zuweilen Veränderungen in der Natur des Propfreises (oder Auges) hervorgerufen werden. Theils aber erscheinen diese Modificationen noch nicht bedeutend, theils ist überall die Sache noch manchem Zweifel unterworfen. [27]

2. Kreuzung, d. h. die Befruchtung der Blüthen einer Spielart durch den Blüthenstaub einer anderen, und

3. Hybridisirung (Bastarderzeugung), indem man die erwähnte Operation zwischen zwei verschiedenen Arten vornimmt.

Es ist keine Frage, daß auf diese Weise Formen erzielt werden können, die die Eigenschaften der beiden Stammpflanzen vereinigen. Aber immer ist es fraglich, ob aus der Operation auch keimfähige Samen hervorgehen werden.

Ohnehin sind die Kulturrosen sehr eigensinnig im Samentragen. Einfache oder halbgefüllte geben oft keinen Samen, während ganz gefüllte, z. B. die übermäßig gefüllte Bourbonrose (»Pourpre fafait«), reichlich vollkommenen Samen bringen. — Fragen wir nun nach dem erfahrungsmäßigen Erfolg des Hybridisirens, so scheint mir der Gewinn zur Zeit nicht sehr beträchtlich zu sein. Ich finde in den Schriften über Rosenzucht nur 17 Fälle aufgeführt, in denen die Entstehung einer Rosensorte durch Hybridisirung bestimmt behauptet — aber keineswegs durch genauere Angabe des Befruchtungsprocesses und strenger Vergleichung des Abkömmlings mit den Eltern bewiesen wäre. In einer kleinen Anzahl anderer Fälle wird die Hybridisirung für wahrscheinlich gehalten. Nehmen wir 50 Fälle (jedenfalls zu viel), so steht die Zahl in gar keinem Verhältniß zu den mindestens 2000 Rosensorten, die jetzt gezogen werden. Die Entstehung neuer Formen muß also von etwas Anderem abhängen. Ich will die Möglichkeit der Hybridisirung und Kreuzung nun keineswegs in Abrede stellen, aber das bisherige Verfahren der Gärtner scheint mir nicht geeignet, darüber irgend brauchbare Resultate zu gewinnen. Die Gärtner sind noch viel zu unwissenschaftlich, und ihre Mittheilungen über die vorgenommenen Operationen sind so unzulänglich, daß sie einem Botaniker nur ein Lächeln abnöthigen können. [28])

4. Anzucht aus Samen. Gewiß ist es, daß der größte Theil der gewonnenen neuen Rosensorten sein Entstehen, so weit es sich verfolgen läßt, der Anzucht aus Samen verdankt. Man sieht zwar gewöhnlich die Sache so an, als ob die Pflanze, die sich aus einem Samen entwickelt, dieselbe sein müsse, als diejenige, von der der Samen genommen ist. Das ist aber nur unter gewissen Einschränkungen richtig. Es giebt gar viele Pflanzen, die auch ganz ohne Einwirkung menschlicher Thätigkeit durch ihren Samen, wenn auch nur einige Pflanzen hervorbringen, die der Stammpflanze nicht in allen Merkmalen gleich sind. Daran kann allerdings auch eine natürliche Hybridisirung durch die Insekten, welche die Blumen besuchen, Schuld sein. Wir können darauf schließen, wenn wir an einem Ort zwei verschiedene Arten wachsend finden und zwischen ihnen einzelne Pflanzen, die Merkmale von beiden Arten an sich tragen. Indessen kommt das in der Natur doch wohl nur selten vor und zwar mit deshalb, weil die meisten Insekten nur eine Pflanzenart besuchen und zu gute Botaniker sind,

um sich in der Auffindung derselben zu irren. Durch lange Beobachtung weiß man z. B. ganz gewiß, daß die Biene bei jedem Ausflug immer nur eine Pflanzenart besucht und dann erst im Stock ihre gesammelten Schätze ablegt, ehe sie zu einer andern Pflanzenart übergeht, wenn von der zuerst besuchten keine Exemplare mehr da sein sollten. Es ist aber auch ganz gewiß, daß ohne Bastardbildung die Samenpflanzen häufig von den Eigenschaften der Mutterpflanze mehr oder weniger abweichen, zumal wenn durch äußere Einwirkung, Wind, fließendes Wasser, Vögel u. s. w. der Samen auf einen Boden getragen wird, der von dem Boden der Stammpflanze wesentlich verschieden ist. Wer jemals einen botanischen Garten geleitet hat, weiß, daß, wenn er Samen aussäet, die aus einer anderen Gegend kommen und von den daraus gezogenen Pflanzen wieder Samen sammelt, er von diesen Samen oft Pflanzen erhält, die mit der Stammpflanze nicht ganz übereinstimmen. Die Erfahrung scheint hier auf ein ganz bestimmtes Gesetz zu führen. Wenn man eine Pflanze in einen ihr fremdartigen Boden versetzt, so verändert sie sich wenig oder gar nicht, wenn sie überall in diesem Boden leben kann. Säet man Samen auf einen der Stammpflanze fremdartigen Boden, so pflegen die daraus hervorgehenden Pflanzen auch nur wenig von der Stammpflanze abzuweichen. Werden nun aber von diesen auf fremden Boden verpflanzten oder darauf aus Samen gezogenen Pflanzen wieder Samen entnommen, so treten bei den aus diesen Samen erwachsenden Pflanzen die Abänderungen in mehr oder weniger hohem Grade ein. Es scheint also die aus fremdem Boden gezogene, fremdartige Nahrung ganz besonderen Einfluß auf die Samenbildung zu haben. Es giebt freilich Pflanzenarten, bei denen das noch nie beobachtet ist, dagegen aber auch andere, bei denen die Erscheinung der Variabilität der Nachkommenschaft im höchsten Grade stattfindet.

Zu den leicht variirenden Pflanzen gehört nun auch ganz entschieden die Rose. Nur durch die größte Spitzfindigkeit kann man die meisten in Deutschland gefundenen Rosen noch in bestimmte Arten eintheilen, weil sie durch zahlreiche, fast unmerklich verschiedene Zwischenformen in einander übergehen. Und diesem Processe der Abänderung durch Samenzucht auf fremdem Boden müssen wir wohl auch die Entstehung des größten Theils unserer Rosenarten zuschreiben. Es wird gut sein, hier daran zu erinnern, daß wir von der Entstehung gerade der auffallendsten und besten Rosenarten gar keine Kenntniß haben, sie sind nicht erzeugt, sondern entdeckt worden. Die Hauptformen der chinesischen oder indischen Rose (R. indica L.) sind aus ihrem Vaterlande schon in ihrem abgeänderten Zustande zu uns gekommen, wir wissen nichts von ihrer künstlichen Anzucht so, z. B. die gewöhnliche Monatsrose, die dunkelrothe Monatsrose (die man zwar als R. semperflorens Curt. zu einer eigenen Art macht, aber schwerlich mit voller Berechtigung), ferner die Theerose u. a. Niemand weiß, durch wessen Zucht die Centifolie gefüllt worden ist; Bieberstein fand sie gefüllt im wenigstens scheinbar wilden Zustande am Kaukasus. Ihre interessantesten Spielarten sind nicht erzogen, sondern entstanden, man weiß nicht wie, und sie wurden zufällig entdeckt, so die Moosrose, dann die schöne R. cristata (crested moss), die auf den Mauern eines Klosters bei Bern in der Schweiz gefunden wurde, ferner die Pompon de Meauy, die vor einigen 40 Jahren in einem Garten zu Taunton in Sommersetshire gefunden wurde, das Dijonröschen, das ein Gärtner im Walde bei Dijon entdeckte. Die schöne, gefüllte Abart der Capuzinerrose (Persian Yellow) ist uns fertig aus Persien zugekommen. Kurz, ich glaube, man wird vorläufig noch die meisten Spielarten der Rose dem Einflusse der Samenzucht auf verschiedenartigem Boden zuschreiben müssen. Der Einfluß des Bodens überhaupt auf die Rosen ist den Kultivateurs auch recht wohl bekannt. So z. B. weiß man, daß sandiger und kiesiger Boden der schlechteste für Rosenzucht ist. Nach dem französischen Apotheker Opoix liegt der Vorzug von Provins für die Rosenkultur in dem Gehalt des Bodens an Eisen, da die Blätter der französischen Rose auch Eisenoxyd enthalten.[29] Auf eine dunkelpurpurne Varietät der Monatsrose hatte Kohlenmeilererde die Wirkung, daß im ersten Jahre eine Blume, im zweiten alle weißstreifig wurden.[30]

Uebrigens hat die Kultur auch, abgesehen von den vielen Spielarten, viel für die Rosen gethan. Im Allgemeinen pflegt man zwar anzugeben, daß die Franzosen mehr neue Sorten erziehen, die Engländer und Deutschen aber schönere und kräftigere Pflanzen und Blumen. Wahrscheinlich kommt dabei vorzugsweise das Klima in Frage. Die meisten Rosen ertragen wenigstens in Europa nicht zu intensiven Sonnenschein, wie er ihnen in Frankreich oft zu Theil wird, während ihnen das feuchtere, gemäßigtere Klima von England und Deutschland vortrefflich zusagt. Nur einige wenige, wie z. B. die gefüllte gelbe Rose, verlangen zu ihrer vollkommenen Entwicklung größere Hitze und trockneren Boden.³¹⁾ Große, schöne Rosenbäume finden wir indessen überall. Einige der berühmtesten zu nennen, wird hier gewiß am Ort sein. Eine der ältesten und vielfach bewunderten Rosen war die am Ende des vorigen Jahrhunderts in dem Etablissement von Cheshunt gepflanzte gelbe Rose (R. sulphurea). Ein Rosenfreund kaufte das alte Exemplar und verpflanzte es nach Yorkshire, wo es auch vortrefflich gedieh. Die prachtvollsten Exemplare kann die Banksrose aufweisen. In dem Jardin de la marine zu Toulon steht eine der ältesten weißen Banksrosen. Sie ist jetzt etwa 60 Jahre alt. 1842 hatte der Stamm über der Erde einen Umfang von 2 Fuß 4 Zoll. In einer kleinen Entfernung vom Boden theilt sich der Stamm in sechs Aeste, wovon der dickste noch zwölf Zoll im Umfang hat. Die Zweige bedecken eine Mauer von 75 Fuß Breite und 15 bis 18 Fuß Höhe, also wenigstens 1200 Quadratfuß, und würden sich noch viel weiter ausgebreitet haben, wenn sie nicht ein Jahr ums andere zurückgeschnitten würden, um sie auf den gegebenen Raum zu beschränken. Zur Zeit, wo der Baum in voller Blüthe steht, trägt er nicht weniger als 50 bis 60,000 Blumen. Die Nebenbuhlerin dieser weißen ist eine gelbe Banksrose zu Goodrent in Reading, dem Landsitz des Sir Jasper Nicholls Baronet; sie brachte 1854 gegen 2000 Blüthenbüschel und an jedem Büschel sechs bis neun aufgeblühte Rosen. Eine ebenfalls große weiße Banksrose wächst zu Caserta im Königreich Neapel. Sie überzieht eine große Pappel von 60 Fuß Höhe, die aber, wahrscheinlich von der Rose erstickt, abgestorben ist. Ein paar Exemplare der Prairie-Rose, Beauty of the Prairies und Baltimore belle (Rosa rubifolia Brown), im herzoglichen Garten zu Eisenberg haben eine Höhe von 40 und mehr Fuß und bieten, die eine hell fleischfarbig, die andere rosenroth, in der Blüthe einen prachtvollen Anblick dar. Ebenda befindet sich ein prachtvolles Exemplar der dornenlosen Alpenrose von 24 Fuß Höhe. Im Jardin de Luxembourg in Paris bewundert man in der Pepinière den großen, alten Rosenbaum (eine bengalische Rose) mit vier Fuß hohem, astfreiem Stamm, der etwa ³/₄ Fuß im

Durchmesser hat und sich in eine große schirmförmige Krone ausgebreitet. 32) Der Hofgärtner in Sanssouci bei Berlin hatte an der Giebelseite seiner Wohnung eine Rose gezogen, die gegen 30 Fuß rheinländisch hoch war; man stieg fünfzig Stufen hinauf, um aus dem Giebelfenster die herrliche Krone mit blühenden Rosen zu bewundern. 33) In der Villa Venanson zu Nizza bildet ein einziger kolossaler Stamm einer kleinen gelblichen Noisetterose eine große Laube. 34)

Daneben hat denn die Kultur eine fast unendliche Zahl von Rosenarten hervorgebracht, viele von unzweifelhafter, allgemein anzuerkennender Schönheit, aber wie Vieles auch, das nur dem Lokalgeschmack dient 35) oder der eitlen Modespielerei, etwas Neues zu haben, was noch Niemand sonst besitzt, denn auch der Rose hat sich nebenbei die Modenarrheit unseres Jahrhunderts bemächtigt. Wie viele Pflanzen, die uns ferne Welttheile boten, oder die in bunten Gestalten Produkte der Kultur waren, sind im Laufe der Zeit in unseren Gärten als fast ausschließliche Beherrscher derselben nach einander aufgetreten: Aurikeln, Nelken, Levkojen, Georginen, Pelargonien, Fuchsien, Cacteen, Coniferen, Blattpflanzen.

Das Alles ist gekommen und gegangen, oft ohne eine Spur seines Daseins zurückzulassen, 36) aber dem deutschen Gemüth ist die Rose geblieben. Die Poesie fragt weder nach der strengen Eintheilung der ernsten Wissenschaft, noch nach der bunten Musterkarte des der Mode dienenden Handelsgeistes. Sie kennt nur die Rose, ich möchte fast sagen, die Idee der Rose verkörpert in der alle Mode überdauernden Centifolie. Was nun die allgemeine Rose ist, muß ich noch kurz hier entwickeln.

Unter höher entwickelten, offenbar-blühenden Pflanzen (**Phanerogamen**) giebt es eine Klasse, die man als „**Rosenblumige**" (Rosifloren) bezeichnet. Sie haben eine regelmäßige Blume, bestehend aus fünf Kelchblättern, fünf Kronenblättern, 37) einer größeren unbestimmten Anzahl von Staubfäden und gewöhnlich mehreren einfächrigen, meistens nur eine Samenknospe enthaltenden Fruchtknoten.*) Das Charakteristischste dieser Gruppe besteht aber darin, daß der Blüthenstiel sich zu einer größeren, ver-

---

*) Fruchtknoten, so viel wie Fruchtknospe, die Anlage zur echten Frucht im botanischen Sinne.

schieden gebildeten Scheibe (gleichsam zu einem Teller oder Napf)*) aus=
breitet und daß Kelch, Krone und Staubfäden auf dem Rande, die Frucht=
knoten aber auf der oberen (bezüglich inneren) Fläche der Scheibe stehen.
Nach der Art, wie sich die Scheibe entwickelt, zerfallen die rosenblumigen
Pflanzen in drei
natürliche Familien:
Dryadeen, Ro=
saceen und Po=
maceen. Bei den
ersten ist die Scheibe
dünn, flach oder
etwas schalenförmig
vertieft oder in
der Mitte, wo sie
Fruchtknoten trägt,

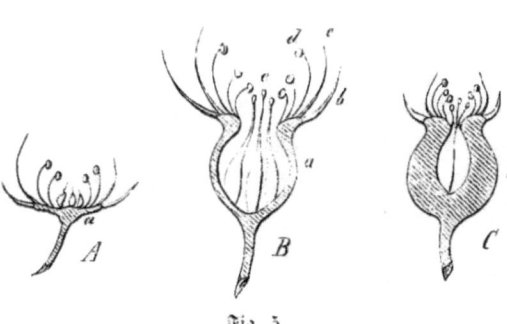

Fig. 5.

mehr oder weniger fleischig angeschwollen;**) bei den Rosaceen ist die
Scheibe fleischig, ganz krugförmig, mit enger Mündung und umschließt
nur die sonst ganz freien Fruchtknoten;***) bei den Pomaceen endlich ist
sie ebenso gestaltet, wie bei den Rosaceen, aber noch viel fleischiger und
mit den eingeschlossenen (höchstens fünf) Fruchtknoten verwachsen.†) Bei
den meisten Dryadeen sind die Früchte kleine, trockne, einsamige, härtliche
Körner. Nur bei Himbeere und Brombeere werden sie zu kleinen, fleischigen,
zusammengehäuften Beeren. Bei den Rosaceen sind die Früchte hart,
holzig, mit steifen Haaren besetzt, bei den Pomaceen nur dünne, perga=
mentartige Fächer. — Die Hagebutte, allen Rosen gemeinsam, ist die
mehr oder weniger saftig gewordene Scheibe; botanisch bezeichnet man sie
als Scheinfrucht. ††)

---

*) Von den meisten Botanikern falsch als Kelchröhre bezeichnet.
**) Fig. 5 A ist der Durchschnitt einer Blume des Fünffingerkrautes (Po=
tentilla), der schraffirte Theil a ist hier, wie bei B a und bei C b, die Scheibe.
***) Fig. 5 B. Durchschnitt einer Rose, b der Kelch, c die Blumenblätter, d die
Staubfäden und e die Fruchtknoten.
†) Fig. 5 C. Durchschnitt einer Apfelblüthe.
††) Unter Scheinfrucht versteht man in der Botanik Alles, was den Schein einer
Frucht annimmt, aber nicht aus dem Fruchtknoten entstanden ist. Ein solche Scheinfrucht

Zu der Rose gehört ferner noch die bestimmte Blattform des „zusammengesetzten Blattes", die so allgemein ist, daß nur eine einzige Ausnahme davon vorkommt. Unter einem zusammengesetzten Blatte versteht man ein solches, an dem die Blattfläche so zertheilt ist, daß die einzelnen Theile (Blättchen genannt) selbst wieder wie Blätter erscheinen. Bei der Rose findet die Theilung in der Weise statt, daß die Blättchen an beiden Seiten der Mittelrippe, die nun „gemeinschaftlicher Blattstiel" genannt wird, etwa wie die Fahne an dem Schaft der Feder sitzen. Man nennt ein solches Blatt daher auch wohl ein „gefiedertes". Der Blättchen finden sich an jeder Seite des gemeinschaftlichen Blattstiels bei den verschiedenen Arten 1 bis 15, so daß im Ganzen 3 bis 31 Blättchen vorhanden sind. Bei einer einzigen Spielart der Centifolie*) sind die Blättchen noch einmal fiederförmig entwickelt, und das Blatt heißt dann „doppelt gefiedert". Am Grunde des gemeinschaftlichen Blattstiels findet man an jeder Seite einen kleinen häutigen, seltner blattähnlichen grünen Anhang;

Fig. 6.

man nennt diese oft vorkommenden Anhängsel „Nebenblätter" (stipulae).**) Von dieser Blattform giebt es, wie gesagt, nur eine einzige Ausnahme bei der Rosa berberifolia Oliv., die ganz einfache Blätter ohne

---

ist bei den Dryadeen die Erdbeere, die dem filzigen Stiel entspricht, den wir aus den Himbeeren herausziehen und wegwerfen, die kleinen Körner auf der Oberfläche sind die echten Früchte. Auch die Frucht der Pomaceen (Apfel, Birne u. s. w.) ist eine Scheinfrucht, nur das pergamentartige Kerngehäuse entspricht der echten Frucht. Es ist das Gesetz der Metamorphose, welches uns ja auch in der Thierwelt die Flossen des Walfisches den Schwingen des Adlers, den Huf des Pferdes dem Nagel am menschlichen Mittelfinger und den harten, scharfen Schnabel des Papageis den zarten Rosenlippen eines Mädchens gleich stellen läßt.

*) Rosa bipinnata Redouté et Thory.
**) Fig. 6. stellt ein gefiedertes Blatt der Weinrose vor; a der gemeinschaftliche Blattstiel, b die Nebenblätter, c Blättchen.

Nebenblätter besitzt.*) Da hierdurch die äußere Erscheinung der ganzen Pflanze etwas auffallend Abweichendes zeigt, hat man daraus durchaus eine andere Gattung machen wollen, der man den Namen Hulthemia beilegte. Es ist aber in dem ganzen Blüthenbau nicht das Geringste zu entdecken, was

Fig. 7.

eine Trennung von der Rose zu rechtfertigen vermöchte. Endlich wäre noch zu bemerken, daß der Stengel und oft die Hagebutte sowie der gemeinschaftliche Blattstiel mit sehr verschiedenartig gestalteten Stacheln und Borsten mehr oder weniger dicht besetzt sind und daß Ausnahmen davon so selten vorkommen, daß dadurch die Gültigkeit des Satzes: „Keine Rose ohne Dornen" kaum angetastet wird. Zu den dornenlosen gehören einige Spielarten der Boursault-Rosen (R. alpina L.), die also nach dem h. Ambrosius die einzigen Rosen sein müßten, die noch direkt aus dem Paradies stammen.

Diese Rose im Allgemeinen ist es denn auch, die fortlebt in dem Herzen des Volkes, in der Poesie der Dichter, in den Entzückungen der Reisenden. Die germanischen Stämme haben in ihrer ungeschwächten Jugendkraft die furchtbarsten Stürme überstanden, Deutschland insbesondere, in der Mitte des siebenzehnten Jahrhunderts das zertretene Schlachtfeld des dreißigjährigen Krieges, in welchem Romanismus und Germanismus um die Obmacht rangen. Der Waffenstillstand von Münster beendete den Krieg nicht, was bei der Nichtswürdigkeit der meisten deutschen Fürsten auch nicht zu er-

---

*) Fig. 7. ein Zweig der R. berberifolia mit einfachen Blättern. a Stengel, b Blatt.

warten war, sondern gab nur vorläufig dem germanischen Geiste das Recht des Daseins. Und wenn auch halb Deutschland vernichtet schien, wenn noch jetzt tausende sogenannter Oeden und Wüstungen von ehemals wohlhabenden Menschensitzen zeugen, die völlig ausgestorben und verschwunden sind,[38] — die deutsche Seele erhob sich wieder aus der Asche ihrer Städte und Dörfer und arbeitete kräftig an ihrer Wiedergeburt. Es ist charakteristisch, daß gerade zur Zeit des dreißigjährigen Krieges und gleich nach seinem Wüthen die deutschen Gesellschaften gegründet wurden, die es sich zur Aufgabe machten, die Muttersprache zu pflegen und so dem Welschen, dem gelehrten Küchenlatein, dem höfischen Französisch einen Damm entgegen zu setzen, so der „Palmenorden", die „deutschgesinnte Genossenschaft", die „Straßburger Tannengesellschaft", der „Schwanenorden an der Elbe", die „Gesellschaft der Pegnitzschäfer" und andere. Daraus gingen dann die deutschen Dichterschulen hervor, und wenn auch noch lange nichts Klassisches geliefert wurde, so stärkte sich doch der deutsche Sinn schon an den Dichtungen der ersten schlesischen Dichterschule. Wer fühlt nicht die Poesie in Logau's Epigramm auf den Mai:

„Dieser Monat ist ein Kuß,
„Den der Himmel giebt der Erde,
„Daß sie jetzund seine Braut,
„Künftig eine Mutter werde."

Wer hat nicht schon in der Kirche Paul Gerhard's herrliche Lieder, wer nicht zu Mendelssohn'schen Tönen Flemming's: „Laß dich nur nichts nicht dauern, mit Trauern halt inne u. s. w." gesungen. Schon in der zweiten schlesischen Dichterschule belebt Christian Hoffmann von Hoffmannswaldau wieder die Rose, wenn er singt:

„Es will die ungerathne Zeit,
„Daß ich zwei Lippen soll verlassen,
„Da Tugend, Lieb' und Freundlichkeit
„Als treue Schwestern sich umfassen,
„Wo schöne Rosen steh'n,
„Die auch im Winter nicht vergeh'n."

und ebenso Hans Aßmann von Abschatz in seinem Aufruf zur Liebe:

„Genieße deiner Gaben,
„Wenn sie im Rufe sind;

„Will doch die Rose haben,
„Daß man sie pflücke geschwind."

Der prosaische Reimer, der seinerzeit hochgefeierte hamburger Rathsherr Barthold Heinrich Brockes könnte freilich leicht von weiterer Durchmusterung der neu beginnenden deutschen Dichtkunst abschrecken, und ich will daher meine Leser lieber nicht mit Proben aus seinem „irdischen Vergnügen in Gott" quälen; nur um mein Urtheil nicht ohne Beleg zu lassen, möge hier wenigstens seine Schilderung der Rose stehen:

„Man stell' sich einen Busch im Geiste vor,
„Des Blätter aus Smaragd geschnitten,
„Die Stengel aus Türkis, woran aus Hyacinth
„Geschärften Dornen gleich formirte Spitzen sind;
„Auf solchem Wunderstrauch, der mannigfaltig grün,
„Stund ein hellschimmernd Heer von Blumen aus Rubin,
„So funkelnd glänzt und strahlt, in deren Mitten
„Ein kleines güldnes Licht in hellem Schimmer schien,
„Ja, daß des Künstlers Hand
„Verschied'ne Kügelchen vom reinsten Diamant
„Auf ihrer Blätter Pracht zu größter Zier gestreut.
„Dann denke man, wie diese Herrlichkeit
„Noch lange nicht dem Schmuck gewachs'ner Rosen gleichet,
„Ja ihnen kaum den Schatten reichet."[39]

Mehr Poesie finden wir in Johann Christian Günther's „Rosenlied", das so beginnt:

„An Rosen such' ich mein Vergnügen,
„An Rosen, die die Herzen zieh'n;
„An Rosen, die den Frost besiegen
„Und hier das ganze Jahr durch blüh'n.
„An Rosen, die wir bei Selinden,
„Doch nirgend sonst so reizend finden."[40]

Noch mag hier ein recht anmuthiges Epigramm von Gerhard Friedrich stehen:

Die Rose.

„Ihre Dornen zum Schutze der Würde, die Blüthen dem Gatten,
„Und die Seele, den Duft, für den geselligen Kreis."

Doch es kann nicht meine Aufgabe sein, eine Entwicklungsgeschichte der deutschen Dichtkunst zu geben; ohnehin schloß sich, was in der nächsten Folgezeit irgend bedeutend war, so eng an die alten Klassiker an, daß wir fast immer nur, wo es die Rose betrifft, auf die Wiederholung alter, schon gebrauchter

Gedanken und Wendungen stoßen. Nur einzelne bedeutendere Bilder mögen noch für die Zeit bis auf die Zeit unserer großen neuen Dichter hervorgehoben werden. Ich hebe aus **Shakespeare's König Richard** das reizende Gleichniß für die todten Söhne Eduards heraus:

> „O so, sprach Dighton, lag das edle Paar:
> „So, so, sprach Forest, sich einander gürtend
> „Mit den unschuld'gen Alabasterarmen:
> „Vier Rosen eines Stengels ihre Lippen,
> „Die sich in ihrer Sommerschönheit küßten."

oder die eigenthümliche Wendung in **Antonius und Kleopatra**:

> „Die zeigen Ekel der verblühten Rose,
> „Die vor der Knospe knieten."

Mögen hier gleich noch ein paar andere Dichter angeführt werden, ehe ich zu den Deutschen zurückkehre:
Walter Scott sagt:

> „Am schönsten ist die Rose, wenn ihre Knospe bricht,
> „So tagt aus Furcht empor der Hoffnung schönstes Licht;
> „Am süßesten glüht Rose, vom Morgenthau gefeuchtet,
> „Am lieblichsten blickt Liebe, wenn sie durch Thränen leuchtet."

Dann erwähne ich des an altgermanische Vorstellungen erinnernden Gesanges aus der **Frithiofs-Sage** von **Esaias Tegnér**:

> „Es wuchsen einst auf Hilding's Gut
> „Zwei Pflanzen unter treuer Hut,
> „Schön, wie sie nie dem Nord erschienen:
> „Sie wuchsen herrlich auf im Grünen."

> „Gleich einer Eiche schoß empor
> „Die eine, schlanker als ein Rohr;
> „Wie strebend sich die Kron' entfaltet,
> „Gleicht sie dem Helme kühn gestaltet.

> „Der Rose hold die and're glich,
> „Wenn kaum der Winter erst entwich
> „Und Frühling, dem die Ros' entkeimet,
> „Noch in der Knospe liegt und träumet.

> „Doch, wenn durch's Land die Stürme weh'n,
> „Wird man die Eiche kämpfen seh'n;
> „Und bei der Lenzluft wärm'rm Glühen
> „Erschlossen, wird die Rose blühen.

„So wuchsen sie im Kindertraum,
„Und Frithjof war der junge Baum;
„Es blüht die Rose süß und linde
„In Ingeborg, dem Königskinde."

Zu den Deutschen zurückgekehrt, erinnere ich zunächst an zwei allbekannte Namen und Dichtungen: an **Gleim's**

„Pflücke Rosen, wenn sie blüh'n,
„Morgen ist nicht heut'!
„Keine Stunde laß entflieh'n,
„Flüchtig ist die Zeit u. s. w."

und an **Hölty's**

„Rosen auf den Weg gestreuet,
„Und des Harms vergessen! u. s. w."

Ganz unmöglich wäre es, aus den neueren deutschen Dichtern alle auf die Rose bezüglichen Stellen zu sammeln, ich muß mich daher auf das Bedeutendste, soweit es vorzugsweise die Rose behandelt, auf die bedeutendsten Namen und bedeutende Wendungen beschränken. Eine ganze Sammlung, besonders der älteren Dichtungen findet man in „Selam oder die Blumensprache". [41] Ein langes Verzeichniß solcher Gedichte giebt auch **Döring**. [42] Ganz anmuthig ist der kleine Mythus von **Lessing**, „die Biene" betitelt:

„Als Amor in den goldnen Zeiten,
„Verliebt in Schäferlustbarkeiten,
„Auf bunten Blumenfeldern lief,
„Da stach den kleinsten von den Göttern
„Ein Bienchen, das in Rosenblättern,
„Wo es sonst Honig holte, schlief.

„Durch einen Stich wird Amor klüger,
„Der unerschöpfliche Betrüger
„Sann einer neuen Kriegslist nach:
„Er lauscht in Rosen und Violen;
„Und kam ein Mädchen, sie zu holen,
„Flog er als Bien' heraus und stach!"

Auf **Goethe** braucht man nur hinzudeuten, da er jedem Gebildeten geläufig ist. Seine Bearbeitung eines alten Volksliedes:

„Sah' ein Knab' ein Röslein steh'n, Röslein auf der Heiden"

wird in so vielen Compositionen gesungen. Echt goethisch ist der Gedanke:

„All' unser redlichstes Bemüh'n

„Glückt nur im unbewußten Momente.
„Wie möchte denn die Rose blüh'n,
„Wenn sie der Sonne Herrlichkeit erkännte."

Schiller, dessen Muse immer einen hohen, idealen Flug nimmt, hat selten Zeit gefunden, die Blumen, die tief unter ihm am Boden blühten, ins Auge zu fassen. Unsere Rose wird kaum von ihm beachtet.

Die romantische Schule dagegen hüllt sich in eine oft betäubende Atmosphäre von Rosenduft. Ich hebe hier zuerst den zarten Gedanken Uhland's hervor, wenn man diesen überhaupt zu jener Schule rechnen will:

„Das Röschen, das du mir geschickt,
„Von deiner lieben Hand gepflückt,
„Es lebte kaum zum Abendroth,
„Das Heimweh gab ihm frühen Tod:
„Nun schwebet gleich sein Geist von hier,
„Als kleines Lied zurück zu dir."

Aus seinem „Lauf der Welt" sei hier noch das liebliche Gleichniß erwähnt:

„Das Lüftchen mit der Rose spielt,
„Es fragt nicht: hast mich lieb?
„Das Röschen sich am Thaue kühlt,
„Es sagt nicht lange: gieb!
„Ich liebe sie, sie liebet mich,
„Doch keines sagt: ich liebe dich!"

Sodann muß ich an Lenau erinnern, der so vielfach in seinen Gedichten die Rose besingt. Eins der sinnigsten mag hier eine Stelle finden:

„Diese Rose pflück' ich hier
„In der fremden Ferne;
„Liebes Mädchen, dir, ach dir
„Bracht' ich sie so gerne!

„Doch bis ich zu dir mag zieh'n
„Viele weite Meilen,
„Ist die Rose längst dahin,
„Denn die Rosen eilen.

„Nie soll weiter sich ins Land
„Lieb' von Liebe wagen,
„Als sich blühend in der Hand
„Läßt die Rose tragen;

„Oder als die Nachtigall
„Halme bringt zum Neste,
„Oder als ihr süßer Schall
„Wandelt mit dem Weste."

Es würde Unrecht sein, hier einen Mann zu übergehen, den so Viele recht eigentlich als den Sänger der Rose in neuerer Zeit ansehen. Ich meine Ernst Schulze. Wenn auch seine schmelzende, in Gefühlsseligkeit oft sich verflüchtigende Dichtung zu unserer gediegenen, im edelsten Sinne des Wortes realer denkenden Zeit in scharfem Gegensatz steht, so kommen doch in seiner „bezauberten Rose" einige recht zarte Gedanken und Wendungen vor, so daß ich nicht umhin kann, wenigstens eine Stelle daraus anzuführen. Die rothe Rose schildert er so:

> „Wohl Mancher mag die weiße Ros' erheben,
> „Die still im Schooß den keuschen Frieden trägt,
> „Ich werde stets den Preis der rothen Rose geben,
> „Aus welcher hell des Gottes Flamme schlägt.
> „So feuchten Glanz, solch' glühend Liebesleben,
> „So lauen Duft, der Sehnsucht weckt und hegt,
> „Solch' kämpfend Weh, verhüllt in tiefe Röthe,
> „Ich acht' es süß, ob's auch verzehr' und tödte."

Aber auch dem Witz hat die Rose zuweilen eine Handhabe geboten. In dem dramatischen Märchen „Rübezahl" von Wolfgang Menzel sagt der Narr zum Berggeiste: „Ein Frauenzimmer ist eine Rose, wenn sie jung ist; wenn sie aber alt wird, ist sie eine Hagebutte, geborene Rose."

Von zwei unsrer neueren Dichter, Platen und Rückert, die beide den Duft orientalischer Poesie eingesogen hatten, versteht es sich von selbst, daß sie auch den Kultus der Rose mit aufnahmen, und bei beiden finden wir unzählige Nachbildungen orientalischer Anschauungen oder eigene Verwerthungen dieser lieblichsten Blume. Platen sagt zu sich selbst:

> „Wie die Lilie sei dein Busen offen, ohne Groll,
> „Aber wie die keusche Rose sei er tief und voll!
> „Laß den Schmerz in deiner Seele wogen auf und ab,
> „Da so oft dem Quell des Leidens dein Gesang entquoll!
> „Peinigt dich ein Liebeskummer, sei getrost, o Herz!
> „Traurig macht verschmähte Liebe, doch beglückte toll."

Sehr einfach setzt Platen die belebte der unbelebten Natur gegenüber in den Zeilen:

> „An Dauer weicht die Rose dem Rubin,
> „Ihn aber schmückt des Thaues Thräne nicht."

Und die Erscheinung, daß Rosen so gut auf Kirchhöfen gedeihen, benutzt er zu der Warnung:

„Laß dich nicht verführen von der Rose Düften,
„Die am vollsten wuchert, wuchert auf den Grüften."

Ein kleines Lied aus dem Holländischen des Cete übersetzte Platen folgendermaßen:

„Da dies Röslein lind
„Stets am Stiel sich hob,
„Da's kein spielend Kind
„In den Kranz verwob,
„Da's kein Junggesell
„Seiner Freundin gab,
„Welkt es doch so schnell?
„Fällt es doch schon ab?"

Sehr anmuthig und gedankenreich ist bei Platen noch der Wettstreit der Hagerose und der gefüllten Rose.

Wenden wir uns nun zu Rückert, so brauche ich nur an das „Rosenlied zum Geburtstag des Freiherrn von Truchseß auf Bettenburg"*) zu verweisen, um zu zeigen, wie Rückert die Rose zu verwerthen weiß. Das Lied hat 80 Zeilen, und Rückert's Sprachgewandtheit hat es möglich gemacht, daß fast in jeder Zeile die Rose vorkommt. Als Probe stehe hier der sechste Vers:

„Rosenmädchen, rosenwangig,
„Rosenlipp- und fingrig auch,
„Heut' zum Rosenfest verlang' ich,
„Daß sie zieh'n zum Rosenstrauch,
„Rosen bringen ihm mit Grüßen,
„Und nach süßem Rosenbrauch
„Unterm Rosenkranz ihn küssen
„Mit des Mundes Rosenhauch."

Ein ähnliches reizendes Spiel findet sich unter den Sicilianen:

„Wenn Rosen pflücken geht die süße Rose,
„Die meines Lebens Rosenkränze flicht,
„Ruft jede Ros' am Strauche mit Gekose:
„Geh', süße Rose, mir vorüber nicht!

„Warum entblättert soll ich ruh'n im Moose,
„Statt auszublüh'n vor deinem Angesicht?
„Am Strauche jede Rose welkt; die Rose
„Verwelkt allein nicht, die dein Finger bricht."

Die wahre Symbolik der Rose spricht der Dichter im „Zauberkreis" aus:

---

* Ein eifriger Rosenzüchter.

„Was steht auf den hundert Blättern
„Der Rose all'?
„Was sagt denn tausendfaches Schmettern
„Der Nachtigall?
„Auf allen Blättern steht, was stehet
„Auf einem Blatt;
„Aus jedem Lied webt, was gewehet
„Im ersten hat:
„Daß Schönheit in sich selbst beschrieben
„Hat einen Kreis,
„Und keinen Andern auch das Lieben
„Zu finden weiß;
„D'rum kreist um sich mit hundert Blättern
„Die Rose all',
„Um um sie tausendfaches Schmettern
„Der Nachtigall."

Auch dem alten Lied von Rose und Nachtigall weiß **Rückert** noch neue Seiten abzugewinnen:

„Heut' sang die Nachtigall unsrer Flur
„Der Rose diese Weise:
„Was thust du mir so spröde nur?
„Mehr Rosen steh'n im Kreise."

„Drauf lächelte die Rose dort:
„Es ist, wie du gesaget;
„Doch redet nicht so hartes Wort,
„Wer seine Liebe klaget."

Wie sinnig ist die Wendung in dem Wettstreit von Sonne und Rose:

„Die Sonne spricht: „Wohl weiß ich, was sie*) sang;
„Sie sang: Wie flüchtig ist die Pracht der Rose,
„Die, wenn sie an des Frühlings Weh'n entsprang,
„Liegt von des Herbstes Hauch verweht im Moose."
„Die Rose spricht: „Wie ist ein Sommer lang,
„Verglichen, Sonne, deinem Lebensloose!
„Denn was ein Herbst mir ist, ist dir ein Abend,
„Wie jener mich, so dieser dich begrabend."

Das wird vollkommen genügen, um den Geist der **Rückert**'schen Rosenpoesie zu kennzeichnen; ist Rückert doch jedem Gebildeten zu Hand. Mag denn zum Schluß hier nur noch sein kleines Verschen auf die Monatsrose Platz finden:

---

*) Die Nachtigall.

Die Neuzeit.

„Hoffnung ist die Monatsrose,
„Deren Knospe viel verspricht,
„Doch die kurze, dauerlose
„Flatterblüthe hält es nicht.

„Aber daß dich nie gereue
„Monatsrosenlebenslauf!
„Hoffnung, blüht doch eine neue
„Knospe jeden Monat auf!"

Ich schließe mit dem lieblich tröstenden und in so einfach vollendeter Form ausgesprochenen Gedanken von Emanuel Geibel:

„Die Nachtigall auf meiner Flur
„Singt: Hoffe du nur! Hoffe du nur!
„Die Frühlingslüfte wehen.
„Ein Dornenstrauch schlief ein zur Nacht,
„Ein Rosenbusch ist aufgewacht;
„So mag's auch dir geschehen.
„Hoffe du nur!"

Ich scheide hiermit von der modernen Dichtkunst, deren Proben nur einen früheren Ausspruch bewahrheiten sollten. Die Souvenir de la Malmaison und Général Jaqueminot, Mademoiselle Rose Bonheur und Narcisse de Salvandy und wie die schönen Kulturrosen heißen, sie gehören dem Gartenmäcen, der Dichter braucht für sich nur „die Rose". In Ungarn soll es Sitte sein bei den vornehmen Damen, auf Spaziergängen in die Wälder Zweige von Prachtrosen mit zu nehmen und, wo sie eine wilde Rose antreffen, dieselbe sogleich zu oculiren.[43] Ein Dichter, der dahin käme, würde vielleicht die tiefe Gluth der ungarischen Waldrose besingen, aber schwerlich sich Mühe geben, herauszubringen, ob es Général Jaqueminot oder Géant de bataille ist, was vor ihm steht.

In der darstellenden Kunst, ich meine die Malerei, ist die Sache eine etwas andere; der Maler kann von der sinnlichen Bestimmtheit nicht absehen, auch bedarf er der Mannigfaltigkeit, der Contraste und Harmonien in Zeichnung und Farben, und so wird er auch von dem Reichthum an verschiedenen Rosengestalten, den unsere Kultur ihm darbietet, Gebrauch machen können. Das Wie wird freilich davon abhängen, ob der Maler blos Abschreiber der Natur oder wirklich denkender und dichtender Künstler ist. Ich habe mich schon an einem anderen Ort einmal über die Geistlosigkeit der meisten Blumenmalereien ausgesprochen und kann hier darauf verweisen.[44] Schon da-

mals deutete ich darauf hin, daß die neueste Zeit darin eine Wandlung zum
Besseren zu zeigen scheine, und ich habe seitdem gar manche geistvolle Arbeiten
in diesem Genre gesehen. Ich kann nicht umhin, hier auf ein prachtvolles
Blatt in Farbendruck aufmerksam zu machen, auf welchem die bekannte,
sinnige Blumenmalerin Elisabeth Schultz sich durch eine Rose Lorbeeren
erworben hat. Eine prachtvolle Centifolie schwimmt auf einem Bache fort.
Es ist ein undankbares Geschäft, ein Bild mit Worten beschreiben zu wollen,
und so gebe ich lieber die Idee des Ganzen mit den Versen des Dichters
wieder, der auf demselben Blatte dem Bilde Worte verliehen hat:

„Der Bach, der in die Ferne zieht
„Trägt eine rothe Rose mit,
„Um zu verkünden überall,
„Was ihm geblüht im Heimathsthal;

„Um zu erzählen weit und breit
„Von seines Lebens schönster Zeit
„Und in der Ferne noch den Blick
„Zu weiden an der Kindheit Glück.

„So trägt der Bach, wohin er zieht,
„Zu seinem Trost die Rose mit,
„Und selig, wer ein solches Pfand
„Gepflückt in seinem Jugendland."

Unter den Blumenmalern giebt es gar viele, die sich auch durch ihre
Rosendarstellungen einen Namen erworben haben. Von van Huysum
kennt man ein Bild, in dem das volle Licht, fast in einer Analogie mit der
Nacht von Correggio, von einer weißen Rose ausgeht.[45] Außerdem nennt
man van Dael, Elger, Rachel Ruysch, de Heem, Daniel Segers,
van Spaendonk, Drechsler, Rigg und Andere. In neuerer Zeit hat
sich Pierre Joseph Redouté durch sein Prachtwerk, »Les Roses«, vorzugsweise
den Namen eines Rosenmalers erworben, obwohl eigentlich seine
Rosen nicht alle künstlerisch vollendet sind und dem Botaniker oft mannigfache
Bedenken erregen. Unter den jetzt noch Lebenden ist wohl Lach in
Wien einer, dem die künstlerische Wiedergabe der Rosen am besten gelingt.[46]
Eine galante Anwendung der Rose machte ein französischer Maler der Königin
Marie Antoinette gegenüber. Madame Campan[47] erzählt:
»Il y avait un peintre, dont l'idée ingénieuse fut récompensée par

Louis XV. Il avait imaginé de placer le portrait de Marie Antoinette dans le coeur d'une rose épanouie.«

Durchmustern wir die Werke der modernen Skulptur oder eine Stufe tiefer die Arbeiten der Kunsthandwerker, der Goldschmiede, Bronzegießer, Thonformer u. s. w., so finden wir die Rose in der mannigfachsten Weise als Zierrath angebracht. In den extremsten Erscheinungen der Charakterentwicklung gilt die Rose für das Symbol der gleichen menschlichen Gefühle. Als der Vatermörder Graf Beleznay am 21. Juni 1819 aus seinem Gefängniß aufs Schaffot geführt wurde, sah er eine vornehme Dame, die er früher gekannt hatte, am Fenster; da nahm er eine Rose, die er auf der Brust trug, und sendete sie der Dame durch einen Haiducken hinauf.[48]) Immanuel Kant ging im Jahre 1802 (er starb 1804) spazieren und fiel. Eine Dame war ihm zum Wiederaufstehen behülflich. Da überreichte dieser alte, dem weiblichen Geschlecht so wenig geneigte Philosoph der Dame eine Rose, die er gerade in der Hand hielt, als Zeichen seiner Dankbarkeit. Die Dame nahm sie mit Freuden und bewahrte sie zum Andenken auf.[49])

Der Stoff, zu dessen Bearbeitung ich herangetreten bin, ist zu reich, um ihn zu erschöpfen. Noch Vieles wird unberührt geblieben sein. Wenn es mir gelungen ist, nachzuweisen, mit welch wunderbarer Macht sich die Rose in das Gefühlsleben der indogermanischen Menschheit eingedrängt hat und wie doch jeder einzelne Zweig dieser Menschengruppe sie in eigenthümlicher Weise aufgefaßt und sich angeeignet hat, so ist die Aufgabe, die ich mir gestellt habe, gelöst.

Die Literatur über die Rose ist außerordentlich groß, obwohl wie ich glaube, noch Niemand die Rose ernsthaft in der von mir hier versuchten Weise bearbeitet hat. Es würde überflüssig und langweilig sein, wollte ich hier noch eine kleine Literaturgeschichte der Rose einschalten, die meisten und wichtigsten Werke sind schon im Verlauf dieser Arbeit benutzt und angeführt. Thory zählt am Schlusse des ersten Bandes von Redouté's Rosen (schon 1807) 304 Werke auf, die mehr oder weniger ausführlich über die Rose handeln. Pritzel in seinem Thesaurus literaturae botanicae führt 1851 noch 21 später erschienene, allein der Rose gewidmete Werke auf. Wenigstens ein Dutzend, meistens freilich Gärtnerarbeiten, könnte ich noch hinzufügen. Auch an Rosenabbildungen ist kein Mangel. Pritzel gab einen Katalog der Abbildungen von sichtbar blühenden Pflanzen und Farnkräutern nur aus dem achtzehnten und neunzehnten Jahrhundert im Jahre 1855 heraus. Darin hat die Rose allein 506 Nummern, von denen viele ganze nur der Rose gewidmete Kupferwerke bezeichnen.

Ich glaube, so lange es für das Schöne empfängliche Menschen giebt, werden die Worte Stolberg's gelten:

„Rose, wer dich nicht liebt, dem ward im Leibe der Mutter
„Schon sein Urtheil gesprochen, der sanftesten Freuden zu mangeln!"[50]

Was die Rose ist, tritt uns mit der kindlichen Poesie des natürlichen Gefühls entgegen in der rührenden Anekdote, die uns Zimmermann[51] mitgetheilt hat: Ein armer Dorfküster im Hannöver'schen liebte ein junges, schönes Bauermädchen. Sie starb. Da legte er einen Stein auf ihr Grab und meißelte darauf mit ungeübter und kunstloser Hand eine Rose aus und setzte darunter die Worte:

„So war sie!"

Anmerkungen zum sechsten Abschnitt.

1) J. C. Loudon, An Encyclopädia of Gardening, III. Edit., London, 1825, 8⁰; G. Meyer, Lehrbuch der schönen Gartenkunst, Berlin, 1860; L. F. Dietrich, Geschichte des Gartenbaues in allen seinen Zweigen, Leipzig, 1863.

2) Plinius, Briefe, Buch 5, Brief 6. G. Meyer, Lehrbuch der schönen Gartenkunst, Berlin, 1860, fol. giebt Taf. III und IV einen reconstruirten Grundriß von dem tuscischen Garten des Plinius; Hirt, Gesch. d. Baukunst bei den Alten, II, 366; Humboldt, Kosmos, 2, S. 24.

3) Mémoires concernants l'histoire, les sciences, les arts etc. des Chinois, par les Missionn. de Pekin, Paris, 1782, Tom. VIII, Chapitr.: Essai sur les jardins de plaisance des Chinois.

4) Addison, Spectator, Nr. 414 (1712); Pope, Guardian, Nr. 173 (1713); Pope, Lettre to Lord Burlington (1716).

5) K. W. Volz, Beiträge zur Kulturgeschichte, Leipzig, 1852, S. 482, 495.

6) Sehen wir uns z. B.: Heinr. Hesse's teutschen Gärtner (Leipzig, 1710) an, ein Buch, das lange Zeit als ein Orakel galt, so staunen wir über den Grad allgemeinen Bildungsmangels nicht weniger als über die auch für damalige Zeit unverantwortliche Unwissenheit in der Botanik. Daß darin auch heute noch viel zu bessern ist, zeigt, daß ein Wisch, wie Herr von Biedenfeld's „Rosen", der schwerlich von Andern als Gärtnern gekauft ist, eine zweite Auflage hat erleben können.

7) Sweet, Hortus britannicus, 1827, enthielt 107 Arten mit 1059 Spielarten; Desportes gab 1829 seinen Rosenkatalog in Frankreich heraus mit 2000 Spielarten; in dem Rosengarten von Will. Paul und Wilh. Döll 1855 werden im Ganzen 1815 Rosenarten beschrieben. Die Kataloge von Loddiges im Anfang der dreißiger Jahre enthielten 1300 Rosenarten.

8) Linné, Species Plantarum, Holmiae, 1753, S. 492.

9) Schkuhr in seinem botanischen Handbuch 1796 hat 13 Arten mit 2 Synonymen; Roth in seinem Manuale botanicum zählt im Jahr 1830 34 Arten ohne Synonyme auf; Reichenbach in seiner Flora germanica (1830—32) 50 Arten mit 171 Synonymen und endlich Koch in seiner Synopsis Florae germanicae (1843) nur 19 Arten mit 95 Synonymen. Ich dächte, daraus folgte unwiderleglich, daß die Aufstellung von Arten nach der bis dahin gültigen Methode reine Spielerei ist.

10) So erzählt der berühmte Rosenzüchter Noisette, daß er niemals Samen der chinesischen Rose ausgesäet habe, ohne davon auch einige pimpinellblättrige zu erhalten, dasselbe erzählt Laffay, und ähnliche Erfahrungen machte Desprez.

11) Ein Synonym ist der Name einer Pflanze, die der eine Botaniker (der diesen Namen gegeben) für den Typus einer Art der betreffenden Gattung ansieht, die aber ein andrer Botaniker als eine bloße Spielart einer von ihm als Art anerkannten Pflanze dieser als „gleichbedeutend" unterordnet.

12) Stellen wir einige Bücher neben einander, welche die sämmtlichen bekannten Pflanzen der Erde behandeln, so erhalten wir folgendes Resultat:

Willdenow, Species plantarum, (1797), zählt 39 Rosenarten, dazu 30 Synonyme;
John Lindley, Rosarum monographia, (1820) 78 = = 285 = ;
Decandolle, Prodromus, ... (1825) 145 = = 357 = ;
Sprengel, Systema vegetabilium, . (1828) 114 = = 155 = ;
Wallroth, Rosae histor. succincta, . (1828) 24 in 135 Unterarten, dazu 1150 Syn.;
Link, Handb. z. Erkenng. d. Gewächse, (1831) 123 Rosenarten, dazu 177 Synonyme;
Steudel, Nomenclator botanicus, . (1841) 217 = = 415 = ;
Döll, Rosengarten, ... (1855) 114 = = 214 =

13) Hier ist die specielle Ausführung des Gesagten nach folgenden Schriftstellern: I. Lindley, Rosarum monographia, 1820; II. Decandolle, Prodromus, 1825; III. Sprengel, Systema vegetabilium, 1828; IV. Wallroth, Rosa generis plantarum historia succincta, 1828; V. Link, Handb. z. Erkennung d. Gewächse, 1831, VI. Steudel, Nomenclator botanicus, 1841; VII. Will. Paul und Wib. Döll, Der Rosengarten, 1855.

Synonyme zu Rosa centifolia

bei		Bemerkungen.
I. Syn.	provincialis Mill.	ist Chamaerrhodon c. Caucasica Wallroth
	polyanthos Rössig	ebenso
	caryophyllea Poir	ebenso
	unguiculata Desf.	fehlt bei Wallroth
	varians Pohl.	ist Cham. a. Austriaca Wallroth
	muscosa Mill.	ist Cham. c. Caucasica Wallroth
	provincialis, β Smith	fehlt bei Wallroth
	Divionensis Rössig	ebenso
	Pomponia Dec.	ist Cham. c. Caucasica Wallroth
	Burgundiaca Pers.	ist Cham. b. Gallica Wallroth
II. Syn.	vulgaris Ser.	
	foliacea Red. et Thor.	
	prolifera Red. et Thor.	
	carnea Dum.	
	mutabilis Pers.	ist Rosa Gallica Steudel
	bullata Red. et Th.	
	muscosa Ser.	
	Lemeunieriana Ser.	
	crenata Dum.	
	bipinnata Red. et Thor.	
	anemonoides Red. et Th.	
	caryophyllea Poir	
	apetala Lois.	
	minor Dum.	ist R. provincialis α Willd.
	humilis Meldensis Tratt.	

Syn. prolifera Ser.
    miniata Ser.
    Kingstoniana Dum.
    petiolosa Ser.
    Pomponia Lindl. { hierzu gehört Burgundiaca Pers.; provincialis Ait. und Pomponia Dec.
    Kennedyana Ser.

III. Syn. provincialis Ait. { ist R. Gallica L. nach Steudel und eigene Spec. bei Link
    muscosa Ait.
    Pomponia Dec.
    Burgundiaca Pers.
    apiifolia Willd.

IV. Syn. Rosa chamaerrhodon Wallr.
    Unterart: a. Austriaca, dazu pumila L., einige Gallica, provincialis, Bourbon u. s. w.
    b. Gallica, dazu Gallica L., einige centifolia, Remensis u. s. w.
    c. Caucasica, dazu die meisten centifolia L., muscosa, Pomponia u. a.
    d. Damascena, dazu semperflorens Desf.
    e. Silesiaca
    f. Thuringiaca.

V. Syn. muscosa Mill. unica Hort. { provincialis Ait., varians Pohl, Pomponia Dec., maxima Desf., Remensis Desf. dazu parvifolia Ehrh.) sind bei Link selbstständige Arten

VI. Syn. Anglica Hort.
    apiifolia Willd.
    Belgica Poir
    Burgundiaca Pers.
    carnea Hort.
    caryophyllea Poir
    Hollandica Pers.
    lacteola Waitz
    maxima Desf.   ist bei Link selbstständige Art
    Meldensis Dum. { wird von Steudel auch als Synonym von Gallica L. angeführt
    monstrosa Hort.
    muscosa Ait.
    nivea Hort.
    parvifolia Ehr. { wird von Steudel auch bei Gallica L. aufgeführt und ist bei Lindley eine eigene Art, wozu Remensis Desf. als Synonym gezogen wird
    Pomponia Dec.
    provincialis Ait.   wird von Steudel auch zu Gallica L. angeführt
    Remensis Desf.   von Paul und Döll zu Gallica L. gezogen

Syn. unguiculata Desf.
  unica Hort.
VII. Syn. provincialis Mill.
  polyanthos Rössig
  caryophyllea Poir
  unguiculata Desf.
  varians Pohl   ist bei Link selbstständige Art
  muscosa Mill.
  Pomponia Dec.
  Burgundiaca Pers.
  Divionensis Rössig.

14) Von dem Wallroth'schen Buche, Rosae plantarum generis historia succincta, Nordhausen, 1828, wurden nur drei Exemplare verkauft; der übrige Theil der ganzen Auflage verfaulte in einem zu feuchten Lagerraum. Das Exemplar, welches ich benutzte, befindet sich auf der Leipziger Universitätsbibliothek.

15) Nach brieflichen Mittheilungen von Prof. Grisebach.

16) Decandolle, Prodromus; Walper's Repertorium und Annalen als Nachtrag zum Prodromus.

17) Daher die Erscheinung, daß wir viele Rosenarten kultiviren, deren Vaterland zur Zeit gänzlich unbekannt ist, Lindley erwähnt schon Rosa sulphurea Ait., lutescens Pursch, viminea Lindl., Damascena Mill., turbinata Ait. u. s. w. als solche. Joh. Wesselhöft, Der Rosenfreund, 2. Auflage, Weimar, 1829, giebt von keiner Rose die Zeit der Einführung und für viele das Vaterland gar nicht oder falsch an.

18) Nic. Monardes, De rosis persicis seu alexandrinis, ist zwischen 1550 und 1575 geschrieben und als Anhang zu Car. Clusii exoticorum libr. X, Leiden, 1605 abgedruckt; L. F. Dietrich, Geschichte des Gartenbaues, Leipzig, 1863, S. 262. Daß der Comte de Brie gerade diese Rose von Syrien zur Zeit der Kreuzzüge nach Frankreich brachte, ist eine bloße Vermuthung von James Smith; nach Guillemeau, Hist. natur. de la Rose, pag. 83, war es die Rosa provincialis Mill., die der Graf de Brie von seinem Kreuzzuge mit nach Provins brachte; — Lindley, Rosarum monographia, S. 62 f.

19) Da die Moschusrose in Europa nur im südlichsten Spanien (scheinbar) wild wächst, so ist es sehr glaublich, daß sie dorthin auch nur durch die Mauren gebracht sei. Mir ist unbekannt, welcher Art die prachtvollen alten Rosen angehören, welche die Ruinen der Albambra zieren.

20) Johnson, History of Gardening; Will. Paul und Wilh. Döll, Der Rosengarten, S. 23, 228; Lindley, Ros. monogr., S. 47.

21) Guillemeau, Hist. nat. de la rose, pag. 87.

22) Der nicht sehr zuverlässige Dietrich, Gesch. d. Gartenbaues, S. 264, sagt, die Theerose sei 1809 nach Malmaison gekommen.

23) Dietrich nennt 1826 als Jahr der Einführung der gelben Theerose.

24) Decandolle zählt die Bourbonrose zur R. canina L.; Wallroth zu seiner R. chamaerrhodon, a. Austriaca; Redouté und Thory zur R. Gallica, W. Paul und W. Döll zur R. Indica.

25) Außer den einzelnen schon gemachten Angaben verweise ich noch im Allgemeinen auf Lindley, W. Paul und W. Döll, Dietrich, Loudon, Johnson u. A.

26) Auch hier verweise ich auf die in der vorigen Anmerkung genannten Werke.

27) Mittheilungen über die Beobachtungen von dem Engländer Trail, sowie von Hildebrand und Pfitzer in Bonn; siehe Wiener Neue Freie Presse, d. 31. März 1870.

28) Eine der besten Schriften über Rosenkultur ist ohne Frage die des Direktors des Gartens zu Chesbunt (England), William Paul, in der deutschen Bearbeitung des herzoglich sächsischen Hofgärtners Wilh. Döll in Eisenberg (Der Rosengarten, Leipzig, 1855). Liest man darin das Kapitel von der Hybridisirung, so kommt man auf den Gedanken, das Buch müsse vor hundert Jahren geschrieben sein, so vollständig ist die Unkenntniß über Alles, was den Befruchtungsproceß betrifft. Von dem fast naturgesetzlichen Ausschluß der Selbstbefruchtung bei den Blumen scheint der Verfasser keine Kenntniß zu haben, und die Beschreibung der Handgriffe bei der künstlichen Befruchtung, wie sie Paul mittheilt, erinnert an die Spielereien eines Kindes, sind aber, wissenschaftlich betrachtet, so vollkommen unbrauchbar, daß eine Verknüpfung von Handlung und Erfolg jedenfalls ganz ungerechtfertigt sein würde. Wie wenig die Gärtner ihr eigenes Thun und Treiben verstehen, zeigt ein Satz bei Paul: S. 303—4 „Berberifolia Hardii wurde von Hardy im Jardin de Luxembourg aus dem Samen der R. involucrata und R. berberifolia erzogen." Was damit gesagt sein soll, kann ich nicht errathen, wie es dasteht, ist es vollkommen ohne Sinn, denn man kann Eine Pflanze nicht aus zweierlei Samen erziehen.

29) Für das Vorhergehende verweise ich wieder im Allgemeinen auf die Anmerkung 25 erwähnten Schriften.

30) Bronn, Geschichte der Natur, Bd. 2 (1843), S. 69.

31) Lindley, Theory of horticulture, p. 87.

32) Vergl. W. Paul und W. Döll, Der Rosengarten.

33) Zelter's Briefwechsel mit Goethe, Theil IV, S. 186.

34) Dr. K. F. R. Schneider, Italien in geographischen Lebensbildern, 1863, S. 160—1.

35) So werden die gestreiften und gefleckten Rosen vorzüglich in Frankreich bewundert und sind in zahlreichen Sorten von Vibert gezogen worden, während man sie in England nicht mag. England dagegen pflegt mit großer Vorliebe die anderwärts vernachlässigte Weinrose. Paul und Döll, S. 17, 291.

36) Vibert, Essai sur les Roses, p. 16, sagt: »Liger, le jardin fleuriste, 1768, zählt 14 kultivirte Rosen auf, von denen man viele jetzt nicht mehr kennt." Aehnliches führt an Dr. G. W. Schubert, Die Urwelt und die Firsterne, Dresden, 1822, S. 333.

37) Alle mir zugänglichen botanischen Werke stimmen in der Fünfzahl der Kelch- und Blumenblätter überein. Nur Endlicher, in seinen Genera plantarum, 1836—40, spricht von einer Unterabtheilung der Rose, die er Rhodopsis nennt und durch vier Kelch- und Blumenblätter charakterisirt. Er beruft sich dafür auf die Rosa sericea Royle (Illustrations of the botany etc. etc. of the Himalayan mountains, London, 1839, Taf. 42, fig. 2.) Das Citat bei Endlicher ist nicht richtig, es muß Fig. 1, nicht Fig. 2 heißen. Diese Abbildung stellt eine von Royle bei Choor, Urrutta u. s. w. gefundene Spielart von Rosa sericea Lindley vor (nicht R. sericea Royle, wie es nach Endlicher scheinen könnte, Royle nennt sie vielmehr R. tetrapetala, l. c., Vol. 1, pag. 23). Die Analyse der Blüthentheile bei Royle ist bis zur Unbrauchbarkeit schlecht. Da nun die dargestellte Rose von R. sericea in gar nichts als in der Vierblättrigkeit der Kelch- und der Blumenkrone abweicht, so halte ich sie, wie Royle (Vol. 1, pag. 203)

auch eigentlich zu thun scheint, nur für eine Spielart von der R. sericea, wie solche ja häufig vorkommen. So findet man fast an jedem größeren Exemplar der Fuchsien Blüthen, die statt viergliedrig nur dreigliedrig sind.

38) So, um nur ein Beispiel anzuführen, erzählt Benator vom offnen Lande des mittleren Deutschlands: „Jeder, der hier aufgewachsen ist, sucht sein Vaterland vergebens im Vaterlande; er findet nichts als öde Felder, verbrannte oder in Trümmer zerfallene Wohnplätze, in den wenigen noch stehenden Gebäuden aber weder einen Menschen noch einen Hund. Ueberall herrscht eine erschreckende Leere und Stille, welche nicht sowohl von der Flucht der Einwohner herrührt, als vielmehr eine Folge des allgemeinen Dahinsterbens ist; denn nur an wenigen Orten giebt es noch so viele Menschen, daß die Entstehung einer Nachkommenschaft möglich ist, in den meisten sind kaum ein, zwei oder drei Menschen noch am Leben." Siehe Dr. G. L. Kriegk, Geschichte von Frankfurt a. M. u. s. w. Frankfurt, 1871, S. 440.

39) Brockes, Gedichte, Thl. 2, S. 72.

40) Für die vorstehend mitgetheilten Dichtungsproben verweise ich auf O. L. B. Wolff, Poetischer Hausschatz, Leipzig, 1845.

41) Das Buch ist in Berlin bei Christiani ohne Angabe der Jahreszahl erschienen. Die Rosengedichte finden sich besonders S. 353—409, 426 f., 533, 538, 545, 550, 556, 558, 560, 564, 568, 576 f., 595 f., 600, 614, 633 und so weiter.

42) Döring, Die Königin der Blumen, Elberfeld, 1835, S. 369, Anmerk. 1.

43) Paul und Döll, Der Rosengarten, S. 14.

44) Schleiden, Die Pflanze und ihr Leben, 6. Aufl., 1864, S. 3 ff.

45) Döring, Die Königin der Blumen, S. 112.

46) Das Titelbild zu diesem Büchlein ist von einer Schülerin Lach's gemalt.

47) Mme Campan, Mémoires sur la vie privée de Marie-Antoinette, Paris, 1822, Tom. 1, p. 53.

48) Hanauer neue Zeitung, 1819, Nr. 195.

49) J. Kant, in seinen letzten Lebensjahren, von E. A. C. H. Wasianski, Königsberg, 1804, S. 55.

50) Fr. Leopold Graf zu Stolberg, Hymnus: „An die Erde".

51) Zimmermann, Von der Einsamkeit, Theil 4, S. 129.

Druck von Breitkopf und Härtel in Leipzig.

www.ingramcontent.com/pod-product-compliance
Lightning Source LLC
Chambersburg PA
CBHW050857300426
44111CB00010B/1279